Siân Rees

Elisa Lynch

EUROPA
VERLAG

SIÂN REES

Elisa Lynch

Die wahre Geschichte einer irischen Kurtisane und wie sie zur mächtigsten Frau Paraguays wurde

Aus dem Englischen
von Karin Dufner

Europa Verlag
Hamburg · Wien

Originalausgabe:
»The Shadows of Elisa Lynch.
How a nineteenth-century Irish courtesan
became the most powerful woman in Paraguay«
Revue, London 2003

Deutsche Erstausgabe

Umschlaggestaltung: Kathrin Steigerwald, Hamburg
Satz: Hans Winkens, Wegberg
Druck und Bindung: Bercker, Kevelaer
ISBN 3-203-81501-X

Informationen über unser Programm erhalten Sie beim
Europa Verlag, Neuer Wall 10, 20354 Hamburg,
oder unter www.europaverlag.de.

VORWORT

Asunción, Hauptstadt der Republik Paraguay, 24. Juli 1961

Es ist ein kalter Tag mitten im südamerikanischen Winter. Das durchdringende Rot und Grün, das in Paraguay vorherrscht, ist gedämpft, die Menge auf der Plaza de los Héroes schweigt.

Es ist der 134. Geburtstag des Feldmarschalls und Präsidenten Solano López, *el Mariscal* – Patriot, Feldherr und Volksheld. Am Hafen steht General Alfredo Stroessner, seine Exzellenz der Präsident der Republik und General der Armee, Bundesbruder der Militärdiktatoren von Chile und Argentinien und Erbe des neuen Paraguay, das *el Mariscal* ihm überlassen hat. Er trägt einen dicken Mantel und eine spitze Mütze, die er tief ins grausame, aufgequollene Gesicht gezogen hat. Hinter ihm folgt eine Abordnung ausgewählter Kadetten vom Colegio Militar. Sie sind gerade vom Panteon de los Héroes hermarschiert, wo im Halbdunkel Gebeine liegen, die man an abgelegenen Orten aufgespürt, aus vergessenen Gräbern exhumiert und, Schädel und Oberschenkelknochen mit rotem Staub bedeckt, nach Asunción gebracht hat.

Vor einer Stunde ist Stroessner mit einem Lorbeerkranz in die Krypta hinabgestiegen, wo auf Podesten die Urnen stehen. Um acht begann die Schweigeminute. Dann spielte eine einsame Trompete einen traurigen Salut, und ein Adjutant näherte sich mit Kerze und Lampe, um ein ewiges Licht anzuzünden. Ein Kaplan hat die Toten gesegnet, und die Menge draußen beobachtete, wie zwei junge Männer mit aufgepflanzten Bajonetten vortraten und zu beiden Seiten der bogenförmigen Tür Posten bezogen. *El Mariscal* war geehrt worden. Nun würde man seine Gefährtin nach Hause holen. Stroessner wandte sich nach Osten zum Hafen, und die Obersten, Majore, Hauptleute, Leutnants,

Feldwebel, Obergefreiten, Söldner, Priester, Kadetten des Colegio Militar, Nachkommen des großen Patrioten und die übrigen Anwesenden schlossen sich ihm an.

Es ist kurz nach neun. An Bord des Flaggschiffs der paraguayischen Marine wird eine Bronze-Urne, aus Paris herbeigeholt und, in die paraguayische Trikolore gehüllt, in das Boot des Kommodore hinuntergereicht. Stroessner und seine Begleiter sehen vom Kai aus zu. Auf der anderen Seite des verwitterten Säulengangs des Zollhauses steht eine raunende Menschenmenge auf der Plaza Isabella la Catolica. Die Kadetten warten in steifer Haltung neben einem leeren Kanonenwagen. Auf der anderen Seite sieht man die Veteranen, *los mutilados*, aus dem Chaco-Krieg, die ihre Augen, Gliedmaßen, ihr Gehör oder ihre Sprachfähigkeit eingebüßt haben. Die Schiffe schießen Salut, während die Urne in gemächlichem Tempo über die Bucht gerudert und vom Kommodore an General Stroessner ausgehändigt wird.

Als er, die Urne in den behandschuhten Händen, durch die zugige Arkade schreitet, spielen Bläser die Nationalhymne. Stroessner stellt die Urne auf den Kanonenwagen und macht kehrt, um die Prozession nach Osten durch die Straßen des alten Asunción zu führen. Alle gehen langsam und begleitet vom Rattern der Räder des Kanonenwagens durch die Calle Colon und die Calle Palma, vorbei am Panteon mit seiner eine Stunde alten Ehrengarde, die Calle Estigarribia hinauf und die Calle Mexico, die Calle 25 de Mayo und die Calle Tacuarí entlang; sie passieren die Kasernen und die Kathedrale und gehen zum Verteidigungsministerium in der Avenida Francisco Solano López. Mit sich führen sie die Gebeine einer Irin.

Zehn Uhr: Die Menge drängt sich auf der breiten *avenida* und starrt die Generäle an, die reglos die Urne im Säulengang des Ministeriums umringen. Die Hände der Polizisten ruhen auf den Knäufen ihrer in den Holstern steckenden Pistolen. Die Kapelle verstummt, und es herrscht Schweigen, bis auf das Heulen des Windes, der kalt von den Ebenen jenseits der Bucht herüberweht. Ein gebrechlicher, älterer Mann tritt vor. Es ist Dr. Juan Emiliano O'Leary, ein achtundachtzigjähriger paraguayischer Historiker, treuer Anhänger von General Stroessner und fanatischer *lopista*.

La Señora Elisa Alicia Lynch (so verkündet er) ist die größte Heldin Südamerikas.

Von niemandem an Kühnheit, Selbstlosigkeit und Loyalität übertroffen, ebensowenig wie an Leidensbereitschaft, Opfermut, Kühnheit und Todesverachtung, bewahrte sie selbst angesichts der Tragödie ihren Stolz. Als edle Mutter von Kindern und gehärtet in den Flammen des Leids, überstand sie als Gefährtin des Helden fünf Jahre des Krieges, ohne je in ihrer Treue wankend zu werden. Sie war in den Tagen des Sieges ebenso für uns da wie in denen der Bitterkeit und Verzweiflung. Obwohl ihr Name in den Schmutz gezogen wurde, erhob sie sich über Tod und Unheil und teilte in ihrer übergroßen Tugendhaftigkeit das Schicksal der paraguayischen Nation.

*Aléntadora de nuestro viril esfuerzo, consoladora en nuestro vencimiento, vió morir, frente a ella, sin haberse animalado jamàs, al glorioso padre de sus hijos y a su heroico hijo de 15 anos, que plasmó el enemigo ensenandole como muere sind endirse un coronel paraguayo …**

Sie vergaß nie; sie lebte und starb und wartete in ihrem dunklen Grab in Paris auf ihre Rückkehr in ein Land, wo die Gerechtigkeit sie empfangen würde … Um heute wiederaufzuerstehen, in der dankbaren Bewunderung ihrer Nation …

Heldenhafte Gefährtin, leuchtendes Beispiel der Mutterschaft, Witwe eines Mannes, der sie liebte, erhöht von einem Leben, das sie der großen und unendlichen Liebe weihte … Erfülle unsere Herzen mit deiner grenzenlosen Güte, während wir dir in diesem bedeutsamen historischen Augenblick unsere Hochachtung, unsere Liebe und unsere Bewunderung entbieten …[1]

* Sie ermutigte uns in unseren mannhaften Bemühungen, tröstete uns in unserer Niederlage und sah, ohne je zu verzagen, wie der ruhmreiche Vater ihrer Kinder und auch ihr heldenhafter fünfzehnjähriger Sohn starben, der beschlossen hatte, dem Feind zu zeigen, daß ein paraguayischer Oberst lieber in den Tod geht, als zu kapitulieren.

Stroessner betritt das Museo Militar, um die Bronze-Urne auf ein Podest zu stellen. Daneben liegt ein Kondolenzbuch, auf dessen Einband die Worte eingeprägt sind: »Für Elisa Alicia Lynch, eine Ehrung durch ihr Volk.«

Auf dem Père-Lachaise-Friedhof in Paris sacken die Gebeine von fünf Leichen in die Lücke, die vor kurzem von einer sechsten hinterlassen worden ist. In Asunción tragen sich siebenundachtzigtausend Menschen in das Kondolenzbuch ein.

1

Über Elisa Lynchs frühe Jahre ist wenig bekannt, denn sie stellte zu viele falsche Behauptungen auf, als daß man Wahrheit von Unwahrheit unterscheiden könnte.

»Ich wurde im Jahr 1835 geboren«, schrieb sie, »und zwar als Tochter ehrbarer und wohlhabender Eltern aus einer irischen Familie. Väterlicherseits gab es zwei Bischöfe und mehr als siebzig Magistrate, mütterlicherseits sogar einen Vize-Admiral der englischen Flotte, der die Ehre gehabt hatte, gemeinsam mit vier seiner Brüder unter Nelson in den Schlachten am Nil und in Trafalgar zu kämpfen. Alle meine Onkel waren Offiziere bei der englischen Marine oder der Armee. Meine Vettern sind es immer noch, und einige meiner Verwandten bekleiden wichtige Posten in Irland.«

Diese Äußerungen machte sie in Buenos Aires für südamerikanische Leser, die kaum eine Gelegenheit hatten, das nachzuprüfen.

Ihre Mutter, Corinne Schnock, war möglicherweise wirklich mit einem Angehörigen des geistlichen Standes verwandt. Und ihr Vater Frederick Lynch kam vielleicht tatsächlich an Bord eines britischen Kanonenboots ums Leben, als Elisa noch ein kleines Mädchen war. Doch die ersten verläßlichen Informationen über Elisa erhalten wir erst, als sie im Jahr 1850 die junge Braut eines Franzosen wurde. Ihren Mann lernte sie kennen, als ihre Mutter sie aus dem Irland des Bauernsterbens nach Paris brachte, in jenen Jahren eine schäbige Stadt und noch nicht von beleuchteten Paradestraßen zerschnitten. Damals herrschten die *années folles*, die verrückten Jahre, als der letzte Bourbone vom Thron gestürzt, die Republik ausgerufen und jedem erwachsenen Mann das Wahlrecht erteilt wurde. Die Menschen lieferten sich Straßenschlachten, und an den Kais warteten lange Reihen von Aufständischen in Ketten auf die Deportationsschiffe nach Algerien.

Die Kolonie Algerien war neu, die Eroberung noch nicht abgeschlossen und die Lage unsicher. Wohlhabende Besucher bereisten das Land aus Amüsier- und Abenteuerlust, erlegten Löwen und hüllten sich in einheimische Gewänder. Sie folgten der Armee und beobachteten die Scharmützel, im Laufe derer auch der letzte der starrsinnigen Stämme unterworfen wurde. Sie sahen, wie Dörfer niedergebrannt, wie Ernten vernichtet, wie Araber von den Zouaves und der Fremdenlegion getötet und wie Menschen öffentlich geköpft und ihre Köpfe auf Stangen gespießt wurden. »Wie seltsam!« schrieb einer von ihnen. »Wir dachten, wir hätten Algerien erobert, aber in Wahrheit ist es umgekehrt – unsere Frauen tragen bereits bunte, mit Gold durchwirkte Schals wie die Haremsdamen, und unsere Jugendlichen haben den *burnous* aus Ziegenleder übernommen; der Tarbusch hat die klassische Kaschmirmütze abgelöst, alle rauchen die *narguilé*, und Haschisch ist beliebter als Champagner …«[1] In den Salons hingen Bilder von tanzenden Derwischen und Beduinen, das Théâtre Italienne gab Stücke über das Leben im Harem, afrikanische Stoffe im Wohnzimmer waren der letzte Schrei, und Offiziere, die in Algerien gedient hatten, wurden überall gefeiert.

Leutnant Xavier de Quatrefages, *aide major aux hospitaux militaires en Algerie*, hatte Urlaub. Er begegnete Elisa Lynch in einem Stadtpark, in einem Restaurant oder in einem dämmrigen zweitklassigen Salon und hielt um ihre Hand an. Da sie ein hübsches Mädchen war, hätte sie durchaus eine bessere Partie machen können als diesen langweiligen Arzt bürgerlicher Herkunft, doch sein Antrag wurde angenommen. Elisa gab keine Erklärung ab, ob die Entscheidung von ihr selbst oder von ihrer Mutter gefällt worden war. Da sie angeblich zu jung war, um in Frankreich legal zu heiraten, fand die Trauung im Haus ihres Onkels in Folkestone statt, und zwar an ihrem Geburtstag, dem 3. Juni 1850. Berichten zufolge wurde sie an diesem Tag fünfzehn Jahre alt. Laut dem Datum auf ihrem Grabstein war sie neunzehn.

Das Paar machte sich auf den Weg nach Algerien.

Prinz Charles Louis Napoleon Bonaparte bereiste Frankreich. Der Neffe des großen Napoleon war vor kurzem aus dem Exil in England und den Vereinigten Staaten zurückgekehrt.

»Ich glaube«, schrieb er, »daß manchmal Männer geboren werden, die ich als *schicksalhaft* bezeichnen würde, da in ihre Hände die Zukunft ihres Landes gelegt wird. Ich selbst halte mich auch für einen dieser Männer.« Das verkündete er den Menschen, die in jenem Jahr die Theater und Vortragssäle stürmten, um ihn reden zu hören. Das Volk hatte die zahlreichen Aufstände und die vielen widersprüchlichen Meinungen satt und betrachtete Bonaparte als Mann, dem es gelingen würde, für Ordnung zu sorgen und die aufgebrachten Massen zu bändigen. Im Jahr 1851 kündigte er an, er werde als Präsident der Republik kandidieren, und seine Leute setzten sich mit dem Gouverneur von Algerien in Verbindung. »Versichern Sie dem Prinzen [Napoleon]«, antwortete Generalgouverneur St. Arnaud, »daß er von heute an auf mich zählen kann. Er soll mich, sobald es ihm passend erscheint, zum Brigadegeneral befördern, für den Rest werde ich geradestehen.« Am frühen Morgen des 21. Dezember drangen St. Arnauds Männer in verschiedene Schlafzimmer in Paris ein, um die Mitglieder der Opposition zu verhaften. Truppen umzingelten die Nationalversammlung, und Präsident Bonaparte zog in die Tuilerien ein. General St. Arnaud wurde befördert. Zwölftausend Aufständische verfrachtete man in Eisen nach Algerien.

Bonaparte blieb ein Jahr lang Präsident. Im Dezember 1852 rief er sich zum Kaiser Napoleon III. des zweiten französischen Kaiserreiches aus, und bald kehrten politische Unruhestifter, Glücksritter, Opportunisten, Geldverleiher, Kuppler, Barmädchen, Tänzerinnen, Gaukler, Theaterintendanten, gelangweilte Aristokraten und alle, deren Namen in früheren Regimes in Mißkredit geraten waren, zurück. Das kaiserliche Paris wurde wieder zum Mekka für Exilanten aus der Neuen Welt, die sich amüsieren, und für Europäer, die es im Leben zu etwas bringen wollten. Die spanische Gräfin de Montejo steckte ihre nicht mehr ganz junge Tochter Eugénie in tief ausgeschnittene Kleider und präsentierte sie wie eine Schale mit reifen Früchten. »Welcher Weg führt in Ihr Herz?« fragte der liebestolle Kaiser. »Der durch die Kapelle, Sire«, erwiderte sie, und die Folge war eine unbeschreiblich prunkvolle Hochzeit. Der republikanische Puritanismus wurde, zusammen mit der lästigen *égalité*, die Männern das allgemeine Wahlrecht garantierte, wieder begraben.

Während Paris dem angenehmen Leben frönte, wohnten Elisa de Quatrefages und ihr Mann in einer der schäbigen Garnisonsstädte, die Algerien zu einem Teil der französischen Landkarte machten. Hier erfuhr man nur verspätet oder überhaupt nicht, was in Paris geschah, von den Bällen und Empfängen, die dort stattfanden, von Eugénies Kleidern und von der Pracht in den Tuilerien. Wie die britischen Memsahibs, die hoffnungsfroh in den exotischen Orient aufgebrochen waren und sich in beengten Militärbaracken wiederfanden, mußten die Soldatenfrauen in Algerien Hitze, Langeweile, immer wieder Angst vor den Angriffen rebellierender Stämme und gelegentlich auch die Bedrohung durch im Lager auftretende Epidemien erdulden. Im Jahr 1852 erklärten die Stämme im Süden Algeriens den Eroberern den Dschihad. Die Kämpfe waren blutig; in den Krankenhäusern fanden haarsträubende Operationen statt, und in den französischen Garnisonen wüteten Cholera, Durchfall und Malaria.

Über Elisas Leben in Algerien ist uns nichts bekannt. Auch nicht, ob sie ihren Mann liebte, ob sie sich ein Kind wünschte oder ob sie ihre Mutter vermißte und an Heimweh litt. Wir wissen nur, daß sie drei Jahre später – mit achtzehn oder mit zweiundzwanzig – das Land wieder verließ. Viele Jahre später schrieb sie, ihr Abschied sei »wegen meiner schlechten Gesundheit erfolgt«, und sie habe Algerien verlassen, »um meine Mutter und meine Schwester in England wiederzusehen«.[2] Diese Erklärung gab sie ab, um sich gegen den Vorwurf der sexuellen Leichtfertigkeit zu verteidigen, allerdings vergeblich. Vielleicht besuchte sie ja wirklich ihre Mutter und ihre Schwester, raunten die Klatschmäuler, und möglicherweise hatte ihre Gesundheit in Algerien tatsächlich gelitten – aber sie reiste nicht ab, um eine Krankheit zu kurieren, sondern wahrscheinlich wegen einer Liebesgeschichte und vermutlich auch aus Langeweile, Sehnsucht und Enttäuschung.

Es gibt ein Foto von Elisa Lynch aus diesen Jahren. Sie war eine auffällige Erscheinung und hatte rotgoldenes Haar von derselben Farbe wie das von Kaiserin Eugénie, das sie zu langen, locker geschlungenen Zöpfen zusammengefaßt und kunstvoll mit Rosen besteckt trug. Ihre blauen Augen blickten unter geschwungenen Brauen zu Boden, und sie hatte volle Lippen. Kiefer, Schlüsselbein und Handgelenke waren milchweiß, ihre Taille war schlank, und sie besaß eine üppige Oberweite. Auf dem Bild hat sie ein Halsband aus schwarzem Samt umgelegt und einen Finger gespielt nachdenklich unter das Kinn gestützt. Sie war »hoch gewachsen, zart und geschmeidig«, ihre Figur »wohlgerundet«, die weiße Farbe ihres Kleides »nicht so strahlend wie ihre weiße Haut«. Ihre Augen »von einem Blau, wie vom Himmel gestohlen« und »von unbeschreiblicher Süße« und ihr Mund »üppig« und »ein wenig feucht«.[3] Keine Frau mit so einem Gesicht und so einem Körper konnte gezwungen werden, in trister Monogamie mit einem Mann zusammenzuleben, dessen Umarmung abends beim Nachhausekommen nach Chloroform roch.

Später wurde böswilliger Tratsch über die Zeit in Elisas Leben verbreitet, kurz nachdem sie ihren Mann verlassen hatte. Immer wieder behauptete man, sie sei durchgebrannt, um Kurtisane zu werden – einige beteuerten sogar, sie habe als Prostituierte gearbeitet. Man munkelte, sie habe »den englischen Lord L.« ruiniert, sich wegen eines spanischen Aristokraten von ihm getrennt und anschließend einen Londoner Bankier in den Selbstmord getrieben.[4] Angeblich habe sie Hunderte von Affären gehabt, einige Männer hätten ihretwegen entweder sich selbst oder den Nebenbuhler erschossen, und sie habe außerdem das Vermögen ihrer Liebhaber durchgebracht. Gerüchten zufolge ging sie mit ihren sexuellen Diensten in den Botschaften an den Champs-Élysées hausieren, und zwar, indem sie sich schlau als Sprachlehrerin ausgab oder Kartenabende veranstaltete. Elisa Lynch stritt das alles stets ab. Von den vielen Geschichten, die man über sie verbreitete, um ihr zu schaden, entsprach vermutlich nur die der Wahrheit, sie habe Quatrefages wegen eines Russen – einem jener Touristen, die in Algerien auf die Jagd gingen und die Kämpfe beobachteten – verlassen, den sie dort kennengelernt habe. Sie brannte mit ihm nach Paris durch, wo es eine russische Kolonie gab, finanziert mit dem Ertrag der riesigen Landgüter im kalten Norden, die ihre Besitzer niemals zu Gesicht bekamen. Dort gehörte Elisa bald zur Demimonde, zu den gesellschaftlich zweifelhaften Kreisen, in denen die Paare einander nicht unbedingt treu sein mußten. Es sollte jedoch nicht lange dauern, bis die Geschehnisse auf der Weltbühne Elisa wieder einmal das Leben schwermachen würden.

2

L'*empire*«, sagte Napoleon III., »*c'est la paix.*« – »Das Reich ist gleichbedeutend mit Frieden.« Er wollte nicht in den Krieg ziehen und sehnte sich nicht nach *gloire*. Doch die folgende Meinungsverschiedenheit zwang ihn zu einer Entscheidung.

Das Heilige Land stand unter türkischer Herrschaft und wurde von Konstantinopel* aus regiert. In Jerusalem disputierten römisch-katholische und griechisch-orthodoxe Priester über die Nutzung der heiligen Stätten. Streitpunkte waren die Kirche von Bethlehem, der Geburtsstätte Jesu, der Salbstein, das Grab der Jungfrau in Gethsemane und die sieben Bögen der Jungfrau in der Kirche des Heiligen Grabes. Auch die Soldaten des Sultans konnten nicht verhindern, daß die Geistlichen mit silbernen Kerzenhaltern und Kruzifixen aufeinander eindroschen. Die Katholiken forderten den Schlüssel zur Hauptpforte der Kirche in Bethlehem und zu beiden Seitentüren der Krippe; sie verlangten, den silbernen Stern über dem Allerheiligsten der Geburtskirche anzubringen, und zudem das alleinige Recht, die Kuppel in der Kirche des Heiligen Grabes zu erhalten. Weiterhin wollten sie im Grab der Jungfrau einen Schrank und eine Lampe aufstellen. Der belgische Gesandte in Konstantinopel plante außerdem, die Gräber zweier belgischer Kreuzritter aus dem elften Jahrhundert restaurieren zu lassen. Die Debatte war zwar absurd, aber dennoch war keine Lösung in Sicht.

Die katholischen Priester appellierten an die französische Regierung. Die Orthodoxen wandten sich an den russischen Zaren; der Krieg, der daraus entstand, war eine völlig übertriebene Reaktion auf das Gezeter von Geistlichen, denn schließlich stand

* Istanbul

das türkische Reich kurz vor dem Untergang, so daß die Erben auf einen Sterbenden einschlugen. »Ich vertraue auf Gott und auf mein Recht«, schrieb der Zar, »indem ich garantiere, daß Rußland sich 1854 ebenso beweisen wird wie 1812.« Napoleon nahm zu dieser Herausforderung eine eher zögerliche Haltung ein. Die Briten wurden eingeschaltet, und die wohlhabenden Russen in Paris beobachteten die Vorwürfe mit großem Bedauern, denn sie wollten nicht auf ihre Landgüter im ewigen Frost zurückkehren. Im März wurde St. Arnaud aus Algerien zum Oberbefehlshaber der französischen Truppen ernannt. Im Juli versenkte der Zar die türkische Flotte bei Sinope, und ein britisch-französischer Verband rückte ins Schwarze Meer ein. Unter Tränen teilte der russische Konsul in Paris seinen Landsleuten mit, »es ist der Wille des Kaisers, daß sie Frankreich verlassen müssen«.[1] Und so sahen sich die wohlhabenden Russen in Paris zwischen Ende 1853 und Anfang 1854 leider gezwungen, den Restaurants, Schneidern, Juwelieren und schönen Frauen der Stadt ihre Gunst zu entziehen; viele Angehörige der Demimonde blieben in ihrer Bugwelle gestrandet zurück.

Auch in einem anderen Teil der Welt herrschte Krieg, und dieser führte einen jungen, schwerreichen General nach Paris. Er vertrat die älteste spanisch-amerikanische Staatsgründung, die Republik Paraguay, und trug den Namen des großen paraguayischen Heiligen, der im Jahr 1589 die Hauptstadt Asunción gerettet hatte.

> Viele Tausende von Heiden hatten sich heimlich zusammengerottet, um die Stadt anzugreifen, als deren Bewohner gerade den Gottesdienst abhielten, so daß sie durch ihre Frömmigkeit abgelenkt wurden. Es hieß, der Heilige habe eine Botschaft vom Himmel erhalten, die ihn vor dem bevorstehenden Überfall warnte. Beflügelt von einer göttlichen Macht, habe er auf *guarani* (der Sprache der Indianer Paraguays) so eindringlich mit diesen gesprochen, daß sie von ihrem Vorhaben abließen. Neuntausend Indianer schworen aus Ehrfurcht vor diesem Wunder und ange-

sichts seiner göttlichen Stimme ihren Irrtümern ab und flehten ihn an, sie zu taufen.[2]

Der älteste Sohn des Präsidenten von Paraguay, Don Carlos Antonio López, und seiner Frau Juana Paula Carillo, La Señora Presidenta, wurde am Tag des San Francisco Solano, am 24. Juli, 1827, geboren. Wie es in Spanien Sitte ist, trug er die Namen seiner beiden Eltern. Außerdem hatte er den Rang eines Generals erworben und einen provisorischen diplomatischen Titel erhalten und durfte sich deshalb General Don Francisco Solano López Carillo, Generalbevollmächtigter der Republik Paraguay, nennen.

Vor drei Jahrhunderten waren die ersten Europäer, angetrieben von der Gier nach Reichtümern, den Rio de la Plata* hinaufgefahren, während die Conquistadores auf der Suche nach dem Silber, das es dort angeblich in sagenhaften Mengen gab, durch das spätere Argentinien segelten. Zuerst kamen die Portugiesen, sieben Männer, die zweitausend Guarani-Indianer anwarben, um das Reich der Inkas auszuplündern. Die sieben wurden zwar niedergemetzelt, aber die Berichte über den Schatz, den sie gesucht hatten, wurden flußabwärts an die Küste zu den Spaniern weitergetragen.

Im Jahr 1537 machten sich dreihundertfünfzig Spanier auf den sechzehnhundert Kilometer weiten Weg ins Unbekannte. Sie nahmen sieben Kühe und einen Bullen mit, und als sie in einer Flußbiegung, friedliches, fruchtbares Land entdeckten, bauten sie eine Palisade und nannten den Ort Nuestra Señora de la Asunción. Die Ortschaft wurde Hauptstadt der Provinz Paraguay, der Provincia Gigante de los Indios, die, wie der Name andeutet, von gewaltiger Größe war und über eine Küste von vielen Hunderten von Kilometern Länge verfügte. Ein spanischer Bischof traf ein, ihm folgten die Jesuiten. Mit den Nachschublieferungen an diese blühende Pioniersstadt wurde zwar so manches Vermögen verdient, aber es mußten sich zu viele Silbersucher im Kampf mit den Anden und den Indianern geschlagen ge-

* Wörtlich: Silberfluß

ben. Schon eine Generation später überließen die Überlebenden Asunción allmählich dem Dschungel und den Jesuiten, denn an der Küste konnte man mehr Geld machen als mit der schwierigen Jagd nach Indianersilber.

An den Flüssen entstanden die bedeutenden Siedlungen Corrientes, Santa Fé, Entre Rios, Santa Cruz im Norden, Montevideo an der Atlantikküste und die gewaltigste Niederlassung von allen, Buenos Aires, das von sechsundsechzig Paraguayern gegründet wurde. Im Jahr 1616 nahmen Minister in Madrid Paraguay die Küste weg, so daß das Land ganz und gar von den jungen Städten abhängig wurde, die es selbst hervorgebracht hatte. Diese drangsalierten es jetzt mit Steuern auf die Reichtümer – Yerba, Tabak und Leder –, die es stromabwärts schickte. Als Buenos Aires 1811 von Spanien unabhängig wurde, begann man begehrliche Blicke auf die reichen *yerbales** zu werfen und drängte auf ein Recht zu einer Wiedervereinigung. Für Paraguay, so schrieb der Gesandte von Buenos Aires in Asunción, gebe es nur zwei Möglichkeiten: »Aufnahme in die [neugegründeten] Vereinigten Provinzen von Argentinien – oder wirtschaftlicher Erstickungstod.«[3] Diktator Rosas entschied sich fürs Ersticken und blockierte die Flußgrenze. Das isolierte und in die Defensive gedrängte Paraguay war zwischen Sümpfen und Dschungel eingeschlossen, bis die Flüsse wieder freigegeben werden würden.

In dem Jahr, als Präsident Bonaparte Kaiser wurde, stürzte das Regime, das die La-Plata-Region zwanzig Jahre lang beherrscht hatte. Die große Stadt Buenos Aires an der Flußmündung mußte eine Niederlage gegen die Kavallerie aus dem Inneren einstecken. Der Kaiser von Brasilien bezahlte 500 000 Patacones** an den geldgierigen Kriegsherrn General Urquiza, Gouverneur der Provinz Entre Rios, damit dieser ihm half, Diktator Rosas von Buenos Aires zu beseitigen. Als Urquizas Gauchos nach Süden galoppierten, um die Stadt zu belagern, floh Diktator Rosas an Bord eines britischen Kriegsschiffs nach Southampton. Argentinien wurde eine Konföderation von Pro-

* Yerbaplantagen-Besitzer

** Nach heutigem Wert etwa US-$ 500 000

vinzen unter General (nun Präsident) Urquiza; die Hauptstadt verlegte man etwa sechshundert Kilometer weiter flußaufwärts nach Paraná. Nun war die Blockade an der Mündung des Rio de la Plata aufgehoben. Die großen Flüsse Südamerikas waren wieder offen, konnten ungehindert fließen und wurden nicht mehr von den Steuern und Zollschiffen aus Buenos Aires belastet. Die nordargentinischen Provinzen hatten die Möglichkeit, ihren Mais und ihr Vieh zu exportieren, und die Republik Paraguay im Landesinneren, die kaum bekannt war und als unzivilisiert galt, führte ihren Yerba* und Lederhäute aus und kaufte Waffen, für den Fall, daß der Fluß eines Tages wieder gesperrt werden sollte.

Paraguay wurde von der Familie López regiert, die sich kraft Geburt zu Alleinherrschern berufen fühlte. Das ganze Land war »nichts weiter als ein großes Landgut, verwaltet durch den Präsidenten«[4]. Den meisten Profit warf Yerba ab. Der Staat – also Don Carlos – vergab Lizenzen zum Anbau, kaufte die Ernte für fünf Piaster pro *arroba*** auf und exportierte sie zollfrei mit einem achthundertprozentigen Aufschlag. Don Carlos lehnte die Bezeichnung Diktator ab und unterhielt zum Schein ein Kabinett mit einigen Ministern, doch diese waren »völlig bedeutungslos, mit Ausnahme von General López ... Denn keiner der sogenannten Minister darf selbst in den unwichtigsten Dingen eine Entscheidung fällen oder eine Meinung äußern, ohne mit dem Präsidenten Rücksprache zu halten, der außerdem alle offiziellen Dokumente, die sie unterzeichnen müssen, diktiert und sämtliche dienstlichen Schreiben öffnet, die an sie adressiert sind«.[5] Die Familie López besaß gewaltige *estancias* und bezahlte keine Steuern. Sie hielt Anteile an staatlichen Monopolen und setzte zur Arbeit Sträflinge, Staatssklaven und Leibeigene ein. Außerdem verkaufte sie zerrissene Banknoten zu Vorzugspreisen an das Schatzamt und erhielt dafür den vollen Gegenwert in neuen Scheinen. Die einzigen Familienmitglieder, die sich nicht ausschließlich von Habgier leiten ließen, waren Don Carlos und der General.

* Paraguayischer Tee, auch als Yerba-Mate bekannt
** Gewichtseinheit

Die López' wußten, daß Paraguays unerwartete Freiheit auch rasch wieder zu Ende sein konnte. Ein vereinigtes Argentinien im Süden und das brasilianische Imperium im Norden konnten Paraguay zerdrücken wie einen Floh zwischen zwei Daumennägeln. Allerdings würden sie das tunlichst unterlassen, wenn entlang der Grenzen moderne Kanonen stationiert waren und wenn ihnen die europäischen Mächte, deren Flotten in südamerikanischen Gewässern lagen, genug Widerstand entgegensetzten. Deshalb mußten die Grenzen Paraguays von innen verteidigt und von außen garantiert werden, bevor Buenos Aires unter einem neuen Herrscher wiedererstarkte und erneut begann, die Flüsse zu patrouillieren und Zölle zu erheben. Außerdem mußte man einem möglichen Zwist zwischen Brasilien und seinen neuen Verbündeten, den Gauchos, zuvorkommen und hoffen, daß sich die Flußprovinzen Argentiniens nicht als ebenso habgierig entpuppten wie Buenos Aires. In Paraguay wurden europäische Kaufleute gebraucht, deren Interessen von europäischen Konsuln in Asunción vertreten wurden. Gleichzeitig sollten Vertreter Paraguays in Buenos Aires, Montevideo, London und Paris dafür sorgen, daß die Welt ihr Land nicht vergaß. Europa mußte durch Ehrenwort und Eigeninteressen verpflichtet werden, Paraguay gegen den Druck seiner Nachbarn zu verteidigen, denn die würden eher auf Lord Clarendon und Kaiser Napoleon hören als auf Präsident López und *el generalito*. Anfang 1853, als die Temperaturen ins Unerträgliche stiegen, fuhren britische, französische und italienische Vertreter der neuen Botschaften in Argentinien langsam die unruhigen Gewässer des Rio Paraguay hinauf nach Asunción, um über den freien Schiffsverkehr auf dem Fluß im Austausch gegen die Unabhängigkeit Paraguays zu verhandeln. Die *US Waterwitch* lief in New York aus; sie hatte den Auftrag, die Gewässer Paraguays für die nordamerikanischen Schiffe zu kartographieren, die nach dem Abschluß des Vertrages hier Waren anliefern sollten.

Obwohl Don Carlos wußte, wie wichtig die ausländischen Gesandten und ihre Landsleute waren, die zur Stärkung seines Landes beitragen würden, knüpfte er Bedingungen daran, sie ins Land zu lassen. Er begegnete allen Ausländern mit Abneigung und Argwohn, mit Ausnahme eines heruntergekommenen ungarischen Obersten, der für ihn arbeitete, und einigen amerikanischen Geschäftemachern, die sich am Rand seiner Hauptstadt niedergelassen und versprochen hatten, ihm zu großem Reichtum zu verhelfen. In jenem Sommer versuchte Don Carlos, den britischen Gesandten übers Ohr zu hauen, damit dieser Paraguay anerkannte, ohne dafür Gegenleistungen zu fordern. Dem war ein unangenehmer Monat voller Diskussionen vorangegangen:

> Am 16. Februar einigten wir uns auf die Grundlagen: Zumindest sicherte der Präsident von Paraguay den Gesandten offiziell zu, daß er sich daran halten würde.
>
> Die Bedingungen obengenannten Vertrages, der von dem französischen und englischen Generalbevollmächtigten und von den nordamerikanischen und sardischen* Geschäftsträgern unterschrieben wurde, lauten mehr oder weniger wie folgt:
>
> Den Vertragsparteien ist die freie Fahrt auf den Flüssen garantiert.
>
> Angehörige ihrer Nationen haben die Erlaubnis, Einzelhandel zu betreiben [bis jetzt war das Ausländern nicht gestattet]. Sie dürfen die Städte im Landesinneren besuchen und dort geschäftlich tätig sein [bis jetzt durften sie sich nur in Asunción niederlassen]; und zu guter Letzt ist es ihnen erlaubt, Frauen aus Paraguay zu heiraten [was bis jetzt strikt verboten war].[6]

Der Vertrag wurde von dem jungen General unterzeichnet.

> Wir hoffen, daß dieser Vertrag [schrieb die *Times*] neue Gesetze in Paraguay einführen wird und nur der Anfang einer langen Liste äußerst notwendiger Reformen ist, die in diesem Land stattfinden müssen. Nur dann können Ausländer dorthin reisen und sich einigermaßen sicher fühlen.[7]

* Also dem italienischen Gesandten von Victor Emanuel, König von Sardinien, Zypern und Jerusalem, dessen Hof sich in Turin befand.

Während des anschließenden Empfangs war der Präsident so unhöflich, die ganze Zeit über sitzen zu bleiben und den Hut aufzubehalten.

> Was auch immer das Ergebnis dieser Verhandlungen sein mag, sind wir froh, daß ausländische Mächte sich ernsthaft für die Aufnahme wirtschaftlicher Beziehungen mit einem der reizvollsten Länder der Welt einsetzen, damit dieses dem Wissen und der Zivilisation seine Tore öffnet ... Dennoch möchte ich nebenbei anmerken, daß bereits geschlossene oder zukünftige Verträge mit der derzeitigen Regierung von Paraguay nur wenig mehr als leere Worte sein werden, solange nicht mit dem nötigen Nachdruck auf ihre Einhaltung gepocht wird.[8]

Nun mußte eine Delegation aus Paraguay Europa besuchen, um diese Verträge mit Victoria von England, Napoleon von Frankreich und Victor Emanuel von Italien zu ratifizieren, Waffen zu bestellen und außerdem die Werbetrommel für Paraguay zu rühren. General López wurde zum Generalbevollmächtigten ernannt. Dr. Juan Andrès Gelly, der einzige Paraguayer mit diplomatischer Erfahrung in Übersee, wurde damit beauftragt, ihm unter die Arme zu greifen. Die beiden jüngeren López-Brüder machte man zu Sekretären der Delegation, und ein kleines Heer von Vettern, Offizieren und Freunden versammelte sich, um sie zu begleiten. Sie verließen Asunción am 12. Juni 1853, um über Buenos Aires und Rio de Janeiro nach Southampton zu segeln.

In Paris konnte sich keine Frau in der Demimonde halten, wenn sie keinen Beschützer hatte, der für sie aufkam. Anderenfalls drohte der Abstieg in eine anständige, aber schlechtbezahlte Berufstätigkeit oder der Wechsel in die Welt der *lorettes*, der unzähligen hübschen Frauen, die sich in der Umgebung von Notre-Dame des Lorettes herumtrieben und darauf warteten, von einem reichen Mäzen oder Theaterintendanten entdeckt zu werden.

> … der Beschützer einer *lorette*, die zum Beispiel in der Rue de Grammont wohnt (schrieb *Le Moniteur Universel* in einem Rückblick auf den Juli 1870) kam vielleicht mit 300 Francs monatlich (für Handschuhe und Blumen) davon. In der Rue du Helder wurde es bereits teurer: 400 Francs im Monat (und ein Diener). In der Rue Saint-Lazare und der Rue de la Caussée-d'Antin mußte man schon 500 Francs monatlich springen lassen (Pferd und Wagen). Und eine *lorette*, die in der Faubourg du Roulé (Faubourg St.-Honoré) lebte, brauchte einen Beschützer, der mindestens Graf, wenn nicht gar Herzog war. Denn er mußte ihr eine Apanage von 10 000 Francs monatlich, eine Suite in einem Hotel, zwei Kutschen, zwei Pferde, einen Diener und einen Koch finanzieren.[9]

Eine *lorette* war eine Kurtisane niedrigen Ranges, während Kurtisanen wiederum die Geishas des zweiten Kaiserreiches waren: Gastgeberinnen und Gesellschafterinnen, Bewahrerinnen und Trägerinnen schöner Dinge und Schmuckstück für besondere Gelegenheiten. Eine Kurtisane suchte sich zwar einen Beschützer als Gefährten, Statussymbol und Geldquelle, aber sie verkaufte sich nicht wie eine Prostituierte, sondern entschied selbst, wessen Angebot sie annahm.

In dieser Welt war Elisa Lynch durch ihren mißglückten Ausbruchsversuch gelandet. Anfang 1854 sah man sie häufig im Salon von Madame *la veuve* Dumont in der Rue Tronchet, dem 10 000-Francs-Bezirk. Die Rue Tronchet verlief vom Place de la Madeleine, dem Mittelpunkt des Paris des zweiten Kaiserreiches, in nördliche Richtung. Liebhaber schickten ihre Diener hierher zum Blumenmarkt, um den Strauß für den Morgen danach zu beschaffen; hier befand sich auch das Restaurant Durand, wo die Deputierten sich in den rauschhaften Tagen Ende 1851 getroffen hatten, um die Wiederkehr des Kaisertums zu planen. Die Kurtisanen besuchten die gewaltige neue Kirche, die den Platz beherrschte und der *grande armée* des ersten Napoleons gewidmet war. Sie hielten inmitten von mattem Gold und Statuen aus braunem Marmor, die Magdalena beim Gebet darstellten, Zwiesprache mit Gott und sanken in Verzückung zu Füßen des Kreuzes nieder. Jeden Sonntag hörten mehr als tausend Gläubige hier die Messe, tuschelten, wechselten Blicke, tauschten Visitenkarten aus und begutachteten die Kleidung der anderen, denn die *lorettes* von St.-Honoré waren bekanntermaßen ebenso elegant wie ihre ehrbaren Schwestern von St.-Germain. Hier und an den Champs-Élysées, in der Oper und in den Juweliergeschäften in der Rue de la Paix trafen ihre Welten aufeinander, und die beiden Klassen von Frauen beäugten sich, während die Männer, die die Brücke zwischen ihren Kreisen darstellten, stets auf Diskretion bedacht waren. Die *lorettes* trugen die buntesten Farben, alle Schattierungen Napoleonischen Rots und die grellen Grün- und Purpurtöne, die die Färber seit kurzem herzustellen vermochten. Sie übernahmen als erste die Krinoline, deren groteske Wiederauferstehung 1853 zum ersten Mal gesichtet wurde, und es war ihnen zu verdanken, daß zierliche *café-au-lait*-farbene Pferde, arrogant wirkende englische Stallburschen, knallenge Reitkleider und winzige Hütchen in Mode kamen. Im Bois de Boulogne wimmelte es von ihren Kutschen. Mit überlangen Schleppen rauschten sie in die Oper, und ihre Liebhaber mußten auf dem Kutschbock sitzen, da ihre Röcke sonst nicht in den Wagen gepaßt hätten.

»Es gibt keine Stadt, die mehr Weltstadt ist als Paris«, schrieb ein junger Besucher aus Paraguay im Jahr 1856. Es tobte das »Vergnügungsfieber ... Dem Ausländer wird die größte Rücksicht entgegengebracht. Ausländer zu sein, bedeutet ein Privileg; man braucht nur auf seine ausländische Herkunft anzuspielen, und alle Türen stehen einem offen«.[10] Der »grenzenlose Überfluß des Lebens« war eine völlig neue Erfahrung für all die jungen Ausländer in den Botschaften und Handelsposten, und wer über die nötige Veranlagung und die Mittel verfügte, nützte seine Zeit dort so gut wie möglich.

Es war ein alter Schulkamerad des Generals, Hauptmann Juan José Brizuela, der als erster die Rue Tronchet erkundete und Madame Dumont und ihre neueingetroffene irische »Nichte« kennenlernte. Später kehrte er mit dem General zurück.

> Die Witwe (erinnerte sich Brizuela) kam zu dem Schluß, daß ein weiteres Gespräch der beiden nicht mehr nötig sei, und bat Elisa, um den Anstand zu wahren, den Herren ein beschwingtes Stück auf dem Klavier vorzuspielen. Elisa zögerte nicht und erhob sich rasch und anmutig, während ich auf den General zutrat und ihm auf guarani zuraunte: »Folge ihr.« Er stand auf, bot ihr den Arm und geleitete sie zum Klavierhocker. Während *la Lynch* etwas aus dem *Troubadour* spielte, wandte der General den Blick nicht von ihr ab. Als die Pianistin fertig war, erhob sie sich wieder wie ein Soldat, der einen Befehl ausgeführt hatte, und ihr Begleiter brachte sie zurück an ihren Platz ... López hatte den Stuhl zwischen Madame Téofile und seinem Liebling, einer wahrhaftigen Venus. Wie er so dasaß, wirkte er, als schwimme er in einem Glas Milch.[11]

Wieviel wußte Elisa Lynch wohl über Paraguay oder einen paraguayischen General? Paraguay hatte bis jetzt keine Vertretungen in Europa, und es gab auch keine Waren von dort zu kaufen. Zwei Jahrzehnte lang hatte es zwischen den Republiken der La-Plata-Region und Europa kaum Kontakt gegeben. In Paris kannte man als Südamerikaner nur die Brasilianer, Sklavenbesitzer, die an einen erstaunlichen Luxus gewöhnt waren. Ihre Latifundien warfen ebenso unbeschreibliche Reichtümer ab wie die Landgüter der Russen. Also konnte Elisa ihr Bild von Paraguay nur auf das Wissen um die Reichtümer Brasiliens stützen und mußte selbst einen Eindruck von den beiden jungen Männern gewinnen, die gedrungen, dunkelhäutig und in steifen Uniformen vor ihr saßen. Der General war kleiner als sie, bärtig, untersetzt und – wie so viele Offiziere nach einem Leben im Sattel – O-beinig. Allerdings besaß er ausgezeichnete Manieren und eine sanfte Stimme und galt als sehr charmant.

> Die Kapelle stimmte ein lebhaftes Lied an, und man begann zu tanzen. Solano López tanzte mit Elisa und ich mit meinem Schatz. Die Engländerin, eine eindrucksvolle Persönlichkeit, hatte sich als keck und schlagfertig erwiesen, und

> der General war sofort begeistert von ihr, so daß weitere Bemühungen meinerseits überflüssig waren. Als es drei Uhr morgens schlug, erschien das Dienstmädchen und meldete Madame: »Le diner est servi.« Wir wurden aufgefordert, mitzukommen, und setzten uns mit unseren jeweiligen Begleiterinnen an einen Tisch. Während des Essens gaben die Musiker weiter die anregendsten Stücke aus ihrem Repertoire zum besten, und die Speisenden wetteiferten um die witzigste Bemerkung und die interessanteste Konversation. Als Champagner serviert wurde, trank ich auf das Glück des neuen Paares, worauf Madame eine scherzhafte Antwort gab. Wir applaudierten, und Madame flehte ihre neuen Freunde an, Paris nicht zu bald zu verlassen. López beendete die Trinksprüche, indem er ihr für ihre Freundlichkeit dankte und Madame und ihren Nichten von ganzem Herzen alles Gute wünschte. Wir leerten eine weitere Flasche Champagner, und während die Musiker ein Abschiedsständchen spielten, zogen sich die Paare zurück.[12]

Die Delegation war nach drei Monaten in London – wo es dem General überhaupt nicht gefallen hatte – nach Paris gekommen.

Francisco Solano López trug Uniform, seit er dreizehn war, und war seit seinem achtzehnten Lebensjahr General. Er stammte aus einem Land, in dem alle Bürger vor Mitgliedern seiner Familie den Hut zogen und reglos abwarteten, bis sie vorbeigegangen waren. Den Namen Don Carlos sprach niemand aus, und man bezeichnete ihn nur als *el Supremo Gobierno*.

In der restlichen Welt hingegen war Paraguay kaum bekannt und genoß nur wenig Achtung. Das Auftreten des Generals beeindruckte das britische Außenministerium, das von dem Versuch seines Vaters wußte, den britischen Gesandten in Asunción zu betrügen, nicht besonders. Bei seiner Ankunft hatte der General sofort bei der Königin vorsprechen wollen, doch es war September, und sie hielt sich in Schottland auf. »Der General drohte, nicht in England zu warten …«,[13] hieß es in einem Memorandum des Außenministeriums, »doch er tat es trotzdem und wurde später von der Königin nach ihrer Rückkehr nach London empfangen ... Sein Betragen war unmöglich, und als es einmal unvermeidlich war, daß er sich zehn Minuten im Außenministerium gedulden mußte, verhielt er sich Lord Clarendon gegenüber ausgesprochen unverschämt.« Der in Asunción unter so unglücklichen Umständen ausgehandelte Vertrag wurde ratifiziert. Clarendon erklärte sich einverstanden, einen Konsul nach Asunción zu schicken, der die britischen Interessen vertreten sollte. Im Außenministerium setzte man ein in dürren Worten abgefaßtes Memorandum auf, um ihn zu instruieren. »Vermutlich werden Sie anfangs auf Schwierigkeiten stoßen«, hieß es, in diesem »halb zivilisierten« und »kaum bekannten« Staat, »und zwar aufgrund dessen, daß der Präsident nicht die geringste Ahnung von den üblichen Gepflogenheiten im Umgang mit Gesandten ausländischer Mächte hat.«

Nachdem der General im November sein Abberufungsschreiben vorgelegt hatte, nahm er erleichtert die Fähre nach Paris. Frankreich genoß in Südamerika den Ruf, ein glamouröses Land zu sein, mit dem keine andere europäische Nation mithalten konnte. Frankreichs schneidiger Napoleon entsprach zudem viel mehr dem Geschmack des Generals als die hausbackene Victoria von England. Und wer General López kannte, stimmte später der Einschätzung zu, daß das Paris des zweiten Kaiserreiches mit seinem allgegenwärtigen militärischen Prunk großen Einfluß auf ihn ausgeübt hatte.

> Aus einer mehr oder weniger von Barbarei geprägten, abgelegenen und nahezu unbekannten Republik herausgerissen, bestaunte er ehrfürchtig Paraden und Pracht und den falschen Ruhm und die stolze Erinnerung an Kriege und Kriegsherren um sich herum. Und es packte ihn der Ehrgeiz, das tapfere und treue Volk, das er, wie er wußte, einmal regieren sollte, zu einer Nation zu schmieden, die man fürchten und um die man sich als südamerikanische Großmacht bemühen würde.[14]

Am 22. Januar 1854 wurde General López Kaiser Napoleon vorgestellt, und er überreichte ihm einhundert Kisten paraguayischer Zigarren. Bei Hofe war es ein völlig unbedeutender Tag, an dem die ausländischen Gesandten wieder einmal Schlange standen, um sich vor Napoleon zu verbeugen, ihm etwas zuzumurmeln, Eugénie die Hand zu küssen und weitergescheucht zu werden. Doch für Neuankömmlinge in Paris handelte es sich um ein großes Ereignis.

Wer bei Hofe vorgestellt werden sollte, fuhr zunächst durch eine hellerleuchtete Stadt zu den Tuilerien. Auf der Place du Carrousel brannten Feuer und begrüßten die Besucher, die in ihren Kutschen saßen und die Nasen an den Scheiben platt drückten, mit ihrem Licht. Nach der Audienz im Salon Louis XIV. wurden die Gäste in Zweierreihen aufgestellt und durch die Palastflure geführt, taktvoll eskortiert von Höflingen in leuchtenden und blitzenden Uniformen: Zeremonienmeistern in Violett, Palastpräfekten in Purpurrot, Kammerherren in Scharlachrot, Stallmeistern in Grün, Wachtmeistern in Hellblau und verschiedenen anderen in goldenen und silbernen Gewändern. Sie trugen Federn, Sporen und Epauletten und dazu schneidig wirkende Stiefel. Zuerst kam das kaiserliche Paar, Napoleon in weißen Seidenstrümpfen und Eugénie, die förmlich in teurem Schmuck ertrank. Dahinter folgten ein Trupp kaiserlicher Prinzen und Prinzessinnen, die ausländischen Gesandten, die Marschälle Frankreichs, die Senatspräsidenten und das *corps legislatif*. Sie alle durchquerten den *salle du trône*, den *salon d'Apollon* und den *salle du premier consul*. Im *salle des marechaux* sanken die Anwesenden auf die Knie, während Kaiser und Kaiserin vorbeirauschten und ihre Plätze auf einem Podium einnahmen.

Die erste Familie Paraguays besaß weder einen Palast noch einen Hof, einen Hofstaat oder Etikette und auch keine Uniformen, bis auf die seltsame Kombination aus schief sitzendem Hut und Frack, die Don Carlos trug. Sie hatten auch keine reizende Kaiserin, denn La Presidenta, die übergewichtige Mutter des Generals, lief mit nackten Beinen herum und rauchte Zigarren.

General López mietete sich im Hotel an der Place Vendôme ein, wo Napoleon III. vor seinem Staatsstreich gewohnt hatte. Er wurde Kunde bei Napoleons Schuster, bei dem er dreiundsiebzig Paar Lacklederstiefel erwarb, und bei Napoleons Schneider, bei dem er Uniformen in Rot, Weiß und Blau in Auftrag gab, den Farben, die in Paris für die Flagge Paraguays festgesetzt worden waren. Außerdem ließ er sich in Uniform malen und orderte weiterhin eine dreifarbige Präsidentenschärpe. Hin und wieder war er bei Hofe eingeladen. Eines Tages besuchte er mit dem Kaiser eine Parade der Krim-Zruppen, und dieser ehrte seinen südamerikanischen Gast damit, daß er ihm kurz das Kommando übertrug. Der General bewunderte die Stadt, die Regierung und Napoleon, und er fand in der Rue Tronchet eine Gefährtin, die in Körpergröße, modischem rotgoldenen Haar und wohlkalkuliertem Charme Napoleons Kaiserin in nichts nachstand.

Er zeigte sich gegenüber seiner Geliebten galant und überhäufte sie mit Geschenken, ließ aber stets Diskretion walten. Vermutlich verhielt sich das Paar so, wie es von einer Kurtisane und ihrem Liebhaber erwartet wurde. Sie besuchten das Theatre Francais, den Salle Ventadour, die Messe in Notre-Dame, wo auch der Kaiser und die Kaiserin beteten, und Paraden auf dem Champs de Mars. Außerdem veranstalteten sie ausufernde Picknicks und Ausfahrten in den Bois de Boulogne und gaben hohe Summen paraguayischen Geldes für *objets*, Champagner, Cognac, Uniformen für ihn und Schmuck für sie aus. Sie stiegen in die berühmte Kanalisation hinab, kletterten auf den Arc de Triomphe, gingen zu den Rennen in Longchamps, ritten in Meudon aus und angelten in Chareton. Elisa Lynch hatte einen reichen Beschützer gefunden, und General López verfügte nun über jemanden, der ihm das Leben in Frankreich – oder wenigstens einen Aspekt davon – zeigte. Möglicherweise war er sich über Elisas Außenseiterrolle nicht im klaren – vielleicht war es ihm auch gleichgültig.

Nicht alle Mitglieder der Delegation Paraguays betrachteten die Liaison des Generals mit Wohlwollen. Benigno López, der jüngste von Don Carlos' drei Söhnen, war ein verschlagener junger Mann, der seinem älteren Bruder seinen Status neidete. Und so erfuhr man in Paraguay durch einen Brief von Benigno an seine Eltern, in dem er sich beklagte, Francisco verschwende Zeit und Geld an eine Frau, zum ersten Mal von Elisa Lynchs Existenz.

Spätere Einschätzungen, López sei ein verblendeter, kriegslüsterner Barbar gewesen, messen ihn nach heutigen Maßstäben und werden ihm deshalb nicht ganz gerecht. Obwohl General López in Paris der Kopf verdreht wurde, war er eigentlich ein ernsthafter, intelligenter junger Mann und sich der Rückständigkeit und Ohnmacht seines Heimatlandes voll und ganz bewußt. Er bezweifelte nicht, daß er nach Don Carlos' Tod Präsident werden würde, und war fest dazu entschlossen, Paraguay von einem unbekannten und zurückgebliebenen Land in eine südamerikanische Großmacht zu verwandeln. López plante den Bau einer Eisenbahnlinie, einer Waffenfabrik und einer Eisengießerei und beabsichtigte, auf seinen Werften europäische Methoden und Materialien einzusetzen. Außerdem sollten junge Paraguayer sich in Ingenieurswissenschaften, in Medizin und in internationalem Recht ausbilden lassen. Die Damen würden Schuhe tragen und lernen, mit Messer und Gabel zu essen, und zu guter Letzt sollten alle Einwohner gegen Masern geimpft werden. Weiterhin brauchte López Männer, die Festungen bauen und Waffen herstellen konnten, die seinem Land Respekt verschafften. Zu seinen Vorstellungen von nationaler Größe gehörte vor allem die Gründung einer Flußmarine, welche die Grenzen verteidigen und die Isolation des Landes durchbrechen sollte.

Charles Henderson, der nach den ersten unterkühlten Gesprächen zwischen dem General und Lord Clarendon zum Konsul ernannt wurde, hatte bereits einen verärgerten Brief geschrieben, in dem er sich beklagte, wie schwierig es sei, Asunción zu erreichen. Der Kommandant der britischen Flotte in Rio weigerte sich, ihm ein Kanonenboot zu leihen, weil die flachen Gewässer des Rio Paraguay zu gefährlich waren. In Montevideo traf er mit Comte de Brayer, dem frischernannten französischen Konsul, zusammen, der ebenso verstimmt war »und wegen des sehr eingeschränkten Schiffsverkehrs zwischen Montevideo und Paraguay alle Hoffnung verloren hatte, eine Passage in einem Kaufmannsschiff zu ergattern«.[15] Die beiden Konsuln und ihre Frauen reisten nach Buenos Aires weiter und begegneten dort einem dritten Diplomaten, dem US-Gesandten Mr. Buckalew, der ebenfalls an der Reise nach Paraguay gescheitert war. Nach einer

Weile gelang es ihnen, einen britischen Kaufmann in Buenos Aires zu überreden, ihnen ein Schiff zu vermieten, so daß sie im Oktober abfahren konnten.

General López hatte von Don Carlos die Anweisung erhalten, in Europa einen Dampfer in Dienst zu stellen und eine Mannschaft anzuwerben. Der Dampfer mußte funkelnagelneu sein, denn er sollte den General unter den Augen potentieller Feinde über Rio de Janeiro und Buenos Aires zurück nach Hause bringen. Außerdem sollte er über einen Schaufelradantrieb, nicht über Schiffsschrauben, verfügen, damit man ihn in den flachen heimischen Gewässern optimal manövrieren konnte. Als der General England besuchte, wimmelten die Becken der Themse von Segelschiffen, die zu Dampfern umgebaut werden sollten, da ein Angriff auf die Marine des Zaren bevorstand. Ein Vertrag mit John und Alfred Blyth in Limehead über den Bau eines leistungsstarken Raddampfers wurde abgeschlossen. In Erinnerung an die Schlacht, in der Paraguay im Jahr 1811 argentinische Eindringlinge abgewehrt hatte, sollte das Schiff den Namen *Tacuarí* tragen. Die gewaltigen Räder, angetrieben von zwei Motoren mit je 130 Pferdestärken, konnten für die Überquerung des Ozeans abgenommen und für das Fahren auf dem Fluß wieder angebracht werden. Außerdem sollten die Blyths die Mannschaft und die Offiziere anwerben und weiterhin Techniker für Bau- und Fabrikationsvorhaben in Paraguay auswählen und anstellen.

William Whytehead, einer der bei den Blyths tätigen beratenden Ingenieure, war Schotte, wohnte mit seinen drei Schwestern in Streatham, fuhr täglich zur Arbeit nach Limehead und führte kein sonderlich abenteuerliches Leben. Man hatte ihm bereits eine Stellung in Australien angeboten, und zwar als Vertreter einer britischen Firma, die Schiffsschrauben herstellte, als General López ihm den Posten als oberster staatlicher Ingenieur in Paraguay antrug, für 400 Pfund Jahresgehalt, mit Unterkunft und Verpflegung, einem Diener und zwei Reitpferden. Seine Aufgabe sollte es sein, die paraguayische Marine aufzubauen. Whytehead entschied sich für Paraguay. Angesichts des in Asunción herrschenden Argwohns hätte sich der General keinen besseren Kandidaten aussuchen können, denn der hochgewachsene, gutaussehende Whytehead war ein gewissenhafter Arbeiter und beherrschte die wichtigsten Höflichkeitsfloskeln auf *castellano* mehr oder weniger fließend. George Morice, früher Kapitän bei der königlichen Marine, wurde als Kommandant der *Tacuarí* angeheuert, und man warb weitere Briten an, die das Schiff nach Paraguay bringen und die Paraguayer in die Wartung von Dampfkesseln einweisen sollten. Man setzte Stellenanzeigen in die Zeitungen, in denen man Eisengießer, Mechaniker und Maurer suchte. So lieferten die Briten zwar die Technologie, doch die Vision des Generals von einem neuen Paraguay entstand in Frankreich.

Viele einflußreiche Gäste, die Paris zur Zeit des zweiten Kaiserreiches besuchten, kehrten mit neuen Ideen zur Stadtplanung und zur Regelung des öffentlichen Lebens nach Hause zurück, welche sie Baron Haussmann abgeschaut hatten. Paris war wegen der vielen Bauprojekte im großen Stil in eine Staubwolke gehüllt, denn im nächsten Jahr sollte hier die Weltausstellung stattfinden. »Paris sieht aus wie eine Stadt nach einem Bombardement. Jeden Tag werden ganze Straßenzüge abgerissen ... Häuser, die erst vor knapp sechs Monaten nach Plänen der Regierung errichtet worden sind, werden wieder dem Erdboden gleichgemacht, da sie einem neuen Bauvorhaben im Wege stehen ...«[16]

Haussmanns Abrißkommandos waren bereits in den zur Beseitigung vorgesehen Elendsvierteln im Zentrum an der Arbeit. Auf einem gewaltigen Areal vor den Tuilerien türmten sich die Baumaterialien für den Louvre. Die Fassade des Hotel Dieu war hinter einem Gerüst verschwunden. Auf der anderen Seite des Bois de Boulogne mußten die Damen und ihre Begleiter gewaltige Drainagerohre umrunden, die Paris von den Sümpfen der Seine befreien sollten. Die großzügige Gestaltung des öffentlichen Raums entsprach den Absichten des Regimes, sein Volk zufriedenzustellen, ausländische Besucher zu beeindrucken und sicherzugehen, daß seine Truppen ungehindert in jeden Teil der Stadt einmarschieren konnten. Rom wurde nach dem Vorbild von Paris umgebaut. Ebenso Madrid, Brüssel, Stockholm und Mexiko-Stadt. General López aus Paraguay gehörte zu denen, die bei ihrer Abreise fest dazu entschlossen waren, ihre eigene Hauptstadt nach dem Beispiel des neuen Paris zu formen, das sich aus dem alten erhob.

Als das Jahr 1854 näher rückte, standen die Nationen Europas einander am Schwarzen Meer gegenüber. Im Juli wurden 100 000 französische Soldaten in Boulogne mobilisiert. Im September meldete Feldmarschall St. Arnaud, seine Männer seien im Begriff, auf die Krim einzurücken. »Ich bin voller Zuversicht«, schrieb er seinem Kaiser, »und voller Leidenschaft.« Ein Kredit von 250 Millionen Francs wurde in Paris bewilligt, und man richtete den Appell an das Volk, diesen mit dem eigenen Geld abzusichern. Sechzigtausend Menschen nahmen daraufhin Kriegsanleihen auf, und Napoleon wandte sich an seine Truppen: »Europa weiß, daß Frankreich nur dann sein Schwert zieht, wenn es sich dazu gezwungen sieht.« Soldaten marschierten durch Paris, jubelnd begrüßt von den Menschen, die die Gewehre finanziert hatten.

In diesem Jahr war Elisa häufig allein, denn der General war anderweitig beschäftigt. In März reiste er an den Hof von Victor Emanuel in Turin, wo der Vertrag ratifiziert wurde und wo man ihm den heiligen und militärischen Orden der Heiligen Maurice und Lazarus verlieh. Später fuhr er nach Rom zu einem Treffen mit Kardinal Antonelli. Im Juni verreiste er schon wieder, und zwar an den Hof von Königin Isabella von Spanien. In Kürze wurde die *Tacuarí* mit ihrer britischen Mannschaft und mit britischen Handwerkern an Bord in Bordeaux erwartet. Bald würden weitere Reisende eintreffen, und zwar mit dem neuerdings zweimal im Monat zwischen Liverpool und Buenos Aires verkehrenden Dampfer und der Passagierlinie, die der General später zwischen Buenos Aires und Asunción einrichtete.

Die Beziehung von Elisa Lynch und dem General entwickelte sich weiter. Am 5. Juni schrieb Elisa in Paris einen bis heute erhalten gebliebenen Brief an Solano López, der sich in Madrid aufhielt.

Cheri, tausend Dank an meinen Pancho*, weil Sie mir das Geld so rasch geschickt haben ... Heute abend sende ich Ihnen außerdem das Schreiben von meinem Mann ... Auf Wiedersehen, mein Geliebter, bitte kommen Sie bald zurück. Ihre Elisa erwartet Sie mit Ungeduld und umarmt Sie von ganzem Herzen ...[17]

Ende Juli stand fest, daß Elisa schwanger war. Im Oktober hatte der General Schritte unternommen, um sie wieder für ledig erklären zu lassen.

Es gab zwei Möglichkeiten für einen Neuanfang als Miss Elisa Lynch, denen offiziell kein Makel anhaftete. Der Vatikan konnte die Ehe einer Frau annullieren, deren Mann wegen Impotenz oder Blutsverwandtschaft seinen ehelichen Pflichten nicht nachkommen konnte; eine Frau, die über das nötige Geld verfügte, hatte – vorzugsweise aus Gründen der *raison d'état* – auch die Möglichkeit, sich die Annullierung zu kaufen. Vielleicht würde es einem Heiratskandidaten mit genügend Einfluß und Vermögen ja gelingen, die Geistlichkeit in Rom zu überzeugen, daß Elisa getäuscht worden war, was ihre Jungfräulichkeit wiederhergestellt hätte.

Xavier de Quatrefages reiste im Oktober zu einer Besprechung mit dem Delegationsmitglied Dr. Juan Andrès Gelly nach Paris. Im Austausch für eine nicht bekannte Geldsumme setzte er – bezeugt vom Konsul Seiner Majestät in Paris – seinen Namen unter ein geschickt formuliertes Dokument, in dem er Elisa Lynch, »meiner Frau, die mit mir zusammenlebt«, seine Erlaubnis gab, über sämtliches Eigentum, das sie möglicherweise außerhalb von Frankreich besaß, selbständig zu verfügen und auch sonst ihre eigenen Interessen zu vertreten. Auf diese Weise wurden zwar die Geschenke, die sie vom General erhalten hatte, vor Quatrefages' Zugriff geschützt, doch es handelte sich nicht um eine Scheidung. Elisa durfte sich immer noch nicht wiederverheiraten, aber mehr konnte Dr. Gelly nicht erreichen. Trotz allem: Elisa beschloß, den General zu begleiten, wenn er in diesem Herbst Frankreich verließ, um nach Paraguay zurückzukehren.

* Kosename für Francisco

Viele hatten den Ehrgeiz, in der Neuen Welt ein Vermögen zu machen, um sich dann mit prallem Bankkonto in der alten Heimat zur Ruhe zu setzen. Paris war die bei Exilanten und anderen Ausländern beliebteste Stadt – vor allem bei Männern, die ihre gewaltigen *estancias* der Obhut von Verwaltern übertragen und sich in Europa niedergelassen hatten. Andere wiederum hatte man im Rahmen eines Staatsstreichs aus dem Land geworfen und ihnen diskret eine größere Summe zugesteckt, damit sie verschwanden, ohne Aufsehen zu erregen. Ex-Präsident Rosas von Buenos Aires hatte sich aus unerklärlichen Gründen nicht für Paris, sondern für Southampton entschieden, aber für die meisten war Paris der goldene Käfig ihrer Wahl. Elisa konnte also – mit oder ohne ihren Liebhaber – damit rechnen, bei ihrer Rückkehr nicht nur älter, sondern auch reicher zu sein. Ihr Russe war für immer verschwunden. Und ihre Chancen, einen neuen Beschützer zu ergattern, der monatlich 10 000 Francs springen ließ, hatten durch ihre Schwangerschaft stark abgenommen. Deshalb war die Aussicht, als Geliebte eines zukünftigen Präsidenten in Paraguay zu leben, verlockender als die, mit ansehen zu müssen, wie ihr Marktwert in St.-Honoré immer mehr verfiel.

Am 10. November verließ Elisa mit ihrer Zofe Julie an Bord des französischen Passagierdampfers *Ville de Marseille* Bordeaux. Am 11. November stach auch die *Tacuarí* mit General López, der paraguayischen Delegation, William Whytehead und zwei britischen Gießermeistern – einer hatte seinen kleinen Sohn bei sich – in See. Außerdem an Bord befanden sich Henri Caston, ein Pariser Coiffeur und Kosmetiker, ein französischer Böttcher namens M. Chevreux, einige Diener und Mr. Ouseley, britischer Gesandter am La Plata, dem López die Mitreisegelegenheit angeboten hatte. Kapitän Morice befehligte eine siebzigköpfige Mannschaft. Seine Frau Catherine begleitete ihn. Im Frachtraum befanden sich die Stiefel, die Napoleons Schuster, und die Uniformen, die sein Schneider angefertigt hatte, die Präsidentenschärpe, Kisten mit Möbeln und Repetiergewehren und acht Dampfmaschinen.

Sie verließen einen Kontinent, auf dem der Krieg tobte. Im Dezember billigte Paris die zweite Kriegsanleihe, und die Bürger brachten 500 Millionen Francs für eine neue Rekrutierung auf, die die bereits mobilisierten 581 000 Infanteristen, die 113 000 Kavalleristen und die 62 000 Matrosen verstärken sollte. Als die Belagerung von Sebastopol begann, erreichte die *Ville de Marseille* Buenos Aires. Sie ging an der Flußmündung vor Anker, und kleine Segelboote erschienen, um die Passagiere ins flache Wasser zu bringen. Dort wurden sie von Pferdewagen ans Trockene gezogen, wo die Zollinspektoren warteten. Der General war in den Hauptstädten von Brasilien und Uruguay festgehalten worden. In Rio wurde er von Kaiser Dom Pedro empfangen. In Montevideo traf er mit dem Staatsmann Dr. Lamas zusammen und erörterte mit ihm die jüngsten Ereignisse in der La-Plata-Region, denn während seiner Abwesenheit hatten sich Allianzen verschoben und Stimmungen verändert. Außerdem war die Frage, welches politische System sich aus den Trümmern von Rosas' Argentinien herausbilden würde, das sich nach kurzer Einheit in den Stadtstaat Buenos Aires und eine Konföderation von Provinzen gespalten hatte. Der General und Dr. Lamas sprachen über die Bedrohung, die diese neuen Staaten sowie auch der Kaiser von Brasilien für ihre kleinen Länder darstellten. Dann versicherte der General Dr. Lamas, im Falle eines argentinischen Angriffs auf Uruguay würde Paraguay seiner Schwester wie schon in der Vergangenheit zur Seite stehen.

»Sie bringen große politische Ideen und ehrgeizige Projekte mit nach Hause«, merkte Dr. Lamas an.

»Niemand«, erwiderte der General, »weiß, welches Schicksal ihn erwartet. In meinem Land wird der Wunsch immer größer, die politischen Entwicklungen in der La-Plata-Region mitzubestimmen, den Frieden zu bewahren und dafür zu sorgen, daß das Gleichgewicht der Kräfte und damit auch Paraguays Überleben und Unabhängigkeit gesichert sind, denn diese sind bedroht, falls die alten Rivalen Brasilien und Argentinien jemals diesen Teil von Amerika beherrschen sollten.«[18]

Als die *Tacuarí* Montevideo verließ, hatte sie einen Mann weniger an Bord, denn Juan José Brizuela war zurückgeblieben, um den Posten des Handelsvertreters der Regierung Paraguays zu übernehmen. Es wurde gemunkelt, die Absicht sei eher, die Umstände geheimzuhalten, unter denen Elisa den General kennengelernt hatte. Das Schiff erreichte am 3. Januar 1855 mit gehißter paraguayischer Trikolore Buenos Aires und legte neben den anderen Dampfern, Zweimastern, Leichtern, Kohlenkähnen und Fregatten an, die nach Cádiz, La Coruña, Marseille, Southampton, Bordeaux, Antwerpen, Bayonne, London, Genua, Le Havre, New York, Rio, Montevideo und Australien, *pais del oro*, unterwegs waren.

Außerdem lag dort noch eine Flotte von neunzehn brasilianischen Kriegsschiffen, die sich zum Überfall auf Paraguay gesammelt hatte.

3

Im Jahr 1493 hatte Papst Alexander VI. den Königreichen Spanien und Portugal das Recht gegeben, alle heidnischen Länder zu überfallen und zu besetzen. Er machte den Vorschlag, die Welt durch eine Linie von Pol zu Pol, dreihundertsiebzig Seemeilen westlich der Kapverdischen Inseln, zu teilen. Die nichtchristliche Welt östlich davon sollte Portugal, die westlich davon Spanien gehören. Beide Länder waren über die päpstliche Erlaubnis zum Erobern erfreut, einigten sich jedoch darauf, die Linie zu verlegen. Im Jahr 1494 trafen Abgesandte des spanischen und des portugiesischen Hofes in der spanischen Stadt Tordesillas zusammen und schoben die Linie etwa elfhundert Seemeilen weiter nach Westen. Sechs Jahre später landeten portugiesische Seeleute an der brasilianischen Küste. Zufrieden stellten sie fest, daß das Land von Heiden bevölkert war und außerdem östlich der Tordesillas-Linie lag, weshalb es laut Erlaubnis des Papstes König Johann von Portugal gehörte. Es war unmöglich, Eroberungen in der Neuen Welt für sich zu behalten, und als die Spanier erst einmal Silber witterten, waren sie nicht mehr zu bremsen. Sie vermuteten das Edelmetall auch im südamerikanischen Landesinneren, und zwar in den noch nicht kartographierten Gebieten, in denen niemand genau sagen konnte, wo die Tordesillas-Linie eigentlich verlief. Die Männer bekämpften sich in den unentdeckten Landstrichen, bis man sich drei Jahrhunderte später darauf einigte, daß die im Jahr 1494 gezogene Grenze nicht ausreichte, um die beiden Reiche zu trennen. Also traten Repräsentanten der europäischen Kronen zusammen, um die Grenze zwischen dem portugiesischen Brasilien und dem spanischen Vizekönigreich Rio de la Plata genauer festzulegen. Das geschah im Vertrag von San Ildefonso im Jahr 1777, in dem die Grenze zwischen Paraguay und Brasilien allerdings in verwirrender Weise definiert wurde:

Die Grenze wird dem Grande de Curitiba folgen, der sonst als Ignazú bekannt ist, und zwar stromabwärts zur Mündung in den Paraná am östlichen Ufer; von dort aus wird sie den nämlichen Paraná entlang stromaufwärts verlaufen, bis der Rio Igurey an seinem westlichen Ufer mit ihm zusammentrifft.

Von der Mündung des Igurey wird sie dem Verlauf des Flusses stromaufwärts bis zu seiner wichtigsten Quelle folgen und von dort aus eine gerade Linie über das Wasser beschreiben. Bis sie die Quelle oder den Hauptarm des Flusses am nächsten der obengenannten Linie erreicht, wenn der Fluß sich an seinem östlichen Ufer in den Paraguay ergießt und sich womöglich als derselbe erweist, den man auch als Corrientes bezeichnet. Von dort aus wird sie dem Verlauf des Flusses zu seiner Mündung in ebendiesem Paraguay folgen.

Der Vertrag von San Ildefonso hatte einen entscheidenden Nachteil: Er bezeichnete nicht genau, welcher der Hunderte von Flußarmen an der Grenze zwischen Paraguay und Brasilien nun tatsächlich der richtige Rio Igurey war. Nachdem die Anwälte nach Hause gefahren waren, suchten die Anwohner der Grenzen deshalb nach Flüssen mit Namen, die sich so verdrehen ließen, daß sie dem Wortlaut des Vertrages entsprachen. Die Portugiesen behaupteten, der Igurey sei der Fluß, den sie als Rio Garei bezeichneten und der unterhalb der Insel Salta Grande in den Paraná mündete. Das hätte zu einem für sie positiven Grenzverlauf an der Quelle des Rio Jujuy geführt, der, wie sie sagten, eigentlich der Corrientes sei. Die Spanier widersprachen, der Igurey sei der Fluß, den sie als Yagurei, Yoinheima, Monice und Ivinheima kannten. Der Corrientes, so beharrten sie, sei nicht der Jujuy, sondern der Apa. Der Streit wegen der Flüsse war noch nicht beigelegt, als Madrid die Kontrolle über die Kolonien verlor und die unabhängige Republik Paraguay die Verteidigung der Grenzen übernahm.

Die Apa-Grenze im Norden machte Brasilien die größten Sorgen, da der Rio Apa den brasilianischen Mato Grosso umschloß, ein gewaltiges, reiches und geheimnisvolles Land, dünn besiedelt und voller Verheißungen. Kontakte zwischen Rio und dieser weitentfernten Provinz waren nicht leicht. Für die gefährliche Reise brauchte ein Reiter, wenn er sich beeilte, einen ganzen Monat. Vorräte und größere Menschengruppen konnten nur auf dem Rio Paraguay transportiert werden, wo Ausländer nicht willkommen waren: Don Carlos' Soldaten bemannten die unzähligen Festungen und Wachposten am Fluß und legten gegenüber Bürgern anderer Nationen dieselbe gedankenlose Feindseligkeit an den Tag wie ihr Dienstherr.

Don Carlos hatte sich als einziger geweigert, die Brasilianer und ihre Verbündeten zu unterstützen, als diese im Jahr 1852 Diktator Rosas angriffen, die Flüsse freigaben und seine Delegation nach Europa reisen ließen. Ein verschlagener, aber diplomatisch ungeschickter Vertreter Brasiliens schloß sich den europäischen Gesandten an, als diese im Jahr 1853 in Asunción ihre Verträge aushandelten. Offiziell hatte er die Aufgabe, dafür zu sorgen, daß der Fluß in den Mato Grosso brasilianischen Schiffen per Gesetz offenstand. Inoffiziell jedoch sollte er verhindern, daß die Europäer weiterhin auf diesen Gewässern Einfluß ausübten.

»Er ließ nichts unversucht, um uns Knüppel zwischen die Beine zu werfen und uns zu verwirren«, schrieb der britische Gesandte. »Er war sich nicht zu fein, zu den windigsten Täuschungsmanövern zu greifen, und gab sich die größte Mühe, Ausländer und Einheimische gegen uns aufzuhetzen.«[1] Während der General sich in Paris aufhielt, beschuldigte man den Brasilianer des Betrugs und wies ihn aus. Brasilianische Truppen richteten an der umstrittenen Grenze eine Garnison ein, Soldaten aus Paraguay trieben sie zurück, und der gedemütigte Gesandte forderte Rio auf, seine Ehre zu rächen. Inzwischen näherte sich ein brasilianischer Admiral der Südgrenze, in einem letzten Versuch, den seit dem Vertrag von Tordesillas weiterschwelenden Grenzstreit beizulegen.

Am 13. Januar verließen General López und die Delegation Buenos Aires und fuhren an Bord der *Tacuarí* nach Asunción. Elisa Lynch blieb mit ein paar Offizieren und ihrer Zofe zurück.

Die Ankunft des Generals mit dem beeindruckenden neuen Schiff war in Buenos Aires nicht unbemerkt geblieben. Allerdings wimmelte der Hafen derart von Ausländern, daß die hochschwangere hübsche Frau von der *Ville de Marseille*, die sich zu ihm gesellte, nicht weiter auffiel. Elisa hatte sich für die Reise eine Geschichte zurechtgelegt: Sie sei eine finanziell unabhängige Dame, die auf der Suche nach Amüsement und möglicherweise einer Gelegenheit zur Geldanlage in der Neuen Welt nach Übersee gereist sei. Ihr Gatte (ein österreichischer Oberst) hielte sich noch in Europa auf. Außerdem nannte sie sich nun nicht mehr Elisa de Quatrefages, sondern Madame Lynch, eine geschickte Wahl, denn *Madame* wies auf das Vorhandensein eines ausländischen Ehemannes und auf Verbindungen zu besseren Kreisen in Frankreich hin, während das Führen des Namens *Lynch* nach spanischem Brauch durchaus statthaft war, da die hiesigen Ehefrauen den Familiennamen ihres Mannes nicht übernahmen, sondern ihn dem ihren hinzufügten. Elisas Status war zwar mehr als ungewöhnlich, erregte jedoch keinen Anstoß, denn schließlich war bekannt, daß der General einige Europäer als Berater angeheuert hatte. Also konnte Madame Lynchs Ehemann durchaus zu ihnen gehören, und da er eben festgehalten worden war, hatte er seine Frau in der Obhut des Generals vorausgeschickt. Immerhin gab es in Asunción bereits einen ungarischen Offizier von zweifelhaftem Ruf, der als Berater von Don Carlos fungierte.

Der letzte Schwangerschaftsmonat fiel in den Karneval. Jeden Abend wurden Maskenbälle veranstaltet, die bis zum Morgengrauen dauerten, und nur wenige Feiernde interessierten sich für die Berichte, daß man in Paraguay Geschützbatterien vor den Festungen in Stellung brachte, daß man Schiffe versenkte, um den Rio Paraguay zu blockieren, daß man die Grenzdörfer evakuierte und daß die Priester in Paraguay in ihren Predigten das Volk zu den Waffen riefen. Die Tage in Buenos Aires waren schwülwarm, die Nächte wurden durchgefeiert. Der Informationsaustausch mit Asunción war wenig zuverlässig. Da es zwischen den beiden Städten keinen regelmäßigen Postverkehr gab, stammten die einzigen Nachrichten von den Mannschaften der gelegentlich vorbeikommenden Yerba-Boote. Über Paraguay wurde hier nur abfällig oder ungläubig gekichert, man wußte kaum etwas über das Land. Es hieß, daß dort nur Leibeigene und *mestizos** lebten; außerdem gebe es eine Geheimpolizei, rückständige Sitten und einen tyrannischen und unberechenbaren Herrscher. Mit den ersten Nachrichten, die eintrafen, hatte niemand gerechnet. Im Februar brachte ein amerikanisches Schiff zornige Männer nach Buenos Aires, die von Beleidigung, Ehre und Entschädigung sprachen.

Edward Hopkins hatte acht Jahre gebraucht, um das Vertrauen von Don Carlos zu gewinnen und dem alten Mann Handelskonzessionen abzuringen, damit er sich als Zigarrenfabrikant am Stadtrand von Asunción niederlassen konnte. Er hatte sich bei dem Diktator eingeschmeichelt, indem er sich brüstete, daß Don Carlos' Zigarren sogar die aus Havanna in den Schatten stellen und außerdem in Washington vom Reichtum Paraguays künden würden. Hopkins ließ sich zum Konsul der Vereinigten Staaten ernennen, und Don Carlos sicherte ihm Monopole, Sklaven und Steuerfreiheit zu, denn schließlich würde er selbst Geschäftspartner sein, und es handelte sich um Privilegien, die jedes Unternehmen der López-Familie genoß. Doch nachdem Don Edward sein Ziel endlich erreicht hatte, legte sich seine demütige Haltung schlagartig. Die Kubaner, die seine Zigarren drehten, und die Amerikaner, die seine Sägemühle betrieben, stiegen nicht vom Pferd, wenn sie eines Mitglieds der Familie López ansichtig wurden. Und auch den Zollinspektoren begegnete man mit Aufsässigkeit. Außerdem drohte Hopkins mit seinem Status als Diplomat, und die Profite, die er Don Carlos zugesichert hatte, ließen ebenfalls auf sich warten. Im Laufe der Zeit suchten die Hopkins-Brüder immer seltener den Kontakt mit der Familie López, sondern freundeten sich statt dessen mit den neueingetroffenen hochnäsigen Europäern an.

Eines Tages, im November 1853, unternahm Don Edwards Bruder Clement einen Ausritt mit der Frau des französischen Gesandten und begegnete dabei zwei paraguayischen Soldaten, die Rinder durch einen Wald trieben. Obwohl die Soldaten ihnen be-

* Mischlinge spanisch-indianischer Abstammung

deuteten, zur Seite zu gehen, galoppierte Hopkins zwischen den Kühen weiter, so daß die Tiere in Panik gerieten und davonliefen. In dem darauf folgenden Streit versetzte einer der Soldaten Hopkins einen Schlag mit der flachen Seite seines Schwertes, worauf der hochgewachsene Amerikaner erzürnt in Don Carlos' Büro stürmte, um sich über diese Beleidigung zu beschweren. Der Soldat erhielt dreihundert Peitschenhiebe. Doch das genügte nach Ansicht der Hopkins-Brüder nicht. Sie verlangten, daß im *Semanario*, der einzigen Zeitung von Asunción und Don Carlos' Sprachrohr, eine Entschuldigung abgedruckt wurde.

Damit waren sie einen Schritt zu weit gegangen, denn es wurden umgehend die folgenden Gesetze erlassen:

1) Niemand darf ohne schriftliche Genehmigung oder Erlaubnis der Regierung in die Dienste eines Ausländers treten.
2) Alle Versammlungen von Ausländern, mit Ausnahme solcher, die offensichtlich Zwecken der Zerstreuung oder der harmlosen Unterhaltung dienen, sind sowohl bei Tag als auch bei Nacht verboten.

Im Kaufvertrag für das Land, auf dem die Zigarrenfabrik stand, entdeckte man plötzlich einen Fehler. Das Land wurde kurzerhand konfisziert, Hopkins' Berufung zum Konsul zurückgezogen. In den Hafenbüros und Ministerien weigerte man sich, ihn zu empfangen. Seine Pakete kamen nicht an. Als seine Verzweiflung und sein Starrsinn wuchsen, weigerte er sich seinerseits, seine konsularischen Protestnoten auf kastilisch abzufassen, und Don Carlos schickte sie ungeöffnet zurück. Nur durch die Ankunft der *US Waterwitch*, dem Schiff, das die Flüsse Paraguays kartographieren sollte, wurde Hopkins vor weiterer Schmach bewahrt. Dem Kapitän gelang es, seinen Konsul an Bord zu holen und ihm zur Flucht zu verhelfen. Amerikanische Seeleute standen an den Kanonen, als das Schiff aus dem Hafen tuckerte. Hopkins, der keine Entschädigung für seine Fabrik oder sein Land erhalten hatte, schwor auf der Fahrt nach Buenos Aires, daß Washington Vergeltung üben würde.

Währenddessen fuhr die *Waterwitch* wieder flußaufwärts, um die Gewässer der Grenze zwischen Paraguay und Argentinien entlang des Rio Paraná zu kartographieren. Der Fluß wurde von einer kleinen Insel geteilt, über die die südlichste der paraguayischen Flußfestungen wachte. Im Süden der Insel gehörte der Fluß zu Argentinien, im Norden zu Paraguay, und der Lotse der *Waterwitch* war sich, was die Fahrrinne anging, nicht sicher. Auf dem Weg durch die südlichen Gewässer fuhr das Schiff auf eine Sandbank auf. Aus der Festung kam ein Kanu mit einem Schreiben für den Kapitän, doch dieser erwiderte, er könne oder wolle nur eine englische Übersetzung lesen, schickte den Brief zurück und steuerte sein Schiff in die nördliche Fahrrinne. Aus der Festung ertönten Rufe, aber die Amerikaner, die kein Wort verstanden, setzten ihren Weg unbeirrt fort. Kanonen wurden abgefeuert, und der Steuermann der *Waterwitch* brach zusammen: Eine Kugel hatte den Bug durchschlagen und ihn am Steuer getötet. Die *Waterwitch* ging mit einem Rad in den Rückwärtsgang, trat den Rückzug an und erwiderte gleichzeitig das Feuer. Dann fuhren die Amerikaner mit ihrem Schiff den Fluß hinunter nach Buenos Aires, wo der Kapitän schwor, daß bald ein Kanonenboot nach Asunción aufbrechen würde.

Unter diesen in doppelter Hinsicht bedrohlichen Umständen brachte Elisa Lynch ihren ersten Sohn zur Welt und nannte ihn Juan Francisco Lynch de Quatrefages. Er sollte sein Leben lang Panchito gerufen werden. Kurz nach seiner Geburt folgten Elisa, der zu ihrem Schutz abgestellte Offizier, die Zofie Julie, das Kind und die Dienerschaft dem General den Silberfluß* stromaufwärts, passierten die Festung, wo das Feuer auf die *Waterwitch* eröffnet worden war, und fuhren, vorbei an der brasilianischen Flotte, die noch in Tres Bocas vor Anker lag, ins Landesinnere des amerikanischen Kontinents.

Sie ließen die Insel Martin Garcia in der Flußmündung und die *porteño***-Gewässer hinter sich und erreichten die der Konföde-

* Die wörtliche Bedeutung von Rio de la Plata

** porteño/a: zu Buenos Aires gehörend

ration, die zu General Urquizas Gebiet gehörten. An den Ufern waren die Anzeichen der jüngsten Belagerung durch seine Armee zu sehen, doch diese wurden weniger, als der Dampfer flußaufwärts tuckerte. Zur Rechten befand sich die Provinz Entre Rios, links die Provinz Santa Fé, die so groß wie Schottland beziehungsweise wie England waren. Der Fluß verzweigte sich zu gewundenen, seichten Kanälen. Die Fahrt nach Tres Bocas, wo sich die Flüsse Paraná und Paraguay treffen, dauerte vier Tage. Im Osten verlief der Paraná an der nördlichen Grenze der Konföderation entlang, und der Rio Paraguay erstreckte sich bis zu den Sierras der Anden im Norden. Hier lagen die brasilianischen Kanonenboote vor Anker und warteten auf ihre Befehle.

Für Reisende hatte Paraguay etwas Mysteriöses an sich; das Land jenseits von Argentinien galt als neu und fremdartig und im Gegensatz zu den Europakopien an der Küste als das andere, das ältere Amerika. Auf der gegenüberliegenden Seite der Grenze wurde das Wasser tiefer und die Fahrrinne breiter, und am Ostufer wucherte üppiges Grün. Die abweisende Schönheit der Landschaft, welche die frühen Reiseberichte schilderten, hatte sich seit der Erkundung durch die ersten Schatzsucher vor dreihundert Jahren nicht verändert.

Sie passierten den ersten Wachposten in Cerrito: eine Aussichtsplattform innerhalb einer Palisade, wo die Männer Maniok und Mais anbauten. Sie unterbrachen ihre Arbeit nur, um sich Namen beziehungsweise Beschaffenheit jedes Reisenden und jedes Frachtstücks zu notieren und die Aufzeichnungen per Pferd und Kanu an Don Carlos weiterzuschicken. Die Mittagshitze war so groß, daß der Lack auf den Decksbohlen Blasen warf, als sie eine Haarnadelkurve im Fluß erreichten. An ihrem Scheitelpunkt am Ostufer stand die Festung Humaitá – die »Schwarzsteinfestung« –, Paraguays wichtigstes Bollwerk gegen eine Invasion. Am Ufer wurde geschossen. Beamte erschienen, um die aus *abajo** mitgebrachten Zeitungen zu beschlagnahmen. Ein Lotse kam an Bord, der sie durch die ständig wechselnden Fahrrinnen

**Abajo*: da unten, ein Begriff, der sich zunächst nur auf Buenos Aires, später auch auf den Rest der Welt bezog.

begleiten sollte, und außerdem ein Soldat, der verhindern sollte, daß die Besitzer von Ferngläsern die Wachhäuser am Ufer betrachteten. *Camalotes* trieben vorbei, frei schwimmende Blumeninseln, die von den Überschwemmungen im Winter vom Ufer losgerissen wurden und auf denen es von Wasserhyazinthen und wilden Tieren wimmelte. Jaguare, die auf einer solchen Insel gefangen waren, verschlug es so bis in die Hafenstädte, wo sie Verheerungen anrichteten, bis sie erschossen werden konnten.

Gewaltige Flächen unbewegten, schlammigen Wassers erstreckten sich auf beiden Seiten: Im Westen lag der noch nicht erkundete Chaco, wo Indianer die selten vorbeikommenden Boote mit Pfeilen beschossen; im Osten reichte das Wasser ins Weideland hinein. Nördlich der Grenze gab es Hunderte von Kilometern *lodazales, pantanos, esteros, banados, carizales* – rote und grüne Überflutungswiesen, die dicht unterhalb des Wasserspiegels des Flusses lagen. In manchen Monaten dörrte die sengende Hitze sie zu grauen Schlammflächen aus, während in anderen, die noch voller Wasser und von Erdwällen eingedämmt waren, das Schilf fast zwei Meter hoch wuchs. Inmitten der Palmen lebten der *pata silbador*, die Pfeifente, kreischende Papageien, quakende Frösche, der Pampaskiebitz, der Löffelreiher, der Truthahngeier, die Schnepfe, der stolz dahinschreitende Ibis, Wasserhühner, Blatthühnchen, die zwischen den *camalotes* herumpaddelten, Kaimane und stumpfnasige Wasserschweine, das *yaguara,* ein kleines Süßwasserkrokodil, anmutige kleine Hirsche, Jaguar, Otter und Gürteltier. Nicht zu sehen, dafür aber bei Dämmerung gut zu hören, waren die Affen in den hohen Palmen.

Die einzigen menschlichen Siedlungen weit und breit waren die Kapellendörfer, die *capilas*, die die Jesuiten zwei Jahrhunderte zuvor gegründet hatten. Stattliche Kirchen voller silberner Gerätschaften und lebensgroßer Heiligengemälde ragten dort immer noch in den Himmel, umgeben von einer Plaza aus gestampfter Erde und Hütten aus Lehmziegeln unter Orangenbäumen. Selbst in Friedenszeiten war diese Gegend fast unberührt und dünn besiedelt. Und da man inzwischen mit den Brasilianern rechnete, trieb sich bis auf die barfüßigen Soldaten auf ihren

Wachtürmen niemand am östlichen Flußufer herum. Bei Dämmerung sah man, wie ihre Kanus, die die Tagesberichte brachten, an den Ufern anlegten. Nachts schliefen sie auf Plattformen, hoch über den Moskitoschwärmen.

Nach fünfzig Kilometern kamen die Reisenden in eine kleine Stadt namens Villa del Pilar. Und als sie sich dem Rio Bermejo näherten, der eisenoxydreiches Wasser von Bolivien über die Ebene des Chaco bis zum Rio Paraguay führt, verfärbte sich der Fluß plötzlich rot. Eine Tagesreise weiter nördlich erreichten sie die Mündung des Rio Tebicuarí, wo sich Inseln mit Feigenplantagen drängten. Die Landschaft am Ostufer veränderte sich, die Marschen wurden trockener und die Wälder dichter, und Paraguay verwandelte sich in einen Orangenhain. Die Hecken bestanden aus mit Schlingpflanzen überwucherten Orangen- und Jasminbäumen, und jede strohgedeckte Hütte stand zwischen einigen Orangenbäumen. Der Duft von Orangen wehte über die Ufer. Die *esteros* wurden von rotem Sandstein abgelöst. Das Gelände wurde hügeliger, und an den Flußarmen waren kleine Dörfer zu sehen. Ein paar Unbeirrbare versorgten noch Maniok und Obstbäume oder kauerten auf Türschwellen und tranken ihren Yerba-Mate aus Kalebassen. Doch die meisten hatten sich ins Landesinnere geflüchtet.

Weiter ging es, vorbei an Viletta, einem einzigen Quadrat aus weißgekalkten Häusern, das sich zum Fluß hin öffnete. Danach kam der Orangenhafen San Antonio, wo auf einem kürzlich gerodeten Stück Land die aufgegebene Zigarrenfabrik des Amerikaners stand. Oberhalb davon befanden sich dichte Wälder und die Stadt Asunción mit Straßen aus dunkelrotem Sand, weißen Häusern und weiteren Kanonen, die nach Süden gerichtet waren. In der Bucht lagen flache Segelschiffe und Ruderboote mit Netzen.

Die Reisegesellschaft stieg vom Dampfer in Boote um, ging schließlich an Land und trat in die kühle Säulenhalle des Hafenbüros. Im Schatten der Palmen drängten sich die Leute und beobachteten die Neuankömmlinge. Drinnen nahm der Leiter des Hafenbüros ein Schild von der Wand und las laut vor.

> *Viva* Republik Paraguay! *Muera* dem widerwärtigen und abstoßenden Tyrann Rosas, dem sogenannten Präsidenten der Konföderation! (Der Text war insofern veraltet, als daß der Tyrann inzwischen nach Southampton geflohen war.) *Muera* dem Verräter Urquiza! (Ebenfalls veraltet, denn General Urquiza war mittlerweile der Architekt des Freihandels auf dem Fluß und ein Freund Paraguays.)
>
> Alle Ausländer, die in das Gebiet der Republik einreisen, müssen sich an die folgenden Regeln halten: 1) Bei einer Begegnung mit einem Soldaten der Republik ist respektvoll der Hut zu ziehen. 2) Beim Gehen auf der Straße nach Dunkelwerden ist stets eine Laterne mitzuführen. 3) Kein Galoppieren auf städtischen Straßen. 4) Im Falle eines Zusammentreffens mit dem Staatsoberhaupt der Republik innerhalb oder außerhalb der Stadt müssen Fußgänger sofort stehenbleiben und den Hut ziehen; Reiter steigen umgehend ab und verhalten sich wie oben erwähnt. 5) Die Geldstrafen, die beim Verstoß gegen diese Vorschriften drohen, hängen im Polizeirevier aus. Unterzeichnet: Carlos Antonio López, 1843.

In Berichten, die die Einreise in das Paraguay von Don Carlos schildern, ist ein immer wiederkehrendes Motiv das des Bauern in Uniform und seiner Lust an der Schikane. Die Beamten ließen die Menschen aus reinem Vergnügen warten und verstreuten ihre Habe auf schmutzigen Tischen. Sie hatten ihre Freude daran, im Interesse der nationalen Sicherheit überflüssige persönliche Fragen zu stellen, die Leute den Mund öffnen zu lassen, damit sie ihre Zungen auf Krankheiten untersuchen konnten, und kleinere Gegenstände aus dem Gepäck zu beschlagnahmen. Elisa allerdings wurde nicht belästigt, und man stocherte weder in ihren Pariser Koffern herum, noch ließ man sie die Zunge zeigen, denn das Gerücht, *el generalito* habe eine einflußreiche Dame eingeladen, war schon bis hierher durchgedrungen. Statt dessen fand eine auf merkwürdige Weise bedeutungsschwangere Zeremonie statt: Es war verboten, daß Ausländer bei der Ausreise mehr ausführten, als sie bei ihrer Ankunft am Zoll angegeben hatten. Elisa Lynch deklarierte an diesem Tag eine Barschaft von 1400

Gramm Gold als ihr persönliches Eigentum. Falls sie Paraguay und den General eines Tages verließ, würde sie diese Summe als Abfindung mitnehmen.

Der General holte sie nicht vom Hafen ab, sondern hatte veranlaßt, daß Elisa, Panchito und die Zofe die erste Nacht in Asunción in einem Haus, eine Straße entfernt vom Hauptplatz, wo er selbst wohnte, verbringen sollten. Das Haus gehörte dem Silberschmied Ramon Franco, der zwar ein wohlhabender und einflußreicher Mann, aber eben nur ein Kaufmann war – kein Herr, kein Diplomat, kein Regierungsbeamter oder Offizier, kein Geistlicher, kein Großgrundbesitzer und auch sonst kein Mitglied der nur wenige Köpfe zählenden weltoffenen Kreise der *asunceno*-Gesellschaft, die gelegentlich wichtige ausländische Besucher mit Empfehlungsschreiben empfing.

Die Stimmung in der Stadt war gedrückt. Hitze, Dunst und roter Staub lagen über den bis auf barfüßige Soldaten menschenleeren Straßen. Der Staatsschatz, die silbernen Kunstgegenstände aus der Kathedrale und das Pulver aus dem Zeughaus waren auf Ochsenkarren weggebracht und in den Dörfern versteckt worden. Die Bewohner hatten ihre Häuser verrammelt und waren geflüchtet. Soldaten biwakierten auf den Plätzen. Beim Anblick des goldhaarigen Geschöpfes in der vom General geschickten Kutsche verstummten die Offiziere mitten im Befehl, und die Männer ließen ihre Gewehre sinken. Hüte wurden von Köpfen gerissen, da die Ehrfurchtsbezeugungen gegenüber allen, die auch nur im Entferntesten mit der Familie López zu tun hatten, der Bevölkerung von Paraguay inzwischen in Fleisch und Blut übergegangen waren. Einige der jungen Männer, die Elisa an jenem Tag sahen, fragten später ihre Offiziere, ob sie aus einer anderen Welt stammte.[2]

Der Offizier geleitete Elisa zu ihrer Gastgeberin Doña Tomasa de Franco, einer Dame, die weder Französisch noch Englisch und vermutlich auch kaum Spanisch sprach. Als der Offizier sich verabschiedete, um dem General Meldung zu machen, blieben Elisa, Julie und das kleine Kind also mit einer unverständliches Zeug redenden Frau zurück, die barfuß ging und kleine Zigarren rauchte. Kurz vor neun wurde die Stille in der fast menschenleeren Stadt von Trommelwirbel durchbrochen, der von der Plaza de Gobierno herüberhallte und das Ende des Tages ankündigte. Um Punkt neun läuteten die Glocken der Kathedrale die *queda*, ein ohrenbetäubendes Geräusch, das Stille anordnete. Wer noch in der Stadt war, schloß sich hinter den dicken Mauern von Schlafzimmern ein, die karg mit »einem hölzernen Bett, einer Matratze, einem unbezogenen Kissen und einer Baumwolldecke«[3] ausgestattet waren. Die Ruhe wurde nur von den Soldaten unterbrochen, die sich während ihrer Patrouillengänge flüsternd unterhielten, sowie von denen, die aus wichtigen Gründen die Erlaubnis hatten, ausgestattet mit einer Laterne, gegen die Ausgangssperre zu verstoßen.

General López befand sich in einer schwierigen Lage. Auch wenn er es Elisa möglicherweise noch nicht eröffnet hatte, war es allgemein bekannt: Er hatte bereits eine langjährige Geliebte, die mit ihrem zehnjährigen Sohn Emiliano und ihrer achtjährigen Tochter Adelina in Asunción lebte. Die Dame hieß Juana Pesoa, und der General hatte sie in Villa de Pilar kennengelernt, als er achtzehn und gerade zum General befördert worden war. Sie war einige Jahre älter als er. Ihre Liaison war zwar durch seine Reise nach Europa unterbrochen worden, doch der General beabsichtigte nicht, sie aufzugeben. Viele der Kisten, die man in Bordeaux auf die *Tacuarí* verladen hatte, waren bereits in Juana Pesoas Haus ausgepackt worden, als man Elisa Lynch in Señora de Francos kleines Gästezimmer führte.

Vermutlich empfand Doña Tomasa den Abend als ebenso anstrengend wie ihre Besucherin. Da sie die weichen Endungen des Französischen nicht gewohnt war, sprach sie Elisa mit *Madama* an, der Name, unter dem sie schließlich in Paraguay bekannt werden sollte.

Der General konnte Elisa und Panchito nicht viel Zeit widmen. Er hatte die Rückkehr eines Gesandten angeordnet, den Don Carlos losgeschickt hatte, um mit dem brasilianischen Admiral an der Grenze zu verhandeln. Den Großteil des Februar verbrachte er in der Festung Humaitá, um den Bau der Befestigungsanlagen zu überwachen. Am 15. März traf der Admiral mit seinem Flaggschiff in Asunción ein. Tag um Tag saßen er und der General in der *casa de gobierno** am Fluß zusammen und tauschten Vorschläge und Gegenvorschläge aus, wie man die im Vertrag von San Ildefonso so schlecht definierten Grenzen besser ziehen könne. Sie kamen nicht zu einer Einigung, unterzeichneten jedoch einen Freundschaftsvertrag, in dem sie die Schiffahrt und den Handel regelten. Darin wurde das Recht Brasiliens anerkannt, ungehindert zum Mato Grosso zu fahren. Ein Kanonensalut von einundzwanzig Schüssen stellte die verletzte Ehre des Reiches wieder her, und die Asuncenos kehrten zurück, ebenso die Wagen mit den Wertsachen. Die Silberstatuen wurden in ihre Nischen in der Kathedrale gestellt, und die Marktfrauen eröffneten ihre Stände auf den Plätzen.

Asunción war eine kleine Stadt, eingezwängt zwischen dem Flußufer und den Wäldern, mit holperigen roten Straßen und hellen Lichtverhältnissen. In den frühen Morgenstunden, wenn die Luft noch kühl war, saßen die Männer auf den Stufen vor ihren Häusern und brauten Yerba-Mate, den wohlduftenden, beruhigenden Tee, den die ganze Nation Tag und Nacht trank. Die Frauen kamen, barfuß und im Gänsemarsch, von den Feldern. Das dunkle Haar fiel ihnen offen den Rücken hinunter und war über der Stirn zu Ponyfransen geschnitten. Körbe und Wasserkrüge auf den Köpfen und Zigarren im Mund, besetzten sie den Hafen, die Säulengänge der Kathedrale und den Marktplatz, wo sie sich »inmitten von Obst, Gemüse und einer kauflustigen Kundenschar auf dem Boden niederließen«[4] oder Mais zermahlten, indem sie zu zweit oder zu dritt um einen hölzernen Mörser herumstanden und abwechselnd hineinstießen. Aus den dämmrigen Häusern kamen Sklaven, um einzukaufen und zu fragen, ob jemand den General, seine *querida*** oder das Kleine gesehen habe. Niemand erwähnte Don Carlos, denn seine *piragües* waren überall, die »Federfüßigen«, die schon immer unter den Paraguayern lebten wie die Hausgötter eines Stammes: geduldet, gefüttert und allgemein gefürchtet.

* Dem Regierungssitz

** *Querida/querido*: Liebling

Es gab zwei große Plazas, große staubige mit Grasbüscheln und Erde bedeckte Plätze, um die in unregelmäßigen Abständen die Gebäude standen, so daß durch die Lücken das offene Land zu sehen war: den Mercado Guazú*, wo der General wohnte, und die Plaza del Gobierno, eine Straße weiter, die auf das sandige Flußufer hinausging und einen Blick über die Ebene bot. Hier erhob sich die neue Kathedrale, gedrungen, im neoklassischen Stil, mit Säulengängen, wo die Frauen Obst und Brot verkauften. Don Carlos' Haus nahm die Hälfte der einen Seite des Platzes ein; daran grenzte die *casa de gobierno*, wo hin und wieder der Kongreß zusammentrat und die zum Teil ein mit einem Balkon versehener Palazzo, zum Teil Baustelle war. Für die Sicherheit waren drei verschiedene Wachkorps zuständig, die auf den gebrüllten Befehl eines Offiziers hin gelegentlich ihre Gewehre präsentierten. Sie trugen die neuen aus Frankreich importierten Uniformen; die scharlachroten Hemden und die blauen Kappen hoben sich hell vom bräunlichen Staub ab. Zwischen der Kathedrale und dem dahinter liegenden Priesterseminar huschten die Geistlichen hin und her. Ab und zu war auch die würdige Gestalt von Padre Maíz mit der ernsten, undurchdringlichen Miene zu sehen. Dank seiner Tätigkeit als Hauslehrer der López-Jungen war er rasch in Paraguays Kirche aufgestiegen und hatte es zum Leiter des Priesterseminars und zum ständigen Berater von Don Carlos gebracht. Minister der Regierung pendelten, gefolgt von einer Karawane aus Sklaven, Schreibern und Privatsekretären – jungen Männern, die dem Präsidenten auf den Bänken der Escuela de Matemáticas aufgefallen waren –, zwischen dem Haus des Präsidenten und der *casa de gobierno* hin und her.

Die einzige Kutsche, die in Asunción in Gebrauch war, kam ein- oder zweimal täglich aus den Ställen hinter Don Carlos' Haus. Ein Neuankömmling schilderte die Szene wie folgt: »Drei Staatsminister lehnten sich aus einem Fenster und lutschten Orangen«;[5] sie warteten darauf, daß sich etwas bewegte, damit sie nach Hause laufen, einen Hut aufsetzen und sich bereit halten konnten, diesen zu ziehen, sobald sich Don Carlos zeigte.

* *Guazú*: »groß« auf guaraní

War sein eigener Hut weiß, hatte er gute Laune. Trug er einen schwarzen, hatte er schlechte, ein Code, den ganz Ansunción verstand. Seine Kutsche wurde von sechs Pferden gezogen, hatte jedoch keinen Kutscher, da es eine Beleidigung gewesen wäre, wenn dieser Don Carlos auf dem Kutschbock den Rücken zugekehrt hätte. Die Pferde wurden von drei Soldaten gelenkt, von denen jeder, ein Schwert über der Schulter, auf einem der drei linken Pferde saß. Der vorderste schwenkte eine furchterregende Peitsche. Wenn der Präsident erschien, stimmten Trompeter die Nationalhymne an. Dieser forderte dann Ruhe und beschimpfte sie und ihre Instrumente, während er seine beleibte Gestalt in die Kutsche hievte. Wer keinen Hut aufhatte, versteckte sich hinter einer Säule. Dann jagte die Kutsche in Richtung Hafen, zum Haus von La Presidenta oder zum Mercado Guazú davon, wo Don Carlos erneut Ruhe verlangte und durch die Flure zum Büro seines Sohnes walzte, so schnell sein Leibesumfang es ihm gestattete, denn es machte ihm Spaß, seinen gerissenen, eigensinnigen Sohn zu überraschen und ihm über die Schulter zu schauen.

Die Stadt füllte sich mit nackten Kindern, die rauchten. Es wimmelte von Mulatten- und Negersklaven. Am Hafen breiteten die Payagua-Indianer ihr kläglich geringes Warenangebot auf der Plaza vor dem Zollhaus aus und tranken *caña**, bis sie einschliefen. Dazwischen rumpelten Ochsenkarren mit hohen Seitenwänden herum, die Yerba in festgepreßten und in Leder verpackten Ballen herbeibrachten, um sie nach Buenos Aires zu verschiffen. Wo die Stadt im Osten in Felder und rote Pfade überging, exerzierten Soldaten vor der städtischen Garnison an der Plaza San Francisco, und Karawanen von Negern, Sträflingen und Staatssklaven schlurften in Ketten zu den Ziegeleien.

Die Häuser entlang der ungeteerten Straßen waren niedrig und im pompeianischen Stil, »geschmückt mit viereckigen Stützpfeilern im Basrelief und zartbraun oder violett gefärbt, durch die breiten, offenen Türen sieht man den dahinter liegenden Hof mit Säulengang«.[6] Die Ziegeldächer, Leibungen und Fensterrah-

* Rum

men folgten alle, bergauf, bergab, dem Verlauf der abschüssigen, gewundenen Straßen. Die Zimmer waren kühl und dämmrig mit dunkel verputzten, einem Meter dicken Wänden, Backsteinböden und Holzmöbeln, ein paar bemalten Holzstühlen an der Wand und einem Tisch. Vor jedem Haus spendete eine Veranda mit Säulen Schatten und schützte die Wände aus Lehmziegeln vor den sintflutartigen Regenfällen im Sommer. Die Frauen gingen mit Wasserkrügen auf dem Kopf herum. Sie trugen ein weißes Gewand namens *tipoi*, ein lockeres Kleidungsstück mit Gürtel, das den Großteil der Schultern frei ließ. Nackte kleine Mädchen folgten ihnen, ebenfalls mit winzigen Krügen beladen. Damen der besseren Gesellschaft verbrachten ihr Leben in der *sala*. Sie wurden von Sklaven bedient, verdösten oder verträumten den Tag, beteten ihren Rosenkranz oder saßen an den winzigen, unverglasten Fenstern, die zur Straße hinauszeigten, um – wegen der Dunkelheit in den Zimmern – ungesehen das Leben draußen zu beobachten. Sie schlummerten im Garten in Hängematten zwischen den Orangenbäumen und warteten, daß die Sklaven mit den neuesten Nachrichten aus der Stadt sowie über den General und die Frau, die er aus Paris mitgebracht hatte, vom Markt nach Hause zurückkehrten.

Es kamen nur wenige Fremde nach Asunción, weshalb die Damen der Stadt darauf brannten, ihnen Besuche abzustatten. Da es um diese Jahreszeit so heiß war, geschah das am frühen Morgen. Die Damen quälten sich in schwere, unbequeme europäische Kleider, zwängten ihre Füße in Schuhe und machten sich langsamen Schrittes und begleitet von Sklaven auf den Weg. Blumen wurden überreicht, und wenn die Besucherin jung und die Gastgeberin schon älter war, sagte sie: »Ich habe letzte Nacht von Ihnen geträumt«,[7] um ihren Respekt zum Ausdruck zu bringen. Yerba-Mate wurde getrunken, und man drehte und rauchte Zigarren. Doch obwohl Madame jeden Morgen in Doña Tomasas *sala* wartete, ließ sich keine Dame blicken. Nur die Offiziere, die Blumen vom General brachten, oder einige Kaufleute, die Umsatz witterten, sprachen bei ihr vor. Mittags zogen sich die Damen wieder in ihre Häuser zurück, wo sie sich leichter kleiden und barfuß laufen konnten. In der unerträglichen Hochsommerhitze bewegte sich draußen niemand, bis auf die rotgesichtigen blonden Ausländer am Hafen und die *piragües*, die sich zur Berichterstattung auf der Plaza del Gobierno versammelten.

Wenn es dämmerte, luden die Marktfrauen die Körbe auf ihre Köpfe und machten sich im Gänsemarsch auf den Rückweg zu den Feldern. Die Anführerin trug eine Fackel, an der sich alle ihre Zigarren anzünden konnten. Die Ausländer verließen den Hafen, und Madame unternahm, eskortiert von Offizieren, einen Ausritt mit einem der Pferde des Generals, entweder am Flußufer oder zum zuckerhutförmigen Hügel, der am grünen Rand der Stadt in Lambaré lag. Bei Dämmerung läuteten die Glocken, die Fensterläden wurden wieder geschlossen, die Fledermäuse erwachten und verließen ihre Nester aus Schilf und Lehm. Dann war nichts mehr zu hören außer der *queda*, den schlurfenden Schritten halbwüchsiger Soldaten und dem Raunen der Spione. Der General war beschäftigt. Niemand schien sich mit Elisa anfreunden zu wollen. Nur selten trafen Zeitungen aus Buenos Aires ein, und die Dampfer, auf die die Redaktionen angewiesen waren, um überhaupt Nachrichten aus Europa zu erhalten, kamen noch viel seltener, denn Großbritannien und Frankreich beschlagnahmten Schiffe für den Krieg gegen den Zaren. Manchmal stattete der General Elisa abends einen Besuch ab. Doch tagsüber verging sie vor Langeweile.

Dann teilte der General Elisa mit, sein Vater wünsche sie zu sehen.

Don Carlos war ein Koloß von Mann mit einem gewaltigen, birnenförmigen Schädel, auf dem stets ein riesiger Hut saß. Britische Besucher hatten angemerkt, er sähe George IV. auf eigenartige Weise ähnlich. Der Diktator hatte sein Land noch nie verlassen und hegte auch nicht die Absicht, es zu tun. Die ausländischen Fachkräfte, die sein Sohn mitgebracht hatte, betrachtete er mit widerwilligem Respekt, denn diese Männer waren nun einmal wichtig für die Entwicklung Paraguays und Fachleute wie sie im Land selbst nicht zu finden. Allerdings erstreckte sich diese Hochachtung nicht auf Elisa. Als Don Carlos von ihrer Ankunft erfuhr, bezeichnete er sie als Franciscos *hembra*, eine ausgesprochen abfällige und rüde Bezeichnung für eine Frau, und auch seine Bemerkung am Ende ihres kurzen Gesprächs war nicht sonderlich aufmunternd.

»Staatsmänner«, so sagte er Elisa, »sind nicht für die Liebe gemacht. Francisco hat eine große Verantwortung, und es kann jederzeit geschehen, daß er meine Nachfolge antreten muß. Wer eine derartige Last trägt, darf keine anderen Verpflichtungen eingehen. Offiziell kennen wir Sie nicht.«[8]

Elisa Lynch war es bereits gelungen, sich Zutritt zu zwei schwierigen Milieus zu verschaffen, und zwar als Soldatenfrau in Algerien und als Kurtisane in der Rue Tronchet. In Algerien hatten der französische Staat und ihr Status als verheiratete Frau sie geschützt. In Paris war sie die Einheimische und Ortskundige gewesen, der General hingegen ein Fremder. Nun, in Paraguay, hatten sich die Rollen umgekehrt, und wegen der Feindseligkeit, die Elisa zu ihrem Erstaunen von allen Seiten entgegenschlug, war sie ganz und gar von seinem Wohlwollen und seiner Zuneigung abhängig.

Zu den Feierlichkeiten anläßlich der Unterzeichnung des Vertrages mit Brasilien war sie nicht eingeladen, was allerdings auch für Juana Pesoa galt. Der General wohnte Staatsakten grundsätzlich als Junggeselle bei und ließ seine beiden Frauen zu Hause. Doch Elisa konnte auch einen kleinen Sieg verbuchen: Sie wurde der einzige Mensch in Asunción, abgesehen von Don Carlos, der eine Kutsche besaß. Wie es dem General gelang, seinen Vater dazu zu überreden, seiner Geliebten eine Kutsche zu gestatten, während alle anderen Einwohner auf seinen Befehl hin ihre Fahrzeuge hatten wegschließen müssen, bleibt rätselhaft. Aber Elisa bekam ihre Kutsche, gleichzeitig ein Symbol der Unabhängigkeit und ihres Durchsetzungsvermögens.

Als es Winter wurde, trafen sichtlich mehr Ausländer in Asunción ein, und es herrschte geschäftiges Treiben. Die Männer arbeiteten Akkord, zwölf Stunden am Tag, von Montag bis Freitag sowie den halben Samstag. Etwa jede Woche legte ein ausländisches Schiff in der Bucht an und brachte weitere rotgesichtige und trinkfeste Engländer oder Schotten, einige mit Frauen und Kindern, dazu Kisten mit Industriemaschinen aus Limehead, Liverpool und Bordeaux. Die Einwohner Paraguays starrten die Neuankömmlinge in ihren merkwürdigen und unbequemen, unzähligen Schichten von Kleidern, den unpraktischen Krinolinen, die nicht durch Türen paßten, und den engen Schühchen, von denen man Fußschmerzen bekam, entgeistert an. Und die Fremden konnten ihrerseits den Blick nicht von den dunkelhäutigen, anmutigen Frauen abwenden, die sich, mit glitzerndem Goldschmuck behängt, in ihren *tipoi* frei bewegen konnten; und so etwas wie die Männer mit ihren weißen Röcken, den Ponchos und den schweren Silbersporen an den nackten Füßen hatten sie ebenfalls noch nie gesehen.

Jeder schien seinen Teil zur Verwandlung von Paraguay beizutragen. Die Konsuln schickten Berichte nach Hause, in denen von den Möglichkeiten in Handel und Industrie die Rede war. Ingenieur Whytehead hatte einen äußerst positiven Eindruck hinterlassen und arbeitete nun an dem ersten Dampfer, der in einer paraguayischen Werft vom Stapel laufen sollte. Gießermeister Richardson hatte die Produktion in der Gießerei Ybicui am Stadtrand von Asunción angekurbelt. In Humaitá wurde die »Londoner Festung«, die mit britischen Geschützen ausgestattet werden sollte, unter ausländischer Leitung von Sträflingen gebaut. Kapitän Morice bildete eine paraguayische Mannschaft aus, die die mit der *Tacuarí* aus Europa eingetroffenen Seeleute und Heizer ersetzen würde. Mit jedem Schiff kamen weitere Ausländer, zum Beispiel »Mechaniker«, »Handwerker«, »Ingenieure« und »Maschinisten«, die von den Blyths angeworben worden waren. Sie bezogen Junggesellenquartiere, die ihnen die Regierung zur Verfügung stellte, und zwar in einem Haus am Fluß, das *el Castillo*, das Schloß, hieß, weil es über zwei Stockwerke verfügte. Sie bildeten die Vorhut der wohl größten und homogensten Gruppe ausländischer Facharbeiter, die sich je in einem spanisch-amerikanischen Land niederlassen sollte. Nur Madame Lynchs Rolle in diesem Verwandlungsprozeß blieb unklar, denn eine Dame in ihrer Position hatte es in Paraguay bislang nicht gegeben. Die Funktion einer *maîtresse en titre* kannte man hier nicht, denn es existierten weder die Demimonde noch die gesellschaftlichen Kreise, in denen derartige Rollenbilder entstehen konnten. Elisas in Frankreichs Salons erprobten Fähigkeiten galten nichts in einer Gesellschaft, die keine Salons besaß.

Auch während der Fahrt auf dem Dampfer, der sie nach Asunción brachte, hielt Madame sich an ihre Geschichte, hinter der sie sich tarnen konnte, bis eine zufriedenstellende Lösung für ihre eheliche Situation gefunden war und sie entschieden hatte, ob sie überhaupt bleiben wollte. Allerdings waren Benigno López und die übrigen Mitglieder der Delegation schon vor ihr eingetroffen. Benigno hatte sich in seinen Briefen nach Hause bereits über Franciscos Geliebte ausgelassen. Die anderen Delegationsmitglieder mochten sich zwar gegenüber Elisa als der Gefährtin des Generals höflich verhalten, doch als sie ihren Freunden und Verwandten von ihren Erlebnissen in Europa berichteten, fielen ihre Schilderungen sicher weniger schmeichelhaft aus. Außerdem war Elisa nicht die erste von López' europäischen Rekruten, die Paraguay erreichten, denn Ildefonso Bermejo und seine spanische Braut Doña Purificación waren bereits von Bord des Dampfers von Liverpool nach Buenos Aires gegangen und den Fluß hinaufgefahren. Sie wohnten beim General, bis ihr eigenes Haus bezugsfertig war.

Ildefonso Bermejo hatte Spanien aus nicht näher erwähnten politischen Gründen verlassen müssen und in Paris die Bekanntschaft des Generals gesucht. Er schien der richtige Mann für das neue Paraguay zu sein, denn er konnte angeblich Theaterstücke schreiben, Regie führen, ein Ensemble gründen, unterrichten, übersetzen und eine Schule leiten. Seine Braut, damals noch seine Verlobte, hatte der General noch nicht kennengelernt, doch die Dame behauptete, adeliger Abstammung zu sein, und hatte ausgesprochen übersteigerte Vorstellungen von ihrer eigenen Bedeutsamkeit. Ohne einen Gedanken an ihre Position als Gast und die ihres Mannes als Angestellter von Don Carlos zu verschwenden, hatte sie bei Elisas Ankunft bereits die Gerüchteküche gegen sie in Gang gesetzt.

»Sie hat ihren Körper verkauft«, zeterte Doña Pura, »und zwar in jedem Bordell von Paris, und jetzt ist sie ... des Geldes wegen ... hier, um die Konkubine eines Despoten zu werden.«[9]

Seit Madame ihren Mann verlassen hatte, versicherte Doña Pura allen, die ihr zuhörten, habe sie sich im Kurort Baden-Baden schamlos mit einem englischen Lord gezeigt. In Madrid habe sie ihren spanischen Geliebten erst um den Finger gewickelt und dann gedemütigt. Anschließend sei sie nach London weitergezogen, wo sie einen Bankier ausnützte und ruinierte. Sie habe sogar, so lästerte Doña Pura, in Rom Kardinal Antonelli becirct, bevor sie zu guter Letzt den jungen General verführte. Ihre Geschichten machten auf den Veranden von Asunción die Runde, wo wegen der Rückkehr des Generals ohnehin schon aufgeregt getuschelt wurde. Die Reaktion der Mutter des Generals löste allgemeinen Beifall aus. »Diese Frau«, so sagte sie Berichten zufolge, »wird keinen Fuß in mein Haus setzen.«[10] Und so schlug Madame, als sie mit ihrem Kind und ihrer uniformierten Eskorte eintraf, nur frömmelnde Ablehnung entgegen.

Asunción hatte zwanzigtausend Einwohner. Etwa einhundert Familien gehörten zur besseren Gesellschaft, die ausländische Gemeinde bestand aus knapp zehn Familien. Und nun hatten die einflußreichsten Damen beider Kreise das Urteil gefällt, daß Madame böswillig, moralisch verkommen, habgierig und verschlagen sei. Sie zeigten ihr auf der Straße die kalte Schulter und erwiderten die Geste nicht, wenn einer ihrer Diener ihre Visitenkarte überbrachte. Wenn Elisa einen Laden in der Calle Palma betrat oder zur Messe ging, machten alle einen großen Bogen um sie. Die Ballsaison in Asunción, die in den kühleren Monaten eröff net wurde, fand zwar in bescheidenem und provinziellem Rahmen statt, war allerdings beschwingt. Dennoch konnte der General es sich nicht erlauben, gegen die Konventionen zu verstoßen, indem er seine Geliebte zu Festen ausführte, bei denen auch seine weiblichen Verwandten anwesend waren. Elisa durfte zwar, begleitet von ihrer Zofe oder einem Offizier, öffentliche Feierlichkeiten besuchen, doch sich eine Einladung in ein Privathaus – einschließlich das des Generals – zu verschaffen, war schon um einiges schwieriger. Jedoch war Elisa aufgefallen, daß La Presidenta und ihre Töchter die Bälle stets um Mitternacht verließen. Das, so ließ sie daraufhin überall verbreiten, sei die Zeit, zu der man in Paris für gewöhnlich bei einem Empfang erschiene. Und so war der mitternächtliche Besuch von Festlichkeiten eine der ersten Moden, die sie in Paraguay einführte.

Im ersten Jahr ihres neuen Lebens fühlte Elisa sich elend und saß, was ihr öffentliches und ihr privates Leben anging, zwischen den Stühlen. Auf gesellschaftliche Kontakte wie in Paris mußte sie verzichten, da hier schlichtweg die Begegnungsmöglichkeiten für Frauen in ihrer Position fehlten. Asunción besaß weder Restaurants noch Theater, Oper oder Konzertsaal. Auch Parks, Ausfahrten in der Kutsche, Glücksspiele, Tanzsäle, Teestuben, Einkaufsarkaden, Modistinnen oder Jahrmärkte waren hier unbekannt, und selbst wenn es sie gegeben hätte, hätte Elisa außer ihrer Zofe keine Begleiterin gehabt. Hin und wieder fand ein Pferderennen am Fluß statt, doch der General weigerte sich, sie dorthin auszuführen, da ein Mitglied seiner Familie anwesend hätte sein können. Allerdings blieb ihr ein wirkliches Privatleben ebenso verwehrt wie ein gesellschaftliches, denn die Spione und die Tratschweiber draußen auf dem Markt sorgten dafür, daß sich jede Einzelheit ihrer Beziehung mit dem General in Windeseile in der Stadt verbreitete.

Der Haß, der Madame entgegenschlug und ausschließlich gegen sie gerichtet war, war etwas Neues, denn schließlich hielten sich alle Söhne der Familie López eine Geliebte. Einige von ihnen stammten wie Juana Pesoa aus angesehenen Familien, und dennoch provozierte keine von ihnen eine derartige Abneigung. Juana war die Schwägerin eines reichen Kaufmannes aus Asunción. Sie lebte auch weiterhin bei ihrer Familie, und daß sie López' uneheliche Kinder geboren hatte, schmälerte ihr Ansehen keineswegs. Auch die Hauptmätressen der anderen López-Brüder kamen aus bekannten und wohlhabenden Familien, machten weiterhin Besuche und wurden auch empfangen. Allerdings unterschied sich Madame auf auffällige Weise von diesen Frauen, denn sie war im Gegensatz zu den übrigen Geliebten verheiratet und hatte eine sexuelle Vergangenheit. Außerdem war sie Ausländerin – und zwar eindeutig und weithin sichtbar –, also ein Indiz dafür, wie sehr sich der General inzwischen von seinen Landsleuten entfernt hatte. Es hieß, er sei »der Engländerin« hörig und stünde unter ihrem Pantoffel, und man behauptete sogar, sie könne ihm jeden beliebigen Plan einreden und ihn gegen sein eigenes Volk aufhetzen, und übe zudem einen unnatürlichen und gefährlichen Einfluß auf ihn aus.

In Asunción gab es eine junge, sehr angesehene Frau, die ausgesprochen stolz auf ihr reines spanisches Blut war. Vor der Auslandsreise des Generals hatte man ihren und seinen Namen in einem Atemzug genannt. Offenbar hatte er eines Nachts versucht, in ihr Zimmer einzusteigen. Einige meinten, er habe vorgehabt, sie zu vergewaltigen, andere sagten, es sei nur ein Jugendstreich ohne böse Absichten gewesen. Jedenfalls bekam er einen Korb und brach kurz darauf nach Europa auf. Als er mit Elisa zurückkehrte, war Pancha Garmendia – wie manche behaupteten – erleichtert, da sie wohl befürchtet hatte, er könnte sie wieder mit seinen Aufmerksamkeiten bedrängen. Andere hingegen deuteten an, sie könnte auch erbost gewesen sein, da sie es auf eine Ehe, nicht auf eine Affäre abgesehen hatte, eine Chance, die nun in weite Ferne gerückt war. Doch ganz gleich, ob Pancha selbst den Verlust des Generals nun gleichgültig hinnahm oder nicht, war er doch die beste Partie Paraguays gewesen, weshalb Elisas Anwesenheit vielen Müttern sicher einen Strich durch die Rechnung machte.

Um sich ihre Privatsphäre zurückzuerobern und sich gleichzeitig einen Platz in der Gesellschaft zu sichern, blieb Elisa nur eines übrig: Sie mußte sich Kreise schaffen wie jene, in denen sie in Paris verkehrt hatte, um ihre Einsamkeit zu durchbrechen und sich gleichzeitig vor neugierigen Blicken zu schützen. Und dazu war zuerst ein eigener Haushalt nötig. Der General baute bereits ein neues Haus für sich auf dem Mercado Guazú und eines für Madame auf der anderen Seite des Platzes in einer Straße namens Calle Fábrica de Balas – in der Kugelfabrikstraße. Es war ein symbolträchtiger Ort, nur wenige Meter von der Plaza del Gobierno, der Kathedrale und dem Haus von Don Carlos im Stadtzentrum entfernt, wo es von Spionen und Gerüchtemachern nur so wimmelte. Wenn Elisas Kutsche die Stallungen hinter dem Haus verließ, bemerkten die *piragües* es sofort. Ihr Fahrtziel war allgemein bekannt, ebenso was sie eingekauft hatte, ob sie wohlwollend empfangen worden war, welches Kleid sie trug und auch die Farbe ihres Sonnenschirms. Die Spione waren über den Inhalt jeder Kiste europäischer Wunderdinge im Bilde, die von einem Schiff in der Bucht an ihrer Hintertür angeliefert wurde. Sie beobachteten, wann der General ihr einen Besuch abstattete und wie lang er blieb. Sie erfuhren es, wenn einer seiner Adjutanten mit einem Blumenstrauß und einer Entschuldigung des Generals bei der Dame vorsprach. Sie wußten, was sie aß und trank, wie oft ihre Sklaven die Bettwäsche wuschen, was sie allmorgendlich zu Henri Caston sagte, wenn er ihr das Haar richtete, und welche Worte sie mit Julie wechselte, wenn diese es abends wieder löste. Und außerdem waren sie darüber informiert, daß der General selbst *piragües* in ihren Haushalt eingeschleust hatte.

Der General finanzierte Elisas Haus aus seinem beträchtlichen Einkommen. Die Funktion des Gebäudes entsprach der Rolle seines Besitzers, die wie bei Elisa gleichzeitig öffentlich und privat war. Deshalb wurde das Haus in der Calle Fábrica de Balas in einer Art und Weise ausgestattet, wie man es in Asunción noch nicht gesehen hatte. Bald sollte es Schauplatz vieler Empfänge werden, die in anderen Ländern im königlichen Palast oder im Regierungssitz stattfanden, denn weder Don Carlos noch La Presidenta verfügten über das Talent zum Gastgeber oder hatten große Lust dazu. Und so erfüllte Elisas Haus den Zweck, sowohl seinen Besitzer als auch das neue Paraguay ins rechte Licht zu rücken.

Und man zerriß sich nicht nur in Asunción die Mäuler darüber.

4

Paraguays Experimente mit ausländischen Einflüssen blieben nicht unbemerkt im benachbarten Ausland, insbesondere die Rolle, die Madame Lynch in diesem Zusammenhang spielte, erregte das Interesse eines Zeitungsredakteurs in Buenos Aires. Die vor kurzem gegründete und fortschrittlich eingestellte *La Tribuna* hatte den General bei seiner Heimkehr aus Europa begeistert willkommen geheißen und seiner »jungen und so schönen Republik« gutes Gelingen gewünscht. Herausgeber des Blattes war Hector Varela, in Uruguay geboren, *porteño* durch Adoption und ehemaliger Vertreter Argentiniens in Madrid, Turin und Barcelona. Varela war ein gebildeter Mann, der seine Meinung leidenschaftlich vertrat und eine Schwäche für die Damenwelt hatte. Die ausländischen Schiffe mit Fachleuten, Ausrüstung und Materialien für Paraguay an Bord, die in jenem Jahr in Buenos Aires anlegten, waren ihm nicht entgangen. Außerdem stellte er fest, daß Reedereien in seiner Kolumne *Marittima* Anzeigen schalteten, in denen sie Fracht- und Passagiertransporte nach Asunción offerierten. Er hatte über drei Schiffe mit französischen Kolonisten berichtet, die im April, im Juni und im Juli auf dem Weg nach Paraguay in Buenos Aires Station gemacht hatten, und dabei auch die Gerüchte der Seeleute aufgeschnappt, die Leute seien unzufrieden.

Im September schiffte er sich in Begleitung einer Dame ein und fuhr nach Norden. Der Kapitän des Schiffes hatte bereits Elisas Bekanntschaft gemacht. »Seien Sie vorsichtig«, warnte er seine Passagiere, »was Sie sagen und mit wem Sie sprechen. In Asunción gibt es viele, die neidisch auf Madame Lynch sind. Sie dürfen diesen Leuten nicht unbesehen glauben. Madame ist eine vornehme Dame und gütig und reizend gegenüber jedermann ... Asunción wimmelt von Spionen.«[1]

Die Kundschafter entlang des Flusses arbeiteten schneller, als der Dampfer vorankam, so daß die Passagierliste bei Varelas Eintreffen schon im Hafenbüro vorlag. Hauptmann Aguiar, ehemaliger Angehöriger der Europa-Delegation, erwartete Varela, um ihn zum neuen Haus des Generals zu bringen. Don Carlos hatte kein besonderes Interesse an diesem Besucher, der schließlich aus der verwirrenden Welt des *abajo* kam, zu der sein ältester Sohn ihm als Vermittler diente. Immerhin: Die beiden Männer kannten einander nicht sehr gut und waren ängstlich darum bemüht, einen guten Eindruck bei ihrem Gegenüber zu hinterlassen. Varela stand vor einem »jungen Mann, eher klein als groß, elegant mit ungezwungenem Betragen und einem einnehmenden, ausdrucksvollen Gesicht«. Ihm fiel auf, daß der General Elisa in ihrem Gespräch ohne Scheu erwähnte. Als er sich verabschiedete, beobachtete er Hauptmann Aguiar, der sich mit einem Blumenstrauß auf dem Weg zum Haus in der Calle Fábrica de Balas befand.

Varela und seine Begleiterin waren Gäste im Haus von Bekannten, Mitgliedern von Paraguays besserer Gesellschaft, weshalb der Journalist damit rechnete, in der *sala* von Señora de Jovellanos den wohlhabenden Kreisen vorgestellt zu werden. Um sieben Uhr morgens trafen die Herrschaften tatsächlich mit Blumen und besten Wünschen ein. Damen wurden von Sklaven hereingeführt, man servierte Yerba-Mate in silbernen Kalebassen, und nachdem die Zigarren angezündet waren, wendete man sich dem Thema zu, das die ganze Stadt am meisten fesselte.

»Der erste Name, der ihnen über die Lippen kam«, schrieb Varela, »und zwar in recht unschmeichelhafter Weise, war der von Elisa Lynch ... Das allgemeine Lieblingsthema war das Leben, das Elisa Lynch hier führte: ihre Schönheit, ihre Eleganz, der Luxus, den sie genoß, ihre Fähigkeit, zu verführen und zu bezaubern ...«[2] Man erklärte ihm, daß die weiblichen Mitglieder der Familie López sich weigerten, Madame Lynch zu empfangen, und daß alle anständigen Frauen sich abwandten, wenn sie sie auf der Straße trafen. Der General fresse der Hexe aus der Hand und sei ihr hörig, hieß es weiterhin. Sie hingegen räche sich an denen, die ihr die kalte Schulter zeigten, indem sie ihn gegen sie aufhetzte.

»Sie ist *una malvada*, eine böse Frau«, beteuerte eine Dame aus der Familie Gil. »Es wird ein großes Unglück geben, wenn sie nach dem Tode des Präsidenten hierbleibt, wir werden *muy desgraciadas* sein.«[3]

Doña Pura de Bermejo rauschte herein, fest geschnürt, in Handschuhen und kochend vor Wut, und erzählte Varela alles, was sie über Madames Pariser Vergangenheit zu wissen glaubte, angefangen vom Bankier und dem englischen Lord bis hin zum Kardinal.

> Seit sie hier ist [berichtete sie Varela], läuft sie mir nach, besucht mich, schickt mir Geschenke und erniedrigt sich, indem sie sich um meine Freundschaft bemüht. Ich habe sie streng, ja, sogar unhöflich abgewiesen. Wenn sie mich aufsuchen wollte, ließ ich mich von meinen Dienstboten verleugnen. Wenn sie mir ein Geschenk zusandte, schickte ich es zurück. Wenn ich sie zufällig in der Öffentlichkeit traf, gestattete ich mir nicht, sie anzusehen ... [4]

Nachdem die Damen sich zurückgezogen hatten, ergriffen die Männer das Wort. Alle Ausländer in der Stadt, so sagten sie Varela, sprächen bei Madame Lynch vor, ebenso wie viele einflußreiche Paraguayer – nur eben keine Damen. Die Brücke, welche die Demimonde von St.-Honoré mit der seriösen Welt von St.-Germain verband, war nur für Männer in beide Richtungen passierbar, während sie für Frauen eine Einbahnstraße bedeutete; und nun war eine solche Brücke auch zwischen der Calle Fábrica de Balas und dem alten Asunción errichtet worden. Die Männer waren von der *querida* des Generals fasziniert, doch wegen der vielen Spione äußerten sie sich nur sparsam und hinter vorgehaltener Hand. Als Varela eine Einladung von Madame erhielt, sie doch zu besuchen, beglückwünschten die Männer ihn ehrfürchtig, denn es handelte sich hierbei um eine Freundschaftsgeste des Generals. Varela begab sich allein hin, denn es war undenkbar, daß seine Begleiterin dieses Haus betrat. Als ihm in der Calle Fábrica de Balas ein uniformierter Lakai die Tür öffnete, verstand er sofort, warum Madame einen derartigen Eklat ausgelöst hatte, denn jenseits der Schwelle war einfach nicht mehr zu spüren, daß man sich noch in Asunción befand.

Luxus, Eleganz, *caprice* und erlesener Geschmack, wohin das Auge blickte ... Ein Franzose hätte gesagt, daß dieses Haus »nach Paris stank«. Alles war sehr kultiviert: die Möbel, die Schalen, die Vorhänge, die Bilder, die *objets* aus Bronze und Porzellan, die auf den Tischen standen, die Bücher in ihren schönen Einbänden, die Aubusson-Teppiche ... [5]

Es war, als hätte man die Rue Tronchet nach Asunción verpflanzt. Der Lakai führte Varela in einen riesigen, leeren Raum, wo er einen Blick in eine Bronzeschale voller Visitenkarten ausländischer Besucher riskierte. Als er gerade den Kopf hob, sah er Elisa hereinkommen.

»Wenn es wirklich Frauen gibt, die wegen ihrer Anmut, Schönheit und Würde, wegen ihrer stolzen, majestätischen Haltung, wegen des Reichtums, mit dem die Natur sie ausgestattet hat, wegen der geheimnisvollen Macht ihres Blickes, den man nicht erträgt, ohne daß es einem das Herz zerreißt, ja, wenn es wirklich Frauen gibt, die über das Privileg verfügen, *sich einem einzuprägen*, vom ersten Moment an, in dem man sie ansieht – dann, so erkläre ich, machte Elisa Lynch auf mich den Eindruck einer solchen Frau, wie sie so zart und elegant den Salon betrat ...«

Was, so fragten sich die gebildeten Stände von Buenos Aires, repräsentiert von Hector Varela, der sich nun wieder aufrichtete, um die Hand dieses göttlichen Geschöpfes zu küssen, hatte eine Frau wie sie bloß in Asunción verloren? Und das noch dazu als Geliebte des Sohns dieses hinterhältigen *mestizos*, der das Land, das sie mit ihrer Anwesenheit beehrte, mehr oder weniger in Sklaverei hielt?

Varela und Madame umkreisten einander an jenem Tag und zu späteren Gelegenheiten in angenehmem Geplänkel. Sie sprachen Französisch, plauderten angeregt über die Landschaft und erörterten in Andeutungen das Verhältnis des Besuchers zu Franciscos Mutter. Als Madame Erfrischungen kredenzen ließ, wurde ein prächtiges goldenes Tablett mit einer Karaffe und Gläsern aus Kristall mit eingeprägtem Monogramm hereingetragen. Letzeres bestand aus einem Medaillon, das die zart hingetuschten Anfangsbuchstaben ihres Namens in Gold umrahmte. Die Karaffe enthielt Pale Ale, eine Bierspezialität, direkt aus England importiert, die privilegierten Gästen eigenhändig von Madame eingeschenkt wurde. Der Diener, der es gebracht hatte, zog sich in eine Ecke zurück, verließ aber nicht den Raum, denn er war einer der allgegenwärtigen Spione des alten Paraguay und arbeitete zudem für den General.

Varela war fasziniert und gleichzeitig höchst verwirrt.

Es gab noch ein »Experiment« des Generals, das Varelas Interesse erregte: López' Pläne für die noch unerschlossenen Ufergebiete im Chaco.

Während seines Jahrs in Europa hatte der General beschlossen – sehr zum Mißfallen seines Vaters Don Carlos –, dem Beispiel Argentiniens und Uruguays zu folgen. In beiden Staaten hatte während der zwanzigjährigen Gewaltherrschaft von Diktator Rosas ein starker Einwanderermangel geherrscht. Nun warben sie eifrig europäische »Kolonisten« an, um ihre Länder zu besiedeln. Varelas Zeitung war ein großer Befürworter derartiger Vorhaben, da die Überlegenheit der großen Republik Nordamerika über ihre südamerikanischen Schwestern nach Ansicht des Journalisten den europäischen Einwanderern zu verdanken war. General López hatte sich mit einer Auswanderungsagentur in Bordeaux in Verbindung gesetzt und um die Anwerbung von 1000 französischen Basken gebeten, die sich in der Einöde des Chaco niederlassen sollten.

> Ich, ______ , ___ Jahre alt und Vorstand einer Familie von ___ Personen, erkläre mich in meinem Namen und dem von obengenannter Familie bereit, den Hafen von Bordeaux auf dem Schiff _____ zu verlassen und in die Republik Paraguay zu fahren.
>
> Sofort nach meiner Ankunft am Zielort werde ich beginnen, den Boden zu bearbeiten und fruchtbar zu machen,

den man mir als Besitz übereignet. Allerdings wird mir das Land erst dann endgültig gehören, wenn ich der Regierung der Republik Paraguay mit einem Teil der von mir geernteten Feldfrüchte den Preis meiner Schiffspassage in Höhe von ca. 56 Pesos sowie Saatgut, Werkzeuge und Vieh und weitere etwaige Kosten zurückerstatte.

Um an Bord gehen zu können, ist ein für Paraguay gültiger Paß und eine Meldebestätigung des Bürgermeisters, in der auch mein guter Leumund und das einwandfreie Verhalten meiner Familie bescheinigt werden, erforderlich. Weiterhin habe ich ausreichende Kleidung, die Summe von minim. 100 Francs und meinen Taufschein vorzuweisen.

Hiermit erkläre ich, daß ich ab dem Zeitpunkt meiner Ankunft keine anderen Gesetze mehr anerkennen werde als die der Republik Paraguay.[6]

In jenem Jahr unterzeichneten 1013 Menschen diesen Vertrag und trafen in Paraguay ein.

Die Kolonie sollte Nueva Burdeos – Neu-Bordeaux – heißen. Etwa zwanzig Kilometer flußaufwärts von Asunción, in der Uferregion des Chaco, hatte man Land bereitgestellt, und der französische Konsul Comte de Brayer wurde beauftragt, es zu inspizieren. »Derzeit«, teilte er seinem Amtskollegen Henderson mit, war es »unbewohnbar und wurde gelegentlich von Stämmen unzivilisierter Indianer durchstreift«. Doch die Regierung hatte versprochen, »die nötigen Schutzmaßnahmen zu ergreifen«.[7] Eine große Garnison sollte unter Leitung von Oberstleutnant Vincente Barrios, früher Mitglied der paraguayischen Delegation und verlobt mit der Generalsschwester Inocencia, errichtet werden. Der Boden machte einen guten Eindruck. Die ersten hundertfünfzig Kolonisten, die im April eintrafen, wurden »herzlich begrüßt, gut untergebracht und ausreichend verpflegt« und fuhren dann mit General López flußaufwärts, um die Kolonie am Tag des San Francisco Solano, dem 24. Juli, unter großem Pomp einzuweihen. Alle waren »glücklich und voller Hoffnung«. Sie machten sich daran, Häuser und eine Kirche zu bauen, während sie auf ihr Saatgut und Vieh warteten.

»Es heißt«, schrieb der französische Gesandte in Buenos Aires, »daß General López die Angelegenheit ohne Erlaubnis seines Vaters in die Wege geleitet hat. Das ist durchaus möglich, und wer die Einstellung des Präsidenten von Paraguay kennt, bezweifelt, daß er über die Ankunft einer so großen Anzahl von Ausländern erfreut war.«[8] Die Vermutung traf zu. Der General hatte die Eigeninitiative bereits zu weit getrieben, indem er nicht nur Konsuln, Ingenieure und ein Kriegsschiff aus Europa mitgebracht hatte, sondern außerdem diese blonde Kokotte in ihrer protzigen Kutsche. Und nun auch noch zu allem Überfluß 1000 Franzosen mit ihren staatsbürgerlichen Idealen! Don Carlos wollte keine weiteren Ausländer in seinem Land, sondern wünschte sich nur garantierte Grenzen zu Brasilien, Schiffe, eine Eisenbahnlinie und einen Fluß, der offen war, um darauf Yerba exportieren und Waffen importieren zu können. Und diese Absichten stellten in Don Carlos' Augen die einzige Rechtfertigung für die Anwesenheit so vieler Fremder dar.

Don Carlos' Ablehnung nahm bald die Form von Sabotage an, und so steckte die Kolonie noch vor Ankunft der zweiten Schiffsladung Siedler im Juni in Schwierigkeiten. Die Kolonisten hatten den Vertreter Paraguays in Buenos Aires unterwegs mit Anfragen und Beschwerden gequält. Trotz des kalten Winters ließen die von der paraguayischen Regierung versprochenen Nahrungmittel, Brennstoffe und Medikamente auf sich warten. Das Land war nicht gerodet, und die Felder, die in diesem Frühling eigentlich die erste Ernte hätten hervorbringen sollen, waren noch von dickem Wurzelwerk durchzogen. Werkzeuge trafen entweder überhaupt nicht oder in unbrauchbarem Zustand und zu spät ein. Die Ochsen waren ungezähmt und ließen sich nicht in ein Joch spannen. Einige Felder lagen fünfzehn Kilometer von dem Dorf entfernt, in dem alle Kolonisten wohnen und in das sie jeden Abend zu Fuß zurückkehren mußten. Es gab keine Möglichkeit, nach Asunción zu fahren, und wenn ein Kolonist mit seinem Konsul sprechen oder seine 100 Francs in den Kauf der Werkzeuge investieren wollte, das Don Carlos nicht lieferte, sah er sich gezwungen, zu Fuß durch ein fremdes Land zu marschieren, wo Indianer, Krokodile, Schlangen und unzählige giftige

Insekten lauerten. Die einzige Alternative war, sich ein Kanu zu zimmern und den Fluß hinunterzurudern. Noch schlimmer als die Widrigkeiten der Natur war die Feindseligkeit der Soldaten in der Garnison, deren Pflicht es angeblich war, die Siedler vor den Indianern zu beschützen. In Wirklichkeit jedoch sollten sie dafür sorgen, daß die Franzosen das Dorf nicht verließen, da Don Carlos keine Fraternisierung duldete. Sie begleiteten die Männer auf die Felder, schlossen jeden Abend die Werkzeuge weg und patrouillierten die Straßen. Die Verständigung war schwierig. Auch wenn Oberstleutnant Barrios möglicherweise ein paar Brocken Französisch kannte, sprachen die übrigen Soldaten nur *guarani* und ein wenig *castellano*, die Einwanderer hingegen lediglich Französisch oder Baskisch. Das waren die Probleme, über die sich die Franzosen anfangs beschwerten.

Bald jedoch berichtete man auch von Schlägen und willkürlichen Verhaftungen, und Konsul de Brayer wurde »gerufen, um gegen die Härte, mit der man diese Kolonisten behandelt, Einspruch zu erheben«.[9] Im Juli versuchten einige, »in die riesige Wüste zu fliehen, die sich jenseits der Kolonie erstreckt, da sie sich lieber den wilden Tieren und den barbarischen Indianern ausliefern wollten, als weiter die Leiden zu erdulden, die man ihnen auferlegte«. Die gesamte Kolonie wurde bestraft, und Don Carlos verkündete, man werde weitere Fluchtversuche mit dem Tod ahnden. Konsul de Brayer protestierte. Im September flohen wieder sieben Menschen, von denen fünf von Barrios' Soldaten, die in der Dunkelheit bestens sehen konnten, ergriffen und anschließend zum Tode verurteilt wurden. Don Carlos weigerte sich, die Strafe abzumildern.

Trotz Don Carlos' trotziger Haltung und dem Wunsch der Kolonisten, nach Hause zurückzukehren, lag dem General viel daran, daß Varela einen guten Eindruck von Paraguays erster Einwandererkolonie mit nach Buenos Aires nahm. Die Regierung hatte den Handelsdampfer gekauft, der die ersten französischen Siedler hergebracht hatte, und ihn in *Rio Blanco* umbenannt, eine kriegerische Anspielung auf einen der Grenzflüsse, über die man sich noch nicht mit Brasilien geeinigt hatte. Nun organisierte man für Varela, seine Begleiterin, den argentinischen

Konsul Adolfo Soler und ein paar Freunde eine Ausflugsfahrt. Die fröhlich plaudernde Gruppe ging früh am Morgen an Bord und freute sich schon auf das Abenteuer.

Die unberührte Landschaft an beiden Ufern war reizvoll anzusehen, die Luft war frisch, und es roch intensiv nach Orangen. Die träge Schönheit Paraguays verfehlte ihre Wirkung nicht. Eine Stunde lang stießen die Gäste Jubelrufe aus und schlenderten zufrieden über die Decks. Als sie sich jedoch umdrehten, stellten sie fest, daß Kapitän Mesa und seine Offiziere sich ehrfürchtig vor einer Dame verbeugten, die gerade aus der Kabine getreten war. Ihr Kleid »war der Gipfel der Eleganz, aus Seide und apfelgrün, mit Stiefeln und einem Hut von derselben Farbe. Mit ihr kam ein Kinderfräulein aus der Kabine, ebenfalls reizend gekleidet und mit einem etwa ein Jahr alten kleinen Jungen auf dem Arm. Seine weiße Kleidung war so prächtig, daß sie dem Thronerben von England geziemt hätte, als dieser in seiner Kindheit in den Palästen Windsor und St. James spielte«.[10] Hinter ihr erschienen zwei livrierte Diener und der Spion des Generals.

Unter den Gästen brach ärgerliches Raunen aus, denn niemand hatte sie gewarnt, daß Madame an Bord sein würde. Madame, die ihrerseits daran gewöhnt war, auch angesichts einer solchen Reaktion Haltung zu bewahren, wies die Diener an, ihren Gästen Essen und Trinken zu servieren. Als sie feststellte, daß Varela verlegen in ihre Richtung blickte, bat sie einen Diener, der Dame in seiner Begleitung ein Tablett zu bringen. Diese jedoch gab sich keine Mühe, ihre Stimme zu senken oder ihre Abneigung zu verhehlen. »Wenn ich gewußt hätte, daß diese schreckliche Frau dabeisein würde«, verkündete sie, »wäre ich niemals mitgekommen ... Eine Unverschämtheit, daß diese englische Prostituierte sich so unverfroren in der Öffentlichkeit zeigt ... Ich weigere mich, sie auch nur eines Blickes zu würdigen ...« Mit diesen Worten wandte sie sich ab.

Die Diener standen starr vor Entsetzen da. »Ich habe nur selten eine peinlichere Situation erlebt«, schrieb Varela. Elisa winkte ihn zu sich.

»Kommt diese Dame aus Buenos Aires?« fragte sie.

»Ja.«

»Das habe ich mir gedacht. Ich habe nie stolzere Frauen kennengelernt als dort, und nun sehe ich, daß sie nicht nur stolz, sondern auch schlecht erzogen sind.«

»Ich wäre dankbar, wenn wir diesen Vorfall nicht weiter erörtern würden«, erwiderte Varela. »Ich bedauere ihn und teile diese Auffassung nicht. Allerdings respektiere ich die Grundsätze, durch die eine Frau sich eben manchmal zu gewissen Dingen hinreißen läßt.«

Diese selbstgerechte Äußerung war ziemlich schäbig aus dem Mund eines Mannes, der viele gemütliche Stunden in Madames Wohnzimmer zugebracht, ihr Pale Ale getrunken und sich an ihrer Schlagfertigkeit erfreut hatte.

»Elisa Lynch erhob sich und rief ihre drei Diener, die immer noch reglos wie die Ölgötzen verharrten. Nachdem sie sich genähert hatten, richtete sie ein paar Worte an sie, worauf die Bediensteten den gesamten Inhalt der drei Tabletts über die Bordwand in den Fluß kippten ...«

Wortlos und erbost standen die Passagiere da und sahen zu, wie ihr Mittagessen davontrieb.

Die Kolonisten von Nueva Burdeos, die das Dröhnen der Schaufelräder gehört hatten, strömten zum Ufer. Die abgemagerten und verängstigten Menschen zogen die Hüte, als Madame mit ihrem kleinen Gefolge das Schiff verließ, in einigem Abstand schmollend gefolgt von der argentinischen Dame und ihren peinlich berührten Begleitern. Die Kolonisten erkannten Elisa und begrüßten sie respektvoll, da sie wußten, daß sie die Vermittlerin war, durch die ihre Beschwerden möglicherweise an ein mächtiges Ohr dringen würden. Unter anderen Umständen wäre Elisa Lynch eine ausgezeichnete Schirmherrin für dieses Dorf gewesen, dessen Bewohner mehr oder weniger ihre Landsleute waren.

Ihr Eintreffen fiel mit einer Krise zusammen: Eine zwanzigjährige Pariserin war an Typhus erkrankt, und es gab in der Kolonie weder einen Arzt noch Medikamente. Als Varela davon erfuhr, betrat er die Hütte der jungen Frau, um sich ihrer anzunehmen, doch Madame hatte bereits veranlaßt, sie an Bord der *Rio Blanco* zu bringen und nach Asunción zurückzukehren. Elisa, ein Priester und Varela saßen bei der Kranken, die auf zwei

Matratzen auf dem Tisch im Salon ruhte, und kühlten ihr das Gesicht, während der Dampfer flußabwärts tuckerte. Als der Priester andeutete, so viele Menschen könnten die Patientin aufregen, ging Elisa hinaus. Varela hingegen empfand seine Anwesenheit nicht als überflüssig. Die Patientin starb auf dem Weg vom Hafen zum Haus in der Calle Fábrica de Balas.

Trotz dieses traurigen Erlebnisses hatte Varela bei seiner Abreise eine gute Meinung von Paraguay und seiner neuen Kolonie. In der *Tribuna* schrieb er von dem »höflichen und aufmerksamen Empfang, der uns in Asunción bereitet wurde, wo wir alle mögliche Unterstützung erhielten«.[11] Er verteidigte den General und Don Carlos gegen Beschwerden der Franzosen, die er als übertrieben und unbegründet abtat. Französische Kolonisten seien, wie er seinen Lesern vor Augen hielt, schließlich berüchtigt für ihr Gejammer. Seine weniger schmeichelhafte Einschätzung von Madame und dem Umgang der paraguayischen Regierung mit den Franzosen sparte er sich für viele Jahre später auf, als er ein von Fehlern und Unwahrheiten strotzendes Buch schrieb, in dem er seine Äußerungen von 1856 widerrief.

Im November schlichen vier der Kolonisten aus Nueva Burdeos in die Nacht hinaus, unbemerkt von einem weiteren Hüttengenossen, Dorignac, der schlief. Dieser wurde von Barrios' Männern verhört, geschlagen und in kaltes Wasser getaucht, bis er die Besinnung verlor. Daraufhin legte Konsul de Brayer formellen Protest beim Außenminister ein. Don Carlos antwortete ihm am 29. November im *Eco*, der Zeitung von Asunción, und griff dabei den Konsul persönlich an. Anschließend schrieb er dem Diplomaten einen absichtlich provozierenden Brief, in dem er die Folterung von Dorignac leugnete, abstritt, daß die übrigen Kolonisten schlecht behandelt wurden, und de Brayer des weiteren dazu aufforderte, die Regierung nicht länger mit seinen Beschwerden zu behelligen.

Am 26. Dezember 1855 fuhr Don Carlos mit dem Dampfer flußaufwärts, um sich die Nöte von Nueva Burdeos selbst anzuhören. Ein Franzose fungierte als Sprecher. Die Menschen seien krank, sagte er, weil es keine Ärzte gebe. Sie seien einsam, weil die Soldaten ihnen verböten, das Dorf zu verlassen. Und sie litten Hunger, weil das Land nichts abwürfe und weil sie zuerst eine Dürreperiode und dann schwere Regenfälle hatten erleiden müssen. Don Carlos lauschte und tat dann in seiner Erwiderung alle Einwände, bis auf den letzten, ab. »Ich bin nicht Joshua«, erwiderte er, »und kann den Lauf der Sonne nicht aufhalten, und auch kein Prophet, der die Fähigkeit hat, große Dinge für die Zukunft vorherzusagen.« Alle, die fortwollten, sollten ihre Namen auf eine Liste schreiben und seien frei, zu gehen. Die Kolonie sei aufgelöst. Jubel brach aus. Die Lebensmittellieferungen, fuhr Don Carlos fort, würden sofort eingestellt, und wer das Land verlasse, habe fünfzig Tage Zeit, um seine Schulden an die Regierung zu erstatten. Selbst das konnte die Begeisterung der ersten Stunden in Freiheit nicht dämpfen. Doch später, nach der Feier, wurde den Menschen klar, daß Don Carlos ihnen eine unlösbare Aufgabe gestellt hatte. Er forderte den gesamten Preis der Überfahrt sowie die (angeblichen) Kosten für Werkzeuge, Rodung, Saatgut und Vieh zurück. Diesen Betrag aufzutreiben, würde Jahre in Anspruch nehmen.

Ildefonso Bermejo war schrecklich überarbeitet, und Doña Pura kam zu dem Schluß, daß einzig und allein Madame die Schuld daran trug.

»*Ella sola*«, beharrte sie. »Nur sie ist der Grund für all die Demütigungen, die der arme Mann erdulden muß ...«[12] Es sei Rache, behauptete Doña Pura, da sie selbst sich geweigert habe, auf Madames Freundschaftsangebot einzugehen. »Sie weiß, daß ich lieber sterben würde, als mich zu erniedrigen, indem ich mich Laster und Verderbtheit aussetze.« Doch ihre Vorwürfe waren blanker Unsinn. Ildefonso Bermejo arbeitete schließlich für Don Carlos, und dieser bekam seine Aufträge nicht von Madame.

Bereits einen Monat nach seiner Ankunft hatte Bermejo den *Eco* gegründet. Asuncións zweite Zeitung, ein vierseitiges, dreimal wöchentlich erscheinendes Blatt, das Nachrichten aus Paraguay, dem La-Plata-Gebiet und wenn möglich auch aus Europa brachte. Der *Eco* war Asuncións erste Zeitung im heutigen Sinne, während es sich beim *Semanario* lediglich um eine engbedruckte, unübersichtlich gestaltete Postille handelte, die der Veröffentlichung von Don Carlos' Tiraden diente. Bermejos Zeitung druckte Anzeigen für Haushaltswaren und Luxusartikel, eine Haushaltskolumne (offenbar verfaßt von Doña Pura), in der man Ratschläge bekam, wie man Fliegen von den Pferden und vom Käse fernhielt, sowie eine Gesellschaftsspalte, in der man die Damen nur vielsagend mit ihren Initialen bezeichnete und ihnen Komplimente für ihren Charme machte.

Allerdings stellte die Leitung des Blattes nur eine seiner vielen Aufgaben dar, denn Don Carlos war ein großer Befürworter der Schulbildung für Knaben. In den meisten Dörfern gab es eine Grundschule, und die Analphabetenrate unter Männern war im La-Plata-Gebiet so niedrig wie sonst nirgendwo. In der Hauptstadt hatte man für eine ausgewählte Gruppe besonders begabter Jungen die Escuela de Matemáticas eingerichtet, wo Pierre Dupuy unterrichtete, ein französischer Musiker, der vor einigen Jahren nach Paraguay gekommen war. Nun wollte Don Carlos diesen Jungen eine Fortsetzung ihrer Schulbildung ermöglichen, und so entschieden entweder er selbst oder Bermejo, als nächste Stufe eine einjährige Escuela Nacional einzuführen, an die sich eine zweijährige Escuela Filosofia anschließen sollte. Bermejo wurde damit beauftragt, die Lehrpläne für beide Schulen auszuarbeiten, an den Lehranstalten zu unterrichten und Don Carlos ständig und in allen Einzelheiten über die Fortschritte seiner Schüler Bericht zu erstatten. Die ersten Monate waren schwierig, denn die Jungen, die bereits ein Jahr an der Escuela de Matemáticas hinter sich hatten, fühlten sich nun gezwungen, unter Don Ildefonsos neuer Methode wieder von vorne anzufangen. Bermejo wandte sich daraufhin an Don Carlos und hatte bald ein Dutzend Schüler weniger, da man die Rädelsführer in die Marine preßte.

Die 49 Schüler, die Euer Exzellenz mir gütigerweise anvertraut hat, um sie in Philosophie zu unterrichten, wurden einem strengen und ausführlichen Lehrplan unterworfen. Zunächst wurden ihnen die »Verunstaltungen« des gesprochenen und geschriebenen Kastilisch abgewöhnt, und sie erhielten Unterweisung in der teuflischen Grammatik dieser Sprache. Daraufhin wurden ihnen die folgenden Lektionen erteilt:

Montag: morgens Logik, nachmittags Fehlerberichtigung.

Dienstag: morgens Grammatik, nachmittags Fehlerberichtigung.

Mittwoch: morgens Geographie, nachmittags Fehlerberichtigung.

Donnerstag: morgens praktische und theoretische Arithmetik, nachmittags unterrichtsfrei.

Freitag: morgens Geschichte, nachmittags Fehlerberichtigung. [13]

Bermejo war der einzige Lehrer.

Die nächste Aufgabe hatte er sich selbst aufgehalst. Wie alle übrigen ausländischen Fachkräfte hatten die Bermejos zwar ein Haus erhalten, allerdings, ohne daß die Dienstbotenfrage geklärt worden wäre. Also schrieb er an den General, der ihm zwei halbwüchsige Sklaven von der *la rancheria* schickte, einem Landgut, auf dem etwa 1500 Staatssklaven gehalten wurden. Da das Mädchen nur *guarani* sprach, schickte man sie rasch wieder zurück, doch der Junge, Manuel, beherrschte das Kastilische und schien ein intelligentes Kind zu sein. Bald begann Bermejo, ihn im Lesen, im Schreiben und in den Grundlagen der christlichen Religionslehre zu unterrichten.

Wenn er nicht lehrte, übersetzte, Leitartikel schrieb, in die Redaktion lief oder Doña Pura beschwichtigte, widmete sich Bermejo der Gründung und Ausbildung des ersten staatlichen Theaterensembles von Paraguay, denn das war die Aufgabe, die ihn eigentlich interessierte. Seit der ersten Ausgabe des *Eco* machte er seinen Lesern bereits den Mund wäßrig, und Mitte Juni begann tatsächlich das Vorsprechen für die erste Produktion.

Elisa Lynch liebte das Theater. In Paris war es Pflicht gewesen, sich häufig dort sehen zu lassen, wenn man nicht in Vergessenheit geraten wollte. Außerdem war sie selbst eine begeisterte Laienschauspielerin, spielte recht gut Klavier und wäre sicher eine große Bereicherung für Bermejos Theatergruppe gewesen. Doch da das Theater als angemessener Zeitvertreib für die gutbeleumundeten jungen Damen und Herren galt, die sich um die tugendhafte Doña Pura scharten, war sie unerwünscht. Elisa Lynch wurde wieder einmal ausgeschlossen.

In Paraguay waren das französische und spanische Theater vorherrschend, und die Stücke von Molière und Dumas erfreuten sich großer Beliebtheit. Doch wenn es um musikalische Unterhaltung ging, bevorzugte das Publikum die *zarzuela*, eine Madrileno-Form der Operette. In Buenos Aires wurde gerade *El Valle de Andorra* gegeben, und dieses Stück wählte Bermejo auch für seine Premiere aus. Die Rollen wurden verteilt, Instrumente trafen per Schiff ein, und das Orchester machte sich in den Proben unter der Leitung von Maître Dupuy, der durch Bermejos Ankunft von seinen Pflichten an der Escuela de Matemáticas entbunden worden war, ungelenk daran zu schaffen. Eine Gruppe von Damen, angeführt von Doña Pura, nahm Maß, schnitt zu und nähte und kreierte die Kostüme.

Kein kleines Hindernis war das Fehlen eines Theaters, doch der Bau – oder besser der Umbau – begann in jenem Winter unweit der Escuela Normal in der Straße, die von der Calle Fábrica de Balas zur Plaza del Gobierno führte. Einzelheiten des Bauplans oder der dabei verwendeten Methoden sind nicht mehr bekannt, doch vermutlich wurde es, wie andere öffentliche Gebäude, von Sträflingen und Sklaven errichtet. Man beschloß, daß die Premiere im Rahmen der Feierlichkeiten zu Don Carlos' Geburtstag stattfinden sollte.

Um acht Uhr abends des 4. November 1855, einem Samstag, trafen die ersten Zuschauer ein. Die Proszeniumsloge war für die Präsidentenfamilie reserviert, und man hatte für Don Carlos' beleibte Gestalt eigens einen großen, mit Samt bezogenen Sessel bereitgestellt. »Nur selten«, schrieb Varela, der von einer anderen Loge aus zusah, »sieht man etwas derart Imposantes wie diesen monströsen Koloß.« Der junge Juan Crisóstomo Centurión, einer von Bermejos Schülern, stand hinter ihm. Don Carlos' Frau und die beiden Töchter saßen daneben. In einer weiteren Loge neben Don Carlos, wo Feigheit und Diskretion sich vereinten, hatte der General Platz genommen. Und in einer eigenen Loge mitten im Theater, wo niemand sie übersehen konnte, thronte

Elisa Lynch, prunkvoll herausgeputzt, mit Schmuck behängt, in ein seidenes Gewand gehüllt, von Henri frisiert und von Julie gepudert, makellos, würdevoll und elegant.

Der Präsident gab das Zeichen. Centurión läutete eine Glocke. Der Vorhang ging auf, und Bermejo kam auf die Bühne.

»Die Eröffnung des Nationaltheaters«, verkündete er, »bedeutet den Anfang einer neuen Epoche in Paraguay.« Studenten des *conservatoire* hielten Lobreden auf den Präsidenten. Es wurde *viva* gerufen. Pierre Dupuys Orchester spielte die Ouvertüre, der Vorgang öffnete sich, und ein Schäfer auf einem Berggipfel trat auf. »*Ah!*« sang er. »*Del valle. Es alba asoma! Ah! del valle. Ya despunta el nueva dia, ya amanecio.*« Ein Polizist erschien und stimmte in die Hymne an den Morgen ein. Darauf folgte die unvermeidliche Geschichte über Liebe, Eifersucht, Verwicklungen und Glück, und der Held und sein Mädchen gingen, begleitert von donnerndem Applaus, ab. »Während der gesamten Vorstellung behielt der Präsident demonstrativ seinen riesigen, schauderhaften Hut auf«, schrieb Varela, der sich mehr für das Umfeld des Präsidenten als für die Schäfer auf der Bühne interessierte. »Den ganzen Abend über beobachtete ich Don Carlos, welchen Eindruck es bei ihm wohl hinterließ, zum ersten Mal im Leben Zeuge einer Theatervorführung zu sein. Es war, als beobachtete man einen Stein auf dem Felde.« Als der Vorhang fiel, stimmten die Zuschauer in die Hymne an San Carlos ein. »Ohne sich Zustimmung oder Mißfallen anmerken zu lassen, warf der alte König des Dschungels Madame Lynch einen finsteren Blick zu, stand auf und ging hinaus.«[14] Das Theater leerte sich rasch. Die Familie López und ihre Freunde besuchten den Ball, der später am Abend zu Ehren von La Presidenta gegeben wurde. Elisa Lynch fuhr allein in ihrer Kutsche die wenigen Meter nach Hause in die Calle Fábrica de Balas.

5

Als man die ersten hungernden Franzosen in Asunción betteln sah, erwartete Elisa Lynch ihr zweites Kind. Ihre Schwangerschaft sprach sich rasch auf den Märkten herum, und die böswilligen Blicke richteten sich nun auf ihren Bauch. Die ersten Schwangerschaftsmonate fielen in die heißeste Zeit des Sommers.

Die Wohlhabenden von Asunción verbrachten die Sommer für gewöhnlich in ihren *quintas*, Landhäusern inmitten großer Privatparks an der langen, geraden Straße, welche die Stadt mit dem Weiler La Trinidad verband. Hier konnte man Innenhof um Innenhof aneinanderreihen, wie es die wachsende Familie oder die zunehmende Dienerschaft nötig machte. Inmitten von Säulengängen lagen Gärten, bewässert von Brunnen oder mit Hilfe von Eimern, die Sklaven vom Fluß herbeischleppten. Es gab exotische Vögel und Eidechsen, und man hielt Affen als Haustiere für die Kinder. Von den kühlen Säulengängen zweigten hohe, quadratische Räume ab. Hier kaufte oder baute der General ein zweites Haus für Madame. Den Gaffern, Spionen und Wahrsagern war die *quinta* Beweis genug, daß die Liebe des Generals andauerte und daß Madame nicht so bald wieder abreisen würde.

Während dieser zweiten Schwangerschaft blieb der General oft lange Zeit fort, denn die dunklen Wolken von San Ildefonso zogen sich wieder zusammen. Der Kaiser von Brasilien hatte sich geweigert, den mit dem brasilianischen Admiral abgeschlossenen Vertrag zu ratifizieren, da dieser die Grenzen nicht eindeutig festlegte. Profithungrige Kaufleute in Montevideo horteten bereits Kohle, da die brasilianische Flotte für ihren Weg nach Paraguay sicher bald Brennstoff brauchen würde.

Pedro de Alcantara João Carlos Leopoldo Salvador Bibiano

Francisco Xavier de Paula Leocadia Miguel Gabriel Rafael Gonzaga Braganza von Brasilien, auch als Dom Pedro bekannt, war zwei Jahre älter als General López, seit dem sechsten Lebensjahr Kaiser und Herrscher über sechs Millionen Seelen. Sein gewaltiges Staatsgebiet verdankte er der jahrhundertelangen Beharrlichkeit der Portugiesen. Er beherrschte den südamerikanischen Kontinent bereits von Belem bis zum Rio Grande und vom Ozean bis zum Mato Grosso, doch viele Brasilianer fanden, daß ihr Land noch weiter wachsen sollte, und zwar bis zu seinen »natürlichen Grenzen«, dem Rio de la Plata und dem Rio Paraná. Die *banda oriental*, der »östliche Streifen«, der sich im Jahr 1825 von Brasiliens Flanke abgetrennt hatte und sich nun Uruguay nannte, verwehrte dem Reich Zugang zur Mündung des Rio de la Plata. Und daß Paraguay das Flußufer bis zum Mato Grosso blockierte, bedeutete ein weiteres Ärgernis. Also galt es, diese Hindernisse, eines nach dem anderen, zu beseitigen.

Der brasilianische Meisterdiplomat José Maria da Silva Paranhos traf im April 1856 in Asunción ein. Auf seinem Weg stromaufwärts stattete er dem Palast von Generalpräsident Urquiza, dem korruptesten Mann Argentiniens, einen Besuch ab. Sie erörterten die Lage im La-Plata-Raum und die Schiffahrt auf den Flüssen, und als Paranhos seine Reise nach Asunción fortsetzte, ließ er 300 000 Patacones* als Geschenk zurück.

Der in jenem Winter in Asunción abgeschlossene Vertrag war ebensowenig wie seine Vorgänger dazu geeignet, die Grenzen endgültig festzulegen. Es hieß darin nur, man werde Unterhändler bestimmen, die diese Frage innerhalb der nächsten sechs Jahre klären sollten. Brasiliens Recht, den Rio Paraguay zu befahren, wurde jedoch erweitert. Nun konnte Brasilien zwei Kriegsschiffe und eine unbegrenzte Menge an Handelsschiffen den Fluß hinaufschicken, die nicht am Wachposten der Polizei unterhalb von Asunción anhalten mußten. Ihre Passagiere brauchten keine Visa-Gebühren zu bezahlen, und die paraguayischen Behörden durften ihnen keine Fragen über die Art ihrer Ladung stellen. Der Fluß mußte für andere Nationen, die mit dem Mato Grosso Han-

* Nach heutigem Wert etwa US-$ 300 000

del treiben wollten, offengehalten und der Grundsatz anerkannt werden, daß Paraguay zwar beide Ufer des Flusses besaß, jedoch nicht das alleinige Recht hatte, die Schiffahrt darauf zu regulieren. Don Carlos blieb nur die kleine Genugtuung, den brasilianischen Gesandten achtunddreißig Tage auf die Ratifizierung warten zu lassen.

Obwohl nur wenige ausländische Beobachter persönliche Sympathien für Don Carlos hegten, verurteilten die meisten das Vorgehen der Brasilianer streng. »Vernünftige Männer«, hieß es in einem Bericht des britischen Konsulats, »halten die Vermutung nicht für übereilt, daß Brasilien die Absicht hegt, eine beträchtliche Marinemacht sowie alle Waffen und Truppen in den Mato Grosso zu schaffen, die es in dieser Provinz zu stationieren wünscht, und zwar mit dem Hintergedanken, zukünftigen Forderungen Brasiliens an Paraguay militärischen Nachdruck zu verleihen.«[1] Falls noch etwas nötig gewesen war, um den General und Don Carlos davon zu überzeugen, daß Paraguay seine Position unbedingt stärken mußte, dann war es dieser Vertrag, der Brasilien eindeutig dazu berechtigte, Waffen durch Paraguays Gewässer zu transportieren.

Der General reagierte mit militärischen Mitteln darauf. Die Garnison in Humaitá wurde verstärkt. Weiterhin kaufte er bei den Blyths zwölf je dreißig Kilo schwere Kanonen und ließ sie an Bord eines britischen Dampfers anliefern. Außerdem begann er mit dem Bau einer zweiten Geschützbatterie. Ein Stück flußaufwärts von Asunción richtete er schwimmende Geschützbatterien und Waffendepots ein, und auch die Garnison am Flußhafen Concepción erhielt Verstärkung.

Don Carlos zog Kriegsspiele einem tatsächlichen Krieg vor, und Sabotage war ihm schon immer lieber gewesen als Säbelgerassel. Nach Paranhos Abreise erteilte er die ersten Befehle: Alle ausländischen Schiffe mußten zwischen Asunción und dem Mato Grosso einen paraguayischen Lotsen an Bord haben. Außerdem würde die Regierung von Paraguay ausländische Schiffe in ihren Gewässern in Zukunft mit Steuern belegen. Später kamen weitere Anordnungen hinzu: Zwei der vier Brennstoffdepots nördlich von Asunción wurden gesperrt; brasilianische Schiffe durften keine ausländische Fracht mehr mitführen. Das Zerschlagen von Verträgen war ein altes Spiel.

Madames zweites Kind wurde im August 1856 geboren, was sich sofort in ganz Asunción herumsprach, ebenso wie die Tatsache, daß der General die Vaterschaft anerkannt hatte. In den Wintermonaten nach der Geburt wurde Madame nicht in der Öffentlichkeit gesehen, ganz im Gegensatz zum General, denn sein Familienzuwachs fiel mit zwei triumphalen Ereignissen am Hafen zusammen. Einen Monat vor der Geburt seiner Tochter lief der Dampfer *Ypora* vom Stapel, das zweite in Paraguay gebaute Schiff, das in Whyteheads Werft hergestellt worden war. Und drei Tage, bevor Madame ihr Kind zur Welt brachte, legte man die Fundamente für eine Waffenfabrik.

Sie nannten das Mädchen Corinne Adelaide. Der Familienname des Kindes lautete Lynch.

Als der Sommer nahte, fanden einige einschneidende Veränderungen statt. Im November kam es zu geschäftigem Treiben im Landesinneren, als Don Carlos unerwartet den Kongreß zusammenrief. Die Abgeordneten verließen ihre *yerbales* und ritten die ausgetrockneten Bäche, die als Straßen dienten, entlang durch die Ebenen und Kordilleren, überquerten Flüsse und übernachteten in den Häusern von Polizeichefs. Don Carlos wollte eine Änderung im Wahlgesetz verabschieden lassen. Das Alter, in dem ein Bürger Präsident werden konnte, sollte von fünfundvierzig auf dreißig Jahre gesenkt werden – der General hatte gerade seinen dreißigsten Geburtstag gefeiert. Eine Debatte fand nicht statt, und niemand stellte Fragen. Don Carlos wuchtete sich von seinem Stuhl hoch, musterte die Abgeordneten abfällig und »verkündete seinen Entschluß, am Ende der Amtszeit zurückzutreten, für die er das Amt zuletzt angenommen hatte, also Ende März 1857«.

»Warum läßt er uns wegen einer derart einfachen Sache so weit reisen?« fragte ein Abgeordneter den anderen und wurde dabei von Don Carlos bemerkt.

»Wer wagt es, hier zu sprechen?« brüllte der Präsident. »Verschwinde, du Hund!«[2] Der Abgeordnete trollte sich.

Der Kongreß sollte in jenem Monat noch einmal zusammentreten, um General López »offiziell zum Nachfolger Seiner Exzellenz zu bestimmen«.[3]

Die Drohung mit Rücktritt war ein altes Lied im Repertoire eines Diktators, wobei er stets mit der Antwort des Volkes rechnete, er solle es bloß nicht im Stich lassen und in die Anarchie stürzen. Ex-Diktator Rosas von Buenos Aires hatte diesen Kunstgriff regelmäßig angewandt und war tief erschüttert gewesen, als General Urquiza sich naiv stellte und so tat, als nehme er sein Rücktrittsangebot von 1852 ernst, und es akzeptierte. Als er daraufhin sagte, er habe es nicht so gemeint, erklärte Urquiza ihm den Krieg.

Die Abgeordneten kehrten in ihre Städte und Dörfer zurück, wo man die Angelegenheit erörterte. Auch am Hafen, auf den Veranden und Märkten, in den Läden der ausländischen Kaufleute und in den *quintas* von Trinidad wurde über das Thema gesprochen. Eine Dame aus der Familie Gil hatte Varela gegenüber angemerkt, daß es ein großes Unglück sei, falls sich Madame beim Tode des Präsidenten noch im Land befinden sollte. Nun jedoch sah es aus, als sei mit einem Rücktritt eher zu rechnen als mit einem Todesfall, so daß die *malvada* noch schneller an die Macht kommen würde als befürchtet. Elisa hatte allen Bemühungen, sie zu kränken und bloßzustellen, getrotzt und war eine reiche Frau geworden. Außerdem war der General Madame auch weiterhin treu ergeben und stand unverrückbar auf ihrer Seite; die Chancen des alten Asunción, ihn zu einem Gesinnungswandel zu bewegen, schienen ziemlich gering. Während die sommerlichen Temperaturen stiegen, zerriß man sich im ganzen Land die Mäuler.

Corinne Adelaide erkrankte, als sie fünf Monate alt war und draußen drückende Schwüle herrschte. Im glühendheißen Februar starb sie an einem unbekannten Fieber und mußte sofort beerdigt werden. Noch am selben Nachmittag versammelte sich eine winzige Trauergesellschaft am Friedhof von La Recoleta, lauschte dem Gottesdienst und sah zu, wie der kleine Sarg ins Grab hinuntergelassen wurde. Es hieß, Madame habe die Leiche ihrer Tochter ganz in Weiß gehüllt und Flügel aus Gaze am

Rücken festgenäht, damit sie als Engel gekleidet beigesetzt wurde. Man munkelte, daß weder Franciscos Eltern noch seine Schwestern oder sein Bruder Benigno anwesend waren. Nur Venancio vertrat die Familie López.

Der Grabstein war in Englisch beschriftet:

Im heiligen Andenken an
CORINNE ADELAIDE LYNCH
Geboren am 6. August 1856
Gestorben am 14. Februar 1857
Noch unberührt von Sorg und Pein
Der Tod auf sanften Schwingen
Holt himmelwärts dies Blümelein
Wird's dort zum Blühen bringen.

Dabei kam es zu zwei Schreibfehlern: Aus »blight« (Schmerz) wurde »blithe« (fröhlich), aus »bud« (Blütenknospe) »but« (aber).

Madame trauerte, und ganz Asunción sah zu und stellte Mutmaßungen an.

Vier Wochen nach dem Tod des Kindes fand die nächste Sitzung des Kongresses statt, und Don Carlos trat wie angekündigt zurück. Nein, nicht, riefen die Abgeordneten pflichtschuldigst, allerdings nicht so laut, wie er erwartet hatte.

»Es scheint«, schrieb Konsul Henderson anschließend, »daß, nachdem der Präsident seine Wiederwahl nicht annahm, General López, sein Sohn, einstimmig gewählt wurde. Erst als dieser sich ausdrücklich weigerte, das Präsidentenamt zu übernehmen, drängte man den Präsidenten, und er erklärte sich bereit, seine Wiederwahl zu akzeptieren ... Meiner Ansicht nach war es nicht nur der Wunsch des Kongresses, sondern des ganzen Landes, den General zum Präsidenten zu küren, da man hoffte, daß er eine liberale Politik vertreten und sich anderen Nationen gegenüber freundlicher verhalten würde ... General López hatte keinen Zweifel daran, daß man ihn als Präsidenten entweder daran hindern würde, den Status quo zu verändern, oder ihn sogar dazu zwingen würde, das derzeitige System aufrechtzuerhalten ...«[4]

Vermutlich hatte General López gewußt, daß die Ankündigung seines Vaters, er werde die Macht aufgeben, nicht ehrlich gemeint war. Ein Kampf zwischen Vater und Sohn hätte nur einen Keil in seine eigene Familie getrieben, und der General hatte ein sehr enges Verhältnis zu seiner Mutter und seinen Schwestern. Außerdem ahnte er, daß Don Carlos jedes Vorhaben, das seinen Wünschen widersprach, sabotieren würde und daß seine eigene Macht noch nicht genug gestärkt war, um das zu verhindern. Barrios, der Befehlshaber von Nueva Burdeos, war ein gutes Beispiel dafür, ein Offizierskollege und Altersgenosse des Generals, der mit ihm nach London und Paris gereist war und wie die übrigen Mitglieder der Delegation Erfahrungen mit anderen Sitten und Gebräuchen gemacht hatte. Dennoch hatte er sich in Nueva Burdeos in stiller Übereinkunft auf die Seite von Don Carlos und somit gegen den General gestellt, denn offenbar hatte das tief in den Paraguayern verwurzelte Mißtrauen gegen Ausländer seine Erinnerungen an Europa überlagert. Abgeordnete, Provinzpriester und all die anderen, deren Treue zu Don Carlos in all den Jahren nicht gewankt hatte, würden sich, wie Barrios, ohne nachzudenken auch weiterhin den Wünschen des alten Mannes beugen.

Die Beziehungen mit dem französischen Konsul verschlechterten sich zunehmend. Als Don Carlos verkündete, man werde Kolonisten, die Schulden beim Staat Paraguay hätten, zur Zwangsarbeit vergattern, bat de Brayer um Instruktionen aus Paris. Allerdings dauerte es eine Weile bis zu ihrem Eintreffen, denn der Wasserstand des Flusses war so niedrig, daß das Kanonenboot *Flambeau* Asunción nicht erreichen konnte. Am 14. Juni wurden die Briefe endlich beim Postamt abgegeben, wo Beamte sie für Don Carlos abschrieben. Am nächsten Tag erließ er allen Siedlern ihre Schulden. Frankreich hatte erfolgreich mit den Muskeln gespielt.

In Argentinien sammelten die französischen Gemeinden Geld. Der französische Gesandte in Buenos Aires, Vicomte Bécourt, wurde von Landsleuten aus der gescheiterten Siedlung belagert, die verlangten, Kaiser Napoleon solle eine Flotte schicken, die

Respekt und eine Entschädigung einforderte. Dorignac wurde in sein Haus gebracht und mit »einfachen Arbeiten«[5] betraut, denn der Mann war »mehr oder weniger zum Idioten geworden«, so daß sich keine andere Tätigkeit für ihn finden ließ. Doch selbst das erwies sich als Überforderung, und man schickte ihn zurück nach Bordeaux, wo sich seine Familie um den Bruder und Sohn kümmern sollte, der, auf so tragische Weise geschädigt, von seinem Abenteuer in der Neuen Welt nach Hause kam. Woche für Woche trafen flehende Schreiben von Konsul de Brayer aus Asunción ein, der seinen Posten satt hatte und verzweifelt um Ablösung bat.

»Ich glaube [schrieb der Vicomte nach Paris], daß sich Monsieur de Brayer nicht mehr viel länger in Asunción wird halten können. Einen Ersatz für ihn dürfen wir erst dann hinschicken, wenn López endlich begriffen hat, daß keine Regierung, auch nicht die bedeutungsloseste und entfernteste, straffrei ausgeht, wenn sie die Rechte von Vertretern und Untertanen des Kaisers mit Füßen tritt …«[6]

Während eines ausgedehnten Besuchs bei Urquiza in Entre Rios in jenem Winter, in dem er wöchentlich von auf Grund gelaufenen Schiffen erfuhr, mußte Bécourt jedoch einsehen, daß das Befahren dieser Flüsse zu schwierig für eine solche Expedition war.

> Es gibt zwar in Santa Fé ein Depot für gewöhnliche Dampfer, doch das Verbrennen von Holz erzeugt nicht genug Druck, um eine rasche und sichere Fahrt zu gewährleisten«, merkte er in einem späteren Brief an. »Man kann nicht leugnen, daß die schwierige Schiffahrtssituation auf dem Paraná und dem Paraguay während acht oder fast neun Monaten im Jahr Präsident López viel Oberwasser gibt und eine sehr effektive Verteidigung gegen europäische Mächte darstellt, deren Unwillen zu erregen er sich so wenig scheut.[7]

Im November 1856 wurden Konsul und Comtesse de Brayer von einem französischen Kanonenboot abgeholt, und das britische

Konsulat übernahm vorübergehend die Verantwortung für die französische Gemeinde. Für den General bedeutete das eine Demütigung, denn schließlich stand sein Name auf den Verträgen, die man anläßlich der Feierlichkeiten zur Öffnung der Flüsse abgeschlossen hatte. Victor Emanuel von Sardinien hatte noch keinen Vertreter geschickt. Das Verhältnis zum Vertreter der britischen Königin Victoria hatte sich stark abgekühlt. Der Vertrag mit den Vereinigten Staaten war sein Papier nicht mehr wert. Die mit Brasilien abgeschlossenen Abkommen hatten die Grenzen nicht gesichert. Und die Beziehungen zum Gesandten von Napoleon III., des Herrschers, den der General so sehr bewunderte, waren auf einem Nullpunkt angelangt.

General Urquiza, Präsident der Argentinischen Konföderation, empfing in jenem Jahr erneut einen brasilianischen Abgesandten in seinem Palast in Entre Rios und unterzeichnete einen weiteren Vertrag. In ihm stand, daß »die Handels- und Kriegsschiffe Brasiliens sich frei in Paraguay und Uruguay bewegen können. Im Falle eines Krieges zwischen Paraguay und Brasilien werden der imperialen (brasilianischen) Flotte sowie dem Nachschub uneingeschränkte Fahrt auf dem Rio Paraná gestattet«.[8] *La diplomacia del patacón* – die Diplomatie des brasilianischen Goldes – hatte sich wieder einmal durchgesetzt.

Der Sommer 1857 brachte weder für Elisa noch für den General Gutes. Panchito, der beim Tod seiner Schwester zwei gewesen war, wurde von seinen Eltern vergöttert. Vielleicht blieb Elisa nach dem Tod ihrer Tochter ja sogar aus Liebe zu ihrem Sohn, nicht etwa zum General, in Paraguay, denn niemand verließ das Land ohne Erlaubnis der Familie López.

Die Trauerzeit dauerte sechs Monate. Als Madame ihr Leben als Gefährtin des Generals wiederaufnahm, stellte sie fest, daß sie inzwischen nicht mehr so allein war: In der Zeit ihrer Schwangerschaft, der zweiten Mutterschaft und dann der Trauerperiode waren weitere Ausländer eingetroffen, von denen sich einige gern mit ihr anfreunden wollten. Der Krimkrieg war zu Ende, und viele Militärs suchten in Südamerika einen neuen Wirkungskreis.

In den späten fünfziger Jahren des neunzehnten Jahrhunderts schienen Paraguay und Brasilien die einzigen friedlichen und sicheren Länder in einem sonst brodelnden und kriegslüsternen Kontinent zu sein. Im Süden war gerade die jüngste einer endlosen Reihe von uruguayischen Regierungen gestürzt worden. Die Vertriebenen heuerten italienische Söldner an und schlugen von Buenos Aires aus zurück. In Asunción hörte man von ihrer Niederlage und von Racheaktionen, zum Beispiel, daß viele es dort als Sport betrachteten, nackte Gefangene wie bei der Jagd vor sich her zu treiben, sie mit Speeren aufzuspießen, ihnen die Bäuche aufzuschlitzen, sie mit Bajonetten zu durchbohren und ihnen mit Messern die Kehle durchzuschneiden. Verängstigte uruguayische Bauern und Kaufleute rechneten mit den üblichen Steuererhöhungen und Verlusten eines neuen Krieges. Als Montevideo General Urquiza drängte, sich zusammenzuschließen und gemeinsam Buenos Aires zu stürmen, wo die Angreifer Unterstützung gefunden hatten, schien ein Krieg auch in Argentinien unvermeidlich zu sein.

Die Regierung von Paraguay war allgemein als unberechenbar bekannt, und Don Carlos galt als ein ungehobelter Klotz, in dessen Gegenwart man als Ausländer besser den Blick senkte. Doch verglichen mit den demokratischen Republiken in der La-Plata-Region, mit ihren liberalen Verfassungen, ihrer freien Presse, ihren politischen Parteien und ihren ständigen blutigen Fehden, ging es in Paraguay geradezu idyllisch zu – insbesondere in den Augen der Briten. »Alles«, schrieb Vicomte Bécourt, »dreht sich um die Engländer, und auch das Herz des Kronprinzen schlägt für sie.«[9]

Die Engländer waren allerdings eigentlich Briten: Dr. William Stewart war einer von drei Brüdern aus Galashiels. Ein Bruder, George, handelte in Buenos Aires mit Waffen und Yerba. Der andere, Robert, war in Schottland geblieben und arbeitete in einer Bank. William war Militärarzt in Scutari gewesen. Nach Kriegsende ließ er sich in einer Kolonie für ehemalige britische Soldaten in Argentinien nieder, die rasch wieder aufgelöst wurde. Als er nach Osten und Süden blickte, sah er überall nur Chaos und Blutvergießen, doch im Norden entdeckte er ein Land, in dem ausländische Fachkräfte gutes Geld verdienen konnten. Im März 1857, er war etwa fünfunddreißig Jahre alt, wurde er Stabsarzt der Republik Paraguay mit einem astronomischen Gehalt und dem Rang eines Obersten. Es gab hier zwar schon zwei britische Ärzte, doch Dr. Stewarts Aufgaben waren ausdrücklich militärischer Natur. Er sollte ein medizinisches Korps aufbauen. Ein paar Monate später erhielt er Verstärkung von Dr. John Fox aus Southampton. In Chile suchte George Paddison, zweiter Ingenieur bei der Santiago-Valparaiso-Eisenbahn, einen neuen Wirkungskreis. Auch er entschied sich für das friedliche, wohlhabende Paraguay, brachte seine Frau mit und wurde Oberster Staatsingenieur Paraguays. Kurz nach Paddison traf ein außergewöhnlich junger Engländer namens George Thompson ein. Er war etwa achtzehn Jahre alt, verfügte über viele Talente, beherrschte mehrere Sprachen und hatte bereits einige Erfahrungen in Südamerika gesammelt. Bald waren all diese Neuankömmlinge bei Elisas Abendessen und Whistpartien gerngesehene Gäste.

In jenem Jahr reisten etwa zwei Dutzend weitere Waffentechniker und Eisengießer aus Großbritannien an. William Newton kam mit seiner Frau, um die Gießerei in Yibicui am Stadtrand zu übernehmen, da Gießermeister Richardson einem »tropischen Fieber« erlegen war. Newton liebte das Land, lernte binnen weniger Monate Spanisch und unterschrieb fortan mit *Guillermo Nuton*. Maurermeister Alonso Taylor, der Straßenbaukolonnen auf der Krim beaufsichtigt hatte, wurde mit der Überwachung der Bauarbeiten an der Waffenfabrik beauftragt. Er bekam Verstärkung von Alessandro Ravizza, einem vor kurzem angeworbenen italienischen Architekten, und einem weiteren britischen Maurer namens John Moynihan, deren Aufgabe es war, eine neue, eindrucksvolle Stadt zu errichten.

Paraguay war in Bewegung. Bermejos sechzehn begabteste Schüler wurden mit Regierungsstipendien nach Europa geschickt, um Ingenieurswesen, Sprachen und Jura zu studieren. Sie reisten mit Kapitän Morice an Bord der *Rio Blanco* ab, dem ersten Schiff, das je auf direktem Wege von Paraguay nach Europa gefahren war. Mit sich führten sie einen einbalsamierten *yacaré*, einen paraguayischen Alligator, der für das Museum of Natural History in London bestimmt war, jedoch bei einem Sturm vor den Azoren über Bord ging.

Unweit von Yibicui schürften Bergleute nach Mineralien, und man legte einen Kanal an, um die Bergwerke mit der Gießerei zu verbinden. Straßenbahnschienen verliefen bis nach Asunción. Materialien für eine Eisenbahnlinie nach Luque, Aregua und Paraguarí im Osten waren aus England angeliefert worden und stapelten sich dort, wo Soldaten Dämme aufschütteten. Riesige Gerüste blockierten die Straßen. Maultierkarawanen und Sklaven schleppten Kisten mit Baustoffen von den Anlegestellen nach Osten. Das Hämmern von Metall auf Stein hallte überall durch die Stadt, als ein Bahnhof, ein Postamt, ein Zollhaus, ein Theater nach dem Vorbild der La Scala, ein Entladedock in der Bucht, wo jeden Sonntag die Militärkapelle spielte, eine neue Kirche in Ivirai und die gewaltigen Fertigungshallen der Waffenfabrik, wo man 1858 die ersten in Paraguay hergestellten Geschütze testete, gebaut wurden. Inocencia López, inzwischen mit Oberst Barrios verheiratet, wünschte sich ein großes neues Haus, ebenso wie die Brüder Venancio und Benigno und die jüngste López-Tochter Rafaela, deren Trauung mit ihrem Verlobten, dem Kaufmann Saturnino Bedoya, kurz bevorstand. In der Stadt schossen die Neubauten wie Pilze aus dem Boden. Anders als im alten Asunción hatten sie keine kleinen, unverglasten Fenster, die die Räume kühl und dunkel hielten, sondern große mit Glasscheiben, so wie das Haus in der Calle Fábrica de Balas, die es den Passanten ermöglichten, die kostbaren, aus dem Ausland stammenden Wertgegenstände der Bewohner zu bewundern.

Die Eisenbahn arbeitete sich langsam nach Osten voran, zu den Hügeln und dem See Ipacarai, der angeblich entstanden war, als die Heiden die Taufe durch die Jesuiten verweigert hatten. Die Wasser hätten sie hinfortgeschwemmt, bis die guten Mönche sie mit Weihwasser besprengt hätten. Der See war ein beliebter Ausflugsort für Städter, die Kühle und Erholung suchten. Ein ausländischer Besucher schilderte wehmütig den »wunderschönen See von Ipacarai, der etwa zwanzig Kilometer lang und vier Kilometer breit ist; zarte Wellen umspülen die Stämme der Palmen, die sich am Ufer drängen, und durchbrechen den dichten Schatten ihrer fedrigen Wedel, die sich ruhelos in der leichten Brise bewegen«.[10] Auf den Hügeln rings um den See konnte man durch das grüne Laub einen Blick auf Häuser in allen Größen erhaschen, mit »weißen Mauern und einem strohgedeckten Dach«, hinter denen »sich weitere Palmen erheben, außerdem Zedern und hohe Waldbäume, bewachsen mit buntblühenden Orchideen und braunen, seilähnlichen Kletterpflanzen, die sich wellenförmig bis hinauf zu den Gipfeln der Hügel erstrecken ...«[11] Hier bekam Elisa ihr drittes Haus, Patiño-Cué, »reizend gelegen am Fuße eines bewaldeten Hügels, mit vollem Blick auf den See und die Orangenplantagen auf der anderen Seite«.[12] Selbstverständlich würde die Eisenbahn ganz in der Nähe halten, denn man hatte, wie bei hohen Herrschaften üblich, eigens für Patiño-Cué einen kleinen Bahnhof in die Strecke eingeplant.

Die wichtigen Persönlichkeiten unter den Neuankömmlingen gingen bald bei Elisa ein und aus, und einige von ihnen brachten sogar ihre Frauen und Töchter mit. Auch wenn Mrs. Henderson, Doña Pura und die übrigen Damen in Asunción Elisa weiterhin die kalte Schulter zeigten, hatten diese jungen Frauen offenbar keine Angst vor ihrem verderbten Einfluß. Sicher fiel am Hafen, wo die eintreffenden Arbeitskräfte die schöne Gefährtin des Generals zum ersten Mal sahen, so manche anstößige Bemerkung, doch über kurz oder lang scherte sich niemand mehr um ihren zweifelhaften Ruf, und viele genossen die Gelegenheit, sich mit der glamourösesten Erscheinung von Asunción anzufreunden. Schließlich gab es für Frauen hier nicht viel zu tun. Die Männer arbeiteten den ganzen Tag; die meisten Damen sprachen kaum Spanisch, und ihnen fehlten die Kontakte zur paraguayischen Gesellschaft. Außerdem hatten sie in Paraguay mehr Zeit und Geld, als sie es zu Hause gehabt hätten, und hätten sich irgendwo sonst auf der Welt den Tag vermutlich in Läden, Theatern, Vortragssälen und Konzerthallen vertrieben. Aber da es in Asunción das alles nicht gab, mußten sie sich mit zwei oder drei Einkaufsstraßen und den Häusern der Elisa Lynch begnügen.

Inzwischen jedoch bot die Stadt mehr Möglichkeiten für Damen, um sich zu amüsieren. Die kleine Kaufmannszunft in der Calle Palma hatte Zuwachs erhalten, denn auch die Frauen, die nichts mit Madame zu tun haben wollten, beneideten sie doch um ihre Eleganz. Während eine Schneiderin ausschließlich für Madame tätig war, eröffneten Berufskolleginnen in der Stadt Ateliers, kopierten die Kleider, die Elisa trug, und verkauften sie an die kühneren unter den einheimischen Damen. Die Schiffe, die in Asunción anlegten, hatten zunehmend auch indischen Musselin, Spitze, Samt, Satin, parfümierte Handschuhe, Fächer aus Sandelholz, durchscheinende Sonnenschirme und Strohhüte an Bord, die man mit Blumen bestecken konnte, denn Madame besaß alle diese Dinge. Coiffeure, bislang ein in Paraguay verhältnismäßig unbekannter Berufsstand, brachten ihre Gerätschaften mit und eröffneten kleine Salons. Bis jetzt hatten die Frauen in Paraguay »ihr Haar zu zwei langen Zöpfen geflochten, die sie manchmal wie einen Kranz um den Kopf schlangen oder einfach im Nacken zusammenrollten und mit einem großen, von Gold und Edelsteinen strotzenden Schildpattkamm zusammenhielten«.[13] Gelegentlich trugen sie auch eine Rose hinter dem Ohr, in der sich Glühwürmchen fingen. Um dem Haar Glanz und mehr Halt zu geben, fuhren sie mit einer Kerze hindurch. Doch nun konnte man sich mit einer so schlichten Frisur nicht mehr auf einem Empfang blicken lassen. Modeschmuck zur Verzierung des Haars kam per Schiff den Fluß hinauf, ebenso wie die ersten Kosmetika, »Schminkpomaden« und »Essenzen«, mit denen man dieselben Ringellocken und denselben Teint erzielen wollte, wie Madame sie hatte.

Eine der Lieblingsbeschäftigungen der ausländischen Ehefrauen waren die Nähsitzungen in Madames Haus, wo man in Zeitschriften aus Buenos Aires und Europa blätterte, mit Unterstützung von Madames Schneiderin die darin abgebildeten Modelle kopierte, aus den Läden am Hafen Stoffproben kommen ließ und sich um den Tisch versammelte, um Kleider zu säumen und dazu passende Hüte zu dekorieren. In der Stadt gab es weder Läden noch Bibliotheken, um an ausländische Zeitungen heranzukommen, da derartiger Lesestoff streng überwacht wurde. Und so dienten Madames Haus, die Gemächer des Generals und das britische Konsulat – sofern die Tasche mit der Diplomatenpost nicht wieder einmal aufgebrochen worden war – als Lesesäle für diejenigen, die etwas von der Außenwelt erfahren wollten. Wenn sich abends die Männer dazugesellten, spielte man Whist. Madame besaß den möglicherweise einzigen Flügel in Asunción und lud ortsansässige Musiker ein, um in ihrem Haus Konzerte zu geben. Da sie inzwischen einen großen Freundeskreis hatte, frönte sie begeistert dem Laientheater. In ihren Häusern in der Calle Fábrica de Balas und an der Straße nach Trinidad wurden Stücke inszeniert. So hatten die Frauen etwas zu tun, wenn die Männer arbeiteten, während diesen wiederum beim Nachhausekommen etwas Unterhaltung geboten wurde.

Abends saßen Elisa und ihre Gäste bei einem Abendessen, das sich völlig von dem unterschied, was im sonstigen Asunción auf den Tisch kam. Es gab bis zu acht Gänge französischer Küche, man speiste von importiertem Porzellan und trank aus importierten Gläsern. Hin und wieder schwang Madame sogar selbst den Kochlöffel, denn sie konnte einen ausgezeichneten *budin** zubereiten. Ihre Spezialität war Orangen-*budin*, eine Mischung aus paraguayischen Früchten und irischem Milchpudding, den der General besonders gerne aß.

Für die Pariser Irin aus der besseren Gesellschaft und ihren mächtigen Beschützer muß es seltsam gewesen sein, sich mit den Ehefrauen von »Mechanikern« zu umgeben und Amüsement am Küchenherd zu suchen. Das Leben in Asunción änderte sich zwar langsam, war aber sicher immer noch grauenhaft eintönig.

Die Damen der Familie López und deren Kreise straften Elisa auch weiterhin mit Nichtachtung.

Die meisten ausländischen Beobachter, die Paraguay zur Zeit von los López besuchten, erwähnten die allgegenwärtige »Unmoral«. Das uneheliche Zusammenleben, schilderte ein Ausländer, »ist in Paraguay allgemein üblich ... Heiratswilligen werden so viele Knüppel zwischen die Beine geworfen, daß die Institution Ehe in diesem Land allmählich ausstirbt. Allerdings leben Männer und

* Hispanisierung von Pudding.

Frauen glücklich wie Eheleute zusammen, und die Frauen sind bemerkenswert treu, wenn sie ein solches Verhältnis eingehen. Viele Familien halten es auf diese Weise, die in Paraguay absolut nichts Außergewöhnliches ist«.[14] Der unter Verfolgungswahn leidende Junggeselle Dr. Francia, Don Carlos' Vorgänger, hatte alles in seiner Macht Stehende getan, um den Einfluß der Kirche auf seine Untertanen einzuschränken, so daß Trauungen außerhalb der vermögenden Schichten selten waren.

In Paraguay gab es eine breite Schicht von Frauen – vermutlich war es sogar die Mehrheit –, die man die *kyguá-vera*, die glänzenden Kämme, nannte. Es handelte sich um »freie Frauen, die als Händlerinnen auf den Märkten und Straßen von Asunción arbeiteten. Sie verkauften Süßigkeiten, Zigaretten, *chipa**, Kleider, Körbe und Hüte«.[15] Ein Reisender sagte, daß sie ihre Reichtümer am Leibe trugen: »Ihre Finger waren mit Ringen bedeckt ... Ihre Ohrringe bestanden fast vollständig aus Edelsteinen, und sie hatten Rosenkränze und Ketten um den Hals. Sie waren bekleidet mit sauberen, verführerisch geschnittenen *tipois*, die sich über gestärkten Unterröcken bauschten; sie bedeckten ihre Schultern mit buntbestickten Schals und gingen barfuß. Als ausgezeichnete Tänzerinnen waren sie auf allen Volksfesten gern gesehen. Ihren Liebhaber wählten sie aus, wie es ihnen gefiel, und sie behielten ihn nur, solange er ihnen Kurzweil und Vergnügen bereitete, da es sie nicht störte, ihre Kinder in fröhlichem und würdevollem Matriarchat großzuziehen ...«[16] Diese Frauen bestimmten das Straßenbild und wurden in vielen Schilderungen der Häfen und Märkte dargestellt. Über das Hickhack innerhalb der besseren Gesellschaft und deren moralische Werte lachten sie nur. Die meisten Ausländer in Paraguay hielten diese Frauen für Prostituierte, da sie ihr »würdevolles Matriarchat« und das Desinteresse an kirchlichen Sakramenten nicht nachvollziehen konnten. Nur ein italienischer Besucher äußerte sich verständnisvoller: »Nirgendwo«, schrieb er, »sind die Frauen so glücklich wie hier und so frei wie die Vögel.«[17]

Elisa suchte nur oberflächlichen Kontakt zu den *kygá-vera*

* *Chipa*: Maisbrot mit Käse.

und dem *populacho*. Daß das Volk ihre wilde Ehe nicht als anstößig empfand, interessierte sie vermutlich nicht sehr, auch wenn sie so die einzige Möglichkeit hatte, ein Vergnügen zu genießen, das ihr offiziell verwehrt war – nämlich mit dem General in der Öffentlichkeit zu erscheinen. Elisas Umgang mit General López war ausschließlich auf das Innere ihrer Häuser beschränkt. Die Einladungen wurden in ihrem Namen verschickt, obwohl alle wußten, daß sie eigentlich vom General stammten oder daß zumindest sein Einverständnis vorlag. Da es noch keine Salons gab, in denen die beiden hätten verkehren können, lebten sie auch weiterhin in einer Demimonde, die nur aus zwei Personen bestand. Das einzige Unterhaltungsangebot, das ihnen die Gelegenheit gab, in der Menge unterzutauchen, waren die Veranstaltungen für den *populacho*, denn der junge General war beim Volk ausgesprochen beliebt, und man behandelte seine Begleiterin mit einer Höflichkeit, die sie bei der Oberschicht vermißte.

Auf einen Europäer wirkten die Belustigungen für das Volk gewiß recht merkwürdig. In den kühleren Monaten fanden Massenveranstaltungen statt, die von arm und reich und von beiden Geschlechtern besucht wurden; die Wohlhabenden saßen in Logen, die Ärmeren standen dahinter. Es gab Stierkämpfe, Pferderennen, Konzerte und *la sortija*, ein maurisches Spiel, bei dem Reiter einen an einem Band hängenden Ring aufspießen und ihn auf der Lanze forttragen mußten. Hinzu kamen gewaltige Festmähler mit gebratenen Ochsen und *caña*.

Die wenigen Besucher lobten die Einwohner Paraguays als außergewöhnlich anmutige Tänzer. Auf öffentlichen Plätzen oder in Privatgärten wurden häufig Tanzabende abgehalten. »Neben Rauchen und Yerbatrinken ist der größte Spaß, man könnte fast sagen: die wichtigste Angelegenheit, für Paraguayer das Tanzen. Noch nie habe ich Menschen kennengelernt, die sich dieser Vergnügung so ganz und gar hingeben.«[18] Wenn der Tanz vorbei war und der Morgen dämmerte, wurde Mate ausgeschenkt, und man verteilte Zigarren. Dann stürmten die Sklaven oder Leibeigenen des Hausherrn in den Garten, verkleidet als *camba rangha* – Schwarzgesichter –, »grotesk maskierte Gestalten, die tanzten und, als Tiger, Löwen, Tapire und Teufel kostümiert, absurde Kapriolen aufführten«.

Elisa tanzte gern, aber sie war größer als Francisco und mußte – wenn der General sich beobachtet fühlte – mit anderen Männern vorliebnehmen. Wenn sie mit anderen Offizieren ausgingen, hatte sie keinen Mangel an Partnern. Doch manchmal war sie auch gezwungen, zu warten, bis einer kühn genug war, um sich zu nähern, den General um Erlaubnis zu fragen und sie in die seltsame und flüchtige Vertrautheit eines Tanzes zu entführen. Die Menschen bei diesen Veranstaltungen nannten sie la Señora Madama, gaben sich Mühe, Spanisch mit ihr zu sprechen, und brachten ihr die Bewunderung und den Respekt entgegen, die die Spanischstämmigen des alten Asunción ihr verweigerten. Bei ihren Besuchen dieser Volksbelustigungen entstand sogar ein neuer Tanz namens »London *carapé*«.

Evita erwähnte häufig ihre Zuneigung zu den *cabezitas negras*, »den kleinen Schwarzen«, die sie verehrt hatten, während ihr die bessere Gesellschaft von Buenos Aires hochmütig die Tür vor der Nase zuschlug. Elisa Lynch machte eine ähnliche Erfahrung bei den Mestizen von Paraguay, die sie als die freundliche und schöne Gefährtin des Generals betrachteten und sich nicht dafür interessierten, was sie früher einmal gewesen war.

Im Januar 1858 sprach der verschlagene brasilianische Diplomat José Maria da Silva Paranhos erneut in Asunción vor. Elisa Lynch war zum dritten Mal schwanger.

Paranhos fuhr mit der Sommerflut von Entre Rios aus den Fluß hinauf. Gerade hatte er einen weiteren Vertrag mit Generalpräsident Urquiza abgeschlossen, der allen Nationen freie Fahrt auf den Flüssen Uruguay, Paraná und Paraguay einräumte. Im Februar setzte General López seinen Namen ebenfalls unter den Vertrag, und man richtete eine brasilianische Dampferlinie ein. Die *Marquês do Olinda* sollte achtmal jährlich auf der 6000 Kilometer langen Strecke zwischen Rio und dem Mato Grosso verkehren.

Enrique Venancio Lynch López wurde am 2. August geboren. Er wurde nach seinen beiden Onkeln, Elisas Bruder Henry und

Venancio López benannt, dem einzigen Mitglied der Familie, das sich Elisa gegenüber höflich verhielt. Nun jedoch stellte sich die Frage, wie die Taufe vonstatten gehen sollte.

Panchito, inzwischen drei Jahre alt, war außerhalb von Paraguay geboren und getauft worden, angeblich als Sohn eines europäischen Offiziers und einer anständig verheirateten Mutter. Corinne Adelaide wurde vermutlich in aller Stille in einer Kirche im Landesinneren getauft, obwohl ganz Asunción von ihrer Existenz wußte und den Namen ihres Vaters kannte. Nun wollte Madame verhindern, daß ihr zweiter Sohn ebenso heimlich getauft wurde wie ihre verstorbene Tochter, denn Enriques Taufe würde als Gradmesser dafür gewertet werden, wie der General zu dieser Liaison und seinem Nachwuchs stand. Deshalb sollte die Taufe von einem Priester vorgenommen werden, dessen Rang in der Kirche dem des Generals in der Gesellschaft entsprach.

Ehrwürden Fidel Maíz war eine beeindruckende, majestätische Erscheinung und erinnerte mit seinem kantigen Gesicht, der Adlernase und dem strengen Mund ein wenig an einen nordamerikanischen Indianer. In der Kirchenhierarchie kam er gleich nach dem alten und gebrechlichen Bischof Urbieta und war Leiter des Priesterseminars und Vertrauter von Don Carlos, mit dem er sich »fast täglich« besprach. Wenn der derzeitige Bischof starb, würde das Amt selbstverständlich an ihn fallen.

»La Señora Elisa Lynch«, erinnerte er sich viele Jahre später in seinen ziemlich selbstherrlichen Lebenserinnerungen, »ließ nach mir schicken, um mir mitzuteilen, sie wünsche, daß ich einen ihrer Söhne taufe, wozu ich mich gerne bereit erklärte.« Aber »als der Tag kam, sagte sie mir, sie erwarte, daß ich mit sämtlichen Studenten des Seminars erschiene, um eine feierliche Taufe in ihrem Privathaus zu vollziehen. Die Bitte überraschte mich, und mir blieb nichts anderes übrig, als mich zu entschuldigen, da ich das Kind nur in ihrem Hause hätte taufen können, wenn es schwer krank gewesen wäre«.[19] Eine Taufe in der Kathedrale wäre ein Triumph und der Beweis dessen gewesen, daß der General die von Elisa Lynch geborenen Kinder als seine Familie anerkannte, mit sämtlichen gesetzlichen Verpflichtungen, soweit es die eheliche Situation ihrer Mutter zuließ. Als Eltern am Taufbecken zu stehen, war fast so gut wie das Knien vor dem Altar als Braut und Bräutigam, weshalb der General vermutlich Einspruch gegen eine Taufe in der Kathedrale erhob. Stets darauf bedacht, Madame nicht in der Öffentlichkeit zu präsentieren, hätte er gewiß nie derart drastisch gegen die Konventionen verstoßen. Und so war eine Taufe in ihrer luxuriös ausgestatteten *quinta* zwar nur zweite Wahl, allerdings immerhin noch besser, als sich heimlich in eine bescheidene Dorfkirche zu stehlen.

In Viletta, einem Dorf am Fluß, südlich von Asunción, gab es einen Priester namens Manuel Antonio Palacios, der etwa so alt wie der General, also ein wenig jünger als Padre Maíz war. Er war ein schlampiger, fauler und hinterhältiger Mensch. Ein Bote von Madame sprach bei seinem Haus in den Orangenhainen von Viletta vor und bat ihn, in der Stadt vorstellig zu werden. Dort wurde eine geschäftliche Vereinbarung getroffen: Padre Palacios würde Enrique Venancio nach den Ritualen der *Santa Iglesia* taufen, wie Madame es wünschte. Im Gegenzug würde sie ihren Einfluß geltend machen, damit er einen anderen, besserbezahlten Posten erhielt.

Der Pate des Kindes war Dr. Stewart aus Galashiels. Padre Palacios wurde Dechant der Kathedrale von Asunción.

»Vor kurzem«, schrieb Konsul Henderson Ende November 1858, »wurde bekannt, daß der amerikanische Kongreß die Regierung dazu ermächtigt hat, alle Mittel und soviel Gewalt anzuwenden wie nötig, um von der Regierung Paraguays Entschädigung und Satisfaktion zu erzwingen.«[20] Eine Flotte amerikanischer Kanonenboote war unterwegs zum Rio de la Plata, um Ausgleichszahlungen für den Tod des Steuermannes der *Waterwitch* und für die Fabrik von Edward Hopkins und seinem nichtsnutzigen Bruder zu fordern. Der *Semanario* druckte die neuesten Tiraden von Don Carlos, dessen Leitartikel in wirren Phrasen und in Verschwörungstheorien schwelgten. Der Kommandant der *Waterwitch*, so schrieb er, habe absichtlich einen Zusammenstoß herbeigeführt, und zwar »in Übereinstimmung mit den Annektierungsabsichten seiner Regierung«. Präsident Buchanan sei ein Terrorist. Die anderen Länder Südamerikas müßten aus ihrer Lethargie erwachen und vor den finsteren Plänen der Yankees auf der Hut sein. Paraguay werde seine europäischen »Freunde« um Beistand bitten und sich »gegen einen Übergriff bis zum Äußersten wehren«.[21]

Die Weihnachtsfeierlichkeiten wurden unterbrochen, und General López, Don Carlos' Berater, der ungarische Oberst Morgenstern, und weitere Offiziere fuhren mit dem Dampfer nach Humaitá, um das Kommando über die Abwehrmaßnahmen gegen die Amerikaner zu übernehmen, wie sie es vor fünf Jahren gegen die Brasilianer getan hatten. In Asunción setzten sich einige Ausländer mit Don Carlos in Verbindung und erboten sich eifrig, im Austausch für die Unterstützung ihrer eigenen Vorhaben, eine Vermittlerrolle zu übernehmen. Vicomte Bécourt reiste aus Buenos Aires an, um zu erreichen, daß die Flüsse wieder für den französischen Handel freigegeben wurden. Die Brasilianer schickten einen Gesandten. General Urquiza, der wieder einmal mit dem Gedanken an einen Angriff auf Buenos Aires spielte und es auf die Unterstützung durch Don Carlos' Armee abgesehen hatte, sprach persönlich vor und brachte die neuesten Nachrichten.

Ihm war eine Kopie des amerikanischen Geheimbefehls zugespielt worden, während die Flotte sich in Montevideo befand: Die amerikanischen Schiffe durften nur dann angreifen, wenn Don Carlos weitere Verhandlungen in der Sache Hopkins ablehnte. Urquiza »nahm sofort einen Dampfer und eilte nach Paraguay, um López zu raten, eine möglichst geringe Summe auszuhandeln; er solle die Verantwortung nicht ablehnen, doch falls es ihm nicht gelänge, die Flotte ohne allzu hohe Zahlungen zur Umkehr zu bewegen, solle er auf ein Vermittlungsangebot warten und darauf vertrauen, daß Betrug und Korruption zu einem positiven Ergebnis führen«.[22] Er, General Urquiza, werde die Vermittlerrolle übernehmen. Möglicherweise hatte Urquiza in Montevideo auch noch ein anderes Gerücht aufgeschnappt, nämlich daß die außergewöhnlich hohen Kosten, die die Vereinigten Staaten auf sich genommen hatten, um eine derart große Flotte in ein so unbedeutendes Land zu entsenden, »ein Vorwand seien, um aus den Festungen und Arsenalen im Norden der USA sämtliche Kriegsmunition abzuziehen, damit sie unbewaffnet sind, wenn die Zeit für die große Rebellion reif ist«. Denn die Vereinigten Staaten standen kurz vor einem Bürgerkrieg, was den »schlauen, jesuitisch geprägen Verstand«[23] von Don Carlos gewiß ebenfalls beflügelte. Viele Männer in dieser Flotte wollten lieber nach Hause.

Am 1. Februar wurde, wie von Urquiza vorgeschlagen, ein Abkommen mit dem amerikanischen Vermittler unterzeichnet. Paraguay entschuldigte sich offiziell für den Tod des Seemannes von der *Waterwitch*, und man einigte sich auf eine Entschädigungssumme von $ 10 000 für die Familie. Über den Fall Hopkins sollte in Washington verhandelt werden. Die Amerikaner hatten zwar in allen Punkten den Sieg davongetragen, doch auf Don Carlos' Wunsch hin wurden die Entschuldigung und die Zahlung von $ 10 000 nicht veröffentlicht. Sobald die Flotte seine Gewässer verlassen hatte, ersann Don Carlos wieder neue Gesetze. Von nun an dürfe kein Ausländer mehr Paraguay betreten, solange er keinen »triftigen Grund« vorweisen könne. Alle Seeleute, die in Asunción Station machten, müßten sich beim Polizeichef für sechs Dollar einen Paß besorgen. Diese Vorschriften wurden im *Semanario* unter der Schlagzeile »Ausländische Intrigen« veröffentlicht, und diejenigen Paraguayer, die die wahre Vereinbarung nicht kannten, glaubten, daß der alte Mann den Yankees wieder einmal gehörig ein Schnippchen geschlagen habe.

Im Mai und dann wieder im Juni erschien ein Gesandter von Urquiza in einer geheimen Mission, deren Inhalt jeder kannte. »Alles, wozu Präsident López in dieser Situation bereit ist«, schrieb Henderson, »obwohl er in General Urquiza Hoffnungen geweckt hat, daß er ihm helfen würde, ist, seine Vermittlung anzubieten«,[24] und zwar den beiden argentinischen Regierungen, die sich für die nächste Runde in ihrer endlosen Schlacht rüsteten.

In der La-Plata-Region schien es wirklich eine gute Strategie zu sein, sich auf Betrug und Korruption zu verlassen.

6

Buenos Aires und die Konföderation führten wieder einmal Krieg, allerdings ohne die Unterstützung von Don Carlos' Armee. Am 23. Oktober 1859 trafen die Truppen von Generalpräsident Mitre aus Buenos Aires und die von General Urquiza von der Konföderation in der Schlacht von Cepeda, wenige Kilometer von Buenos Aires entfernt, zusammen. Am Abend des 23. Oktober stemmte sich die Regierung von Buenos Aires Urquizas siegreichen Soldaten entgegen, die in die Stadt einmarschieren wollten. Es mußte dringend eine dritte Partei gefunden werden, die half, einen Waffenstillstand und einen Friedensvertrag auszuhandeln, und so wandte man sich an General López von Paraguay. Es war ein sehr ehrenvoller Auftrag. Er reiste an Bord der *Tacuarí* ab.

Die diplomatische Abordnung tuckerte, mit einer weißen Fahne ausgerüstet, den Unterlauf des Rio de la Plata entlang, dessen Ufer inzwischen von Urquizas Leuten besetzt wurden, und ging in Buenos Aires von Bord. Fünf Tage lang sprach der General mit Präsident Mitre und seinen Ministern und überredete die *porteños*, sich wieder der Konföderation anzuschließen, um ihre Stadt zu retten. Paraguay übernahm die Bürgschaft, und dann machte sich die *Tacuarí* unter dem Kommando von Kapitän Morice auf den Weg nach Norden, um Urquiza den Vorschlag und eine Bitte um Waffenstillstand zu überbringen. Er erklärte sich einverstanden. »Keine Unitarier mehr«, verkündete er, »und keine Föderalisten.«[1] Seine Soldaten schifften sich auf Truppentransportern ein, die sie nach Entre Rios im Norden bringen sollten, während man sich in Buenos Aires an die Vorbereitung des Friedensfestes machte. Man feierte General López und schuldete ihm, wie die *Tribuna* schrieb, »aufrichtigen und heißen Dank. Sein Auftreten während der Verhandlungen hätte nicht würdiger, kultivierter und umsichtiger sein können ... Das gesamte Land betrachtet General Don Francisco Solano López heute mit Respekt und Bewunderung und dankt ihm von ganzem Herzen für seine großzügigen Bemühungen, die Ruhe in der Republik Argentinien zu sichern«.[2] Die ausländische Gemeinde sammelte Geld, um den General mit teuren Geschenken zu überhäufen, und man überreichte ihm kostbar gebundene Alben voller Dankesworte:

> Wir entbieten Seiner Exzellenz unseren aufrichtigsten Dank und unsere Glückwünsche für den Frieden, der durch seinen gütigen Einfluß und seine Sorgfalt erreicht wurde und nun unter besseren Bedingungen wiedererstarken wird, um uns Zufriedenheit und größeren Wohlstand zu bringen.[3]

Eine *Gran Polka Militar* wurde zur Feier des Vertrages auf den Namen »10 de noviembre« getauft und dem General gewidmet. Banketts wurden veranstaltet, und man hielt ein Tedeum ab. Als General López in einer offenen Kutsche durch die Stadt fuhr, warfen die Leute Blumen, und Frauen liefen auf ihn zu, um ihn zu küssen. *Porteño*-Kapellen spielten Musik aus Paraguay. Kurz: Der General galt als Held. Niemand wußte, daß die Vertreter Großbritanniens beschlossen hatten, seine Anwesenheit in Buenos Aires auszunützen, denn in einem von Don Carlos' Gefängnissen saß ein britischer Untertan, der bereits Anlaß für einige Briefwechsel und kurz vor der Schlacht von Cepeda auch für die Abberufung von Konsul Henderson verantwortlich gewesen war.

Santiago oder James Canstat gehörte zu denen, die Hector Varela während seiner Reise nach Asunción im Jahr 1855 mit Klatsch versorgt hatte. Er war ein temperamentvoller, schwatzhafter junger Mann, im Yerba-Handel tätig und durch seine lose Zunge, seinen mangelnden Ernst und seine falschen Freunde in Schwierigkeiten geraten. Anfang 1859 hieß es, eine Verschwörung, mit dem Ziel, Don Carlos zu töten, sei aufgedeckt worden, und ein Dutzend Paraguayer, unter ihnen auch Santiago Canstat, wurden verhaftet. »Verschwörung« war der Begriff, den man gemeinhin im Fall einer Meinungsverschiedenheit verwendete, und es ist heute nicht mehr festzustellen, ob tatsächlich ernsthafte Pläne zum Umsturz der Regierung geschmiedet wurden. Wahrscheinlicher ist es, daß einige Männer, die Vorbehalte gegen die Familie López hegten, da diese niederer Herkunft war und den freien Handel behinderte, bei ihren Mißfallensbekundungen von *piragües* belauscht wurden. Zur Zeit der Verhaftungen wußte niemand, daß Canstats Vater Schotte gewesen war, weshalb er sich als britischer Staatsbürger bezeichnen durfte. Konsul Henderson wurde sofort aktiv und bombardierte Don Carlos mit Briefen, in denen er eine Erklärung forderte, warum keine Anklage erhoben worden sei, was seinem Landsmann vorgeworfen werde, auf welche Beweise man sich stütze und welche Zeugen es dafür gebe. Don Carlos blieb hart, denn die feindselige Haltung gegenüber Ausländern war bei ihm festes Regierungsprinzip. Außerdem fürchtete er neugierige Fragen, wenn er einen der »Verschwörer« freiließ, während die übrigen im Gefängnis verblieben. Also spielte er den Entrüsteten. Und während über ihre Köpfe hinweg gestritten wurde, lagen die Gefangenen weiter in Eisen und litten an Hunger und Krankheiten. Don Carlos hoffte, daß sie sterben würden, bevor die Auseinandersetzung mit Konsul Henderson zu einem Ergebnis gekommen war.

Dieser Streit hatte einen weiteren unschönen Aspekt, dessen Wahrheitsgehalt sich ebenfalls nur schwierig aus den Verdächtigungen und üblen Gerüchten herauslösen läßt, die sich um den General rankten. Angeblich hatte López es auf die Verlobte von Carlos Decoud, einem der Verhafteten, abgesehen und seinen Vater deshalb gedrängt, Decoud aus Rache für die Zurückweisung unter einem Vorwand festnehmen zu lassen. Offenbar herrschten zwischen General López und Carlos Decoud tatsächlich schon seit längerem Zwistigkeiten; denn die Decouds stammten aus einer alten europäischen Familie, und der kleine Kreis ihrer Standesgenossen blickte auf die Mestizen herab, zu denen auch die Präsidentenfamilie gehörte. Der General war ein Frauenheld und hatte gegenüber Carmelita, Decouds Verlobter, vielleicht wirklich eine anzügliche Bemerkung fallengelassen. Doch ganz gleich, wieviel Wahres nun an der Beteiligung des Generals an dieser

Affäre war, wurde alles dadurch in den Schatten gestellt, daß Santiago Canstat sich überraschend als britischer Staatsbürger entpuppte. Als Don Carlos sich weigerte, ihn freizulassen, wurde Henderson von seinem Posten abberufen. Im August reiste er nach Montevideo, wo er ein Gespräch mit Admiral Lushington von der britischen Flotte und dem Honourable Edward Thornton führte, Vertreter Ihrer Majestät in der La-Plata-Region und Hendersons Vorgesetzter.

Am 29. November ritten der General und seine Begleiter lächelnd durch die Menschenmenge am Hafen von Buenos Aires und gingen an Bord der *Tacuarí*. Kanonen schossen Salut, und man spielte die Nationalhymnen, als das Schiff kurz vor eins langsam davontuckerte. Es befand sich immer noch auf städtischen Gewässern, als es plötzlich einen Schuß vor den Bug erhielt und Kapitän Morice zu beiden Seiten britische Kanonenboote bemerkte. Er befahl sofortige Umkehr. Der General erschien auf der Brücke und ordnete an, das Feuer zu erwidern, doch für Morice wäre es Landesverrat gewesen, auf ein Schiff Ihrer Majestät zu schießen. Deshalb bat er den General um die Erlaubnis, zum Hafen zurückzukehren, alle Briten von Bord gehen zu lassen und einem paraguayischen Offizier das Kommando zu übertragen. Angesichts der Bedrohung von beiden Seiten konnte der General nicht anders entscheiden als Kapitän Morice. Indem er den Briten gestattete, das Schiff zu verlassen, hatte er außerdem einen Vorwand, ein Gefecht zu vermeiden, das er nicht gewinnen konnte. Die *Tacuarí* kehrte zurück zum Hafen, wo sie als Geisel festgehalten werden sollte, bis Santiago Canstat aus dem Gefängnis freigelassen worden war und eine Entschädigung erhalten hatte. Lòpez' Triumph hatte sich in eine Demütigung verwandelt.

Die Briten in Asunción erschraken, als diese überraschende Nachricht auf dem Fluß eintraf, denn sie wollten nicht, daß eine Auseinandersetzung mit London Einfluß auf ihr Leben nahm. Die Behörden in Buenos Aires, die den General soeben noch gefeiert hatten, schickten zwar eine Protestnote an Admiral Lushington, doch sie besaßen keine eigene Flotte, um die *Tacuarí* nach Paraguay zu eskortieren, und hatten nur wenig Lust, wegen einer Kränkung Paraguays ihre Beziehungen mit den Briten zu gefährden. Also konnten sie dem General nur eine Eskorte auf dem Landweg anbieten, die dieser sich anzunehmen gezwungen sah. Die *Tacuarí* ließ er, bewacht von den Briten, in Buenos Aires zurück.

Allerdings fuhr er nicht sofort nach Hause, sondern tröstete sich in Villa del Pilar, wo Juana Pesoa Ende Dezember ihr drittes Kind erwartete. Anschließend reiste er weiter nach Asunción, wo Elisa Lynch soeben festgestellt hatte, daß sie bald ihr viertes bekommen würde.

Federico Lloyd Lynch López wurde 1860 in Asunción geboren. Ein paar Monate später erblickte José Felix Pesoa López in Villa del Pilar das Licht der Welt.

> Hiermit gründen wir einen Verein, den wir den Club Nacional nennen wollen. Er hat den Zweck, seinen Mitgliedern als Treffpunkt zu dienen, wo sie ehrbaren Belustigungen wie zum Beispiel dem Lesen, Gesellschaftsspielen und dem Tanz nachgehen können.[4]

Der Club Nacional diente nicht nur dem Amüsement, sondern war für einige auch Ersatz für die Plaza del Gobierno, wo man bislang öffentliche Angelegenheiten nach Beispiel des alten Rom unter freiem Himmel in *corredores* vor den Gebäuden abgewickelt hatte. Nun gab der Club Nacional denen, die bisher gezwungen gewesen waren, ihre Gespräche in den Säulengängen hinter vorgehaltener Hand zu führen, die Möglichkeit, ihre Anliegen diskret auf Sofas zu erörtern – ein Glas in der Hand und einen Billardtisch gleich daneben, so wie es die Herren in London, Paris, New York und Buenos Aires taten. Das Ergebnis war zwar zivilisierter, allerdings doch nicht so diskret, wie diejenigen hofften, die sich noch nicht an das Denunziantentum in Paraguay gewöhnt hatten. Denn die *piragües* zogen mit den Möbeln ein und waren nicht mehr zu vertreiben.

Der Club war in einem großen Gebäude in der Calle Palma untergebracht, der belebtesten Straße, die vom Mercado Guazú zum Hafen führte. In der Calle Palma und ihren Nebenstraßen befanden sich die Lagerhäuser der wichtigsten ausländischen

Kaufleute des neuen Asunción. Antoni Rebaudi aus Italien, Nin Reyes aus Uruguay, die französische Familie Duprat-Lasserre, der spanische Papierhersteller Dionisio Lirio, der französische Importeur von Pomaden, Jules Henry, der Yerba-Händler und zeitweilige argentinische Konsul Adolfo Soler, der schwerreiche Dampferkapitän Simon Fidanza aus Genua und dazu ihre paraguayischen Kollegen, von denen die meisten mit der Familie López verwandt oder verschwägert waren: Carlos Saguier, ehemaliges Mitglied der Delegation, und sein Bruder Fernando sowie der Yerba-Händler und zukünftige López-Schwiegersohn Saturnino Bedoya. All diese Leute gehörten zu den einhundertsechsundzwanzig begeisterten Gründungsmitgliedern des Club Nacional, ebenso wie die drei López-Söhne, Vincente Barrios, der Ehemann von Inocencia López, Armee-Offiziere und sämtliche Diplomaten in der Stadt. Selbst Don Carlos billigte das Vorhaben.

Die Kaufleute, die die Gründungsurkunde unterzeichneten, schufen sich damit nicht nur eine Möglichkeit der Freizeitgestaltung, sondern füllten auch ihre Auftragsbücher. Der Club war im europäischen Stil eingerichtet. Er verfügte über einen Konzertflügel im Ballsaal, große, verglaste Fenster, die auf die Calle Palma hinausgingen, Teppiche, Sofas und Gardinen aus europäischen Stoffen und einen unerschöpflichen Vorrat an Alkoholika. Die López-Söhne hatten die Pariser Sitte eingeführt, zum Abendessen Champagner und anschließend einen Brandy zu trinken, und die Italiener und Franzosen brachten ihre geliebten Aperitifs, Digestifs und Tischweine mit. All diese Waren mußten in Schiffen hertransportiert, in Lagerhäusern untergebracht und in Läden verkauft werden. So profitierten alle Kaufleute vom Club Nacional und den Moden, welche die Mitglieder übernahmen, die die Möblierung und die Speisekarten bewunderten und es zu Hause genauso haben wollten.

Vormittags, zum Mittagessen und zu den Tanzveranstaltungen waren im Club auch Damen zugelassen. Ansonsten war es ein reiner Herrenclub, der bis spät in die Nacht geöffnet hatte, so daß Benigno López und seine Kumpane Karten spielen, Venancio López trinken und die Ausländer Preise und Frachtkosten erörtern konnten. Der Einfluß von Madame war überall gegenwärtig. In der Wahl der Möbel, der Musik, die auf dem Flügel gespielt wurde, in dem kleinen Orchester, in dem Londoner *Carapé* und den Walzern, die durch Elisas Feste bekannt geworden waren und nun ihren Weg auf die andere Seite der Plaza in den Club gefunden hatten, und auch in der Speisekarte und in der Weinliste. Das Ambiente war ein Spiegelbild des Hauses in der Calle Fábrica de Balas, auch wenn die Dame selbst im Club nur selten gesehen wurde. Der General gestattete ihr immer noch nicht, Festlichkeiten zu besuchen, bei denen seine Mutter und seine Schwestern anwesend waren, und diese waren begeisterte Anhängerinnen des Clubs. Allerdings zogen La Presidenta und Don Carlos sich stets um Mitternacht zurück, worauf ein Bote zu Madame geschickt wurde, um ihr zu sagen, daß die Luft rein war. Dann kam sie, frisch wie der junge Tag und strahlend, aus ihrem schönen Haus herüber, um diejenigen zu begrüßen, die mit ihr sprachen, und um den anderen die kalte Schulter zu zeigen.

Im November traf ein höchst bedeutsamer Mensch im Hafen ein: Charles Ames Washburn, der von Präsident Lincoln ernannte Kommissionär, der den leidigen Streit wegen Edward Hopkins' Fabrik endlich beilegen sollte.

José Berges, ein angesehener und kluger Mann, der in Don Carlos' Diensten stand, hatte bereits wie vereinbart Washington besucht, als die amerikanische Flotte erschien. Sein fließendes Englisch und seine zurückhaltende Art hatten den dortigen Schiedsausschuß beeindruckt, so daß man die Angelegenheit in Abwesenheit des auftrumpfenden, streitlustigen Don Carlos und seiner bewaffneten Männer in aller Form hatte bereinigen können. Der Ausschuß hatte entschieden, daß Paraguay in keinster Weise für Hopkins' Verluste verantwortlich war. Doch als man diesen Beschluß an die Regierungsbehörde weiterleitete, die den Ausschuß zusammengerufen hatte, wurde er sofort wieder aufgehoben. Man teilte den Schiedsleuten mit, ihre Anweisung habe gelautet, nicht etwa über Paraguays Schuld zu befinden, sondern lediglich zu berechnen, wie sich diese in Dollar und Cent ausdrücken ließ. Berges' Reise war also vergeblich gewesen.

Charles Washburn gab mit seinem breitkrempigen Hut, den

Cowboystiefeln, der schmal geschnittenen Hose und dem Sakko mit den kurzen Schößen, wie es nordamerikanische Gentlemen trugen, in Asunción eine auffällige Erscheinung ab. Er sprach kein Wort Spanisch und hinterließ bei Don Carlos, der die Affäre Hopkins für abgeschlossen hielt, keinen allzu guten Eindruck. Außerdem sah Don Carlos keinen Grund, zum Abgesandten eines Präsidenten, der gerade von General Lee eine Abreibung bezogen hatte, sonderlich höflich zu sein.

Washburns erste offizielle Audienz bei Don Carlos diente üblicherweise ausschließlich dem Zweck, den Ausländer zu demütigen. Eines der Lieblingsspiele des Diktators war es, einen Sklaven hinter sich zu postieren, der ihm auf ein Zeichen den weißen Hut vom Kopf riß und diesen durch den schwarzen ersetzte, um seinen Gast zu irritieren. Washburn blieb nur in Paraguay, da es keine Garantie dafür gab, daß sein eigenes Land bei seiner Rückkehr nach New York noch existieren würde; er bemühte sich nach Kräften, sich in Asunción gut einzuleben, und wurde von der Gesellschaft freundlich empfangen. Gleich zu Anfang freundete er sich mit Don Carlos' Frau und den Töchtern an, trat dem Club Nacional bei und hatte bald ein herzliches Verhältnis zu den López-Söhnen, den Saguiers, Barrios, Bedoya und den anderen. Trotz der Umstände unterhielt er Kontakte mit Minister Berges sowie mit Benigno López, mit dem er Karten und Billard spielte und über Frauen sprach. Sein Verhältnis zum General, den er als reserviert empfand, war weniger herzlich. Doch schon nach kurzer Zeit war er häufig zu Gast bei Madame und schrieb nach einem besonders angenehmen Abend überschwenglich in ihr Gästebuch:

> Es war mir eine außerordentliche Freude, eine derart wortgewandte, kultivierte, gebildete und geschmackssichere Dame kennenzulernen, mit der ich während unserer Gespräche der englischen Klassiker gedenken und die Literatur unserer Tage erörtern könnte.[5]

Ein anderer Gast, ebenfalls neu in Paraguay, war George Masterman of Croyden, den die Blyths als Apotheker für das von Dr.

Stewart gegründete Militärhospital angeworben hatten. Masterman war ein junger Mann mit einer unstillbaren Neugier, wie Washburn Junggeselle, und außerdem ausgesprochen kontaktfreudig. Er bereiste die Dörfer der Kordilleren, übernachtete unter Berufung auf entfernte Bekannte in fremden Häusern, katalogisierte Käfer und fotografierte Indianer. Auch er trat dem Club Nacional bei, lauschte dem Klatsch der Hauptstadt und schaffte es rasch auf Madames Gästeliste.

Mastermans erster Eindruck von Madame unterschied sich drastisch von dem, den Hector Varela sechs Jahre zuvor gewonnen hatte. Er empfand sie als »hoch gewachsene, kräftige, auffällig attraktive Frau, obwohl das Alter und die Aufzucht so vieler Kinder ihre Schönheit inzwischen ein wenig beeinträchtigt hatten« und schwärmte mehr von ihrer Gastfreundschaft als von ihrem Aussehen. »Sie veranstaltete kapitale Abendgesellschaften«, schrieb er und fügte hinzu: »Sie konnte mehr Champagner trinken, ohne daß man ihr etwas anmerkte, als jeder andere, dem ich je begegnet bin.«[6]

Elisas Dinnerpartys waren inzwischen eine Institution in Asunción; ein offizieller Besuch in Paraguay und Gespräche mit dem General schlossen automatisch ein Treffen mit Madame Lynch ein. Der brasilianische Gesandte Silva da Paranhos tanzte 1859 mit ihr. Es hieß, General Urquiza habe ihr nach seinem Aufenthalt in Asunción im selben Jahr ein Vollblutpferd geschenkt. Gouverneur Pujo aus Corrientes pflegte häufig Kontakt mit ihr. Bis auf einige Offiziere, die sie bereits in Paris gekannt hatte, standen fast nur Nicht-Paraguayer auf ihrer Gästeliste. Einheimische Damen zögerten immer noch, ihr Haus zu betreten, auch wenn in ihrem Verhältnis zu Madame eine Veränderung stattgefunden hatte. Im Jahr 1861 unterschied sich ihre Position grundlegend von der im Jahr 1855, denn inzwischen hatte sie sich als wohlhabende und mächtige Frau etabliert. Sie hatte dem General vier Kinder geboren und übte im Gegensatz zu seinen übrigen Geliebten dezenten Einfluß auf seine Lebensweise und seine politischen Ansichten aus. Dabei lenkte sie ihn, wie Masterman feststellte, »mit bewundernswertem Taktgefühl« und behandelte ihn »augenscheinlich mit der größten Demut und Hochachtung, während sie in Wirklichkeit mit ihm machen konnte, was sie wollte«.

Masterman, ein Neuankömmling und ein ausgezeichneter Beobachter, fand eine andere Erklärung für die mangelnde Bereitschaft der paraguayischen Oberschicht, Madames Feste zu besuchen. Seiner Ansicht nach war der Grund ebenso in Schüchternheit wie in Ablehnung zu suchen. Viele Familien, schrieb er, insbesondere jene, die die meiste Zeit auf ihren *estancias* und nicht in Asunción verbrachten, fühlten sich angesichts ihrer europäisch geschulten Manieren beklommen. »Die Tischsitten der Männer«, führte Masterman aus, »sind ausgesprochen rustikal. Gabeln wurden erst vor kurzem eingeführt, und man hantiert noch ziemlich unbeholfen damit.« Also wollte niemand – unter dem spöttischen Blick von Madame Lynch – die peinliche Situation riskieren, daß ihm womöglich noch eine Kartoffel auf den Schoß fiel. »Die korrekte Methode, Rindfleisch zu verspeisen«, fuhr Masterman fort, nachdem man es ihm auf einer seiner Reisen beigebracht hatte, »ist, einen so großen Bissen in den Mund zu nehmen, wie man zwischen den Zähnen halten kann, und ihn dann dicht an den Lippen mit einem langen, scharfen Messer abzuschneiden. Natürlich gehen die jungen Damen in der Öffentlichkeit nicht auf diese Weise vor, doch ich habe den dringenden Verdacht, daß sie es zu Hause tun, denn sie scheuen sich stets, in Gegenwart von Ausländern zu essen.«

Die Europäisierung war noch nicht sehr weit fortgeschritten. Es verblüffte Masterman zudem, daß man »die Frau eines Hauptmanns bei einem Ball im Club in einem Pariser Modellkleid vom letzten Jahr« sehen konnte; wenn man sie jedoch am nächsten Tag besuchte, »traf man sie in ihrer Familie in einem sehr leicht geschürzten Baumwollgewand und ohne Schuhe und Strümpfe an, wie sie mit zerzausten Haaren zwischen ihren Sklaven sitzt und sie auf derbem *guarani* ausschimpft«, während ihre Kinder nackt mit den Ziegen und Hühnern herumtollten. Er verstand nicht, warum Damen wie die oben geschilderte einfach nicht begriffen, wie falsch die paraguayische Lebensweise war. Hinzu kam das Problem der Gesprächsführung: Obwohl Madame das Spanische fließend und korrekt und außerdem einigermaßen *guarani* beherrschte, wurde auf ihren Abendgesellschaften, mit Zugeständnissen an die monoglotten Amerikaner, Engländer und Schotten, weiterhin Französisch gesprochen – in einem Land, in dem es nicht die Spur eines Bildungssystems für Frauen gab, besaßen nur wenige Damen Fremdsprachenkenntnisse.

Im April 1862 reiste Edward Thornton aus Buenos Aires an, um Öl auf die Wogen zu gießen, die die Beschlagnahmung der *Tacuarí* aufgewühlt hatte. Nach den Gesprächen erfolgte keine Einladung von Don Carlos oder La Presidenta zu einer abschließenden Abendgesellschaft. Doch Madame sprang in die Bresche. Der General, Charles Washburn und Oberst Morgenstern waren eingeladen – und ebenso George Masterman, William Whytehead und eine Gruppe der ausländischen Freunde des Generals.

Die Damen von Asunción spielten für Madame keine Rolle mehr – denn schließlich saß der Honourable Edward Thornton, Vertreter der britischen Königin Victoria, links von ihr, während Charles Ames Washburn, Gesandter der Vereinigten Staaten, zu ihrer Rechten Platz genommen hatte.

1860 war William Whytehead für einige Monate nach Großbritannien zurückgekehrt, denn der General hatte ihn beauftragt, Industriemaschinen in London, Liverpool und Manchester zu bestellen. Jeder Gegenstand wurde in Whyteheads Briefen nach Asunción ausführlich beschrieben. Er kaufte »einen verkupferten Destillierapparat mit vierhundertachtzig Litern Fassungsvermögen mit einem Vakuumsicherheitsventil aus Messing, verflanschten Schraubverschlüssen und einem Ablaufkolben. Eine Bohrmaschine Klasse A. Patentierte Eisenbahnkabelummantelungen. Eine vollautomatische Sägebank mit Holzzuführung und Wagen«[7] und weitere teure, dem Laien unbekannte Gerätschaften. Außerdem brachte er Pläne für Kriegsdampfer mit, die in der Werft von Liverpool gezeichnet worden waren.

Elisa Lynch hatte ihm ebenfalls einen Auftrag erteilt: Er kehrte mit der ersten Nähmaschine Paraguays zurück.

Nach seiner Rückkehr zog Whytehead aus dem *el Castillo* aus. Da rund um den Hafen inzwischen über einhundert Ausländer – viele von ihnen junge, draufgängerische Junggesellen – lebten, waren die Wohnverhältnisse nicht mehr sehr angenehm. Statt dessen mietete er sich eine *quinta* in derselben Straße, in der auch die von Madame stand, und widmete einen Großteil seiner Zeit dem Garten. Er pflanzte Büsche und Obstbäume und hielt Schweine, Kühe, Hühner und Strauße. Seine Schwestern in Streatham schickten ihm Samen für seinen Blumengarten. Im November 1861 hielt er bedrückt in seinem Tagebuch fest: »Teil des Gartenzauns böswillig eingerissen und das Vieh hineingetrieben. Abends bei Mrs. Lynch.«[8]

Der Blumengarten war ein Steckenpferd, das er mit Madame gemeinsam hatte, denn auch sie legte einen Garten vor ihrer *quinta* an, und die beiden besuchten einander oft. Sie kannten sich nun schon seit einigen Jahren, denn Whytehead war bereits bei den ersten Festen, die Madame trotz aller Widrigkeiten veranstaltete, ein häufiger und gerngesehener Gast gewesen. Er war intelligent und belesen, Humanist und Astrologe und ein zurückhaltender Mann mit vielen Interessen, dessen Konversation sich drastisch von der der Armeeoffiziere unterschied, mit denen Elisa sonst Umgang pflegte. Sie tauschten Pflanzensamen und Ableger, und er brachte ihr selbstangebautes Obst und Gemüse mit. Madame war nur eine unter seinen Besuchern. Auch Dr. Stewart und dessen paraguayische Verlobte verbrachten viel Zeit auf der *quinta*. George Paddison, »ein ausgesprochen belesener Mann mit sehr liberalen und kosmopolitischen Ansichten«[9], war ebenfalls oft zu Gast sowie der französische Konsul und seine Frau, die in Paraquay eintrafen, nachdem sich das Verhältnis nach der Auseinandersetzung wegen Nueva Burdeos wieder eingerenkt hatte. Allerdings erschienen sie nie, wenn Madame anwesend war, denn sie wollten nichts mit ihr zu tun haben. George Masterman und Charles Washburn freundeten sich bald miteinander an. Washburn hatte literarische Ambitionen, aber noch keinen Verleger, und brachte Whytehead seine Manuskripte zur Begutachtung. Hin und wieder schloß sich George Thompson den beiden an, unternahm lange Spaziergänge durch die Landschaft, schoß Dschungelrebhühner und kehrte erst bei Mondschein zurück. Bald wurde Whyteheads *quinta* wie Madames Salon ein Treffpunkt für die europäische und nordamerikanische Elite, allerdings mit einer entspannteren Atmosphäre, weniger *piragües* und ohne die zuweilen einschüchternde Gegenwart des Generals.

Im Jahr von Charles Washburns Ankunft vermeldete die Gerüchteküche in Asunción, der General habe sich eine neue Geliebte genommen.

General López hatte zahlreiche Affären, und viele Paraguayer behaupteten – oder behaupten immer noch –, als Ergebnis eines Seitensprungs mit einem Dienstmädchen oder einer Frau aus der Umgebung der Garnisonen von Concepción und Humaitá mit ihm verwandt zu sein. Allerdings sorgte keiner dieser Fehltritte für Aufregung in seinen beiden Haupthaushalten. Inzwischen hatte der General drei Söhne mit Elisa Lynch und drei Kinder mit Juana Pesoa. Sein ältester Sohn Emiliano sollte in Kürze nach Übersee geschickt werden, um dort zu studieren und europäischen Schliff zu erhalten. Die Tochter Adelina würde bald ein junges Mädchen sein, und José Felix war noch ein kleiner Junge. Der General verbrachte zwar nicht so viel Zeit mit Juanas Kindern wie mit denen von Elisa, aber er hatte die Vaterschaft anerkannt, und er besuchte sie regelmäßig, wenn er sich in Humaitá, knapp 20 Kilometer entfernt von Villa del Pilar, aufhielt.

Über die dritte wichtige Geliebte des Generals ist fast nichts bekannt. Sie war die Tochter von Pedro Burgos, Richter im Dorf Luque, deshalb eine Frau, die gesellschaftliches Ansehen genoß, und außerdem »hoch gewachsen und recht gut aussehend«.[10] Ihre Besuche im Haus des Generals auf dem Mercado Guazú begannen während Madames fünfter Schwangerschaft und wurden auch forgesetzt, als das nächste Kind, Carlos Honorio Lynch López, auf die Welt kam, der vierte Sohn in einer Familie, die ihre einzige Tochter vor drei Jahren verloren hatte.

Trotz der Affären des Generals mit *la Pesoa* und *la Burgos* galt Elisa Lynch »als die Favoritin«.[11] Da alle ihre Hoffnungen auf eine Annullierung der Ehe mit Quatrefages zunichte gemacht worden waren, so bestand nur wenig Aussicht, daß sie den General jemals würde heiraten können. Wenn sie ihn in der Öffentlichkeit erwähnte, bezeichnete sie ihn stets als »Seine Exzellenz«. Nur wenn sie im kleinen Kreis und Zusammenhang mit sich selbst über ihn sprach, nannte sie ihn »den Vater meiner Kinder«. Diese Ausdrucksweise war besonders bezeichnend, weil der General den inzwischen siebenjährigen Panchito bekanntermaßen vergötterte. In eine Miniaturuniform gekleidet, begleitete der Kleine seinen Vater zu Truppenparaden und zu Inspektionen der Waffenfabrik. Obwohl Emiliano Pesoa López älter war und eine Einheimische zur Mutter hatte, galt Panchito Lynch als Kronprinz und machte Elisa somit zur zukünftigen Königsmutter. Wer wie Washburn das Gerede auf dem Marktplatz belauschte, mußte annehmen, daß Madame die Anwesenheit von Señorita Burgos im Bett des Generals als Kränkung empfand. Doch Elisa hatte López in sechs Jahren fünf Kinder geboren: den Stammhalter, drei Ersatzmänner und eine tote Tochter. Möglicherweise betrachtete sie ihre »Rivalin« sogar mit Erleichterung, da ihre Dienste dafür sorgten, daß sie von einer erneuten Schwangerschaft verschont blieb.

Dennoch ersetzte *la Burgos* Elisa offenbar nicht vollständig – oder erst im Laufe der Zeit –, denn Madame brachte im Jahr 1862 wieder einen Jungen zur Welt. Leopoldo Antonio Lynch López war ein kränkliches Kind.

Abgesehen von dem toten Kind, das in La Recoleta begraben lag, hatte der General zwei unehelich geborene Töchter anerkannt. Eine war Adelina Pesoa, die andere ein kleines Mädchen namens Rosita Carreras, das bei La Presidenta in Trinidad lebte – einige sagten, als geliebtes Enkelkind, andere meinten, eher als Dienstbote. Niemand wußte, ob der General ihre Mutter abgefunden hatte oder ob sie gestorben war, aber jedenfalls hatte die Familie López das Kind bei sich aufgenommen. Der General war ein häufiger Besucher in Trinidad, wo seine Mutter und seine Schwester Rafaela *quintas* besaßen, und er kannte das Kind deshalb gut. Nach einer Weile holte er es aus dem Haushalt seiner Mutter und brachte es zu Elisa, möglicherweise als Ersatz für Corinne Adelaide, als Trost, oder weil es schon wieder ein Junge geworden war. Vielleicht wünschte er sich ja auch selbst eine Tochter und wollte das anstrengende Lotteriespiel umgehen, das eine Geburt nun einmal bedeutete. Doch ganz gleich, welche Rolle Rosita auch im Hause von La Presidenta innegehabt hatte, bei Elisa wurde sie wie ein Familienmitglied behandelt. Schließlich waren der General und Elisa Lynch allgemein als ausgesprochen kinderfreundlich bekannt.

7

Am 10. September 1862 bei Morgengrauen scharte sich eine traurige Versammlung um ein Bett im Haus an der Plaza del Gobierno. La Presidenta, Venancio, Inocencia und Rafaela weinten. Don Carlos' junger Lieblingssekretär Silvestro Aveiro war erschienen. Francisco lehnte im Dämmerlicht an einer Wand, und Benigno hielt seinen Vater in den Armen, denn der alte Mann lag im Sterben.

Der General hatte sich – wieder einmal damit beschäftigt, eine uneinnehmbare Festung am Fluß aufzubauen – in Humaitá aufgehalten, als man ihn von der schweren Krankheit seines Vaters in Kenntnis setzte. An einem kalten Tag mitten im August traf er in Asunción ein und begab sich sofort in das Haus neben der Kathedrale, wo Don Carlos seine Wünsche für seine Nachfolge diktierte.

»Wir, Carlos Antonio López, Präsident der Republik Paraguay … ernennen zum Vizepräsidenten der Republik Brigadegeneral Bürger Francisco Solano López, Kriegs- und Marineminister …« Das Dokument wurde Silvestro Aveiro übergeben, den der Sterbende gerade zum Staatsarchivar befördert hatte. Nur er, Don Carlos und der General kannten den Inhalt des Schriftstücks.

Gemäß der Verfassung aus dem Jahr 1844 war der General ermächtigt, vorübergehend als Präsident zu amtieren, bis der Kongreß zusammentrat, um ihn entweder in seinem Posten zu bestätigen oder einen anderen Mann zu wählen. Die Wochen des Wartens begannen. Die Straßen auf beiden Seiten von Don Carlos' Haus wurden mit Heu bestreut, und es herrschte eine ungewöhnliche Stille in der Stadt und auf den Märkten.

Am späten Nachmittag winkte Don Carlos Francisco zu sich heran.

»Es gibt noch viele Schwierigkeiten auszuräumen«, sagte er. »Tu es mit der Schreibfeder, nicht mit dem Schwert.«

Padre Maíz spendete dem Diktator die Sterbesakramente. Als der Abend dämmerte, verstarb er.

»Ist er tot?« fragte Francisco, und Dr. Stewart nickte.

Da eine Erkrankung Bischof Urbieta daran hinderte, den Trauergottesdienst abzuhalten, übernahm Padre Maíz diese Aufgabe.

Die Beerdigung war der größte Staatsakt in fast zwanzig Jahren. Don Carlos war Richter, Regierungschef, Schiedsmann und Arbeitgeber des ganzen Landes gewesen. Er sollte in der neuen Kirche in Trinidad, unweit der *quinta* seiner Frau, beigesetzt werden, und ganz Asunción kam, um sich den Trauerzug anzusehen. La Presidenta und ihre Töchter fuhren mit dem Sarg in der offenen Kutsche, die in langsamem Tempo von der Plaza del Gobierno zur Kirche von La Trinidad rollte. Dem Wagen folgte eine Eskorte von einhundert Offizieren von Armee und Marine. Die Eisenbahn war für die Begräbnisgäste requiriert worden. Kutschen, die seit fast zwei Jahrzehnten niemand mehr benutzt hatte, wurden aus den Schuppen geholt und zum Bahnhof von Trinidad gebracht, um die Gäste damit zur Kirche zu fahren. Für Carlos Saguier war es ein wichtiger Tag, denn als Zeremonienmeister der Regierung war er verantwortlich dafür, daß alles angemessen feierlich verlief. Er mußte für die Sitzordnung und die Fahrgelegenheiten sorgen, was eine sehr heikle Aufgabe war. Nach einer heute nicht mehr nachvollziehbaren Abfolge von Vorschlägen, Drohungen und Überredungsversuchen, bei denen der bedauernswerte Saguier als Vermittler fungierte, teilte man auch den Mätressen und Kindern von Francisco und Venancio Sitzplätze bei der Zeremonie zu, obwohl La Presidenta von ihrer Anwesenheit sicher nicht begeistert war.

Der Gottesdienst war prunkvoll und feierlich. Viele vergossen Tränen vor dem Altar, wo die Statuen der Heiligen Carlo Borromeo und Antonio denen von Johannes dem Täufer und Paulus gegenüberstanden. Dahinter, auf der Empore über der Tür aus dunklem Holz, sang ein Chor.

General López trug die Präsidentenschärpe, die er für seinen

Vater aus Paris mitgebracht hatte, und dazu Orden von den Höfen Brasiliens, Frankreichs und Italiens. Neben ihm standen Venancio in Hauptmannsuniform, sein Schwager Vincente Barrios, ebenfalls uniformiert, und Benigno. Der General persönlich hatte Padre Maíz gebeten, den Trauergottesdienst zu übernehmen. »Anschließend kam ich in den Genuß«, schrieb Maíz viel später, »der allerbesten und freundschaftlichen Verbindung mit dem General.« Wenn er das damals wirklich glaubte, muß er recht naiv gewesen sein. Denn ihn ohne triftigen Grund zu übergehen, hätte nur diejenigen konsterniert, die bald zusammentreten würden, um den General im Präsidentenamt zu bestätigen. Maíz hielt die Trauerrede. Er »bedauere den Verlust eines großen Bürgers und so überaus strebsamen und patriotischen Regenten, der die Nation Paraguay in ihrer Fortschrittlichkeit und ihrem Wohlstand zu der bedeutendsten Macht dieser Region Amerikas gemacht hat …«[1]

Anschließend eskortierte Carlos Saguier La Presidenta und ihre Töchter aus der Kirche, setzte sie in ihre Kutsche und bemerkte dann Venancios Geliebte, die selbst auf einen Wagen wartete. Madames Kutsche stand gleich daneben. Also scheuchte er das Mädchen hinein, und das Fahrzeug setzte sich in Bewegung. Die Anhänger Saguiers stellten das im nachhinein als Irrtum dar: Er habe geglaubt, es handle sich nur um eine leere Kutsche unter vielen, und gedacht, sie werde schon rechtzeitig zurück sein, um für Madame bereitzustehen, wenn diese die Kirche verließ. Doch wer konnte nach all den Jahren, in denen es in Asunción lediglich zwei Kutschen gegeben hatte, eine von ihnen verwechseln? Vielleicht hatte man, was die Sitzordnung anging, zu viel Druck auf Saguier ausgeübt, so daß er nun eine Möglichkeit sah, sich dafür zu revanchieren. Jedenfalls war die Kutsche kaum abgefahren, als Madame mit ihren Kindern erschien und zu wissen verlangte, »warum man sie derart beleidigt habe«. Sie wies seine Entschuldigungen zurück und bezeichnete Saguier als Lügner.

Eine Frist von fünf Wochen verstrich zwischen dem Tod von Don Carlos und dem Zusammentreten des Kongresses, um seinen Nachfolger zu bestimmen. Während dieser Zeit bemerkten die

Menschen eine verstärkte Militärpräsenz in Asunción. Das Korps in der Plaza del Gobierno wurde verstärkt, ebenso die Garnison in der Plaza San Francisco, die unter dem Befehl von Hauptmann Venancio stand.

Die bevorstehende Wahl war das vorherrschende Gesprächsthema im Club Nacional. Man munkelte, der General habe seinen kranken Vater gezwungen, ihn in seiner Verlautbarung vom 15. August als Nachfolger zu benennen. Außerdem hieß es, Padre Maíz glaube, Don Carlos habe dem Kongreß Benigno López, nicht Francisco, vorschlagen wollen und das auch schriftlich festgehalten, doch der General habe das Dokument zerrissen. Dennoch, so sagte man weiter, würde Benigno von vierhundert hochrangigen Persönlichkeiten unterstützt, weshalb die Wahl des Generals zum Präsidenten noch nicht abgemacht sei. Eines Abends überbrachte Hauptmann Fernandes von der Polizei Madame den Bericht eines Spions aus dem Club Nacional. Ein gewisser Riveros, betrunken und sehr gesprächig, sei dabei belauscht worden, wie er von Plänen Benignos sprach, seinem Bruder das Präsidentenamt streitig zu machen. Riveros wurde noch am selben Abend verhaftet, aber es wäre nicht ratsam für General López gewesen, offen gegen die genannten Personen einzuschreiten, denn damit hätte er nur die Pferde scheu gemacht und Benignos Fürsprecher mobilisiert. Also wartete er ab.

Überall wimmelte es von Spionen. »Der Priester Palacios«, behauptete Maíz später, »richtete ein Netzwerk von geheimen Kundschaftern ein, um jeden meiner Schritte im Seminar zu beobachten, und man teilte dem General mit, ich verlangte eine neue Verfassung, welche die von 1844, die dem Präsidenten außergewöhnliche und diktatorische Machtbefugnisse zugestand, ersetzen sollte.«[2] Diese Berichte wurden zu den anderen gelegt; der General unternahm noch nichts.

Der Kongreß trat am 16. Oktober zusammen, dreifach umstellt von Soldaten, die unter dem Befehl von Paulino Alén, einem alten Freund des Generals, standen. Washburns Informanten hielten die Zusammensetzung des Gremiums für manipuliert:

»Die Richter, Polizeichefs und *curas** aus verschiedenen Bezirken außerhalb der Hauptstadt, die den Respekt und das Vertrauen des verstorbenen Präsidenten in größerem Maße genossen hatten, als seinem Nachfolger lieb war, wurden abgesetzt und gegen Männer ausgetauscht, auf die er sich absolut verlassen konnte.«[3] Die einzigen Tagesordnungspunkte, die den Deputierten vorgelegt wurden, waren die Wahl eines neuen Präsidenten sowie die Festlegung der Dauer seiner Amtszeit. In dem überfüllten, stickigen Raum, in dem man die Schritte der Soldaten vor der Tür deutlich hören konnte, erhob sich Padre Justo Roman und schlug vor, den Bürger Francisco Solano López für zehn Jahre zum Präsidenten der Republik zu wählen. Sofern es überhaupt eine organisierte Opposition gegeben hatte, verstummte sie angesichts der strengen Miene des Generals im Saal und der Gegenwart seiner Soldaten auf der Straße, bevor sie begonnen hatte, weshalb der Abgeordnete José Varela**, der Mann, der nun aufsprang, ganz allein dastand.

»*Señores diputados*, die Verfassung verbietet die Vetternwirtschaft, also die Übertragung von Regierungsämtern an Verwandte. Da der von Padre Roman vorgeschlagene Kandidat der Sohn des kürzlich verstorbenen Präsidenten ist, würde sich seine Wahl nicht im Einklang mit der Verfassung von 1844 befinden.«

Eine Weile herrschte erschrockenes Schweigen im Raum. Dann standen Minister Vasquez und Padre Roman gleichzeitig auf.

»Ich spreche dich frei von deinen Sünden«, schrie der Priester, obwohl das gar nicht die Frage war.

Der Minister hingegen bewahrte die Ruhe.

»Die Bedenken des Abgeordneten Varela haben etwas für sich«, sagte er. »In Paraguay ist es nicht erlaubt, die Macht direkt weiterzuvererben. Allerdings wird es in dieser Sitzung auch nicht dazu kommen. Schließlich wird der Kandidat die Macht nicht *erben*, sondern von uns, den zu diesem Zweck ernannten und zusammengerufenen Abgeordneten, *gewählt* werden.«

* Priester

** Nicht verwandt mit Hector Varela

In dem großen Auditorium, in dem seine Stimme widerhallte, unternahm Varela einen letzten Versuch, die Situation zu retten.

»Der Abgeordnete Vasquez hat mich völlig überzeugt, und ich ziehe meinen Einwand deshalb zurück. Allerdings möchte ich die Gelegenheit nutzen, um festzustellen, daß ich nur aus juristischen Gründen Bedenken erhoben habe, um die Wahl des vorgeschlagenen Kandidaten zu erleichtern, den ich ab sofort ebenfalls unterstütze.«

Das größte Bankett, das jemals im Club Nacional abgehalten worden war, fand statt, um die Wahl des Bürgers General Francisco Solano López Carrillo »durch einstimmigen Zuruf« zum Präsidenten zu feiern. Dreihundert Gäste saßen bei Tisch, es gab nicht genug Porzellan in den Schränken, so daß Diener während des gesamten Nachmittags zwischen dem Club und Elisas Haus hin und her liefen, um ihr Silber auszuborgen. Den ganzen Abend läuteten zur Feier des Tages die Glocken. »Für wie viele«, sagte Padre Maíz, der nicht ahnte, daß sein Schicksal bereits besiegelt war, »werden diese Glocken bald das letzte Stündlein schlagen?«

In der Regierung wurden nur wenige Veränderungen vorgenommen. Don Carlos' alter Freund Mariano Gonzales blieb Leiter der *Hacienda* – des Schatzamtes –, José Berges wurde zum Außenminister ernannt, und der bereits ältere harmlose Francisco Sanchez wurde Vizepräsident und Innenminister. Das Ministerium für Krieg und Marine, das der neue Präsident durch seine Wahl geräumt hatte, wurde Venancio López übertragen. Benigno ging leer aus.

Die Mitteilung, daß General López zum Präsidenten gewählt worden war, wurde dem Rest der Welt offiziell zur Kenntnis gebracht. Die befreundeten Nationen gratulierten.

Tuilerienpalast, 10. Januar 1863

Ich habe mich über Ihren privaten Brief und über die angenehmen Erinnerungen, die Sie an Ihren Aufenthalt an meinem kaiserlichen Hof knüpfen, sehr gefreut. Sie können mir glauben, wenn ich Ihnen sage, daß ich mich gleichermaßen gern erinnere und die edlen Eigenschaften zu schätzen weiß, die Sie auszeichnen. Deshalb beglückwünsche ich Sie und Ihr Land zu dieser Wahl, die Sie Ihrer Bestimmung zugeführt hat. Es hat mich erfreut, wohlwollend zu beobachten, wie Paraguay unter der ruhmreichen Regentschaft Ihres verstorbenen Herrn Vaters so greifbare Fortschritte machte. Zweifellos wird Ihr Land unter Ihrer weisen Führung weiter in raschen Schritten auf dem Weg der Zivilisation vorankommen. Gestatten Sie mir, Ihnen mit den besten Wünschen für Ihr persönliches Glück und dem Ruhm Ihrer Präsidentschaft auch meine Hochachtung und Freundschaft auszudrücken. Herr General, ich bete darum, daß Gott Ihnen seinen heiligen Segen geben möge.

Ihr guter Freund
Napoleon[4]

Seit einiger Zeit verbreiteten die Gerüchteküchen im Club Nacional, in den Konsulaten und in den Herrenclubs der La-Plata-Region, der Präsident Paraguays sei im Begriff, sich selbst zum Kaiser zu erklären.

Im März 1863 traf ein Fremder in Asunción ein. Er war Franzose, wurde in britischen Dokumenten als Dr. S. bezeichnet und reiste getarnt als Wissenschaftler und Entdecker. George Masterman, der ihn ins Landesinnere begleitete, war entsetzt darüber, wie schlecht sich der Mann in sämtlichen Bereichen der Wissenschaft auskannte. Er und Charles Washburn hielten ihn für einen »politischen Kundschafter von Kaiser Napoleon«, einen von vielen, die man »in den aus dem Boden schießenden Republiken Mittelamerikas vermutete«.[5]

In jenem Jahr wurden die ersten Rufe mit dem Wortlaut *Heil, Francisco Primero!* in Paraguay gehört, und Napoleon III. war im Begriff, Tausende von Meilen im Norden ein Imperium in der Neuen Welt zu gründen. Bei Beginn des Bürgerkriegs hatte er bereits Interesse angemeldet, die nordamerikanischen Südstaaten zu einem französischen Reich zusammenzufassen, doch man hatte ihm davon abgeraten, sich für Sklavenhalter zu verwenden. Nun wandte er den Blick ein wenig weiter nach Süden.

Als der erste Napoleon zu Beginn des Jahrhunderts quer durch Europa marschiert und der spanische König von seinem Thron geflohen war, hatte Mexiko seine Unabhängigkeit erklärt. Seitdem war dem Land kaum ein Jahr vergönnt geblieben, in dem seine Ernten nicht von den Truppen eines Generals, eines Kriegsherrn und Priesters oder von Banditen zertrampelt worden wären. General Santa Ana hatte am längsten durchgehalten, bezeichnete sich als Napoleon des Westens und raffte sagenhafte Reichtümer zusammen. Als er nicht verhindern konnte, daß die Vereinigten Staaten ihm ein Drittel seines Staatsgebiets abnahmen, floh er mit seinem Harem und seinen Kampfhähnen auf eine Karibikinsel, wo er fortan ein Luxusleben führte. Die fünfziger Jahre des neunzehnten Jahrhunderts sahen den Aufstieg seines Nachfolgers, des unbeirrbaren und skrupellosen Benito Juárez.

Juárez war ein schweigsamer Selfmademan, Indianer und ein Mann von außergewöhnlicher Begabung. Er wurde vom Haß auf eine Kirche angetrieben, die für ihre Korruption berüchtigt war, Gebühren für die Spende von Sakramenten erhob, willkürliche Steuern kassierte und die Menschen beider Geschlechter und aller Altersgruppen schamlos schikanierte. Unter Juárez waren die Tage dieser Kirche gezählt. Sie verlor ihre Ländereien, ihre Klöster, ihre Paläste und ihr Geld, die durch diese Enteignungen in den Besitz des Regimes Juárez übergingen und dazu verwendet wurden, jahrzehntealte Kriegsschulden zu begleichen. Doch das genügte nicht. 1861 verkündete Juárez, daß er zwei Jahre lang keine Zinsen auf die bei europäischen Banken aufgenommenen Kredite bezahlen werde. Auf den Straßen und in den Häfen kam es zu Übergriffen auf Ausländer; ein mit Silber beladener Zug, dessen Fracht auf Schiffe mit Fahrtziel Europa verladen werden sollte, wurde von Soldaten gestoppt. Großbritannien, Spanien und Frankreich schickten eine gemeinsame Armee. Doch nachdem die Spanier und die Briten eine Einigung erzielt hatten und wieder abzogen, blieben die Franzosen, denn Napoleon und Eugénie waren mexikanischen Intriganten auf den Leim gegangen, die die europäischen Höfe gezielt nach einem überzähligen gekrönten Haupt absuchten. Nachdem die französische Armee

Juárez aus Mexiko vertrieben hatte, rief der französische General einen »obersten Rat« zusammen und flehte im Namen des mexikanischen Volkes Erzherzog Maximilian von Österreich, einen Schützling Napoleons, an, den Thron von Mexiko zu besteigen.

Selbstverständlich würde ein franzosenfreundliches Reich in der La-Plata-Region die Interessen von Napoleon III. vertreten. Washburn sagte, er wisse vom General selbst, daß Napoleon ihm eine Anerkennung eines Kaiserreichs Paraguay zugesichert habe.

*

Juan Crisóstomo Centurión gehörte zu den jungen Männern, die ins Ausland geschickt worden waren, um dort auf Staatskosten zu studieren. Als er im Februar 1863 nach fünf Jahren in London und Paris zurückkehrte, passierte sein Schiff dasjenige, mit dem sich Ildefonso Bermejo gerade auf den Rückweg nach Spanien machte. Bermejos letzte Monate in Asunción waren ziemlich unerfreulich gewesen, denn man hatte Doña Pura Gerüchten zufolge in flagranti mit einem seiner ehemaligen Schüler erwischt, und zwar mit Natalicio Talavera, Herausgeber des *Semanario* und guter Freund von Centurión, In seinem Buch bestätigt Centurión dieses Gerücht weder, noch streitet er es ab, denn schließlich hatte die Affäre, wenn es denn eine gegeben hatte, während seiner Abwesenheit stattgefunden. In Montevideo ging er an Bord eines paraguayischen Staatsdampfers unter dem Kommando eines anderen alten Freundes und erkundigte sich, was es in Paraguay mit seinem neuen Generalpräsidenten Neues gebe.

»Unser Land ähnelt derzeit eher einem Kaiserreich als einer Republik«, erfuhr er. »Wohin man auch schaut, man sieht nichts als Militärs – im Theater, bei Bällen, auf der Straße, überall, genau wie in Frankreich. Du mußt sehr vorsichtig sein, da du dir in einem freien Land andere Sitten angewöhnt hast … Denn hier bei uns geht es ganz anders zu, die Lage ist sehr heikel. Wenn du keine Schwierigkeiten haben willst, mußt du *esa grandissima puta,* der größten aller Huren, den Hof machen, die den Präsidenten auf Schritt und Tritt begleitet und inzwischen in der Öffentlichkeit auftritt. Bis vor kurzem zeigte sie sich nicht in der Gesellschaft, doch heute tut sie es schamlos und hält sogar Reden bei Banketten!«[6]

Elisa Lynch gehörte zum engsten Kreis des neuen Regimes. Was ihren Einfluß auf die politische Haltung des Generals betraf, gingen die Meinungen auseinander. Masterman vertrat die Ansicht, daß sie »die wahre Regentin Paraguays« war. Sekretär Aveiro widersprach. Dennoch war es Elisa, die die privaten Kontakte des neuen Präsidenten überwachte, und es sprach sich bald herum, daß sich Beförderungen, Lizenzen, Verträge und andere Vergünstigungen in der ungezwungenen Atmosphäre von Elisas *sala* leichter erwirken ließen als in einem Büro in der *casa de gobierno*. Das lag nicht nur daran, daß nun der Präsident – und nicht mehr der *Sohn* des Präsidenten – auf Elisa hörte, auch ihr Betätigungsfeld hatte sich erweitert. Don Carlos hatte die Bedeutung des Militärs nicht unterschätzt und es stets ausreichend mit den nötigen Mitteln versorgt. Allerdings bekleidete er selbst keinen militärischen Rang und hatte die Streitkräfte auch nie dazu eingesetzt, seine Regentschaft zu stützen oder zu erzwingen. Sein ältester Sohn hingegen hatte da andere Vorstellungen. Paraguay wurde unter dem neuen Präsidenten militarisiert, nicht nur entlang der Grenzen, sondern auch in den *salas* und bei den Empfängen in der Hauptstadt. Um in den harten Kern oder einen der Kreise, die davon abgingen, vorzudringen, mußte man unbedingt Kontakte zur Armee haben, und eine Bekanntschaft mit Elisa erleichterte die Angelegenheit beträchtlich. Alle wußten, daß eine Beförderung, eine Versetzung oder ein Vertrag als Lieferant von Verpflegung, Pferden, Vieh oder Kleidung an die Streitkräfte durch Elisas Fürsprache wahrscheinlicher wurden. Allerdings ließ sich ihre Gönnerschaft nie genau nachweisen, da sie in privaten Unterhaltungen, nicht in öffentlichen Äußerungen, gewährt wurde – im Rahmen von Freundschaften oder infolge von Sympathien, die zuweilen nur den unmittelbar daran Beteiligten bekannt waren. Geschenke und Spenden wurden diskret verteilt. Es ist nicht möglich, die vielen Fäden zu entwirren, die zur Beförderung von Offizieren, zum Abschluß lukrativer Verträge für Kaufleute, zur Genehmigung eines fragwürdigen Landverkaufs oder zur Erteilung einer Handelslizenz gesponnen wurden, so daß sie direkt zu einem Sofa in Elisas Wohnzimmer zurückverfolgt werden konnten. Doch wer zu Elisas Festen eingeladen war, gehörte bald zu denjenigen, die von der neuen Regierung profitierten.

Elisa spielte nicht nur die Rolle der Vermittlerin. Wie sie in Paraguay zu einem eigenständigen Vermögen kam, ist heute nicht mehr nachzuvollziehen. Bei ihrem Eintreffen hatte sie bekanntlich 1400 Gramm Gold vom General sowie ein eigenes Vermögen von unbestimmter, allerdings vermutlich geringfügiger Höhe bei sich gehabt. Nur zehn Jahre später war sie eine reiche Frau. Sie besaß drei Häuser, die der General ihr gekauft hatte, und erwarb selbst sowohl Immobilien als auch Anteile am Export verschiedener Waren. Es sind nur wenige Dokumente erhalten geblieben, die den genauen Zeitpunkt oder den Ablauf dieser geschäftlichen Aktivitäten belegen, doch schon zwei Jahre nach der Machtergreifung des Generals war Elisa von der Vermittlerin von Gefälligkeiten zur selbständigen Unternehmerin aufgestiegen, denn sie war Teilhaberin an einigen Firmen, die die Armee mit dem Notwendigen belieferten. Außerdem betätigte sie sich als Geldverleiherin, wobei sie die Dienste von Leutnant Francisco Fernandez in Anspruch nahm, Armeeoffizier, Regierungsbeamter und des Generals »rechte Hand in allen geschäftlichen Angelegenheiten«,[7] was an sich schon ihren direkten Zugang zur Staatsmaschinerie beweist. Am 18. März 1863 vermittelte Leutnant Fernandez einen Vertrag mit einem gewissen Bürger Rafael Zavala, der von »Madama Lynch« die Summe von 6663 Pesos lieh und ein Haus in Asunción als Sicherheit anbot. Die Laufzeit des Kredits betrug zwei Jahre. Die Zinsen beliefen sich auf acht Prozent, zwei Prozent mehr als der staatliche Zinssatz.[8]

Und es gab noch einen weiteren Menschen, der bei dem neuen Regime aus und ein ging.

Sechs Wochen nach der Wahl des Generals wurde ein Schreiben an den Vatikan gerichtet, das die Frage behandelte, wer nach Bischof Urbietas Tod dessen Nachfolger werden sollte. Unter Don Carlos wäre Padre Maíz der wahrscheinlichste Kandidat gewesen, doch der Mann, den man im November 1862 für den

Posten vorschlug, war »Dechant der Kathedrale, in der Republik als Sohn anständiger Eltern ehelich geboren, verdient wegen seines bekanntermaßen höchst moralischen Verhaltens und seiner frommen Selbstzucht, dem Heiligen Gesetz gehorsam und Untertan Eurer Heiligkeit«,[9] also der Mann, der Enrique Lynch López getauft hatte und dessen »Predigten die reine Blasphemie waren, sich nur um die Lobpreisung López' drehten und das Volk auf seine Pflichten ihm gegenüber hinwiesen. Da López ihnen von Gott als ihr Herrscher vorgesetzt worden sei, sei es ihre Pflicht, ihm ihr Leben, ihre Arbeitskraft und ihr Vermögen zu weihen und nichts, was er von ihnen verlangte, als ungebührliches Opfer zu betrachten, denn wenn sie alles täten, um ihn zu lobpreisen und zu unterstützen, würden sie belohnt werden, sowohl in dieser Welt als auch im nächsten Leben«.[10]

Kurz vor Bischof Urbietas Tod wurde ein Pamphlet in Palacios Namen veröffentlicht und im Landesinneren verteilt. Es basierte auf einem Schriftstück, das die spanische Kirche nach dem letzten Inka-Aufstand herausgegeben hatte, und war eine Anleitung zum absoluten Gehorsam.

> Frage: Darf der oberste Magistrat seinen Vasallen Gesetze auferlegen?
> Antwort: Ja, denn Gott hat ihm die gesetzgebende Macht über sie verliehen.
> Frage: Was muß der Vasall tun, wenn ihm ein Gesetz als unbillige Härte erscheint?
> Antwort: Gehorchen und sich demütig seinem Urteil beugen.
> Frage: Ist es Sünde, gegen den Magistrat zu murren oder schlecht über ihn zu sprechen?
> Antwort: Ja, denn Gott sagt: »Du sollst dich nicht gegen deine Götter auflehnen oder die Prinzen deines Volkes verfluchen.«[11]

»Ich kannte den Charakter von General López sehr gut«, schrieb Padre Maíz, »und wußte, daß er sich die absolute Macht sichern würde, sobald er zum Präsidenten der Republik gewählt war. Deshalb setzte ich mich für eine Verfassung ein, die ihm diese absolute Macht verweigerte und der Willkürherrschaft einen Riegel vorschob ... Außerdem war mir bekannt, daß er von frühester Kindheit an für die Macht erzogen worden war ... Mein Interesse an einer neuen Verfassung, die die Unabhängigkeit der Legislative, der Judikative und der Exekutive bestimmt hätte, wurde mir als Böswilligkeit ausgelegt.«[12] Viele teilten die Besorgnis des Priesters, doch obwohl die Wahl des Generals möglicherweise internationales Unbehagen auslöste, beruhigten seine ersten diplomatischen Handlungen die Gemüter. Im Januar 1863 wurde ein Abkommen mit Großbritannien unterzeichnet, das den lange schwelenden Disput beilegte. Im März wurden die Beziehungen zu Frankreich verbessert, als der Generalpräsident einen Freundschaftsvertrag mit Vicomte Bécourt unterschrieb. Don Carlos wäre mit den ersten Schritten seines Sohnes auf diplomatischem Parkett sicher einverstanden gewesen.

Immer mehr Ausländer trafen ein. Ein ehrgeiziges Impfprogramm wurde aufgenommen. Am Hafen lud man Schlafwagen, Dampfmaschinen und Entkörnungsmaschinen für Baumwolle ab. In Asunción sollte eine Militärakademie unter Leitung französischer Offiziere eingerichtet werden, und Monsieur le Baron Bourgeois, augenblicklicher Kommandant der Gendarmerie in Bougie, Algerien, hatte den Posten des Direktors angenommen. Er sollte von seinem Schwager, einem Militärarzt, begleitet werden, dem man die Stelle des *Médécin de L'Ecole Militaire* angeboten hatte. Ein deutscher Ingenieur namens Treuenfeld hatte den Auftrag, Telegrafenleitungen zu verlegen, welche die Hauptstadt mit den Garnisonen am Fluß verbinden sollten.

Die Konsulate erhielten Briefe von Ausländern, die in Paraguay eine Gelegenheit sahen, zu Geld zu kommen. Ein gewisser Señor Castellano schrieb von seinem bereits existierenden, allerdings nicht sehr profitablen Geschäft in Rosario und fragte den französischen Konsul wegen der Eröffnung einer spanisch-französischen Akademie um Rat. Er habe gehört, sagte er, daß es in Paraguay keine Lehrer gebe. Könne der Konsul das bestätigen? Er fügte hinzu, er habe früher in Afrika Baumwolle angebaut, und erkundigte sich beim Konsul, ob dafür vielleicht Bedarf bestünde. Roger Fils & Co. von der Firma Meules ... Moulins &

Carreaux (Windmühlen und Kutschen) mit Häusern in Paris, London und New York erkundigten sich, ob sich Asunción nach Ansicht des Konsuls als Adresse für eine profitable neue Filiale eigne. Konsul Cocholet mußte sich auch mit der Anfrage des Schwagers von Monsieur le Baron Bourgeois befassen, der etwas über die Möglichkeit der Einrichtung einer »lukrativen, gutfrequentierten« Privatpraxis wissen wollte und sich dafür interessierte, ob es in Asunción genügend wohlhabende Familien gebe, die ihm das hoch angesetzte Einkommen von 20 000 Francs sichern würden.[13]

Der *Semanario*, der mit den Yerba-Booten eintraf, wurde auch von den Journalisten in Buenos Aires gelesen. Die Kommentare in der *Tribuna* fielen in diesem Herbst ziemlich kurz aus.

13. April: *absolutamente nada de nuevo* – absolut nichts Neues.
12. Mai: *nada de nuevo* – nichts Neues.

Dann, im Juni, eignete sich endlich etwas Neues. »Revolution in Paraguay«[14] wurde gemeldet! Padre Maíz, Benigno López, der Abgeordnete José Varela und andere waren wegen »Verschwörung« vor ein geheimes Gericht gestellt worden.

Padre Maíz hatte man bereits kurz nach der Wahl verhaftet, nachdem die Spione im Priesterseminar ihre Berichte abgegeben hatten. Allerdings wäre es unklug gewesen, ihm den Prozeß zu machen, nur weil er die Vorzüge der Verfassung erörtert hatte, denn schließlich handelte es sich hierbei nicht um eine Straftat. Deshalb beschuldigte man ihn vage der Verschwörung und warf ihm konkret vor, er habe den Seminaristen heidnische Lehren gepredigt. Weiterhin verbreitete man das Gerücht, Maíz habe gestanden, »daß er viele Jahre lang der Wollust gefrönt und zahlreiche junge Frauen vom rechten Weg abgebracht habe«.[15] Man sagte, er habe ein Leben »in abgrundtiefer Heuchelei und Lüsternheit« geführt. Nun wartete er in Eisen darauf, daß sein Fall zuerst vor einem Strafgericht und dann vor einem kirchlichen Gericht verhandelt werden würde.

Der Pauschalvorwurf der Verschwörung wurde auch gegen Benigno López vorgebracht, und der *populacho* machte sich berechtigtermaßen Sorgen wegen der Gefahr eines Bürgerkrieges, wie er die argentinischen Provinzen verwüstet hatte. Benigno wurde zu fünf Jahren Verbannung ins Landesinnere verurteilt und durfte bis 1867 nicht in die Hauptstadt zurückkehren. »Damals nahm die Polizei in außergewöhnlich hoher Zahl Verhaftungen vor«, erinnerte sich Masterman. »Als ich in meine Unterkunft zurückkehrte, begegnete ich zweimal einer Gruppe Polizisten mit aufgepflanzten Bajonetten, die ehrbar gekleidete Männer ins Gefängnis schleppten ... Was genau man den politischen Gefangenen vorwarf und die Höhe ihrer Strafen wurde nur selten bekannt; die Beweise, die Namen von Denunzianten oder Zeugen niemals. Die Familien und Freunde wurden gemieden, als hätten sie die Pest, denn ein Verdacht kam einer Verurteilung gleich; und nur selten fiel jemand in Ungnade, ohne die Hälfte seiner Verwandtschaft mit sich in den Abgrund zu reißen.«[16]

Im August wurde Padre Maíz in Eisen aus seiner Zelle geholt und in den Gerichtssaal geführt. Der Richter war Oberst Robles, der ranghöchste Offizier der Armee gleich nach dem General. Silvestro Aveiro fungierte als Gerichtsschreiber. Man wertete Maíz' geäußertes Unbehagen als Schuldeingeständnis und überstellte ihn in den Palast des Bischofs, wo Palacios ihn schon ungeduldig erwartete. Vor einem Kirchengericht wurde Maíz beschuldigt, ein Protestant zu sein, da man in seinem Schreibtisch ein Bild von Luther und außerdem Bücher von Victor Hugo, Voltaire, Rousseau und »anderen Abweichlern vom Katholizismus«[17] gefunden hatte. Palacios beendete die Verhandlung, indem er den seltsamen Umstand anmerkte, daß Maíz in seiner Zelle an Gewicht zugenommen habe.

»Bist du denn so schamlos«, sagte er, »daß du fett wirst wie ein Schwein, anstatt über deine Sünden gegen *la patria* zu weinen?«

»*Illustrisimo Señor*«, erwiderte Maíz. »Ich war noch nie gierig, am allerwenigsten im Gefängnis. Ich weiß nicht, wie ich erklären soll, daß ich ein wenig zugenommen habe, es muß wohl an der stillen Ergebenheit liegen, mit der ich mein Unglück trage.

Ich verbitte es mir aufs entschiedenste, von Ihnen mit einem schmutzigen Schwein verglichen zu werden ...«[18] Nach diesem absurden Ausflug ins Tierreich wurde Padre Maíz zu fünf Jahren Haft verurteilt.

Vier Monate voller Feierlichkeiten verbanden die beiden wichtigsten Ereignisse im nationalen Kalender: den Geburtstag des Generalpräsidenten am 24. Juli und den Jahrestag seiner Wahl am 16. Oktober. Der prunkvolle Ball am 24. Juli 1863, der die Saison eröffnete, »sollte die größte Veranstaltung dieser Art werden, die je in Paraguay gesehen worden war«.[19]

Man hatte Gregorio Benitez, den paraguayischen Geschäftsführer in Paris, gebeten, einen »Almanach mit den Etiketten, welcher die Anwesenheit der diversen Angehörigen der [französischen] Gerichtsbarkeit, weltlich wie kirchlich, bei Feierlichkeiten regelt«, zu beschaffen und herzuschicken. Vor den Festen im Juli wurde ein Teil des Ballsaals im Club Nacional auf Vordermann gebracht. Handwerker erschienen mit Skizzen eines neuen Möbelstücks. Sie errichteten eine Bühne, zu der eine Reihe von Stufen hinaufführten, und sie bezogen ihr Werk mit dickem Stoff, den sie sorgfältig an der Rückseite jeder Stufe anhefteten, um peinliche Stürze zu vermeiden, und ihn dann über die Plattform spannten. In die Mitte stellten sie einen massiven, vergoldeten Stuhl, »prunkvoll verziert mit Damast und Gold«,[20] über den sich schützend ein samtener Baldachin erhob. In jenem Jahr erging auch die Anweisung, daß »niemand in Gegenwart seiner Exzellenz sitzen darf, solange er selbst steht«. Für die Bälle des Jahres 1864 galt ein zusätzliches neues Reglement. Tänzer, die sich zur Quadrille aufstellten, mußten dies in diagonal durch den Raum verlaufenden Reihen tun, da es sich inzwischen nicht mehr »gehört, dem Präsidenten den Rücken zuzukehren«.[21]

Es war schon seit Jahren Sitte, daß Vertreter der wichtigsten Familien von Asunción dem General und seiner Mutter an seinem Geburtstag ihre Aufwartung machten. Man überreichte Blumen und verlieh auf förmliche Weise seinen Glückwünschen und seiner Treue Ausdruck. Obwohl Elisa Lynch schon lange viel mehr Macht über den General hatte als seine Mutter, hatte das Feingefühl López stets geboten, diese offiziellen Besuche nicht im

Haus seiner Gefährtin stattfinden zu lassen. Das änderte sich in diesem Jahr, und es war Elisa, die diesen Wandel herbeiführte, denn der General klammerte sich auch weiterhin an die Konventionen. Sie machte einen Vorschlag, den Bekannte, die als Vermittler zwischen den beiden Welten dienten, überall verbreiteten, und zwar, daß sich die Damen nach ihrem Besuch beim General noch bei ihr einfinden sollten.

Elisa zeichnete auch für die Organisation der Festlichkeiten verantwortlich. Da Kostümfeste in jenem Jahr der letzte Schrei waren, beschloß Elisa, die Geburtstagsfeier für den General auch als ein solches abzuhalten. Sie besaß »fast unbeschränkte Entscheidungsgewalt«[22] und schrieb allen Eingeladenen ihre Kostüme vor. Einige sagten, daß sie für Gäste, die bei ihr in Ungnade gefallen waren, voller Schadenfreude die Verkleidung aussuchte, die am allerwenigsten dem Leibesumfang und der Beweglichkeit des Betreffenden entsprach; sie »steckte den einen in das Gewand einer Schweizer Schäferin, einen anderen kostümierte sie als italienischen Obsthändler, und sie fand für jeden irgendeine merkwürdige Aufmachung«.[23] Der General erschien in Galauniform und verweigerte die Kostümierung, aber Elisa hatte sich für eine besonders vielsagende Verkleidung entschieden und sich in vollem Prunk als Königin Elisabeth hergerichtet.

Carlos Saguier war trotz seines Ausrutschers bei Don Carlos' Beerdigung immer noch Zeremonienmeister. Während er zwischen seinem Büro, seinen *yerbales* und Elisas Haus hin und her hetzte, um die Vorbereitungen zu erörtern, beschloß er, den Ball zu einer öffentlichen Entschuldigung zu nutzen. Als Königin Elisabeth – von einigen mit Applaus, von anderen mit Zähneknirschen begrüßt – den Club Nacional betrat, folgte Saguier ihr, als Doge von Venedig verkleidet, auf den Fersen. »Das Fest nahm einen so angenehmen Verlauf«, erinnerte sich Washburn, »daß es ihm offenbar gelang, sich das verlorene Wohlwollen sowohl der Favoritin als auch des Präsidenten zurückzuerobern.« Der Ball war in mancherlei Hinsicht ein Triumph für Elisa. Sie hatte ihn geplant, organisiert und ihm ihren Stempel aufgedrückt. Alle wußten, daß sie die Gefährtin und Beraterin des Ehrengastes war. Und dennoch blieb ihr selbst bei dieser Gelegenheit die letzte Anerkennung versagt, denn ihr war nicht »gestattet, in den königlichen Kreisen zu verkehren«, und López, so schrieb Washburn, »wagte nicht, die ausländischen Gäste zu brüskieren, indem er ihnen öffentlich seine Geliebte vorstellte«.[24] Als Damenwahl angesagt wurde, galt nur Inocencia López, die älteste Schwester des Generals, als ebenbürtig, so daß allein sie ihn zum Tanzen auffordern durfte.

Der Ball am 24. Juli war einer von einer ganzen Reihe, die in diesem Winter stattfinden sollten, denn viele gesellschaftliche Kreise veranstalteten auf eigene Kosten Feiern zu Ehren des Präsidenten. Die ausländischen Kaufleute finanzierten einige Empfänge; die Damen der Stadt organisierten selbst einen Ball, ebenso wie die Damen der umliegenden Dörfer, »die Verwaltungsbeamten, die Offiziere der Garnison, die Marine, die Handwerker aus der Waffenfabrik«[25] und die Kaufleute. Bei jeder Veranstaltung trat der General, zunehmend formell, in Erscheinung. Und immer steckte das planende Geschick von Madame hinter der Menüfolge, den Reden, den Geschenken und Kostümen. Allerdings traf das Paar nie zusammen ein, ging nie zum gemeinsamen Tanz auf die Tanzfläche und ließ sich auch sonst nicht anmerken, daß es nach dem Ball das Bett miteinander teilen würde.

All diese Feierlichkeiten verfolgten auch einen Hintergedanken, denn die ständigen Empfänge dienten dazu, die Wohlhabenden in der Hauptstadt festzuhalten, damit sie nicht auf ihren *estancias* herumsaßen und möglicherweise finstere Pläne schmiedeten – denn einige dieser Besitzungen grenzten direkt an Länder, deren Herrscher den Unzufriedenen nur allzugern ein Ohr leihen würden. Der General und seine Berater wußten, daß nicht alle Abweichler unter den Abgeordneten beseitigt worden waren. Außerdem hatten diejenigen, die auf eine liberalere Regierung gehofft hatten, seine Wahl ins Präsidentenamt nicht gerade erfreut aufgenommen.

Dieser Zwang zum Geldausgeben war eine Taktik, derer sich Herrscher schon seit Jahrhunderten bedienten, denn die Zurschaustellung von Luxus, wie sie in Paraguay noch unbekannt, in Regimes wie dem kaiserlichen Frankreich jedoch gang und gäbe war, stellte eine der wirkungsvollsten Methoden dar, den Wohlhabenden das Geld aus der Tasche zu ziehen, das sie ansonsten zur Finanzierung ihrer privaten Machenschaften hätten verwenden können.

»Die neue Königin der Mode«, schrieb Washburn, »setzte ein Beispiel der Extravaganz, das die Reicheren nachzuahmen versuchten, wobei sie ihrerseits ihre weniger begüterten Nachbarn in diesen wahnwitzigen Taumel mitrissen. Es schickte sich nicht länger, auf zwei Bällen in demselben Kleid zu erscheinen. Mochten manche Familien auch noch so arm sein, die jungen Damen mußten sich nicht nur sehen lassen, sondern sich auch an die neue Ordnung halten. Und die besagte, daß der Hof in Paraguay einen Brauch nicht mißachten durfte, solange man sich an den Höfen Europas daran hielt. Aller Wahrscheinlichkeit nach waren sie durch die Kosten, die diese Regeln ihnen auferlegten, gezwungen, auf vieles andere zu verzichten ... Doch die staatlichen Bälle mußten eines Hofes würdig sein, wobei auf Versagen früher oder später schwere Strafen standen.« Die Kaufleute hatten keinen Grund, zu klagen.

Den *populacho* zufriedenzustellen, war ebenso wichtig, wie die Wohlhabenden im Auge zu behalten. Und so fand in jenem Winter »eine nicht abreißende Serie von Bällen, Ausflügen auf dem Fluß und mit der Bahn, Stierkämpfen, Feuerwerken und allen möglichen weiteren Veranstaltungen statt, die dazu dienten, die Massen zu belustigen und zu erfreuen«. Es gab Straßenfeste: Ein Triumphbogen wurde errichtet, und man baute auf der Plaza del Gobierno »eine gewaltige Taverne aus Holz und Segeltuch« auf, für die man »wohlhabende Einheimische«[26] um Spenden bat. Am Strand des Flußufers wurde eine riesige Stierkampfarena eingerichtet, nicht überdacht und groß genug, um gut tausend Menschen Platz zu bieten. Segeltuch, geschmückt mit Blumen und Palmwedeln, wurde oben an der Brüstung angebracht, um die Zuschauer vor der Sonne zu schützen. Auf der einen Seite befand sich der Pferch für die Stiere; auf der anderen eine »Reihe von Logen, mit scharlachrotem Stoff und Musselinvorhängen ausgestattet; die mittlere war für den Präsidenten und die staatlichen Würdenträger bestimmt, die übrigen für die Elite von Asunción, während der Rest dem Volk überlassen wurde, das herumwimmelte und sich vom Rand bis zum obersten Pfosten drängte«.[27] Es gab Stierkämpfe, Pferderennen und *la sortija*. Wein und *caña* wurden ausgeschenkt. Bei Einbruch der Dunkelheit traten die *camba rangha* in die Arena. Später, wenn die Zuschauer die Arena verließen, um sich in die Taverne an der Plaza del Gobierno zu begeben, tanzten sie zum stampfenden Rhythmus der Indianertrommeln, »abwechselnd geschlagen von Hunderten bereitwilliger Hände ... und immer schneller pulsierend«; weitere Tanzende schlossen sich ihnen an und und gingen erst bei Morgengrauen nach Hause. In der Calle Fábrica de Balas und am Mercado Guazú, rings um die Häuser von Madame Lynch und dem General, feierte das Volk.

8

Uruguay war das zweite, durch den Vertrag von Tordesilla benachteiligte amerikanische Kind, eingeklemmt zwischen zwei großen, nach Expansion strebenden Staaten, umkämpft von Spaniern, Portugiesen, Argentiniern und Brasilianern, erobert, betrogen, zerstückelt und wieder erobert. Seit der Unabhängigkeit hatten verschiedene Reitergeneräle das Kommando in Montevideo übernommen und behauptet, sie hätten dem Land die Freiheit gebracht. Die »Trenta y Tres Orientales« von Lavalleja, die »Farrapos« und die »Caballeros Orientales« hatten sich stets gegen ihre Kameraden gewandt, nachdem sie die Feinde bezwungen hatten. Einige flohen ins Exil nach Buenos Aires oder Rio, andere wurden erdrosselt, geköpft, mit Bajonetten aufgespießt, nackt hinter Pferden hergeschleift, bis die Dornen der Pampas ihnen die Haut vom Leibe rissen, oder zwischen vier Pfosten gebunden und dort stehen gelassen, bis sie in der sengenden Sonne starben. Manche rief man hingegen als Befreier, Protektoren und Patrioten aus. Im Jahr 1835 wurde die Politik in Uruguay von zwei rivalisierenden Strömungen bestimmt, die – wenn auch ständigem Wandel unterworfen – bis heute das politische Klima in der La-Plata-Region prägen: den *blancos* und den *colorados*. Der regierende General Manuel Oribe hatte seine Anhänger angewiesen, mit einer weißen Schärpe an die Wahlurne zu gehen, weshalb man sie *los blancos*, die Weißen, nannte. Daraufhin liefen die Anhänger seines Gegenspielers General Riveras zu den Färbern und ließen ihre Schärpen leuchtend blau färben, die zweite Farbe der Flagge von Urugay. Allerdings reichte das Färbemittel nicht, so daß die Schärpen eine undefinierbare Tönung erhielten, der man eigentlich keinen Namen geben konnte. Und so bezeichnete man sie einfach als *los colorados*, die Bunten.

Als General Oribe von General Riveras aus dem Land gejagt

wurde, ging er in Buenos Aires ins Exil und plante, unterstützt von Diktator Rosas' Truppen, seine Rückkehr. Die Belagerung von Montevideo durch Oribes *blancos* dauerte neun Jahre. Dann öffneten die zu Skeletten abgemagerten Bewohner die Stadttore, und General Oribe war wieder an der Macht. Seine Widersacher wandten sich daraufhin an ihren Beschützer, den Kaiser von Brasilien, der General Urquiza bestach und seine gewaltige Armee losschickte, die Oribe im Jahr 1851 besiegte. Dann überquerten die Truppen die Flußmündung und stürzten Diktator Rosas 1852 vom Thron. Nach einem neunzehnjährigen Krieg lag Uruguay in Trümmern und hatte außerdem Schulden bei Brasilien.

Obwohl die fünfziger Jahre des neunzehnten Jahrhunderts mit einem Bürgerkrieg begannen, schien sich unter der Führung gemäßigter Männer aus beiden Lagern 1853 »alles zum Guten zu wenden, und das Land war offenbar auf dem Weg zu Frieden und Wohlstand«.[1] Dann, im Juli 1853, zettelte eine Gruppe extremer *colorados* eine Rebellion an. Zu ihnen gehörte Oberst Venancio Flores. »Er war schlau, grausam und ungebildet und konnte seine Vorlieben und Instinkte als Anführer einer Banditenhorde richtig ausleben«,[2] schrieb Charles Washburn. Die Regierung beschloß, nicht mit Waffengewalt gegen die *colorados* vorzugehen, sondern sie in die Macht einzubeziehen, in der Hoffnung, sie integrieren und auf diese Weise bändigen zu können. Flores wurde zum Kriegsminister ernannt. Doch der gemäßigte Präsident, der ihn eingesetzt hatte, sah sich bald gezwungen, zu fliehen, um sein Leben zu retten. Der Schachzug war fehlgeschlagen. Eine Junta, bestehend aus Flores und zwei berühmten, aber sehr alten Männern, wurde gebildet, Die beiden starben bald, so daß Flores allein regierte. Doch als er im Jahr 1855 Wahlen zuließ, entschied die Bevölkerung, ihn durch einen weiteren gemäßigten Politiker, Dr. Lamas, zu ersetzen.

Der geschlagene Flores reiste nach Buenos Aires ab, und »im Land kehrten rasch Ruhe und Frieden ein, wie sie noch nie dagewesen waren«. Allerdings schmiedeten Flores und die anderen extremen *colorados* bereits Pläne, sich die Macht gewaltsam zurückzuerobern, und zwar mit der Unterstützung des Gouverneurs von Buenos Aires, dessen »Sympathie mit den Umstürzlern […] berüchtigt war«.[3] Als 1858 die Wahlen näher rückten, ergriffen sie die Gelegenheit beim Schopf. Flores sorgte im Norden für Ablenkung, während sein Spießgeselle General Díaz in Montevideo anlegte, um den Weg für die Rückkehr der *colorados* frei zu machen. Von Panik ergriffen, stellte die Regierung einen jungen und fanatischen *blanco* an die Spitze der Landesverteidigung. Dieser Mann, Antonio de la Carreras, erwies sich als außergewöhnlich tüchtig, mobilisierte eine Armee, jagte Díaz aus der Stadt, umzingelte ihn in einer Gegend namens Quinteros und metzelte seine verbliebenen Soldaten nieder, einige im Kampf, andere kaltblütig, nachdem sie sich bereits ergeben hatten.

Rache für das Blutbad von Quinteros wurde daraufhin zum Schlachtruf der *colorados*, und man setzte auf Carreras' Kopf einen Preis aus. General Flores und seine Männer zogen sich nach Buenos Aires zurück, um abzuwarten.

In den vergangenen zwanzig Jahren hatten sich die Fraktionen der *colorado*s und der *blancos* im noch jungen Uruguay unter dem Einfluß diverser persönlicher Einzelinteressen bis zur Unkenntlichkeit gewandelt. Außerdem war ihre Weltanschauung auch in die Politik Argentiniens auf der anderen Seite des Flusses eingesickert. »Die Farbe der argentinischen Leidenschaft bemächtigte sich der uruguayischen Seele, und die Feindschaften der Uruguayer wurden zu denen der Argentinier«,[4] und zwar in einem Ausmaß, daß die Menschen auf beiden Seiten der Grenze Partei für die Farben ergriffen, für die sich die zerstrittenen Generäle im Jahr 1835 entschieden hatten. Die Gründung der argentinischen Konföderation, die eine Zentralisierung der Macht in Buenos Aires in Frage stellte, war das wichtigste Ziel der *blancos* geworden, während die *colorados* für die Vormachtstellung von Buenos Aires kämpften, die Provinzen unterwerfen und die Reichtümer des alten Vizekönigtums an der Flußmündung zentralisieren wollten. Naturgemäß stand Paraguay auf der Seite der *blancos*, eine Haltung, die sich mit jedem Sieg von Buenos Aires über die Konföderation und jeder finsteren Drohung mit »Anschluß oder wirtschaftlichem Erstickungstod« festigte. Beide Seiten bezeichneten die jeweils andere als tyrannisch und sich selbst als Verfechter der Freiheit.

Der Friede in Argentinien, den General López 1859 aushandelte, währte nur knapp zwei Jahre. General Mitre hatte den Vertrag mit überkreuzten Fingern unterzeichnet und begann mit der Wiederbewaffnung, sobald General Urquizas Truppen in die Provinzen zurückkehrten. 1861 lieferten ihm das Attentat auf einen Provinzgouverneur und die darauf folgenden blutigen Vergeltungsmaßnahmen den Vorwand für einen Krieg. Der Nationalkongreß in Paraná, der Hauptstadt der Konföderation, weigerte sich, die von Buenos Aires geschickten Abgeordneten anzuerkennen, und forderte Neuwahlen. Buenos Aires lehnte dies ab und wurde daraufhin zur aufständischen Provinz erklärt. Urquizas Armee bereitete sich auf den dritten Angriff auf die Stadt innerhalb eines Jahrzehnts vor. Wieder beschloß Don Carlos, nicht einzugreifen, und Paraguay sah tatenlos zu, wie in Argentinien der Krieg ausbrach.

Präsident in Uruguay war 1861 der *blanco*-Anhänger Berro, der, als er an die Macht kam, die feste Absicht hatte, die »verhängnisvolle Seilschaft«[5] seines Landes mit der argentinischen Politik zu durchbrechen. Als sich die aus *blancos* bestehende Kavallerie Uruguays Urquizas Armee anschließen wollte, redete er ihnen ihr Vorhaben aus. Venancio Flores hingegen hatte keine Skrupel, sich einzumischen. Er und seine Männer kämpften an Mitres Seite, und im September 1861 besiegten sie gemeinsam Urquiza in Pavon, womit sie das Ergebnis von Cepeda rückgängig machten. Buenos Aires war wieder Regierungssitz, in Argentinien herrschte Einheit, auch wenn sie auf tönernen Füßen stand.

Mitre schrieb persönlich an Präsident Berro, um ihm zu danken, weil er seine Anhänger daran gehindert hatte, sich am Krieg in Argentinien zu beteiligen. Allerdings war er Berros Gegenspieler Venancio Flores ebenso zu Dank verpflichtet, und dieser erinnerte ihn täglich an die im Exil lebenden *colorados*, die nach Uruguay zurückkehren wollten. Seit 1858 war er Offizier in Mitres Armee und lebte in Erwartung des Tages, an dem er den Fluß überqueren und die Toten von Quinteros rächen würde.

Am 12. Oktober wurde Mitre zum Präsidenten Argentiniens gewählt. In einem Leitartikel wandte er sich an die Nation.

»Vielleicht«, schrieb er, »ist es unsere Bestimmung, das große Werk wiederaufzubauen, das durch regionale Interessen zerstört worden ist, und die amerikanischen Nationen in den Status zurückzuversetzen, den sie vor den Ereignissen genossen, die verantwortlich sind für die derzeitige Lage.«[6] Einige glaubten, daß er damit nur die Konföderation argentinischer Provinzen meinte; doch andere wußten genau, daß er die Gebiete jenseits der Flüsse im Blick hatte.

Am 1. März 1863 lief das Mandat von Präsident Berro von Uruguay aus, und eine Woche später verzichtete Flores in Argentinien auf sein Amt. Er gehörte zu den uruguayischen »Dreiunddreißig«, die vor fünfunddreißig Jahren Brasilien mit ihrer Unabhängigkeitserklärung brüskiert hatten. Die Jahre seitdem hatte er kämpfend im Sattel verbracht, und er war in der Wahl seiner Methoden nicht zimperlich. Seine Männer durften nach Gutdünken foltern und vergewaltigen, und Gefangene richtete er aus reinem Vergnügen hin. Mit General Mitre hatte er kein offizielles Bündnis geschlossen, da dieser Taktiker Urquiza keine weitere Gelegenheit geben wollte, mit Unterstützung der uruguayischen *blancos* nach Buenos Aires zu marschieren, um die Niederlage von Pavon zu rächen. Doch als Flores und drei Männer in der Nacht des 19. April 1863 den Fluß nach Uruguay überquerten, taten sie das in einem Boot, das ihnen von der argentinischen Flotte zur Verfügung gestellt worden war. Der Kriegsminister hatte ihnen am Hafen zum Abschied nachgewunken, und finanziert wurde ihr Vorhaben mit Geld, das man ihnen bei einer Besprechung in Präsident Mitres Haus zugesteckt hatte.

Sie legten in Rincon de las Gallinas am uruguayischen Ufer an und machten sich auf den Weg durch das Land. Bei Morgengrauen waren ihre Reihen bereits angewachsen, am Mittag waren sie noch mehr geworden, und als sie erste Garnison der *blancos* belagerten, betrug ihre Anzahl bereits mehrere Hundert. Die Regierung in Montevideo besaß nicht genug Pferde, um ihren Garnisonen an der Grenze zu Hilfe zu eilen, so daß diese rasch in die Hände von Flores' Männern fielen, die alles um sich herum grausam und aus purer Lust am Töten niedermetzelten. Die *porteño*-Presse bejubelte ihn als Befreier. »Amerikanische Nationen«, schrieb *La Nacion Argentina*, »müssen auf Expansion aus sein, denn das ist das Gesetz der Natur ... Die Vereinigung von Ländern, die gemeinsame Interessen und eine gemeinsame Vergangenheit haben und durch die wechselseitige Annexion benachbarter Republiken geographisch miteinander verbunden sind ...«[7] Vermutlich verstanden nur wenige, was mit *wechselseitiger Annexion* gemeint war, doch alle stürmten begeistert zu den Waffen, um sie zu unterstützen. Sofort legten die *blanco*-Regierung in Montevideo und das diplomatische Korps in der La-Plata-Region Protest ein. Mitre antwortete darauf mit einer unverfrorenen Lüge: Seine Regierung stünde in keinster Weise auf der Seite von Flores, sagte er; Buenos Aires halte sich strikt an eine Politik der Neutralität.

Anfang Juli entdeckten die uruguayischen Behörden Waffen und Munition an Bord eines Handelsschiffes in einem uruguayischen Hafen. Als der Kapitän angab, es handle sich um Eigentum der argentinischen Regierung, wurde alles beschlagnahmt. Daraufhin kaperte Buenos Aires als Vergeltungsmaßnahme ein uruguayisches Schiff, und die beiden Länder standen endgültig an der Schwelle zum Krieg. Nur die alte Angst vor General Urquiza verhinderte, daß Mitre die Truppen aus Buenos Aires losschickte.

Flores hatte nicht nur in Buenos Aires Freunde. Vierzigtausend brasilianische »Pioniere« hatten sich in den Weideregionen an der Grenze zu Rio Grande do Sul niedergelassen, der östlichsten Provinz des Kaiserreichs Brasilien, von dem Uruguay 1835 abgetrennt worden war. Sie lebten vom Schmuggel und davon, daß sie gewaltige Rinderherden von Land zu Land trieben, ohne dafür Zoll zu bezahlen. Die *blancos* hatten schon öfter versucht, die Pioniere mit Steuern zu belegen und sie der Regierungsgewalt von Montevideo zu unterwerfen. Dafür überhäuften diese Rio bereits seit Jahren mit Greuelgeschichten, sie würden von Offizieren aus Montevideo, die ihnen ihre »Rechte« aberkennen wollten, schikaniert, verfolgt und grausam behandelt. General Netto, Anführer der »Pioniere«, wandte sich an Flores, und man war sich bald einig, daß eine zukünftige Regierung aus *colorados* toleranter sein würde.

Von Flores' Armee bedrängt und unter Druck gesetzt, schickte

Montevideo gleichzeitig mehrere Gesandte auf unterschiedliche Missionen. Dr. Lapido reiste nach Asunción, um den Beistand von Paraguays mächtiger Armee zu erbitten. Dr. Lamas, der uruguayische Staatsmann, der sich nach General López' Rückkehr aus Europa dessen »ehrgeizige Pläne« angehört hatte, wurde nach Buenos Aires entsandt, um Präsident Mitre zu überreden, sich doch an die von ihm beteuerte Neutralität zu halten. Seine Ankunft fiel mit dem Eintreffen eines Abgesandten aus Rio zusammen, der ebenfalls den Auftrag hatte, von Präsident Mitre Neutralität zu verlangen, damit der Bürgerkrieg in Uruguay zu einem raschen Ende käme. Er sagte, Brasilien werde davon stark in Mitleidenschaft gezogen, da marodierende Banden rücksichtslos die Ländereien der Pioniere durchquerten, die Ernte zertrampelten und Feldfrüchte stahlen, um ihre Männer und Pferde durchzufüttern.

Die Nachricht, Buenos Aires finanziere eine Invasion der *blancos* in Uruguay, erreichte das flußaufwärts gelegene Asunción, als sich die Stadt gerade für die Ballsaison des Jahres 1863 bereit machte. Dr. Lapido wurde herzlich empfangen. General López lauschte aufmerksam seiner schmeichelhaften Bitte um Schutz und auch der Anmerkung, Buenos Aires werde nicht bei der Eroberung Uruguays haltmachen und als nächstes gewiß ein Stück weiter nördlich nach Paraguay blicken. Er sicherte dem Abgesandten aus Uruguay zwar keine Unterstützung zu, doch der Besucher war bei allen offiziellen Empfängen in jenem Winter ein gerngesehener Gast.

Die heiße Jahreszeit wurde in Paraguay mit Feiern, in Uruguays Pampas mit Blutvergießen und in Montevideo in wachsender Angst verbracht. Die dortige, aus *blancos* bestehende Regierung schickte drängende Schreiben an Dr. Lapido, in denen sie ihn aufforderte, General López endlich zum Handeln zu bewegen. Die Bevölkerung von Paraguay und Uruguay müsse sich verbünden und die Insel Martin Garcia an der Mündung des Rio de la Plata besetzen. Diese Operation würde ein deutliches Signal an die Schiffe an der argentinischen Küste senden, daß sie nicht länger nach Belieben mit Waffen für die *colorados* an Bord die Gewässer Uruguays befahren könnten.

Am 6. September bat López die argentinische Regierung schriftlich um eine »freundliche Erklärung« von Mitres Rolle bei den jüngsten Ereignissen in Uruguay, und man erkundigte sich nach dem Wahrheitsgehalt von Lapidos Vorwürfen, Argentinien sei ebenfalls daran beteiligt. Die Absicht Paraguays sei es, so hieß es in dem Schreiben, das »Gleichgewicht der Kräfte in der La-Plata-Region« aufrechtzuerhalten. Die Regierung Uruguays schickte Brief um Brief nach Buenos Aires und verlangte Antworten auf ähnliche Fragen, denn es war offensichtlich, daß Flores' Truppen von dort Unterstützung erhielten. Die gelegentlichen Erwiderungen von Mitres Ministern, sowohl nach Montevideo als auch nach Asunción, fielen knapp und nicht besonders höflich aus. Den Darstellungen von Dom Pedros Gesandten aus Brasilien lauschten sie jedoch ein wenig respektvoller.

In seiner Ehre gekränkt und besorgt wegen Argentiniens kaltschnäuziger Machtdemonstration, stimmte General López nun einigen von Dr. Lapidos Vorschlägen zu. Sofort eilte Lapido zurück nach Montevideo, um zu verkünden, daß seine Mission erfolgreich gewesen sei: Der Präsident von Paraguay habe sich als Vermittler zwischen den beiden Seiten angeboten und wisse außerdem die mächtigste Armee der La-Plata-Region hinter sich. Währenddessen hatte Dr. Lamas in Buenos Aires den argentinischen und den brasilianischen Gesandten an einen Tisch gebracht und durch geschicktes Verhandeln eine Abmachung getroffen. Nur wenige Stunden nach Dr. Lapidos triumphaler Ankunft in Montevideo traf ein rangniedrigerer, von Dr. Lamas beauftragter Diplomat ein und brachte gute Nachrichten aus Buenos Aires: Argentinien habe sich bereit erklärt, neutral zu bleiben, Dom Pedro von Brasilien stelle sich als Vermittler zur Verfügung. Es war eine ausgesprochen verzwickte Situation. Dom Pedros Angebot anzunehmen, hätte bedeutet, daß sich Uruguay in gefährlicher Weise vom guten Willen des Kaisers abhängig machte, der wiederum möglicherweise die Gelegenheit nutzen würde, Ansprüche auf das Gebiet an der Grenze im Osten zu erheben. Entschied man sich hingegen für General López als Schiedsrichter, würde man vielleicht Dom Pedros Unwillen erregen, was sich als gleichermaßen verhängnisvoll erweisen konnte.

Die Regierung in Montevideo zögerte, debattierte, zauderte und fällte dann in ihrer Panik den Beschluß, das brasilianische Angebot zurückzustellen und sich auf die diplomatischen – und hoffentlich auch militärischen – Zusagen Paraguays zu verlassen. Dr. Lamas war außer sich.

> Durch dieses Opfer [erinnerte er sich] wurde das Mißverständnis mit der argentinischen Regierung fortgeschrieben. Wir gaben unsere rechtskräftige, gültige und eindeutige Neutralität auf. Wir verscherzten es uns mit Brasilien. Wir verzichteten – so unglaublich es auch klingen mag –, indem wir einen Vermittlungsversuch ablehnten, auf unsere wichtigste Errungenschaft, die uns geholfen hätte, unsere internationalen Konflikte beizulegen. Und zu guter Letzt beraubten wir uns der profitablen Zusammenarbeit und der Möglichkeit eines gemeinsamen Handelns von Argentinien und Brasilien, die ebenso wie wir einen Vernichtungskrieg verhindern wollen.
>
> Die Folgen waren sofort spürbar – der Bürgerkrieg dauerte an, ebenso wie das Verbot, unsere eigenen Gewässer militärisch zu nutzen ... Und es endete mit der Schwächung der Handlungsfähigkeit der Regierung Uruguays, deren Beziehungen mit der von Brasilien sich Schritt für Schritt veränderten. All diese gewaltigen Opfer wurden auf dem Altar der *amour propre* des paraguayischen Präsidenten dargebracht.[8]

Als das Ende des Jahres 1863 näher rückte, trieb ein Gerücht den Rio de la Plata hinab. In den *salas* von Asunción wurde gemunkelt, daß im neuen Jahr ein Staatsstreich stattfinden würde: Der Mann, der anläßlich seiner Wahl zum Präsidenten den Senat von Soldaten hatte umstellen lassen, werde sich bald selbst zum Kaiser ausrufen.

Im November ließ der General Henry Burrell und Percy Volpy kommen, englische Ingenieure, die die Blyths vor kurzem geschickt hatten, um an der paraguayischen Eisenbahn zu arbeiten. Er hatte einen neuen Auftrag für sie: den Bau eines gewaltigen neuen Palastes auf einem Grundstück am Flußufer, das zwischen dem Hafen und der Plaza del Gobierno lag und kürzlich von den Hütten der Armen gesäubert worden war. Es sollte ein enormes und beeindruckendes Bauwerk im europäischen Stil werden, mit Türmen an allen vier Ecken und ganz anders als das niedrige Haus mit Säulengang, in dem er derzeit am Marktplatz lebte. Als Bewohnerin war eine junge Frau von königlichem Geblüt vorgesehen, denn General López hatte um die Hand von Prinzessin Isabel von Brasilien angehalten, der jüngeren Tochter von Dom Pedro, siebzehn Jahre alt, mit dem Blut der Braganza in ihren Adern und von makellos adeliger Abstammung.

Es war nicht das erste Mal, daß Elisa Gerüchte zu Ohren kamen, der General könne eine Jungfrau aus guter Familie heiraten. Schließlich war sie schon bei ihrer Ankunft in Asunción vor sieben Jahren mit Geschichten über Untreue, uneheliche Kinder und ehrgeizige Familien empfangen worden. Wer weiß, welche Rolle der General für Elisa und ihre Söhne in einem Kaiserreich Paraguay, regiert von einer neuen Dynastie, vorgesehen hatte. Vielleicht beabsichtigte er ja, Panchito dennoch als Thronfolger einzusetzen – vielleicht aber auch, ihn nur, wie bei königlichen Bastarden üblich, mit einem Posten im Militär abzufinden. Madame, wenn sie denn blieb, würde in jedem Fall das Feld räumen und sich in ein Dasein als *maîtresse en titre* fügen müssen.

Madame jedoch hatte ganz und gar nicht die Absicht, in ihre Heimat zurückzukehren. Schließlich hatte sie große Grundstücke rings um das Stück Land aufgekauft, auf das der General seinen Palast bauen wollte. Ein Teil sollte moderne Geschäftsgebäude und Einkaufsarkaden nach Pariser Vorbild beherbergen, und Elisa hatte bereits Pläne in Auftrag gegeben und begonnen, Baumaterial im Ausland zu bestellen. Wenn ihr Projekt umgesetzt worden wäre, hätte es sich um das größte Bauvorhaben in Asunción gehandelt. Es sah elegante Plätze und Straßen vor, die das neue Zollhaus mit dem neuen Theater verbanden und, vorbei an dem geplanten Vortragssaal gegenüber dem Club Nacional und dem restaurierten Markt, bis zum alten Haus des Generals führten und am neuen Bahnhof endeten. Die Stadt hätte ein völlig neues Gesicht erhalten, doch das war nicht der einzige Grund für den Landkauf. Wenn der General einen riesigen neuen Palast bauen (und eine brasilianische Prinzessin dort unterbringen) konnte, wollte Madame ihm in nichts nachstehen. Während die Gerüchteküche von den Hochzeitsplänen und Kaiserpalästen des Generals sprach, »redete sie öffentlich davon, sich einen anderen, ebenso prächtigen Palast zu errichten«.[9]

Im selben Monat, in dem der General die Ingenieure zu sich rief, um die Pläne für seinen Palast zu erörtern, wurden einundvierzig bewaffnete und von Buenos Aires bezahlte Männer ergriffen und festgenommen, die auf Inseln im Rio Uruguay an Land gehen wollten. Aus Buenos Aires erfolgte eine empörende Reaktion: Eine der Inseln grenze an argentinisches Gebiet, weshalb die Verhaftungen ungesetzlich seien. Uruguay habe die argentinische Souveränität verletzt, müsse die Männer sofort freilassen und außerdem Entschädigungszahlungen leisten. In allen *porteño*-Zeitungen erschienen kriegslüsterne Artikel. Obwohl es schon öfter zu solchen Zwischenfällen gekommen war, unterschied sich die Lage im November 1863 dadurch, daß Brasilien offenbar kein Interesse mehr daran hatte, die Argentinier zur Neutralität zu mahnen.

Das Kaiserreich war ziemlich erbost über das Mißtrauen aus Montevideo, wo man zunächst Brasilien um Hilfe gebeten hatte, um schließlich doch Paraguays Vermittlerdienste in Anspruch zu nehmen. Dennoch hatte man auch weiterhin zu verhindern versucht, daß sich vierzigtausend streitlustige brasilianische »Pioniere« Flores' Rebellenarmee anschlossen. Doch als die brasilianische Deputiertenkammer im Januar 1864 wieder in Rio de Janeiro zusammentrat, hatten sich die personelle Zusammensetzung sowie die Stimmung verändert. Die neuen Abgeordneten waren junge Männer, die eine Rolle in großen Ereignissen spielen wollten und Taten forderten. Ein Vertreter der »Pioniere« hielt eine Rede vor dem Plenum und sprach wieder einmal von den »Greueltaten«, die die Regierung der *blancos* gegen anständige Brasilianer entlang der Grenze verübe. In eigener Sache erinnerte er die Abgeordneten daran, daß sich Rio Grande do Sul bereits einmal vom Reich getrennt habe. Und er fügte hinzu, daß sich die Besitzungen der Pioniere recht nah bei Buenos Aires befänden, wo man ihrer Sache aufgeschlossen gegenüberstehe. Entsetzt erörterten die erst kürzlich zu Falken gewordenen Abgeordneten seine Behauptungen und beschlossen im April, von der *blanco*-Regierung Entschädigungszahlungen für die den brasilianischen Untertanen zugefügten Nachteile zu fordern. Man beauftragte den Gesandten Saravaia damit, in Montevideo vorzusprechen, unterstützt, wie es nun mal brasilianische Art war, von einer Flotte, die die Stadt blockierte. Er hatte den Auftrag, die Pioniere zu beschwichtigen, ein ernstes Wort mit der belagerten Regierung in Montevideo zu sprechen und freundlich zu Buenos Aires zu sein, dem Erzfeind, dessen Aktivitäten in Uruguay inzwischen brasilianische Interessen zu gefährden schienen.

Zwei Männer in Asunción nahmen die Ängste ernst, die viele nur hinter vorgehaltener Hand äußerten: Ein großer Krieg stehe bevor, und der neue Generalpräsident werde sich, anders als sein Vater, nicht aus den Streitereien seiner Nachbarn heraushalten. Carlos und Fernando Saguier verkauften heimlich ihren Besitz, reisten ab, um Verwandte in Buenos Aires zu besuchen – und kehrten nicht mehr zurück.

Es entging niemandem in Asunción, daß auf den Straßen zu Anfang des Jahres 1864 immer mehr Soldaten zu sehen waren. Einige glaubten, daß der neue Generalpräsident dem neuen Regime nur seinen Stempel aufdrücken wollte, andere, wie die Saguiers, befürchteten hingegen, er bereite sich auf einen Krieg vor.

Im Januar richtete er ein neues Ausbildungslager im fünfundvierzig Kilometer von Asunción entfernten Cerro León in den Hügeln unweit von Patiño-Cué ein. Die Eisenbahnstrecke sollte bis zu der neuen Garnison verlängert werden. Im März erging Anweisung an den Geschäftsführer in London, »moderne Waffen zu kaufen und Panzerschiffe in Auftrag zu geben«. Am Ende des Monats zogen der Präsident und sein *état* nach Cerro León. Die Korrespondenz mit seinen vielen ungeduldigen ausländischen Gesandten überließ er Kanzler José Berges, dem sanften und gebildeten Mann, der die Hopkins-Affäre in Washington aus der Welt geschafft hatte. Allerdings wurde jeder von Berges' Briefen bis aufs letzte Wort kontrolliert. Boten eilten mit Entwürfen,

Korrekturen, Überarbeitungen und der endgültigen Version, die Berges unterschreiben und abschicken konnte, zwischen Cerro León und der Stadt hin und her. Im April begann der Armeeoffizier Pedro Duarte an der südlichen Grenze mit der Anwerbung von Soldaten und rekrutierte zehntausend Mann für den Fall, daß der Präsident den Befehl zum Einmarsch in Rio Grande do Sul geben sollte. Im Mai trafen zwei weitere Gesandte aus Uruguay in Paraguay ein und saßen viele Stunden lang mit López zusammen. Rodriguéz Laretta und Sagustume hatten von ihren Herren in Montevideo die Anweisung erhalten, darauf zu bestehen, daß Paraguay das Unterstützungsangebot schriftlich bestätigte. Denn bis jetzt hatte der General nur *puras palabras*, nichts als Worte, angeboten. Im Juli schloß sich ihnen Antonio de la Carreras an, der Uruguayer, der das Massaker an Flores' Männern in Quinteros befehligt hatte. In Montevideo war die Regierung gespalten. Die eine Fraktion verließ sich auf die Hilfe Paraguays, die andere wollte mit dem Gesandten Saraiva eine Einigung erzielen und vertraute darauf, daß Brasilien die Argentinier zur Neutralität zwingen würde. Am 18. Juni trafen der Gesandte Saraiva, Venancio Flores und der argentinische Kanzler zusammen, um ein Abkommen zu unterzeichnen, in dem sie sich auf eingeschränkte gemeinsame Maßnahmen gegen die *blanco*-Regierung von Montevideo einigten.

In Asunción bestimmte der Krieg das Denken aller. In den Eisenbahnwaggons drängten sich Soldaten. Rekruten exerzierten auf öffentlichen Plätzen, und die Bälle dieses Winters mußten mit einem »Veitstanz« des Kriegsfiebers wetteifern. Die üblichen Pferderennen fanden statt, ebenso die Tanzabende auf den Plazas für den *populacho*, doch Asunción lebte in Erwartung des Krieges. Wie immer erhielten die wichtigen Familien Einladungen zur Dankesmesse, »zur gebührenden Feier des frohen Geburtstages des Excelentisimo Señor Don Francisco Solano López, Präsident der Republik und oberster General der Streitkräfte«.[10] Sagustume und Laretta waren Gäste bei den Bällen und Banketten, die Elisa organisierte. Sie besuchten den großen Empfang im Juli, anläßlich der Eröffnung des Bahnhofes von San Francisco, bei dem der obere Salon mit Kerzenhaltern geschmückt und Essen für Hunderte von Gästen aus dem Club Nacional angeliefert wurde. Der brasilianische Gesandte Vianna de Lima und seine Frau waren ebenfalls da, verließen aber bei Elisas Erscheinen unter Protest den Saal.

Anfang August stellte der Gesandte Saraiva der *blanco*-Regierung ein Ultimatum. Er forderte Entschädigungsleistungen für die an der Grenze verübten »Greueltaten« und drohte bei Nichtzahlung mit Vergeltungsmaßnahmen der brasilianischen Flotte. In Rio erhob sich ein Kongreßabgeordneter, um die Frage zu stellen, warum man die Grenzen des Reiches nicht so weit ausdehnte, daß sie ganz Uruguay einschlössen, während José Berges in Asunción dem brasilianischen Konsul die Protestnote des Generals gegen dieses Ultimatum vorlegte. Paraguay, warnte der General, würde eine brasilianische Besetzung Uruguays niemals dulden. Er erhielt eine verächtliche Antwort: Der brasilianische Kaiser ließe sich nicht daran hindern, seine Untertanen zu schützen.

Elisa traf ihre eigenen Vorbereitungen für den Krieg. Zu den ausländischen Kaufleuten, die in Asunción wohnten und die sie gut kannte, gehörte ein gewisser Don Sinforoso Cáceres. Er war in Corrientes gebürtig und betrieb Handel zwischen Asunción, Buenos Aires, Montevideo und den Städten Argentiniens. Als die Truppen Paraguays aufgestockt wurden, gingen Cáceres und Elisa eine Geschäftspartnerschaft ein und erhielten die lukrative Lizenz, die Soldaten mit Rindern zu versorgen.

Saraivas absurdes Ultimatum wurde unterdessen wie vorausgesehen von Montevideo abgelehnt, worauf die Brasilianer sofort den nächsten, bereits drei Monate im voraus geplanten Schritt unternahmen und den vorbereiteten Vertrag mit Argentinien unterzeichneten. Darin wurde »gemeinsames Einschreiten im Falle möglicher Vorkommnisse am Rio de la Plata, verursacht durch die uruguayische Frage«, vereinbart. Am 30. August schickte Berges eine Note an den brasilianischen Konsul und teilte ihm mit, Paraguay sehe sich bedauerlicherweise gezwungen, seine Drohungen für den Fall einer Besetzung Uruguays wahr zu machen. Doch Paraguay war bereits aufs Abstellgleis geschoben worden. Die beiden Erzfeinde der kleineren Republiken in der La-Plata-Region waren sich einig, daß man eine Einmischung Paraguays verhindern mußte, während man mit Uruguay nach Gutdünken verfuhr. Als man in Buenos Aires von Paraguays Protest erfuhr, kam es zu haßerfüllten Zeitungsberichten und giftigen Leitartikeln. »Mit welchem Recht versucht Paraguay, das abgeschnitten vom Licht der Zivilisation in einem abgelegenen Winkel der Erde liegt, ein souveränes und unabhängiges Land daran zu hindern, von einem anderen, ebenfalls unabhängigen Land Entschädigungszahlungen zu fordern?«[11] In den nächsten drei Tagen wurde der Ton der Artikel noch bösartiger. »Der Mann, der ein Gleichgewicht der Kräfte in der La-Plata-Region verlangt, ist ein lächerlicher Zwerg, ein Don Quichotte, dem man, wenn der Tag kommt, eine gründliche Lektion erteilen wird, damit er lernt, daß er die Geduld zivilisierter Regierungen nicht überstrapazieren darf.«[12]

Am 16. Oktober, dem Tag des großen Balles, mit dem man in Asunción López' Wahl zum Präsidenten feierte, überschritten zwölftausend Brasilianer die Grenze Uruguays und richteten in Villa del Salto das erste Gemetzel an. Nun war López' Ultimatum auf dem Prüfstand. Würde seine berühmte Armee in Marsch gesetzt werden, um die Brasilianer an der Eroberung von Montevideo zu hindern?

López unternahm nichts.

Sofort stimmte die Presse von Buenos Aires einen höhnischen Chor an. »Nach den ersten Verlautbarungen aus Paraguay rechnete jeder damit, daß das Versprechen eingelöst werden würde, sobald man von den Ereignissen in Villa del Salto erfuhr – aber nein!« ... »Bald werden die Schuljungen über López lachen« ... »Paraguay wird sich niemals aus seiner Verpuppung befreien.«[13] López' Worte galten als »leere Drohungen«.

Am Abend des 10. November 1864 legte der brasilianische Dampfer *Marquês do Olinda*, der auf dem Weg in den Mato Grosso war, in Asunción an, um Brennstoff aufzunehmen. Das Schiff hatte Post, den Sold für die Truppen und den neuen, aus Rio geschickten Provinzgouverneur an Bord. Außerdem auch Zeitungen und Briefe aus den verschiedenen Häfen, die dem General nach Cerro León geschickt wurden. Als López sie öffnete, stieß er auf Juan José Brizuelas Berichte über das Leid in Montevideo und die Aktivitäten der brasilianischen Armee, deren Führung in Rio sich nicht um Paraguays Drohung scherte. Seine Gehversuche als großer Staatsmann wurden in Leitartikeln und Karikaturen grausam verspottet. Später hieß es, es seien diese Beleidigungen gewesen, die ihn zu den ersten offenen Feindseligkeiten gegenüber Brasilien provozierten. Doch Charles Washburn, der einige Tage später beim General dinierte, erinnerte sich an einen weiteren Brief, der ebenfalls von Bord der *Marquês* stammte. Er war von Dom Pedro an seinen »liebsten und besten Freund« Präsident López gerichtet und setzte ihn in taktvoll gewählten Worten davon in Kenntnis, seine beiden Töchter seien inzwischen mit europäischen Prinzen vermählt.[14]

Washburn war der Ansicht, die Sorge des Kaisers um seine Tochter habe in diesem dynastischen Ringelreihen eine ebenso große Rolle gespielt wie in der Politik. »In dem Wissen«, erinnerte er sich, daß »jede Person, mit der López sich aus staatsmännischen und ehrgeizigen Gründen den Thron zu teilen bereit erklärt, in seiner Wertschätzung immer nur an zweiter Stelle stünde und in Wahrheit nichts weiter wäre als die Dienerin und Gefangene seiner Geliebten«. Weshalb der Kaiser eine Verbindung der beiden Herrscherhäuser letztlich abgelehnt habe. Auch wenn Madames alles vereinnahmende Gegenwart der halbwüchsigen Prinzessin das Leben sicher zur Hölle gemacht hätte, wäre eine Verschwägerung mit Paraguay Dom Pedro unter anderen Umständen vermutlich nicht unrecht gewesen, denn schließlich bedeutete eine Hochzeit den ersten Schritt hin zur Verschmelzung der beiden Staaten. Prinzessinnen galten bei der Anbahnung solcher Bündnisse traditionell als Vorleistung, und man erwartete von ihnen, daß sie ihre Pflicht taten. Doch ganz gleich, wie seine früheren Absichten auch ausgesehen haben mochten, ließen die Ereignisse dieses Jahres in der La-Plata-Region die Hochzeit einer brasilianischen Prinzessin und eines paraguayischen Präsidenten unmöglich werden.

Wenige Stunden, nachdem der General von den Vorfällen in Uruguay und Brasilien erfahren hatte, schickte er einen Adjutanten mit dem Expreßzug nach Asunción, und zwar mit Anweisungen an seinen Bruder Venancio in der städtischen Garnison: Er sollte der *Tacuarí* den Befehl geben, die *Marquês* zu verfolgen und sie unter Einsatz aller dazu nötigen Mittel zu kapern. Außerdem drohte er mit der Blockade der Flüsse zum Mato Grosso. Zehn Stunden später fuhr ein Schiff voller erschrockener Brasilianer, eskortiert von der *Tacuarí*, in der Bucht von Asunción ein und wurde sofort von Kanonenbooten umzingelt. Ausrüstung, offizielle Korrespondenz, die Habseligkeiten der Passagiere und die Lagerbestände wurden von Bord geschafft und durchsucht. Dann veranstaltete Kapitän Mesa von der *Tacuarí* ein spontanes Tribunal. Man fragte den brasilianischen Kapitän, was er in paraguayischen Gewässern zu suchen habe, obwohl Paraguay und Brasilien sich nach der brasilianischen Note vom 30. August doch im Krieg befänden. Daraufhin erwiderte der Brasilianer im Brustton der Überzeugung, es habe mitnichten eine offizielle Kriegserklärung gegeben, und Kapitän Mesa beendete die Anhörung, indem er ihn, seine Mannschaft und die Passagiere offiziell zu Kriegsgefangenen erklärte. Dann wandte er sich an den neuen Gouverneur des Mato Grosso und sagte leise zu ihm:

»Was sollen wir sonst tun? Es handelt sich um Regierungsangelegenheiten. Haben Sie Geduld.«

Die Nachricht, daß die *Marquês* in der Bucht festgehalten wurde, verbreitete sich wie ein Lauffeuer in der Stadt, die Menschen auf den Straßen riefen bereits: »*Muera el emperador!* – Tod dem Kaiser!«, und vor dem Haus des Generals wurden *vivas* laut. Die Bevölkerung reagierte mit spontaner Begeisterung. Schließlich hatte man schon immer gewußt, daß *los macacos, la camba, los negros* – und wie man die brasilianischen »Affen« sonst zu beleidigen pflegte – Feinde waren.

Zweiundvierzig Mitglieder der Mannschaft von der *Marquês* erhielten die Erlaubnis, Paraguay strom*ab*wärts zu verlassen. Die übrigen wurden mit dem neuen Gouverneur des Mato Grosso festgehalten. Einige schickte man auf *estancias* im Landesinneren, »niemand wußte wohin«, andere brachte man »in einer Scheune am Hafen«[15] unter. An Bord wurden zweitausend Musketen gefunden, ein Beweis dafür, daß Brasilien diese Dampferlinie dafür benutzt hatte, um Waffen in den Mato Grosso zu schmuggeln. 400 000 brasilianische Dollar, als Sold für die Truppe bestimmt, wurden beschlagnahmt. Die restliche Fracht und die Lagerbestände versteigerte man öffentlich am Hafen, der Erlös wanderte in die Staatskasse. Die Flagge der *Marquês* verarbeitete man zu einem Teppich für López' Büro.

Die Ausländer, die nach Paraguay gekommen waren, um Geld zu verdienen, und die Einheimischen, die Geschäfte mit ihnen betrieben, nahmen diese plötzliche und gewaltsame Wendung der Ereignisse erschrocken zur Kenntnis. Zwölf Jahre lang hatten in Asunción Ruhe und zunehmender Wohlstand geherrscht, während die Bürger – trotz der ständigen Querelen in der übrigen La-Plata-Region – lernten, Geld zu verdienen und wieder auszugeben, sich elegant zu kleiden und zu repräsentieren. Mehr als einmal hatte Don Carlos das Land an den Rand eines Krieges geführt, allerdings immer in letzter Minute einen Rückzieher gemacht und beschlossen, die internationalen Schwierigkeiten mit Geld oder durch Verhandlungen beizulegen. Nun hatte der junge General, der noch keine zwei Jahre im Amt war, einen Krieg mit seinem größten Nachbarn provoziert, und zwar wegen eines Streits, in dem es eigentlich um Uruguay ging.

Der brasilianische Sondergesandte in Asunción war sehr besorgt. Da er befürchtete, er und seine Familie könnten während der Feindseligkeiten als Geiseln festgehalten werden, bat er Charles Washburn, sich beim General für ihn zu verwenden. Washburn fuhr mit dem Zug nach Cerro León, um mit dem General zu sprechen, der »eher offen als diskret« seine Meinung gegenüber dem Amerikaner äußerte. »Paraguay befände sich in der Situation, sich nur durch einen Krieg die Aufmerksamkeit und den Respekt der Welt verschaffen zu können. Das Land würde so lange isoliert und außerhalb der amerikanischen Staaten mehr oder weniger unbekannt bleiben, bis es andere Nationen mit Waffengewalt zwänge, es mit mehr Rücksichtnahme zu behandeln.«[16] Der General hatte diesen Krieg schon seit Jahren erwartet und nicht nur über die Befestigung seines eigenen Landes nachgedacht, sondern auch die Schwierigkeiten in Erwägung gezogen, die es den Brasilianern bereiten würde, genügend Soldaten für einen Angriff flußaufwärts und auf dem Landweg herzutransportieren. »Nachdem man Brasilien seine Stärke gezeigt und demonstriert habe, daß eine Eroberung mit immensen Kosten und großen Opfern einhergehen würde, dürfte die kaiserliche Regierung nur allzugern bereit sein, in Friedensverhandlungen einzutreten, und zwar unter für Paraguay äußerst günstigen Bedingungen.« Er dachte, »man würde die alte Grenzfrage klären. Anschließend würde man Paraguay als Nation anerkennen, um deren Freundschaft man sich bemühte ...« Man gestattete dem brasilianischen Sondergesandten die Ausreise, doch der brasilianische Konsul mußte bleiben. Verschiedene andere im Ausland angeworbene Arbeitskräfte ersuchten um die Erlaubnis, nach Hause zurückzukehren, doch keiner durfte gehen. Insbesondere eine Abreise der Briten hätte dem Militär sehr geschadet. Washburn konnte nur wenig für die übrigen Ausländer tun, da er selbst mit Reisevorbereitungen beschäftigt war, denn er hatte seine Verlobte in New York zurückgelassen.

Bald traf die Nachricht ein, die brasilianische Armee belagere die Stadt Paysandú im nördlichen Uruguay. »Das Einschreiten einer mächtigen paraguayischen Armee«, schrieb der Korrespondent der *Times*, »wird jeden Moment erwartet.«[17] Doch bevor General López nach Süden marschierte, um Paysandú von den Belagerern zu befreien, die brasilianische Armee davonzujagen und die Sache der *blancos* zu retten, wollte er die Front im reichen Norden sichern. In der Bucht von Asunción sammelte sich eine Flotte, um in den Mato Grosso einzudringen.

Am 14. Dezember 1864 inspizierte General López die Truppen der nördlichen Expedition, die vor dem neuen Krankenhaus zusammengerufen worden waren.

> *Soldados!*
> Meine Bemühungen, den Frieden zu bewahren, waren fruchtlos. Der Kaiser von Brasilien, der unseren Mut und unseren Enthusiasmus nicht kennt, hat uns einen Krieg aufgezwungen, und unsere Ehre und Würde gebieten es uns, die Herausforderung anzunehmen, um unsere geliebten Rechte zu verteidigen.[18]

Die Bucht war voller Schiffe, und an den Piers drängten sich Menschen, die die paraguayische Trikolore schwenkten. Die Marine war zur Invasion Brasiliens aufgebrochen, um die Erniedrigungen so vieler Jahre zu rächen. Ihr Ziel war Corumbá, die Hauptstadt des Mato Grosso. Acht Dampfer und vier Segelschiffe wurden von der *Tacuarí* angeführt, dem nach wie vor schnellsten Dampfer in der La-Plata-Region; beschossen von britischen Kanonen in Buenos Aires, hatte sie selbst der *Marquês* einen Schuß vor den Bug versetzt. Dreitausend Soldaten, schneidig in ihren neuen Uniformen, bestehend aus weißen Hosen, scharlachroten Jacken und roten Kappen mit schwarzem Band und Quaste, marschierten an Bord.

Später hieß es, es sei Sitte gewesen, daß die paraguayischen Befehlshaber vor ihrem Aufbruch zu einer Mission Elisa Lynch einen Besuch abstatteten, um sich ihren Segen und ihre Sonderaufträge zu holen. So ein Gespräch ereignete sich auch vor dem Abmarsch der nördlichen Armee. Die Kommandanten des Feldzugs in den Norden waren Oberst Barrios, der Ehemann von Inocencia López, und Flottenkapitän Mesa. An dem Tag, als die Schiffe in den Norden ablegten, »hatte sich ganz Asunción unten am Fluß versammelt«. Alle Gesandten und Minister der Regierung waren gekommen. Die Frauen der Offiziere standen mit Elisa ein wenig abseits. Man rief *viva*, und jede halbe Stunde, wenn sich wieder ein Schiff in Bewegung setzte, wurden Salutschüsse abgefeuert. Am Mittag fuhr das letzte Schiff am Ende der Kolonne flußaufwärts. Die ganze Woche lang fanden auf den Plazas lautstarke Kundgebungen gegen Brasilien und für den Generalpräsidenten und seine Truppen statt.

In der ersten Januarwoche übernahmen die Paraguayer mühelos und mit eiserner Faust das Kommando über die Siedlungen am Fluß und die südlichen Gebiete des Mato Grosso. Garnisonen wurden aufgegeben, und die Siedler flohen mit ihren Familien und Sklaven in die Sümpfe, wo die Paraguayer und die Gualo-Indianer kurzen Prozeß mit ihnen machten. Die Paraguayer verließen die Garnisonen im Norden und kehrten als Helden nach Asunción zurück. In den Wanten der *Ypora* waren an einer Schnur die Ohren toter Brasilianer befestigt, die man bei der Flucht in die Wälder niedergemetzelt hatte. Andere Schiffe brachten fünfhundert Kriegsgefangene und weitere Beweise dafür mit, daß die Brasilianer flußaufwärts Waffen und Munition gehortet hatten. Eine zweite Karawane kehrte auf dem Landweg zurück, und zwar mit achtzigtausend Stück Vieh, das von brasilianischen *estancias* stammte; außerdem hatten sie das »Adelspatent« des brasilianischen Provinzgouverneurs im Gepäck, das seinen Titel garantierte und das man von der Wand seines Büros gerissen hatte. Die Offiziere überreichten die Urkunde Elisa Lynch, die sie in Gold rahmen und in der Calle Fábrica de Balas in einem Vorzimmer aufhängen ließ. Silberne Kunstgegenstände wurden aus dem Schatzamt entwendet, und man stellte die silbernen Kerzenhalter aus den Kirchen der Jesuiten im oberen Salon des Bahnhofs von San Francisco auf, wo die Siegesfeier stattfand. Oberst Barrios wurde zum General befördert. Bald sah man Frauen aus dem Mato Grosso bettelnd in den Straßen.

Elisa Lynch hatte besonders guten Grund zum Feiern. Barrios hatte einen neuen brasilianischen *intendente* ernannt, der mit seinen Offizieren zusammenarbeiten sollte. Der *intendente*, der Elisa sehr nahe stand, hatte gerade seinen Namen unter Dokumente gesetzt, die gewaltige Ländereien in den neuen paraguayischen Gebieten auf sie übertrugen. Mit einem Federstrich besaß sie nun Grund und Boden von der Größe Belgiens, genug, um ebenso im Luxus zu schwelgen wie die berüchtigten brasilianischen Exilanten in Paris, für den Fall, daß sie einmal dorthin würde zurückkehren müssen.

Dann erfuhr man von den Greueltaten in Uruguay.

Im Dezember machten zwanzigtausend Brasilianer Paysandú dem Erdboden gleich und belagerten eine Garnison mit achthundert Soldaten und Bewohnern der Stadt, die bei ihnen Schutz gesucht hatten. In Buenos Aires richtete man Lazarette für die brasilianischen Soldaten ein, die weit weg von zu Hause verwundet worden waren. Die brasilianische Flotte lag in den Gewässern der Mündung des Rio de la Plata vor Anker, um die bevorstehende Belagerung Montevideos zu unterstützen. Lieferanten aus

Buenos Aires versorgten die brasilianischen Truppen mit Lebensmitteln, Waffen und Vieh. Flores, Mitre und Dom Pedro waren zwar keine offiziellen Verbündeten, bildeten jedoch eine gut eingespielte Mannschaft gegen die verzweifelten *blancos* in Montevideo und ihren einzig verbliebenen Fürsprecher, den Präsidenten von Paraguay.

Der uruguayische Oberst Gomez aus Paysandú ergab sich am 2. Januar General Barreto von der brasilianischen Armee, der ihm versicherte, er und seine Leute würden ehrenhaft behandelt werden. Doch seine Offiziere wurden hingerichtet, die Frauen vergewaltigt, die Kinder mit Bajonetten aufgespießt, und ihm selbst schnitt man zu guter Letzt die Kehle durch. Nun standen die Brasilianer vor Montevideo und drohten, die Stadt dem Erdboden gleichzumachen, wenn sie sich nicht binnen einer Woche ergab. Niemand schenkte den Zusicherungen einer ehrenhaften Behandlung Glauben, und die Regierung bereitete sich auf eine Belagerung und Blockade vor. Auf der anderen Seite des Flusses waren die Namen Gomez und Paysandú zum Schlachtruf der Gauchos der argentinischen Provinzen geworden, die General Urquiza anflehten, seine Truppen zu mobilisieren und zu kämpfen. Immer wieder sprachen Gesandte von López in Urquizas Palast in Entre Rios vor und verlangten, zu erfahren, wann er eine Armee zusammenstellen würde, wo sich die beiden Streitkräfte treffen sollten und welche Strategie anzuwenden sei. Jedesmal kehrten sie nur mit aufmunternden Worten zurück.

Um Uruguay zu erreichen, mußten die paraguayischen Truppen ein Stück argentinisches Gebiet durchqueren. Die wenigen Einwohner dort sympathisierten mit Urquiza und betrachteten sich schon von jeher als Feinde von Buenos Aires. Einem vagen und nicht immer präsenten soldatischen Ehrgefühl gehorchend, bat López in Buenos Aires um Erlaubnis. Seine Truppen warteten am Ufer des Paraná auf das Eintreffen der Genehmigung, während paraguayische Spione in den nördlichen Provinzen Argentiniens die Einstellung der Bevölkerung zu einer »freundlichen Invasion« ausloteten, für den Fall, daß das Ersuchen abgelehnt und der Boden erobert werden mußte, um das Weiterziehen der Soldaten nach Uruguay zu ermöglichen. Da man in diesen

Provinzen nicht gerade freundliche Gefühle für Buenos Aires hegte, befürwortete die Bevölkerung, die *blancos* gegen die *colorados* – also General Urquiza gegen General Mitre – zu unterstützen.

Die Belagerung von Montevideo zog sich hin; die Einwohner litten an Hunger und Krankheiten und fragten sich, wann die Generäle López und Urquiza wohl endlich eintreffen würden. Wie vorauszusehen gewesen war, lehnte der Kongreß in Buenos Aires López' Antrag in dürren Worten ab. Bevor er zusammentrat, war Montevideo an die Brasilianer gefallen, und man hatte Venancio Flores – mit dem Einverständnis von Buenos Aires und Rio – zum amtierenden Gouverneur von Uruguay ernannt. Seine Feinde, die *blancos*, flohen nach Westen über den Rio Uruguay und in die nördlichen Provinzen Argentiniens, wo ihnen die Gauchos, die ihnen gerne zu Hilfe geeilt wären, Unterschlupf gewährten, und schworen Brasilien und dem verlogenen Präsidenten in Buenos Aires, der Flores' Sieg erst möglich gemacht hatte, bittere Rache.

Der Kongreß in Asunción trat in Festtagsstimmung zusammen. Jeden Tag fanden in »improvisierten Tavernen«[19] Feiern statt. Im Senat lauschten die Abgeordneten dem General, hörten die Jubelrufe von draußen und erklärten »der derzeitigen argentinischen Regierung« den Krieg, »bis sie die Ehre und die Würde der Nation Paraguay und ihrer Regierung garantiert und anerkennt«.[20] Anschließend wurde der General zum Mariscal, zum Feldmarschall, befördert. Abends baute man in den Straßen Triumphbögen auf, und die Kirchen, die öffentlichen Gebäude und, bis auf wenige Ausnahmen, auch die Privathäuser waren bis zum Morgengrauen hell erleuchtet. Feuerwerke wurden veranstaltet, und auf den Straßen drängten sich die Menschen. Später am Abend schritt eine Abordnung von Honoratioren hinter einer Militärkapelle her vom Polizeirevier zum Haus in der Calle Fábrica de Balas. Angeführt wurde sie von Benigno López, José Berges und Policarpo Garro, dem Schwager von Juana Pesoa, die vortraten, um im Namen des paraguayischen Volkes ihre Glückwünsche zu überbringen.

Als die Gratulanten vor der Tür ihres Hauses erschienen, kam Madame heraus ... An ihrem linken Arm hing ein kleiner Korb mit Verbänden, Fäden, Watte und so weiter. Nachdem sie die Glückwünsche entgegengenommen hatte, erwiderte sie:

»Volk von Paraguay:

Ich danke euch für eure Glückwünsche zur Ernennung meines Señor, des Präsidenten der Republik, zum Feldmarschall in dem Krieg, den ihr gerade den beiden großen Nationen erklärt habt, die, trunken von ihrer eigenen Unbezwingbarkeit, nicht geglaubt haben, daß Paraguay sich ihnen entgegenstellen könnte ... Eine andere Erklärung für die Provokation euch gegenüber oder ihren unverschämten Bruch der Verträge, die zwischen ihnen und diesem Land bestanden, gibt es nicht. Ich möchte mich den Demonstrationen der Vaterlandsliebe anschließen und betrachte mich von diesem Augenblick an als Bürgerin von Paraguay. Mit diesem Korb will ich Seite an Seite mit euch in die Schlacht ziehen, um eure Wunden zu verbinden ...«

Viva el excelentisimo Señor Mariscal Presidente de la República del Paraguay, Don Francisco Solano López!

Viva! erwiderte die Menge, begleitet von den lebhaften Klängen des Londoner Carapé und dem Knallen von Feuerwerkskörpern ...[21]

Dann machte Elisa Platz und bat die Abordnung und die Menschen, die sich dahinter drängten, in ihr Haus, um Erfrischungen einzunehmen. Es gab Wein, Schnaps und Champagner, und Elisa selbst ging, den kleinen Korb immer noch am Arm, von Gast zu Gast, um die Gläser nachzufüllen. Leute, die noch nie ihr Haus betreten und auch gar nicht darauf gehofft hatten, schlenderten nun durch die Säle und prunkvoll ausgestatteten Räume, berührten die Sofabezüge und betrachteten die Gemälde. Als die Gäste sich verabschiedeten, wurde wieder *viva* gerufen, und zwar zu Ehren des Mariscal und seiner Dame.

In jener Nacht wurde der Abgeordnete Centurión von schweren Sorgen geplagt.

> Ich war bleich, und eine große Trauer drückte mein Herz nieder, so gewaltig, daß ich nicht anders konnte, als zu meinem Begleiter zu sagen: »Mein Freund, es sieht nicht gut aus! Vielleicht kann Paraguay es mit einem Land aufnehmen, aber gegen zwei anzutreten, die sich naturgemäß miteinander verbünden werden, erscheint mir recht kühn.« – »Es ist sehr unklug«, erwiderte er, und sein Gesicht war ebenso traurig wie meines. »Doch was sollen wir tun, mein Freund, wir können nur abwarten.«[22]

In Buenos Aires gründeten Exilanten, die fest dazu entschlossen waren, den Mariscal zu bekämpfen, eine Paraguayische Legion. Und im *Semanario* erschienen die ersten erzwungenen Lossagungen von Familien, deren Angehörige sich an diesem Akt des Verrats beteiligten.

> Weiterhin möchte ich betonen, daß mein Sohn, wenn er auf diesem Irrweg beharrt und nicht öffentlich Abbitte leistet, mit der Ablehnung all seiner Mitbürger rechnen muß, und seine bedauernswerte Mutter wird gegen ihren Willen keine andere Wahl haben, als ihn zu verfluchen ...[23]

Derartige Verlautbarungen waren bald an der Tagesordnung.

Von den vier Ländern, die in die Streitereien der uruguayischen *caudillos* verwickelt waren, hatte nur eines seit der Unabhängigkeit von Europa noch nie Krieg geführt oder eine Revolte im Inneren erlebt. Nun jedoch stand es einer feindseligen Allianz aus drei Mächten gegenüber. Don Carlos hatte die Pläne seiner alten Feinde stets durchkreuzt, indem er sich starrsinnig geweigert hatte, Meinungsverschiedenheiten zu einem Krieg eskalieren zu lassen, ganz gleich, worum es ging, wie hoch der Preis war und wieviel Bestechungsgeld er auch zahlen mußte. Doch der General, inzwischen Feldmarschall, war seinen Widersachern in die Falle getappt.

9

Während der Mariscal der brasilianisch-argentinischen Allianz mit einer Kriegserklärung entgegentrat, ging Brasilien völlig anders an das Bündnis zwischen López und General Urquiza heran.

Der brasilianische General Osorio hatte 1852 Seite an Seite mit Urquiza gegen Diktator Rosas gekämpft. Nun besuchte er seinen alten Waffenbruder und brachte ihm edle Pferde mit. Man plauderte über vergangene Zeiten und kam schließlich auf die Verträge zu sprechen, die brasilianische Gesandte in den letzten Jahren überall entlang der Flüsse erkauft hatten. Und schließlich wurde ein Angebot unterbreitet: Die brasilianische Armee brauche Tausende von Pferden und sei bereit, mehr als den Marktpreis zu bezahlen, um sofort welche zu bekommen.

Am 3. April brach ein paraguayischer Gesandter nach Buenos Aires auf, um die Kriegserklärung des Kongresses zu überbringen. Am 11. April verließen fünf Dampfer – unter ihnen die *Marquês do Olinda* – Asunción mit Truppen an Bord, die die argentinische Stadt und Provinz Corrientes besetzen sollten. Sie hatten Befehl, mit der südlichen Armee zusammenzutreffen, die von dem Offizier befehligt wurde, der in der paraguayischen Armee gleich hinter dem Feldmarschall kam, nämlich General Wenceslao Robles, früher Kommandant der Lager in Cerro León und Humaitá, »verschlagen und abstoßend«, mit einem Hang zur Grausamkeit und der Angewohnheit, seine Zweifel in Cognac zu ertränken. Zwei argentinische Schiffe wurden an diesem Tag vor Corrientes angegriffen, gekapert und in die paraguayische Marine integriert. Dreitausend paraguayische Soldaten machten sich daran, die argentinische Grenze zu überqueren. Elisas Spione, Männer und Frauen, die »in untergeordneten Funktionen im Lager beschäftigt waren«,[1] begleiteten sie.

An den Reaktionen der Einheimischen war sofort zu erkennen, daß die »freundliche Invasion« ein Fehler gewesen war. Offenbar hatte man die paraguayischen Kundschafter falsch informiert. In Rosario wurde der paraguayische Konsul ins Gefängnis geworfen; man verbrannte die Flagge Paraguays und benützte ein Porträt des Mariscal für Schießübungen. Am 17. April erklärte Buenos Aires der Regierung von Paraguay den Krieg, und Mitre hielt den Massen vor dem Kongreß die Rede, die alle hören wollten: »Die Kasernen in vierundzwanzig Stunden! Corrientes in zwei Wochen! Asunción in drei Monaten!«[2] Im Generalstab wurde klar, daß heimlich Verhandlungen mit Brasilien geführt worden waren. General Mitre wurde zum Befehlshaber der Alliierten Armee ernannt. Dann erhob sich General Osorio und schlug General Urquiza aus Entre Rios zum Kommandanten »der Vorhut der alliierten Armee« vor. Und noch ein weiteres Land war im Rat vertreten. Uruguay verkündete, daß General Venancio Flores »von heute an alle mögliche Zusammenarbeit leisten wird, was angesichts des Bündnisses mit Brasilien eine heilige Pflicht in diesem von der Regierung Paraguays hinterhältigerweise erklärten Krieg ist, deren Einmischung in die inneren Angelegenheiten Uruguays als unberechtigt und unverschämt betrachtet werden muß«.[3]

Ein Korrespondent der *Times* berichtete am 10. Mai vom Rio Paraná:

> Das Kriegsfieber auf beiden Seiten des Flusses nimmt immer besorgniserregendere Formen an. In Cafés, Clubs und Billardsalons, in den Geschäften, an Haustüren und in Behörden ist der Krieg das allgemeine Gesprächsthema, mit Phrasen, die viele offenbar so regelmäßig abspulen wie ihr Morgengebet, denn derartiges Geschwätz scheint hier als eine Art patriotische Pflicht zu gelten.
>
> »Bataillone«, »Bombardements« und »Revolutionen« werden in einer Weise mit »libertad« und »la Constitucion« und »Reaktion in den Provinzen« verknüpft, daß einem der Kopf schwirrt, wenn man wider Willen gezwungen ist, einer politischen Debatte zu lauschen. Und den-

noch begründet man die Vorwürfe mit Ereignissen und Mutmaßungen, die man weder erklären noch in ihrem Ergebnis voraussehen kann.

»Bis jetzt«, so fügte er hinzu, »hat nichts ein derart allgemeines Gefühl der Genugtuung hervorgerufen wie die Hinwendung von General Urquiza zur argentinischen Regierung.«[4]

Am Ende des Monats war die südliche Armee mehr als einhundertfünzig Kilometer in feindliches Gebiet vorgedrungen; eine Vorwärtsabteilung unter General Robles befand sich unweit der im Süden gelegenen Stadt Empedrades, in der Nähe von Urquizas Grenze. Währenddessen lag eine Garnison von eintausendfünfhundert Männern im Norden in Corrientes, wo Elisas Geschäftspartner, der Viehhändler Sinforoso Cáceres, gerade zum leitenden Mitglied der Besatzungsregierung gemacht worden war. Es war ein kalter Winter, und man traf überall, wo man mit Unterstützung gerechnet hatte, auf feindselige Ablehnung. Robles bat dringend um bessere Kleidung, Schuhe und Unterstände, da seine Männer sehr unter den Strapazen in den Sümpfen Argentiniens litten.

In Asunción und Cerro León inspizierte der Mariscal seine Truppen. An einem Tag marschierten fünfzehntausend Mann an ihm vorbei, alle prächtig anzusehen in ihren scharlachroten Jacken. In der Bucht von Asunción führte der Amerikaner Mr. Kruger einen Torpedo vor, mit dem er ein Floß aus Palmen vom Fluß aus mit solcher Wucht in die Luft schleuderte, daß er »sich fast selbst mitgesprengt hätte«.[5] Vertrauliche Berichte zirkulierten, Generalpräsident Melgarejo von Bolivien sei im Begriff, seine Armee Paraguay zu Hilfe zu schicken.

Am 1. Mai trafen sich Vertreter von Uruguay, Brasilien und Argentinien zu einem privaten Gespräch in Präsident Mitres Haus in Buenos Aires, um den Pakt der Tripelallianz zu unterzeichnen. Artikel eins lautete, daß »die Republik Uruguay, Seine Majestät, der Kaiser von Brasilien, und die argentinische Republik ein offensives und defensives Bündnis in dem von der Regierung Paraguays provozierten Krieg schließen«.[6] Weitere Artikel behandelten Befehlsgewalt und Pflichten. Außerdem stand da, der Krieg werde nicht gegen das Volk, sondern nur gegen die Regierung des feindlichen Staates geführt, wobei man Paraguays »Unabhängigkeit, Souveränität und territoriale Integrität«[7] achten wolle. Das Herzstück des Abkommens bestand jedoch in seinen letzten geheimen Klauseln, die den vorangegangenen widersprachen: Paraguay sollte auf ein Drittel seiner derzeitigen Größe zurückgestutzt werden. Brasilien würde das Land bekommen, auf das es schon seit San Ildefonso Anspruch erhob, und Argentinien würde den gesamten paraguayischen Chaco erhalten. Die Flüsse sollten gewaltsam offengehalten werden, um ausländischen Schiffen Zugang zu den neuen argentinischen und brasilianischen Häfen zu ermöglichen. Der Rest von Paraguay, den die Tripelallianz übriglassen wollte, würde an seinen Kriegsschulden zerbrechen, wodurch der bürokratische Fehler, der seine Existenz überhaupt ermöglicht hatte, endlich rückgängig gemacht worden wäre.

Die dritte Armee war in Uruguay einmarschiert und setzte langsam ihren Weg nach Süden fort, um die Truppen von Flores und seinen brasilianischen Verbündeten anzugreifen. Beide Kommandanten hatten vor ihrem Aufbruch aus Asunción Elisa einen Besuch abgestattet, und als die Soldaten Anfang Mai den Rio Uruguay überquerten, wurden sie gewiß von einigen ihrer Spione begleitet. Sie befehligten eine Elitetruppe von 10 000 gutausgebildeten und ausgerüsteten Männern. Die meisten von ihnen biwakierten am anderen Flußufer, während eine kleine Abteilung Erkundungsritte durch verlassene Dörfer unternahm, hin und wieder mit feindlichen Patrouillen zusammentraf und versprengte Kämpfer der *blancos* und Reiter aus Entre Rios aufsammelte, die von Urquiza abgefallen waren.

In Humaitá war der Mariscal mit einem anderen Projekt beschäftigt.

Aus Asunción war er in das eiskalte Quadrilateral im äußersten Südwesten des Landes gereist und hatte die Regierungsgeschäfte dem greisen Vizepräsident Sanchez übertragen. Eigentlich hatte der Mariscal den Feldzug im Süden selbst befehligen wollen, doch Bischof Palacios und Elisa Lynch hatten ihm sein Vorhaben mit dem Einwand ausgeredet, das Gelingen des Krieges hinge allein von seiner Führung ab. Obwohl es sich dabei, zumindest von seiten des Bischofs, um Schmeicheleien handelte, entsprach es doch auch der Wahrheit. Da Venancio nicht sonderlich intelligent und außerdem seit kurzem an Syphilis erkrankt war, war Hauptmann Fernandez zum amtierenden Kriegsminister ernannt worden. Benigno befand sich offiziell immer noch im Landesinneren im Exil (obwohl man ihn oft bei seiner Mutter in Trinidad sah), und es wäre Leichtsinn gewesen, ihm nun die Macht zu geben, die er 1862 an sich zu reißen versucht hatte. Also blieb der Mariscal in Asunción, um sein Leben als Anführer nicht zu gefährden. Allerdings waren seinen Armeen die Hände gebunden, da die Kommandanten auch nicht die kleinste Entscheidung ohne Rücksprache mit der Hauptstadt treffen durften. Der Mariscal war fest dazu entschlossen, auch im Krieg nach dem Grundsatz zu verfahren, daß alle Fäden stets bei ihm zusammenzulaufen hatten. Als er am 8. Juli nach Süden aufbrach, hatte seine Regierung in Asunción deshalb genausowenig Handlungsspielraum wie seine Offiziere auf der anderen Seite der Grenze.

Panchito, inzwischen elf Jahre alt, begleitete seinen Vater nach Humaitá. Der Mariscal hatte seinem vergötterten Sohn offiziell die Aufgabe übertragen, seine Briefe ins reine zu schreiben. Obwohl es sich um Verwaltungsarbeit handelte, war der Junge sehr stolz darauf, da er so die Möglichkeit hatte, bei den Besprechungen des *état-major* seines Vaters anwesend zu sein. Elisa blieb mit den kleineren Kindern in der Stadt. Man rechnete damit, daß der Krieg Weihnachten zu Ende sein würde, weshalb keine Notwendigkeit für sie bestand, an die Front zu reisen.

Die alliierte Flotte war unterwegs, um den Fluß bei Tres Bocas zu sperren und das Binnenland Paraguay auf diese Weise von der Außenwelt abzuschneiden. Also mußte man diese Blockade so schnell wie möglich durchbrechen und gleichzeitig dafür sorgen, daß sich flußabwärts keine weitere bildete. Allerdings fehlten dem Mariscal die Schiffe, um sich die freie Fahrt auf dem Fluß gewaltsam zu erkämpfen, denn er besaß nur ein zu diesem Zweck gebautes Kriegsschiff, die *Tacuarí*. Seine übrigen sieben

Dampfer (unter anderem auch die *Marquês do Olindo* und die beiden vor Corrientes gekaperten argentinischen Dampfer) waren Handelsschiffe, die man mit Hilfe von einigen Kanonen zu Zerstörern umfunktioniert hatte. Sie verfügten über weniger Geschütze als die eigens für diesen Zweck gebauten brasilianischen Schiffe, sie waren nicht gepanzert, und ihre Kessel befanden sich, dem feindlichen Beschuß ausgesetzt, oberhalb der Wasserlinie. Der Mariscal hatte zwar zwei weitere Kriegsschiffe bestellt und bereits bezahlt, mit denen sich das Kräfteverhältnis am Fluß ändern würde, doch diese lagen noch in einer Reederei in Bordeaux. Die restliche Flotte bestand aus *chatas*, flachen Ruderbarken, die man für gewöhnlich als Schlepp- und Lotsenkähne einsetzte und die man für den Kriegsdienst mit einer einzigen Kanone am Bug ausgestattet hatte. Die brasilianischen Schiffe jenseits der Grenze mußten außer Gefecht gesetzt oder gekapert werden, und zwar sofort. Der Leitartikel im *Semanario*, der den Sieg meldete und den Ball, um ihn zu feiern, ankündigte, stand bereits vor López' Aufbruch aus Asunción fest. Am 12. Juni wartete eine kleine Gruppe am Telegrafen auf eine Bestätigung des Sieges, doch statt dessen trafen die ersten verworrenen und beängstigenden Berichte von einer Niederlage ein.

Der Mariscal hatte am Nachmittag seines Eintreffens in Quadrilateral die ranghöchsten Marineoffiziere zusammengerufen, denn er hatte den folgenden Plan: Die feindliche Flotte lag im breitesten Abschnitt des Rio Paraná vor Anker, und zwar nahe der Mündung des Rio Riachuelo. Der Platz neben diesen Schiffen genügte für die paraguayische Marine, sich in den frühen Morgenstunden, wenn alles schlief, mit abgeschalteten Motoren anzuschleichen und sich zu teilen. Eine Gruppe würde lautlos den Fluß hinuntertreiben und dann kehrtmachen. Beim Aufwachen würden die Brasilianer Paraguayer vor sich sehen, die von beiden Seiten ihre Schiffe mit Leitern enterten. Durch einen solchen Überraschungsangriff und den entschlossenen Mut der Paraguayer im Nahkampf ließe sich die Überlegenheit von Schiffen und Kanonen ausgleichen. Der Mariscal sagte seinen Offizieren, bis zum Rio Riachuelo seien es sieben Stunden Fahrt mit dem Dampfschiff. Die beste Zeit zum Angriff sei zwischen drei und vier Uhr morgens. Aber als die Besprechung zu Ende war, war es eigentlich bereits zu spät zum Aufbruch. Doch obwohl die Flotte nun nach Sonnenaufgang am Riachuelo eintreffen würde, war der Mariscal fest entschlossen, loszuschlagen, und kein Offizier wagte, ihm zu widersprechen.

Um Mitternacht machte man sich auf den Weg. Später stellte man fest, daß man die Leitern zum Entern vergessen hatte. In den frühen Morgenstunden hatte die *Ypora* einen Defekt an der Schiffsschraube, und die gesamte Flotte mußte warten, während sich die Mechaniker unterhalb der Wasserlinie zu schaffen machten, um sie zu reparieren. Als sie in Riachuelo ankamen, war es bereits neun Uhr morgens und hellichter Tag. Die Brasilianer riefen: »Feindliche Flotte voraus!«, schürten ihre Kessel, luden ihre Kanonen und eröffneten das Feuer. Die Schlacht dauerte acht Stunden, und man konnte das Donnern der Geschütze weit den Fluß hinunter hören. Die paraguayische Flotte hatte keine Chance. Zwei der kostbaren Schiffe wurden versenkt, zwei stark beschädigt. Dreihundert Mann starben, und weitere gerieten in Gefangenschaft. Kommodore Mesa erlag in Humaitá seinen Verletzungen – ohne den Segen des erzürnten Mariscal, der unbedingt einen Sündenbock für diese Katastrophe brauchte.

Die Männer ruderten jeden Tag vom Quadrilateral den Fluß hinunter, um möglichst viele Teile ihrer bei Riachuelo zerstörten Schiffe zu retten. Es war tiefster Winter, und das Wasser war bitterkalt. Die Soldaten waren immer noch mit dem Bergen von Trümmern beschäftigt, als der Mariscal die Nachricht von Urquizas Seitenwechsel erhielt und Robles befahl, sich nach Norden zurückzuziehen. Robles rief seine kranken, durchgefrorenen, erschöpften und viel zu leicht bekleideten Männer zusammen, die sich fragten, was das Gefecht von Riachuelo wohl zu bedeuten hatte und ob General Urquiza nun Freund oder Feind war. Auf halbem Weg zur Grenze ließ er anhalten.

Während der *Semanario* in Asunción einen großen Sieg Paraguays am Riachuelo meldete, wußte man in allen Städten am Fluß, daß Paraguay ein Drittel seiner Flotte verloren hatte.

In Entre Rios schrieb General Urquiza einen Brief und übergab ihn dem Boten, der darauf wartete, General Osorio seine endgültige Antwort zu überbringen.

»Wenn die Armee ins Feld zieht«, schrieb er, »ist ein sofortiger Kauf nötig. Eure Exzellenz sollten den Vertrag auf jeden Fall umgehend unterzeichnen, auch wenn es ratsam ist, die Pferde bis zum letzten Augenblick an Ort und Stelle zu belassen, da sie in dieser Jahreszeit rasch ermüden.«[8] Der Preis wurde auf dreizehn Patacones pro Tier festgesetzt, dreißig Prozent über dem Marktwert. Uruguay wollte 30 000 Pferde liefern.

Elisas Informanten in Robles' Lager, die dort in »untergeordneten Funktionen« tätig waren, berichteten als erste, daß »sich zwischen dem kommandierenden General und den Verbündeten merkwürdige Dinge taten«.[9] Man erzählte Elisa von geheimen Schriftwechseln, von in Verstecken hinterlegten Briefen und von angebotenem Gold. Sie telegrafierte sofort an den Mariscal und »flehte ihn an, Robles sofort abzusetzen«.[10] Oberst Resquin wurde zum General befördert und nach Süden geschickt, um Robles von seinem Kommando zu entbinden und ihn zum Verhör nach Humaitá zu bringen. Das Verfahren gegen ihn wurde von Silvestre Aveiro geleitet. Die beiden Männer kannten einander gut, denn sie hatten vor drei Jahren bei dem Prozeß gegen Padre Maíz auf derselben Seite der Richterbank gesessen.

Aus den Vernehmungen ergab sich eine seltsame Geschichte. Der Hauptvorwurf lautete, Robles habe »Briefe von der alliierten Armee empfangen und sie über einen Monat zurückgehalten, ohne den Mariscal davon in Kenntnis zu setzen, obwohl er ihm täglich Bericht erstattete«.[11] Zweitens beschuldigte man ihn des Versuches, in Riachuelo mit dem Feind Verbindung aufzunehmen. Weitere Anklagepunkte waren tyrannisches Verhalten und militärische Unfähigkeit. Während Robles rauchend vor seinen Richtern saß, ging es auf dem Fluß unterhalb des Quadrilateral geschäftig zu, denn man hatte sämtliche Kanus, Leichter und Dampfer losgeschickt, um die Armee aus Corrientes nach Hause zu bringen. Außerdem hatte man Waffen, Kriegsbeute, 3000 Stück gestohlenes Vieh und einen Konzertflügel aus dem Haus oder der *estancia* irgendeines Kaufmanns mitgebracht, als Geschenk für Elisa, mit deren Eintreffen man täglich rechnete.

In Buenos Aires jubelte man über den Rückzug der Paraguayer. »Wir werden in Paraguay einmarschieren«, versprach *La Tribuna*. »Wir werden die Höhle des Tigers betreten, unsere Truppen werden über feindlichen Boden marschieren ... Wenn die Paraguayer auf ihrem eigenen Gebiet angegriffen werden, während ihr ganzes Land schutzlos daliegt, ist es sehr wahrscheinlich, ja, eigentlich mit Sicherheit anzunehmen, daß die bewaffneten Massen das Schlachtfeld kampflos räumen werden, in dem Wissen, daß dieser Despot sie nicht länger unterdrücken kann ...«[12]

Die einzige Meldung, die in diesen Tagen der Niederlage Erleichterung auslöste, kam aus Entre Rios, wo General Urquiza 8000 Reiter zu den Waffen gerufen und ihnen verkündet hatte, daß sie Paraguay angreifen sollten. Doch die Männer hatten sich geeinigt.

»Niemals, General«, schrieb der Caudillo Ricardo López. »Dieses Land ist unser Freund. Befehlen Sie uns, *porteños* oder Brasilianer zu bekämpfen. Wir sind bereit. Sie sind unsere Feinde.«[13] Daraufhin versuchte Urquiza, eine Infanteriedivision aufzustellen, da er ja alle Pferde verkauft hatte. Doch auch diese löste sich wunderbarerweise auf, als sie an die Front marschieren sollte.

William Whytehead war am Ende seiner Kräfte. Schon seit einigen Jahren stand es mit seiner Gesundheit nicht zum besten, und er hatte im Sommer seiner Rückkehr aus England einen schweren Anfall »tropischen Fiebers« – vermutlich Amöbenruhr – erlitten. Im Februar 1864 zog er sich bei einem Sturz am Hafen einen komplizierten Hüftbruch zu, der nie mehr richtig heilte; auch das Fieber und der Durchfall ließen sich nicht vollständig kurieren.

Außerdem hatte er bemerkt, daß sich sein Verhältnis zu Madame Lynch und Präsident López auf merkwürdige Weise verändert hatte. Madame hatte ihn häufig auf seiner *quinta* besucht und ihn, wenn er krank war, großzügig mit Geschenken und

Wein bedacht. Privat war ihre Freundschaft so eng wie zuvor, doch öffentlich fiel allgemein auf, daß Whytehead nicht mehr so häufig bei Elisas Abendgesellschaften zu Gast war und nicht länger die Rolle des wichtigsten Ausländers innehatte. Anfang 1863 wurden die offiziellen Einladungen von Madame fast völlig eingestellt. Whyteheads Name tauchte immer häufiger in den Berichten der *piragües* auf.

Whytehead bekam die Folgen dessen zu spüren, daß er sich weigerte, seine Freundschaften mit Washburn, dem französischen Konsul Cocholet und weiteren Ausländern aufs Spiel zu setzen, die der Präsident als mögliche Querulanten betrachtete. Also fand man Mittel und Wege, ihn dezent zu demütigen. Offizielle Briefe gaben nicht seinen korrekten Titel an oder wurden über seinen Kopf hinweg seinen peinlich berührten Untergebenen zugestellt. Obwohl sich seine Krankheit im Sommer 1864 verschlimmerte, gestattete seine Arbeit in der Werft ihm kaum freie Zeit. Jedes Schiff der Flotte mußte hereingeholt, inspiziert und von einer zivilen für eine militärische Nutzung umgerüstet werden. Am 10. Juli 1865 schrieb er an den Mariscal und bat ihn um eine Ruhepause, »wegen einer nervlichen Attacke, ausgelöst durch die Vorwürfe seiner Untergebenen, sein persönliches Verhalten betreffend«.[14] Er erhielt keine Antwort. Am 12. Juli versetzte er Tabak mit Zyanid, stopfte damit seine Pfeife, rauchte sie und starb. Seine Leiche wurde am nächsten Tag gefunden.

Der Schrecken war groß. Kein Chronist hatte etwas Schlechtes über Whytehead zu sagen, denn er galt als sanftmütig, wohlerzogen, höflich und amüsant. Der Mariscal, wohl bewußt, daß er und Elisa zumindest einen Teil der Schuld trugen, befahl den Garnisonen, der britischen Gemeinde Pferde zur Verfügung zu stellen, damit jeder, der das wollte, der Beerdigung auf dem Friedhof La Recoleta beiwohnen konnte. Whyteheads Nachfolger wurde sein trauernder Freund und Kollege Nesbitt, der oberste Ingenieur der *Tacuarí*.

Ein leichtfüßiger Bote von Madame brachte Geschenke zu den Kommandanten Duarte und Estigarribia in Uruguay. Im Gegenzug schrieb Duarte folgenden Brief:

An la Señora Doña Elisa Alicia Lynch von Commandante Pedro Duarte,
Campamento en marcha, Uruguayana, 15. August 1865

... bitte glauben Sie mir, wenn ich Ihnen sage, daß dieser Beweis der Wertschätzung, den Sie mir in diesen unruhigen Zeiten gnädigerweise entgegengebracht haben, mich – obgleich ich in Gedanken ohnehin stets bei Ihnen bin – dazu bewegt, meinen leidenschaftlichen Eid an *el Supremo Hacedor*, den Vollbringer edler Taten, zu erneuern; ich wünsche nicht nur Ihnen alles erdenklich Gute und ein langes Leben, sondern auch Ihrer so bedeutenden Familie ...

Ich wäre Ihnen sehr dankbar, wenn Sie mir in Ihrer Güte die Erlaubnis gewähren würden, Sie zu bitten, jeden Ihrer edlen Söhne in meinem Namen zu küssen und zu umarmen, und ich hoffe, daß Sie mich stets zu Ihren hingebungsvollsten Bewunderern zählen werden ...[15]

Estigarribia schickte ein ähnliches Dankesschreiben mit der Bitte, »alle Kinder besonders herzlich von ihm zu grüßen«. Aber keiner der Briefe erreichte Madame, denn sie wurden beide von den Alliierten abgefangen und im September in der *Tribuna* abgedruckt. Inzwischen waren Duarte, Estigarribia und alle ihre Männer entweder tot oder Kriegsgefangene.

Der Auftrag der dritten Armee lautete, quer durch Uruguay zur brasilianischen Küste zu marschieren und so viele Garnisonen wie möglich zu befreien, bis sich ihr die Armeen von Robles und Urquiza zum Marsch auf Montevideo anschlossen. Doch im Juli hatte Urquiza sich bereits an die Brasilianer verkauft, Robles stand unter Arrest, und seine Armee befand sich auf dem Rückzug nach Paraguay auf die andere Seite des Flusses. Im August wurde sie von den Brasilianern in die Zange genommen. General Mitre war mit einer Division aus Buenos Aires aufgebrochen, und Venancio Flores näherte sich mit seiner wildentschlossenen und erfahrenen Truppe. Die Alliierten schwärmten aus, teilten sich in zwei Gruppen und marschierten langsam auf beiden Seiten des Flusses weiter. Am 17. August wurde Duartes' Abteilung von Flores' Leuten eingekesselt und niedergemetzelt. 1500 Paraguayer und 500 alliierte Soldaten starben. 1000 paraguayische Gefangene wurden in die alliierte Armee eingezogen oder als Sklaven an die Brasilianer verkauft. Dann zogen die Alliierten weiter, um Estigarribias Armee in der Stadt Uruguayana zu umzingeln. Am 2. September ergab er sich, stellte jedoch die Bedingung, daß seine 5554 Männer den Brasilianern übergeben würden, da die Uruguayer sie abschlachten wollten. Seiner Bitte wurde nicht entsprochen. Viele Gefangene wurden umgebracht, indem man ihnen den Kopf abschlug oder die Kehle aufschlitzte.

Am 18. September erreichte die Nachricht der Niederlage in Uruguayana Humaitá und traf »Solano López wie ein Donnerschlag ... drei Tage lang war er so erzürnt, daß nicht einmal sein Sohn, den er vergötterte, sich in seine Nähe wagte«.[16] Am 21. September sah man ihn zum ersten Mal mit finsterer Miene und roten Augen beim *besamanos** wieder.

Bischof Palacios überschüttete seinen Herrn mit einem emotionsgeladenen, von Schmeicheleien strotzenden Wortschwall, den der Mariscal kaum zur Kenntnis nahm. Statt dessen erhob er sich und wandte sich an seine Offiziere.

»*Cuidado!*« sagte er. »Seid auf der Hut! Bis jetzt habe ich bei Verstößen Gnade walten lassen; mir gefiel es, gütig zu sein. Ab jetzt kenne ich kein Pardon mehr.«[17]

Sechsunddreißigtausend waren tot oder hatten sich ergeben, und dabei hatte der Krieg noch kaum angefangen.

In Asunción fanden öffentliche Versammlungen statt, bei denen man Estigarribia beschimpfte; seine Frau flehte, ihren Namen ändern zu dürfen.

In Buenos Aires forderte man eine Verkleinerung der Armee; der Krieg dauerte bereits zu lang, der Unterhalt für die Truppen kostete zuviel, und inzwischen litt die Wirtschaft darunter. »López bleibt nichts anderes übrig, als zu fliehen!« versicherte am 22. September 1864 *La Tribuna* ihren Lesern. Ein rascher Entscheidungsschlag war nötig, dann würde wieder Normalität einkehren.

* Audienz, die ein Präsident oder König gewährt

10

Während der Mariscal und Panchito nach Süden reisten, blieb Madame in der Stadt, um Kaufverträge für zwei weitere Grundstücke aus dem Besitz der Familie von Hilario Marcó, einem Cousin des Mariscal und Armeeoffizier, abzuschließen. Für ein *terrenito*, ein kleines Grundstück am Flußufer, bezahlte sie 225 Pesos, für ein größeres ganz in der Nähe 4400 Pesos. Der Krieg hatte nicht zu einer Einstellung der fieberhaften Bautätigkeit überall in Asunción geführt. In einer Ecke des Mercado Guazú hatte man gerade mit den Arbeiten an einer Ruhmeshalle für den General nach dem Vorbild des Invalidendoms begonnen, und Madame war immer noch mit ihrer Stadterneuerung unweit des Palastes am Flußufer beschäftigt.

Die anderen Ausländer in Asunción sahen die Lage hingegen weniger gelassen als Elisa. In die französische Gesandtschaft in Buenos Aires war ein Brief unterwegs, der von dort aus nach Paris weitergeleitet werden sollte. Konsul Cocholet bat dringend um die Stationierung eines französischen Kriegsschiffs vor Asunción, denn er hatte kein Vertrauen in López' Fähigkeiten, seine Truppen zum Sieg zu führen. Im Fall der unvermeidlichen Niederlage, so schrieb der Konsul, würde es zu Unruhen in der Bevölkerung kommen, da die zum Wehrdienst gepreßten einfachen Leute sich gegen ihre Herren erheben würden. Seine Befürchtungen wurden »von reichen einheimischen Familien« geteilt, die »im Landesinneren leben und nun in die Hauptstadt zurückkehren, aus Angst vor einem allgemeinen Zerfall der aus Halbwilden bestehenden Truppen nach einer Niederlage und den Exzessen aller Art, derer sie sich nicht enthalten werden, nachdem das Joch militärischer Disziplin erst einmal von ihnen abgefallen ist«. Die ersten Zielscheiben der aufgelösten Armee würden, wie der Konsul glaubte, Ausländer »aller Nationalitäten« sein, die »in großer Gefahr durch die Soldaten schweben werden, von denen drei Viertel Wilde sind. Wenn die Zügel der Disziplin sie nicht mehr halten, werden die Erinnerungen an die Plünderungen brasilianischer Städte weitere Ausschreitungen zur Folge haben«.[1]

Elisa Lynch gehörte zu den wenigen Ausländern, die verstanden, daß das Volk den Mariscal aufrichtig verehrte. Die Mehrheit konnte das nicht nachvollziehen und war überzeugt, daß die Menschen nur aus Angst kuschten. López wiederum fürchtete keinen Aufstand des *populacho*, sondern einen Dolchstoß in den Rücken von seiten der »reichen, wohlhabenden Familien« und der »Ausländer aller Nationalitäten«, die Cocholets Meinung teilten. Im Dezember ließ Elisa die Kinder in der Obhut von Isidora Díaz und Rosita Carreras zurück und reiste dem Mariscal nach. Es war eine mutige Entscheidung, denn trotz der Propagandaberichte im *Semanario* wußte sie vom katastrophalen Ausgang der ersten Feldzüge. Aus der Offensive zur Befreiung eines Nachbarn war ein Rückzugsgefecht zur Rettung Paraguays geworden. Die Hälfte der so sorgfältig ausgewählten und für teures Geld ausgebildeten Truppen war tot oder in Kriegsgefangenschaft geraten. Die paraguayische Flotte hatte sich auf zwei fahrtüchtige Schiffe reduziert. Die Alliierten kontrollierten die Schifffahrt auf dem Fluß, und Hilfe war nirgendwo in Sicht.

Das Quadrilateral war ein Gebiet von etwa hundert Quadratkilometern Größe und lag, vierhundert Kilometer entfernt von der Hauptstadt, an der Grenze zu Corrientes. Im Westen floß der Rio Paraguay, im Süden der Rio Paraná. Dazwischen befand sich eine sumpfige Halbinsel, die im Winter zufror und im Sommer wieder auftaute, so daß sich die Moskitos in den roten Pfützen vermehrten. Die alliierte Armee hatte auf der anderen Seite des Paraná ein weithin sichtbares, riesiges Lager errichtet; die brasilianische Flotte ankerte vor Corrientes. Die Paraguayer im Quadrilateral rechneten jeden Morgen beim Aufwachen mit dem Beschuß, der einer Invasion vorangehen würde.

Acht Kanonenboote versperrten die Zufahrt zum Rio Paraguay: die *Londres*, die *Tacuarí*, die *Coimbra*, die *Octava*, die *Pesada*, die *Itapirú*, die *Humaitá* und die *Madame Lynch*. Man hatte sieben Ketten aneinandergehängt und sie, vertäut an drei

Barken, über den Fluß gespannt. Diese und die Kanonen konnten die Brasilianer zwar bis in alle Ewigkeit in Schach halten, doch wenn es einer Armee gelang, sich vom Land her durch die Sümpfe anzuschleichen, würde sie nur noch ein einziger Graben von den Paraguayern trennen. Oberst George Thompsons erste Aufgabe in diesem Krieg war die Erstellung einer »trigonometrischen Untersuchung« der Halbinsel gewesen. Nun bauten seine Pioniere so viele Verteidigungsanlagen wie möglich auf der dem Land zugewandten Seite des Quadrilateral.

Die alte Festung Itapirú schützte die Ufer des Paraná; die große Sandbank darunter galt als die Stelle, wo die Alliierten am allerwahrscheinlichsten anlegen würden. Der Mariscal, Elisa, Bischof Palacios und der Großteil der Truppen ließen eine kleine Garnison in Humaitá zurück und richteten in diesem Monat ihre Kommandozentrale viereinhalb Kilometer landeinwärts von der Sandbank von Itapirú ein. Der Ort hieß Paso de Patria.

Selbst hier im Lager verfügte Elisa über eine eigene Kutsche, vielleicht mit dem Schiff aus Asunción mitgebracht, vielleicht auch in Corrientes beschlagnahmt und über den Fluß geschafft. Madame Lynch, die selbst das Gespann lenkte und, gekleidet wie für einen Ausflug in den Bois de Boulogne, in ihrer hochrädrigen Kutsche saß, erregte im Lager großes Aufsehen. Außerdem war sie eine erfahrene Reiterin, und wenn die Pfade rings um das Lager zu holperig für die Räder einer Kutsche waren, begleitete sie den Mariscal, im Reitkleid und im feschen Pariser Damensattel.

Im Lager war das Leben aufregender als in Asunción. Man hatte bereits mehrere tausend Lehmziegelhütten mit Dächern aus Flußschilf gebaut, um die Männer unterzubringen. Nach »heftigen Rekrutierungsbemühungen«[2] waren dreißigtausend Mann hier stationiert, um die Armeen im Süden abzulösen. Außerdem lebten noch mehrere tausend weitere Menschen im Lager. Es gab ein Frauendorf für die eintausend Arbeitskräfte und die unzähligen Kinder, Maultiertreiber, Händler, Prostituierten, Köche, Sattler, Botenjungen, Geldverleiher, Gaukler, Getränkeverkäufer, Wasserträger und Waschfrauen. Die Bevölkerungszahl von Paso de Patria war anderthalbmal so groß wie die der Hauptstadt.

Das Lager war rings um einen Hauptplatz angelegt, wo eine große, stabile Hütte als Kommandozentrale und Unterkunft für den Mariscal diente. Zehn Telegrafenleitungen aus der Hauptstadt und den übrigen Lagern liefen hier zusammen. Draußen hatte man einen Blumengarten angelegt. Der Mariscal schmückte seine Veranda mit Rosen und Nelken in Blumentöpfen, und zwei Fernrohre, die Whytehead aus England mitgebracht hatte, standen auf einem Tisch, damit der engere Kreis sich am Panorama des Flusses und das Lagers dahinter erfreuen konnte.

Der Bischof und Elisa Lynch erhielten Häuser zu beiden Seiten der Kommandozentrale, und Elisa übernahm wieder die Rolle der Gastgeberin. Sie brachte einen Hauch von Kultiviertheit und Frohsinn in die gesellschaftlichen Zusammenkünfte, die ohne die Anwesenheit von Frauen häufig ins Flegelhafte abglitten. Rasch scharte sie einen Freundeskreis um sich und veranstaltete Dinnerpartys wie in der Hauptstadt, wenn auch mit Zugeständnissen, was die Gästeliste betraf. Der Bischof war stets dabei und flüsterte dem Mariscal ins Ohr. Dr. Stewart kam ebenfalls häufig, manchmal mit seiner jungen Frau Venancia und dem kleinen Guillermito. Oberst Thompson – der Elisas Klavier aus Corrientes stimmte – erschien mit George Masterman, im Lager verantwortlich für die aus Corrientes angelieferten Medikamente. Auch Oberst Morgenstern und weitere hochrangige Offiziere waren oft eingeladen. William Whytehead wurde zwar sehr vermißt, doch die Gesellschaften, Kartenrunden und Musikabende an Madames Klavier gingen auch ohne ihn weiter wie in der Calle Fábricia de Balas, nur daß die schneidigen Uniformen und das ereignisreiche Leben in einem Kriegslager den Belustigungen eine ganz besondere Note gaben. Auch auf weibliche Gesellschaft mußte Elisa nicht verzichten, denn immer wieder kamen die Frauen der Offiziere zu Besuch und blieben zuweilen über längere Zeit im Lager, wenn ihre Männer die Erlaubnis dazu erhielten. Juliana Insfrán de Martinéz, inzwischen Soldatenfrau, wohnte während der Feldzüge im Quadrilateral in Elisas Haus. Isidora Díaz erschien häufig, sowohl als Freundin von Madame als auch als Schwester von José Díaz, der es vom Polizeichef bis zum Major der Kavallerie gebracht hatte und der Lieblingsoffizier und die rechte Hand des Mariscal war. Er war ein leidenschaftlicher Kämpfer, galant zu den Damen, mutig und »schrecklich in seinem Zorn«.

Das Weihnachtsfest und die Silvesterfeier verliefen fröhlich, obwohl die Feinde drohend am anderen Flußufer lauerten. Elisa war López' ständige Begleiterin; sie besuchte die Kranken und Verwundeten, zeigte sich auf Bällen und Empfängen, nahm an seiner Seite Paraden ab und sah wunderschön aus, wenn sie den Helden Orden an die Brust heftete. Eine Laterna Magica war mit der letzten Lieferung vor der Blockade in Paraguay eingetroffen, und Oberst Thompson und George Masterman ließen sie aufstellen. Der Mariscal und der Bischof verbrachten einige Stunden damit, die Kriegsszenen auf den Dias zu betrachten; zweifellos fand das Gerät auch Einsatz bei der Unterhaltung und Unterweisung der einfachen Soldaten, die in den heißen Nächten gehorsam und barfuß in Reihen unter den Orangenbäumen saßen und sich die wundersamen Bilder ansahen.

Es gab auch einen weiteren Zeitvertreib für die Männer, während man täglich mit einem Angriff rechnete, der einfach nicht kommen wollte. Der Hauptmast eines bei Riachuelo versenkten brasilianischen Schiffes war den Fluß hinaufgeschafft und auf der Plaza aufgestellt worden. Nun bildete er den Mittelpunkt der Tanzveranstaltungen, die jeden Samstag stattfanden; eine war den Offizieren vorbehalten, und Elisa nahm begeistert daran teil und tanzte den »London carapé«, die bolivianische Quadrille und die *mamà cumandà* ... »Und wenn sie tanzte«, schrieb Centurión, »erreichten Ausgelassenheit und Frohsinn ihren Gipfel.«[3] Trotzig wehte die Musik über den Fluß. Der traurige Walzer namens »La Palomita« – die kleine Taube – war den Alliierten bald ebenso vertraut wie den tanzenden Paraguayern, »die ihn auswendig kannten; alle, ob jung oder alt, Mann oder Frau, konnten ihn pfeifen; er begleitete ihre unbekannten Träume und half ihnen, nicht an die Unbill des Lebens zu denken«.[4] Niemand, der das Weihnachtsfest 1865 in Paso de Patria überlebte, vergaß je die Melodie von »La Palomita«.

Trotz der fröhlichen Stimmung grübelte der Mariscal ständig über den Verlust seiner Truppen, den Verrat seiner Offiziere und die Feigheit seiner Soldaten nach. Außerdem begann er überall im Lager Attentäter zu sehen. Er verdächtigte die Männer, die den Brasilianern in Uruguayana entkommen waren und nun über die Grenze zurückschwammen, um sich ihm wieder anzuschließen, ebenso wie die Köche aus Corrientes und die Kriegsgewinnler und Marketender, die seiner Besatzungsarmee folgten. Selbst unter seinen Getreuen und Helfern witterte er Verrat und Hinterlist. Der Mariscal hegte Argwohn gegen alle und geheimnißte in jede Äußerung und jede Gesichtsregung Hintergedanken hinein. Der Ring an Wachleuten um sein Haus mit dem hübschen Blumengarten wurde erst verdoppelt, dann verdreifacht. Jeder, der den Mariscal aufsuchen wollte, mußte, schweigend beobachtet von den Wachen, unter einem Vordach auf der einen Seite seines Hauses Platz nehmen. Als Oberst Thompson eines Abends vorsprach, begann ein neugieriger Feldwebel ihn über England auszufragen: »Setzte Königin Victoria immer ihre Krone auf, wenn sie einen Spaziergang unternahm? Werden Sie in England auch paraguayische Uniform tragen?«[5] Bei Morgengrauen erschien ein Adjutant und forderte Thompson auf, das gesamte Gespräch niederzuschreiben. Als dieser dem Mariscal um sieben Uhr morgens seinen Bericht überbrachte, war der Feldwebel bereits erschossen worden, schuldig befunden des Verbrechens, einen Anschlag auf den Anführer zu planen.

An die Hauptstadt erging Befehl, diejenigen, die den Verdacht des Mariscal erregten, nach Süden zu bringen. Man zitierte Benigno und Venancio López und außerdem die Ausländer herbei, die weiterhin unbeirrt forderten, ausreisen zu dürfen. Ingenieur Volpy, dessen Kündigungsersuchen abgelehnt worden war, stellte fest, daß seine Position sich verändert hatte. Er war zwar noch Offizier und Gast bei Elisas Abendessen, doch man teilte ihm mit, daß er Humaitá nicht verlassen dürfe. Im Sommer legten Raddampfer an, und eingeschüchterte Bewohner Asuncións, die man ohne konkreten Anlaß der politischen Unzuverlässigkeit verdächtigte, gingen zwischen den Geschützbatterien an Land. Männer, die vor kurzem noch bei Elisa am Tisch gesessen hatten, schliefen nun, bewacht von Soldaten, in strohgedeckten Hütten auf der Seite der Plaza aus gestampfter Erde. Sie waren gleichzeitig Gäste und Häftlinge in einem Lager, in dem eine bizarre Mischung aus Fröhlichkeit und tiefer Beklommenheit herrschte, und begrüßten Madama und den Mariscal ängstlich, wenn diese, aus Paso de Patria kommend, vorbeiritten.

Hector Decoud, Patensohn des Mariscal und bei Kriegsausbruch ein kleiner Junge, schilderte später die Nacht, als die Polizei an die Tür seines Elternhauses klopfte. Nur er, seine Mutter und drei seiner acht Geschwister waren anwesend, da sich Oberst Decoud und die vier älteren Söhne zum Zeitpunkt der Kriegserklärung in Buenos Aires aufgehalten hatten. Der Oberst war Mitglied der Paraguayischen Legion, also ein Verbündeter des Feindes. Mutter und Kinder wurden noch in der Nacht mit einem Dampfer nach Humaitá gebracht. Dort hielt man die Kinder im Bug des Schiffes fest, während Silvestre Aveiro die Mutter nach den Plänen des Feindes befragte. Sie wisse nichts, antwortete sie; sie wäre beinahe als Verräterin erschossen worden, hätte der Mariscal die Strafe nicht auf zehn Jahre Gefangenschaft im Chaco abgemildert. Er teilte ihr mit, man werde sie freilassen, sobald sie ihren Mann und ihre Söhne des Verrats beschuldigte. Acht Soldaten brachten sie mit dem Kanu zu einem Uferplatz im Chaco, gegenüber der Londoner Geschützbatterie. Bewacht von Soldaten, die nach Gutdünken mit ihr verfahren durften, baute sie sich eine Hütte mit »Strohdach und Wänden aus Tierhaut. Ihr Kleid mußte ihr als Bett und als Schutz genügen, und sie aß die kärglichen Reste, die ihre Bewacher übrigließen«.[6] Ihre fünf Kinder wurden zu Hütten in Humaitá gebracht, wo das Mädchen, eine *traidora* – eine Verräterin –, für die Wachleute leichte Beute war.

Am 8. Januar ritt der Mariscal den Pfad entlang, der Paso de Patria mit Humaitá verband. Die Offiziere der Corrientes-Expedition wurden aus ihren Zelten geholt, gefesselt auf Ochsenkarren geladen und zum Hinrichtungsplatz gebracht, wo man sie in den Rücken schoß. Robles verlangte eine Zigarre, rauchte sie und trat den Stumpen aus. Er lehnte die Augenbinde ab und bekam zwölf Kugeln ins Gesicht. Nachdem der Mariscal fort war, erschienen Soldaten und schafften die Leichen weg.

Einige Tage später sah man Elisa Lynchs Kutsche dieselbe unebene Straße entlangholpern. Die Offiziere der Festung stellten sich in Reih und Glied auf, um sie zu begrüßen. Regen prasselte auf das Dach der dunklen Hütte, in der es so dampfig und schwül war, daß man kaum atmen konnte. Einer nach dem anderen entschuldigten sich die Männer und kehrten erleichtert zu ihren Pflichten zurück. Doch als Juan Crisóstomo Centurión ebenfalls gehen wollte, hielt Elisa ihn zurück.

»Bleiben Sie noch einen Moment«, forderte sie ihn auf. »Ich habe Ihnen etwas zu sagen.«

Sie waren allein.

»Ich bedauere«, fuhr sie fort, »Ihnen mitteilen zu müssen, daß Seine Exzellenz der Mariscal sehr böse, ja, ausgesprochen böse auf Sie ist. Ich kann mir nicht vorstellen, was da passiert sein mag.«

Das waren die Worte, die jeder Offizier fürchtete, insbesondere die Teilnehmer an den gescheiterten Feldzügen in Corrientes und Uruguayana. Centurión protestierte stammelnd, er habe keine Ahnung, was er verbrochen haben könnte. Er erinnere sich an keinen Fehler, der ihm unterlaufen sei, und niemand dürfe an seiner treuen Ergebenheit zum Mariscal zweifeln. Elisa unterbrach ihn und riet ihm, umgehend an den Mariscal zu schreiben. Das Problem lag darin, daß der Mariscal seine Befehle stets in vagen Worten abfaßte und sich anschließend auf die Suche nach einem Sündenbock machte. Also versuchte jeder Offizier zu verhindern, daß die Wahl auf ihn fiel – und dies nicht immer auf ehrenhafte Art und Weise. Sobald Madames Kutsche davongerumpelt war, machte sich Centurión daran, einen langen, detailgetreuen Bericht über seine Handlungen in Corrientes zu verfassen. Der Brief wurde nicht beantwortet. Entweder schenkte der Mariscal der Darstellung Glauben, oder sein Verdacht war inzwischen bereits auf jemand anderen gefallen – jedenfalls war Centurión für den Moment wieder vergessen.

Die andauernden und sintflutartigen hochsommerlichen Regenfälle begannen, so daß sich die Plaza rings um die Kommandozentrale in Morast verwandelte, der auch in die Zelte der Männer geschwemmt wurde. Der Fluß trat über die Ufer, und die

Soldaten lebten in knöcheltiefem, warmem Schlamm. Das Vieh aus Corrientes starb durch den Verzehr von *miò-miò*, einem giftigen Gras, gegen das die paraguayischen Rinder immun waren, und ihre verwesenden Kadaver vergifteten das Wasser, das sich träge in stinkende Lagunen ergoß.

In Asunción erhielt der Staatskämmerer Saturnino Bedoya, Ehemann von Rafaela López, vom Mariscal den Befehl, »unter äußerster Diskretion« Kisten »mit siebzig Kilogramm Gold und zehntausend Patacones in Goldmünzen« vorzubereiten, »mit denen in Europa Waffen gekauft werden sollten. Für den Fall, daß sie dem Feind in die Hände gerieten, sollten die Deckel mit ›Madame Lynch‹ beschriftet werden«.[7] In jenem Sommer passierte das französische Kanonenboot *Decidée* das Lager der Alliierten und ankerte vor Humaitá, und zwar in der Absicht, neutrale Personen abzuholen, die das Land verlassen wollten. Die Kommandanten wurden von Elisa und dem Mariscal königlich bewirtet. Als das Schiff aus den Gewässern Paraguays nach Frankreich aufbrach, hatte es Julie an Bord, die Zofe, die Madame vor zehn Jahren aus Paris hierherbegleitet hatte – außerdem noch eine Reihe schwerer Kisten mit der Aufschrift »Lynch«. Sie enthielten den »Staatsschatz«, wie Thompson es unverblümt auf den Punkt brachte. In der Kommandozentrale war es ein offenes Geheimnis, daß Elisa als Rückversicherung Geld aus dem Land schaffte.

Der Januar ging vorbei, und die Alliierten zögerten immer noch. Der brasilianische General wollte sich erst an die Ketten und Kanonen vor Humaitá heranwagen, nachdem die argentinische Infanterie vom Land aus angegriffen hatte, während General Mitre sich weigerte, seine Infanterie nach Paraguay zu schicken, wenn die brasilianische Flotte nicht zuerst das Bombardement eröffnete. So verstrich auch der Februar, und die Männer auf dem Wachturm von Paso de Patria beobachteten, wie das Lager auf der anderen Seite des Flusses unvorstellbare Ausmaße annahm – inzwischen war es zweimal so groß wie Paso de Patria und dreimal so groß wie Asunción.

In den Dörfern an der Grenze zum Paraná wurden zusätzliche Milizen ausgebildet. Man teilte die Männer zu Patrouillen ein, um das Flußufer zu überwachen. Außerdem brachte man ihnen bei, wie man Pferde versorgte, Feldfrüchte für die Kavallerieregimenter anbaute und Essen für große Mengen von Menschen kochte. Jeden Tag hielt man ihnen Vorträge über die Entwicklungen an der Front, »die Gerechtigkeit der paraguayischen Sache und vor allem über unsere Freiheit, die uns allen die Gewißheit gab, daß wir zu den Waffen greifen würden, um die Wohltaten, die wir in unserem Land genossen, zu verteidigen«.[8]

Ein Brief an den Mariscal traf ein. Er stammte von Bischof Palacios, der für kurze Zeit nicht im Lager weilte und sich auf einen Feldzug begeben hatte, um »den Geist der Selbstaufopferung und des Heldentums« im Land »zu beflügeln«. »Wir setzen unsere seelsorgerischen Bemühungen mit soviel Sorgfalt und Eifer wie möglich fort«, versicherte er seinem Herrn, »und lassen es in keinerlei Hinsicht an Gewissenhaftigkeit fehlen, indem wir uns der Macht und des Einflusses der Heiligen Religion bedienen ... und zwar mit dem Ziel, die Menschen auf den Weg der Gerechtigkeit, der Ordnung und der Vaterlandsliebe zu führen ... mit Hilfe des Beichtstuhls, wo wir täglich damit beschäftigt sind, Hunderten von Soldaten die Beichte abzunehmen, sie für den Kampf bereit zu machen und anzufeuern, damit sie auch wirklich verstehen, daß diejenigen, die ihr Leben für ihr Land hingeben, vom Schöpfer entschädigt und bis in alle Ewigkeit belohnt werden.«[9] Milizenführer und Friedensrichter meldeten die Teilnahme an patriotischen Festen und Kundgebungen in ihren Dörfern.

Während die Armeen einander im feuchtheißen Februar über den Fluß hinweg belauerten, beschimpften 62 000 alliierte Soldaten ihre Kommandanten als unfähige Feiglinge. Nachts schwärmten Abteilungen vom paraguayischen Ufer aus, lautlose Grüppchen auf Trophäenjagd, bis zum Flußufer von einer Militärkapelle und von Elisa Lynch begleitet, die sie mit Zigarren und *caña* versorgte. Die Männer küßten ihr die Hand und verschwanden in der Dunkelheit. Die unerfahrenen argentinischen Soldaten am anderen Flußufer lauschten dem festlichen Treiben und schwitzten aus Angst vor den grinsenden Gestalten, die jede Nacht das finstere Flußufer hinaufhuschten, um Ohren und Skalpe für den Mariscal und la Señora Madama zu erbeuten. Als

Elisa eines Tages bei Morgengrauen aus dem Haus kam, fand sie einen Haufen von neun Soldatenköpfen auf ihrer Veranda vor. Der Mariscal übergab sie dem Stabschef, damit dieser sie öffentlich ausstellen ließ.

Der Februar ging in den glühendheißen März über, und die Schwüle wurde immer unerträglicher. Im Lager der Alliierten grassierte das Fieber, weil die Männer in den stehenden Lagunen gebadet hatten, um sich Kühlung zu verschaffen.

12. März: »Heute«, schrieb ein uruguayischer Offizier im Lager am anderen Ufer, »stieg das Thermometer auf vierzig Grad Celsius im Schatten. Man konnte hören, wie einem das Blut in den Ohren kochte, und man wurde von der Übelkeit ergriffen, die kommt, wenn man kaum noch atmen kann.«[10]

In Paso de Patria waren unter den Männern die ersten Lagerkrankheiten ausgebrochen. Zweihundertfünfzig Menschen starben täglich an den Masern und den darauf folgenden Durchfällen, weil Dr. Stewart zu spät mit den Impfungen angefangen hatte. Da nicht immer genug Zeit war, die Leichen zu begraben, türmten sie sich bald am Rand des Lagers.

In jenem Monat saßen Elisa und der Mariscal jeden Abend auf der Veranda vor der Kommandozentrale und sahen sich eine ganz besondere Darbietung an: Die Mannschaft des kleinen Dampfers *Gualeguay* hatte nämlich einen Zeitvertreib erfunden, den López zufällig von seiner Veranda aus beobachtet und äußerst amüsant gefunden hatte, so daß er eine Wiederholung anordnete. Während er und sein Freundeskreis sich an einem Digestif gütlich taten, fuhr die *Gualeguay* zu López' »persönlicher Unterhaltung hinaus bis zur Insel Itapirú und provozierte die alliierte Flotte, indem sie ihre zwölfpfündigen Kanonen abfeuerte. Die gesamte Flotte beantwortete das mit allen verfügbaren Geschossen, vom 68-Pfünder bis zum 150-Pfünder. Die Kugeln prasselten wie Hagelkörner rings um das Schiff nieder, so daß gewaltige Wasserfontänen in die Luft geschleudert wurden. Kurz vor Sonnenuntergang zog es sich wieder zurück. So ging es drei Wochen lang jeden Tag, ohne daß es je getroffen worden wäre; nur eine einzige Kugel fiel durch den Kamin«.[11]

Am 25. März erging ein neuer Befehl:

Auf Anweisung des Mariscal, Präsident der Republik und Oberbefehlshaber der Armee, gelten ab heute die folgenden Strafen:

Für das Einschlafen während des Wachdienstes:
1. Der Offizier wird festgenommen und Seiner Exzellenz gemeldet.
2. Der Feldwebel erhält 50 Peitschenhiebe im Stehen.
3. Die Obergefreiten erhalten 40 Peitschenhiebe.
4. Die Gefreiten erhalten 50 Peitschenhiebe pro Mann.

Für Fahnenflucht und Entfernen von der Truppe:
1. Die Männer links und rechts des Betreffenden erhalten 25 Peitschenhiebe.
2. Der Offizier, der die Abteilung befehligt, in der es zu einer Fahnenflucht kommt, wird verhaftet und der obersten Regierung gemeldet.
3. Der Feldwebel erhält 50 Peitschenhiebe und muß einen Monat lang als gewöhnlicher Soldat und einen Monat lang als Obergefreiter in seiner Abteilung Dienst tun; nach Ablauf dieser beiden Monate bekommt er seinen Rang zurück.
4. Die Obergefreiten erhalten 40 Peitschenhiebe ringsum und müssen zwei Monate lang als gewöhnliche Soldaten in ihren Abteilungen Dienst tun; danach bekommen sie ihren Rang zurück.[12]

Die Männer in den Schützengräben, auf den Wachposten, an den Erdwällen und Geschützbatterien und in den Ringen rings um die Kommandozentrale spionierten einander nach und belauschten die geflüsterten Gespräche ihrer Kameraden, und keiner traute seinem Nachbarn mehr über den Weg.

Zu denen, die den Brasilianern in Uruguay entkommen und über den Fluß zurück zu den Truppen des Mariscal geschwommen waren, gehörte ein grausamer Mensch namens Germán Serrano. Er zeigte den Wachmännern des Mariscal eine Verhörmethode, die er bei den Uruguayern beobachtet hatte. Diese hatten sie ihrerseits von den Soldaten Simon Bolivars übernommen und nannten sie den *cepo boliviano*, den bolivianischen Griff. Später wurde die Technik von einem Mann geschildert, der sie im paraguayischen Lager am eigenen Leibe hatte erfahren müssen.

> Die Folter funktioniert wie folgt, und so habe ich sie erdulden müssen: Ich saß mit angezogenen Knien auf dem Boden; zuerst wurden mir die Beine fest aneinandergefesselt, dann band man mir die Arme mit nach außen gewandten Handflächen auf den Rücken. Anschließend klemmte man mir eine Muskete unter die Knie; sechs weitere faßte man zu einem Bündel zusammen und legte sie mir auf die Schultern. Sie wurden an einem Ende mit Lederriemen zusammengebunden, eine bewegliche Schlaufe wurde über das andere Ende geführt, und zwar von der unteren Muskete zu der anderen. Zwei Soldaten zerrten daran, zwangen mir das Gesicht auf die Knie und verschnürten mich so.
>
> Das führte zu folgendem Ergebnis: Zuerst schliefen mir die Füße ein, kurz darauf begann ein Prickeln in den Zehen, das sich langsam bis zu den Knien ausbreitete; dasselbe geschah mit Händen und Armen, bis die Qual unerträglich wurde. Meine Zunge schwoll an, und ich dachte schon, es renkt mir den Kiefer aus. Noch zwei Wochen danach blieb die eine Gesichtshälfte taub.[13]

Bald würde man die Foltermethode in *cepo uruguayana* umbenennen.

Ein Brief aus Frankreich traf verspätet ein, da er auf dem Landweg über Bolivien transportiert worden war.

Als die Alliierten die Flüsse sperrten, war der Restbetrag für die Panzerschiffe, die der Mariscal in Bordeaux in Auftrag gegeben hatte, noch offen. Also wurden wortgewandte Brasilianer mit einem Angebot vorstellig, und man beraumte ein »Vermittlungsgespräch« an, bei dem die paraguayische Regierung von einem gewissen Aquilles Tamberlich, Kofferträger der Pariser Delegation, vertreten wurde. Er scheiterte – entweder trotz seines ehrlichen Bemühens oder weil er mit brasilianischem Gold bestochen worden war.

> Das Unternehmen [also die Reederei] erhält das Recht, sich des im Bau befindlichen Schiffes zu entledigen und für Paraguay ein anderes für die Summe von 1 800 000 Francs als Schadensersatz zu bauen. Der Vermittler [Tamberlich] befürwortete diese Alternative mit meiner Zustimmung und zieht sie einem völligen Rücktritt vom Vertrag vor, in welchem Fall dem Unternehmen mindestens 236 000 bis 300 000 Francs zugesprochen worden wären, das heißt, die Hälfte oder zwei Fünftel der Rechnungssumme – 500 000 Francs –, und zwar für entgangenen Gewinn und Zinsverlust.[14]

Und so wurden die Schiffe den Brasilianern zugeschanzt, die auf der anderen Seite des Verhandlungstisches saßen, ein Hinweis darauf, daß moderne Kriege nicht auf Schlachtfeldern, sondern in den Sitzungssälen von Banken und bei Botschaftsempfängen gewonnen wurden. Paraguay besaß keinen Kreditrahmen bei europäischen Banken, und es gab nur wenige paraguayische Diplomaten, von denen lediglich zwei in Europa ansässig waren. Candido Bareiro hatte an Lord John Russel, den britischen Premierminister, geschrieben und ihn gebeten, gegen das Verhalten Argentiniens Protest einzulegen. Ein Ausschuß für Auslandsangelegenheiten prüfte die Anfrage und teilte dem Premierminister mit, daß es »albern«[15] wäre, sich einzumischen.

Der Mariscal hatte geglaubt, den Krieg mit Hilfe der auf den *yerbales* erwirtschafteten Erlöse und dank der Unwissenheit und des Mutes seiner Soldaten gewinnen zu können.

Im April tobten die ersten Gewitter, und die Temperaturen sanken allmählich. Am Ufer der Alliierten lagen Flöße und Barken bereit, um die Truppen über den Fluß zu bringen. Tonnen von Proviant waren mit Schiffen herbeigeschafft und eingelagert worden. Mit jedem Tag stieg der Fluß weiter an, bald würde er tief genug sein, so daß die Boote aus Corrientes über die mit Steinen gefüllten Kanus hinwegtreiben konnten, die der Mariscal in den Kanälen versenkt hatte. Getarnt vom heftigen Regen und Blitzschlag, unternahmen die alliierten Kommandanten die ersten vorsichtigen Schritte. Am 5. April kauerten achttausend Brasilianer bei Morgengrauen auf der Sandbank unterhalb der Festung von Itapirú. Zwölf Tage harrten sie dort aus. Dann brachen achthundert Männer unter dem Befehl von José Díaz auf Anweisung des Mariscal auf, um die Feinde zu vertreiben. »Es war Wahnsinn«, merkte Oberst Thompson an, »seine Soldaten ohne klaren Befehl in den sicheren Tod zu schicken.«[16] Als sie bei Morgengrauen abzogen, ließen sie fünfhundert Tote und Kriegsgefangene zurück. Da gab das alliierte Oberkommando den Befehl zum endgültigen Vorstoß. Immer weitere Brasilianer strömten aus den Booten, und achttausend Mann setzten sich am Ufer fest. Am nächsten Tag erhielten sie Verstärkung von zehntausend Argentiniern. In den fünf darauffolgenden Tagen wurde kein Proviant über den Fluß angeliefert. Während die alliierten Soldaten versprengte paraguayische Ochsen jagten, um ihren Hunger zu stillen, hörten sie das Rumpeln von Karren, die von Paso de Patria zur Festung Humaitá rollten. Die Artillerie wurde in Sicherheit gebracht.

Die einhundertdreizehn Schiffe der alliierten Flotte reihten sich vor Itapirú auf, so daß sie über die Wipfel der Bäume hinweg Paso de Patria direkt unter Beschuß nehmen konnten. Die Bombardierung sollte jeden Augenblick beginnen, und dann würden Alliierte vom Strand aus vordringen. Die Männer warteten auf den Befehl ihrer Offiziere, während diese sich wiederum fragten, wie der Mariscal entscheiden würde. Würden sie sich weiter ins Landesinnere zurückziehen, damit sie außer Schußweite waren? Sollten sie angreifen? Würden sie sich verschanzen? Doch der Mariscal schwieg.

In der Nacht schickten andere Offiziere Gewehrschützen in den Schützengraben, der rings um den kleinen Hügel verlief, auf dem Paso de Patria stand. Ihnen folgten Soldaten mit Stühlen, Tischen, Kisten, Koffern und Schatullen und weiteren Gegenständen, mit denen man den Feind bewerfen konnte, falls er sich am Rand des Schützengrabens zeigte. Doch der Marschall saß immer noch, grübelnd und abgeschirmt von Wachleuten, in seinem Haus, während seine Soldaten sich abmühten, ohne zu wissen, ob man ihnen befehlen würde, anzugreifen, den Rückzug anzutreten oder die Stellung zu halten.

Bei Tagesanbruch wurden sie von feindlichem Feuer geweckt. Als Elisa aus dem Bett sprang und, in die erstbesten Kleidungsstücke gehüllt, aus dem Haus stürmte, stellte sie fest, daß im Lager ein wildes Durcheinander herrschte. Dichter Qualm lag in der Luft, und Schrapnelle flogen herum. Schrotkugeln prasselten über die Bäume hinweg, und es lagen bereits die ersten Toten am Boden. Offiziere rannten mit offenen Kragen aus ihren Zelten und schnallten sich die Schwerter um, während sie zu López' Haus eilten, um sich ihre Befehle abzuholen. Doch es war niemand da. Der Mariscal war verschwunden. Die Männer erkundigten sich bei Elisa, wo er wohl sein mochte, doch sie hatte ihnen gerade dieselbe Frage stellen wollen. Die Zeit reichte nicht, um ihn zu suchen; also drehten sie sich um und warfen sich den Angreifern entgegen.

Elisa brauchte den ganzen Tag, um López zu finden. Rauch waberte über den Boden, und die Landschaft, die ihr von ihren täglichen Ausritten rings um das Lager eigentlich vertraut war, änderte sich mit jedem Geschützeinschlag. Wo gerade noch fester Grund gewesen war, plätscherten nun Teiche. Wo die Männer beisammen gesessen hatten, um ihren Mate zu kochen, herrschte Leere. Sanitäter mit Tragen liefen, unterwegs zwischen der Front und dem Lazarett auf der Straße nach Humaitá, an ihr vorbei. Elisa vermutete, daß López sich irgendwo außerhalb der Reichweite der Geschosse befand, wo er die Schlacht beobachten konnte, ohne sich selbst zu gefährden. Gewiß hielt er sich auf einer Anhöhe im Norden oder im Westen von Paso de Patria auf, und deshalb machte sie sich zu Pferd auf den Weg in dieses Gebiet, während unter ihr die Schlacht tobte.

Am Mittag entdeckte sie ihn auf einem kleinen Hügel, viereinhalb Kilometer im Landesinneren. Er betrachtete die Kämpfe durch ein Fernrohr, einige Adjutanten umgaben ihn zu Pferde. Spät am Nachmittag sausten plötzlich zwei Kugeln dicht über ihre Köpfe hinweg, und der Mariscal war sicher, daß er gesehen worden war. Sofort brachen sie auf und ritten weiter ins Landesinnere, wo sie die Nacht verbrachten. Der Mariscal war der einzige, der etwas zum Abendessen bekam, denn es waren noch keine Vorräte aus Paso de Patria herbeigeschafft worden.

Im Tiefland kämpften die letzten paraguayischen Truppen. Als sich der Feind nicht mehr aufhalten ließ, zündeten sie das Lager an. Reihen von Frauen nahmen, mit Körben auf den Köpfen, im Schutz des Qualms die Pfade durch den Sumpf. Die Soldaten zerstörten die Lagerhäuser, die Transportkarren, die Lazarette, die Apotheken, die Stallungen, die Viehpferche, die Unterkünfte der Offiziere, die Zelte für die Truppen, die Latrinen und die Kapellen – alles, bis auf eine Gerberei, ein Telegrafenamt und das Gebäude, das das Waffenarsenal beherbergt hatte. Die für das Frühjahr eingesäten Feldfrüchte wurden vernichtet, und man hinterließ verbrannte Erde. Die Neugier der alliierten Soldaten auf das Lager ihrer so schwer zu fassenden Feinde wurde beim Anblick dieser Verwüstung von Bestürzung abgelöst. »Wir inspizierten das Schlachtfeld«, schrieb ein Offizier nach Hause, »es ist bedeckt von den Leichen der Feinde, mehr als 300 von ihnen zum Großteil Kinder von 15 oder 16 Jahren – es bricht mir das Herz, sie zu sehen …«[17] In jener Nacht benutzten die alliierten Soldaten die Balken der brennenden Häuser, um Fleisch zu grillen.

Als die letzten Paraguayer Paso de Patria verließen, waberte hinter ihnen der Rauch so dicht, daß sie den Feind nicht sehen konnten. Doch sie wußten, daß er da war, denn die ganze Nacht hallte das triumphierende Läuten der Kirchenglocken über die Sümpfe.

Die Alliierten hatten das Ufer des Rio Paraná gesichert. Nun mußten sie einen Weg finden, an Humaitá vorbeizukommen, dem »Sebastopol von Südamerika« am Ufer des Rio Paraguay.

Im Mai biwakierten 62 000 alliierte Soldaten in Paso de Patria. 30 000 Paraguayer lagerten sechs Kilometer weiter nördlich. Dazwischen befanden sich die unpassierbaren *esteros* von Tuyutí. Jede Flut sickerte in die Sümpfe ein, wo die Armeen sich eingerichtet hatten und zunehmend im Morast versanken. Der

Mariscal wartete darauf, daß die Alliierten weiter in den Quadrilateral vordringen würden, doch diese gaben ihre Stellung am Nordufer des Paraná nicht auf. In der alliierten Kommandoebene waren wieder Unentschlossenheit und Schlamperei eingekehrt. Da die Männer sich nun auf der Nordseite des Paraná befanden, würde es Wochen dauern, die Lagerbestände, Pferde, Rinder und Waffen hinüberzuschaffen, welche die 62 000 Soldaten zum Kämpfen brauchten. Eine Armee marschierte, wie schon Napoleon gesagt hatte, nun einmal mit dem Magen, und so rührten sich die Alliierten, durch den Fluß von ihrem Proviant abgeschnitten, nicht von der Stelle. Bald wurden die Nächte kalt. Weitere Truppen landeten mit Booten aus Corrientes an und zwängten sich in das Lager, das sich, leicht angreifbar, an den äußersten südlichen Rand des Quadrilateral klammerte. Es fehlten Unterkünfte, Verpflegung und Wasser. Jeden Tag erkrankten zahlreiche Männer an Durchfall und Fieber, während die Pferde *miò-miò* fraßen und verendeten. Massengräber wurden ausgehoben, und überall stank es nach Verwesung. In den Senken stapelten sich die Leichen, und wenn Sumpfgase aufstiegen, wurde auch so mancher Tote wieder an die Oberfläche getrieben.

»Hier«, schrieb ein uruguayischer Offizier, »nehmen wir Luft auf, die schon seit langer Zeit vergiftet ist. Was wird man später über diesen gewaltigen Friedhof sagen, auf dem wir lagern? Der Tod stattet uns Stunde um Stunde einen Besuch ab; wir denken ständig an ihn, da sich die Gräber der Paraguayer zwischen unseren Zelten befinden; man könnte dies als einen Ort bezeichnen, wo man nur den Tod einatmet, den kalten, gleichgültigen Tod, den Tod des Märtyrertums und der Resignation.«[18]

Doch nicht alle waren Märtyrer oder resignierten, denn schließlich mußten die Soldaten verpflegt und unterhalten werden, womit sich viel Geld verdienen ließ. So verwandelte sich das alliierte Lager in Paso de Patria bald in einen Basar. Zwischen den Zelten gab es Läden, Schnapsbuden, Bordelle und Zeitungskioske. Kriegstouristen kamen aus der Stadt und kauften den Gefangenen Postkarten ab. Im paraguayischen Lager auf der anderen Seite der Sümpfe ging es jedoch anders zu, denn die Blockade erstickte allmählich das Land, während Yerba, Tabak und Baumwolle, eigentlich für den Export bestimmt, in Asuncións Lagerhäusern verstaubten. Die Soldaten waren auf ihre kärglichen Rationen, auf die von Verwandten geschickten Essenspakete und auf die Dienste der Männer und Frauen angewiesen, die sich allnächtlich lautlos über die Pfade, die nur die Paraguayer kannten, auf den Weg machten und mit Lebensmitteln, Bier, Kleidung und Gebrauchsgegenständen aus dem Lager der Alliierten zurückkehrten. Manchmal brachten sie auch Informationen für den Mariscal. Doch zuweilen kamen sie auch gar nicht wieder, sondern liefen als *pasados* zum Feind über.

Die Männer und Frauen, die Lebensmittel, Getränke oder Postkarten und Fotografien von Gefangenen an die Kriegstouristen aus Buenos Aires und Europa verkauften, in Zelten kleine Gastwirtschaften betrieben oder gegen eine Gebühr für Analphabeten Briefe nach Hause schrieben, waren nur die Vorhut einer gewaltigen Wirtschaftswelle, die flußabwärts schwappte. Mit ihr kamen kleine Händler aus den nördlichen Provinzen und Großkaufleute von der Flußmündung, die das Ufer entlang direkt in die ausgestreckten Arme der brasilianischen Bank, der Banco Mauá, ritten; eine riesige Woge aus Habgier und Geschäftssinn trug die Reichtümer über den Atlantik bis zu den europäischen Banken, während sich die Soldaten, nach Luft schnappend, in einem winzigen, schwülheißen Gebiet zwischen zwei Flüssen plagten.

Im März machte ein entsetzter britischer Diplomat die geheimen Klauseln des Vertrags der Tripelallianz bekannt, die daraufhin im Londoner Unterhaus verlesen wurden. Als die erbosten Leitartikel der britischen und französischen Presse Buenos Aires erreichten, geriet Mitre ins Kreuzfeuer der Kritik derer, die sich gedemütigt fühlten. Alle Zeitungen in Buenos Aires, mit Ausnahme von Mitres eigener, waren gnadenlos in ihrem Urteil. Doch argentinische Kaufleute hatten Verträge über Lebensmittellieferungen für 48 000 brasilianische Soldaten abgeschlossen. Das Kaiserreich Brasilien hatte Kriegskredite im Wert von 10 218 920 Pfund[19] bei der Rothschild-Bank in London und weitere Anleihen bei anderen Banken in Paris aufgenommen. Händler aus Buenos Aires, Corrientes, Santa Fé, Montevideo, Rio de Janeiro und sogar aus den europäischen Hauptstädten waren an der Front eingetroffen, um dort Geschäfte zu betreiben. Die Banco Mauá, die größte in Südamerika, hatte sogar in Paso de Patria eine Filiale eröffnet. Also war mehr als die Peinlichkeit, bei einer Lüge ertappt worden zu sein, nötig, um diesem Krieg Einhalt zu gebieten, an dem sich so großartig verdienen ließ.

Am 1. Mai zitierte der Mariscal José Díaz in seine provisorische Kommandozentrale und beförderte ihn zum Oberst. Er sollte mit siebentausend Mann die uruguayische Vorhut in Paso de Patria angreifen. Am Mittag des 2. Mai fielen sie über die ahnungslosen Soldaten in Flores' Lager her und schlugen die gesamte uruguayische Armee in die Flucht. Flores' Zelt wurde verwüstet, und es wäre ein großer Triumph geworden, wenn Oberst Díaz in seinem Überschwang nicht befohlen hätte, weiter zum Lager der Brasilianer vorzurücken – denn dort wurden sie bereits von General Osorio erwartet. Der klägliche Rest von Díaz' Truppen kam am Abend zurück zum Mariscal gekrochen. Tausend Männer lagen tot auf dem Schlachtfeld zwischen den beiden Armeen. Die Überlebenden wurden als Helden gefeiert. Eine eroberte Kanone stellte man in der Kommandozentrale zur Schau, und Díaz erhielt einen Orden. Es war ein Beispiel paraguayischer Tapferkeit.

Im Mai wurde in Paso Pucú, etwa vier Kilometer entfernt vom Lager der Alliierten auf der anderen Seite der Sümpfe von Tuyutí, ein neue paraguayische Kommandozentrale eingerichtet. Zwischen den Paraguayern auf einer Anhöhe im Norden und den Alliierten auf einem Hügel im Süden lag der gefährliche *estero*, durchzogen von Geheimpfaden, die zu finden für die Alliierten noch eine große Herausforderung darstellen sollte. Ihre Marine unternahm einen halbherzigen Vorstoß nach Norden, wurde allerdings gebremst, als der Mariscal befahl, Korbflaschen auf dem Fluß treiben zu lassen, um die Positionen von Torpedos anzuzeigen. Es gab zwar dort keine Torpedos, doch Admiral Tamandaré fiel auf den Trick herein und ließ anhalten. Wieder wehten in jeder kalten Sonntagnacht die Klänge von »La Palomita« und das Schlagen der Gomba-Trommeln herüber. Nackte Männer mit Messern zwischen den Zähnen pirschten sich in der Dunkelheit durch die Sümpfe, kehrten mit Trophäen zurück und brüsteten sich mit der Anzahl der getöteten Feinde.

Die Männer am südlichen Ende der alliierten Front hörten in der Nacht des 23. Mai seltsame Geräusche. Die Wasservögel waren unruhig, kreischten, stießen Rufe aus und wollten einfach nicht verstummen. Auf dem Pfad, der die Alliierten von den Feinden trennte, vernahm man das Knirschen von Wagenrädern und Stimmen, die Guarani sprachen. Der Mariscal gab seinen führenden Offizieren die letzten Befehle und beendete seinen Vortrag mit den leidenschaftlichen Worten »Sieg oder Tod«. Resquin, Barrios, Díaz und Aguiar verließen sein Zelt und ritten die Linien ab, um die Männer anzufeuern. Greift entschlossen an, sagten sie, dann wird der bekanntermaßen feige Feind sicher sofort fliehen. Es sei die letzte Schlacht, das habe der Mariscal persönlich versprochen. Sie würden siegen oder im Kampf fallen. Denn wer überlebte, würde von den Brasilianern versklavt werden. Man teilte Rum, vermischt mit Schießpulver, an die Männer aus. Kurz vor Morgengrauen ritten der Mariscal und seine Begleiter aus dem Lager zu einem etwa viereinhalb Kilometer entfernten Hügel, von wo aus sie die Schlacht beobachten wollten.

Der Morgen dämmerte, aber niemand setzte sich in Bewegung. Man hatte die Lage falsch eingeschätzt; die jüngeren Offiziere waren schlecht vorbereitet. Gegen Mittag griffen sie an. »Es war ein Wirbelwind aus Feuer; durch die dichten Rauchwolken, die über der Front hingen, sahen wir immer wieder blitzartig die Gliedmaßen und Kleidungsstücke der Kavallerie durch die Luft fliegen und auch die Sättel und die Beine ihrer Pferde.«[20] Sechzigtausend Männer wanden sich zu Füßen ihrer Kommandanten im Staub, in ihrer Qual niedergetrampelt von Pferden, das Gesicht vergraben in Schlamm und Seerosen. Zwischen sechstausend und achttausend Soldaten starben an diesem Tag in den Sümpfen von Tuyutí. Es war eine Tragödie. Der Mariscal ordnete an, als Zeichen des Sieges die ganze Nacht lang die Glocken zu läuten.

Etwa sechzehntausend wurden verwundet, so daß es den Sanitätern nicht gelang, all die zerfetzten und verstümmelten Menschen ins Lazarett zu bringen. Auch die Ärzte waren überfordert. Die Männer lagen in Haufen, dort, wo die Träger sie abgesetzt hatten, unter provisorischen Vordächern vor ebenfalls provisorischen Lazaretten, wo es kaum Medikamente und Ärzte gab.

Man konnte die Wunden nicht desinfizieren, und Amputationen wurden ohne Chloroform vorgenommen. Nachdem ein Befehl in die Hauptstadt telegrafiert worden war, funktionierte man den großen Saal im Bahnhof von San Francisco zum Krankenhaus um, um Platz für die Verletzten zu schaffen. Blutend lagen sie in den Ochsenkarren, die über die Straße nach Humaitá rumpelten, sowie an Bord der Dampfer nach Asunción. Einige starben unterwegs, andere hielten Gliedmaßen fest, die nur noch an einem Hautfetzen hingen. Viele erlagen dem Wundbrand, bevor sie die Hauptstadt erreichten.

Am Mittag des 25. Mai stiegen riesige Rauchwolken über den feindlichen Linien auf, ohne daß Schüsse zu hören gewesen wären. Sie stammten von Scheiterhaufen, auf die man die Leichen von Männern aller Nationalitäten gestapelt hatte, um sie zu vernichten. Sie brannten bis spät in die Nacht. Einige Leichen richteten sich auf und schienen zum Leben erwachen zu wollen; zurück blieben nur Aschehaufen und ein abscheulicher Gestank. Die letzten Toten lagen, vom Frost konserviert, verstreut im Niemandsland.

Es dauerte acht Tage, alle Verwundeten zu bergen. Die Helfer arbeiteten sich durch Sümpfe und Gräben vor und kletterten über die Leichen, die zu zahlreich waren, um sie zu begraben, auf der Suche nach denen, die ein oder zwei Nächte oder gar eine Woche trotz offener Wunden, Ratten und Frost im Freien überlebt hatten. In den Nächten hörten beide Seiten, wie Tausende von Frauen die Felder durchstreiften und auf guarani, kastilisch und portugiesisch Namen riefen. Die Armeen hofften auf den Regen, der die *esteros* wieder reinwaschen würde.

Der Juni kam, und es war bitterkalt. Der Mariscal verfügte noch über fünftausend kampffähige Männer. Die Alliierten warteten auf den Befehl, vorzurücken und den Krieg zu beenden. Aber er kam nicht. Die ewigen Querelen zwischen den Provinzen und Buenos Aires waren wiederaufgeflammt, und man zog Truppen von der Front ab, um einen Aufstand niederzuschlagen. Es kam zu einer Pattsituation, während in Paraguay der Befehl ausgegeben wurde, auch Kinder ab zwölf Jahren an die Front zu schicken.

11

Elisa Lynch reiste nach Asunción, um ihre Familie und Minister Fernandez zu besuchen.

Die Stadt hatte sich sehr verändert. Auf den Straßen sah man kaum noch Männer, und die Märkte waren leer. Die Damen, die bunt gekleidet und mit Blumen im Arm und im Haar umhergeschlendert waren, gingen nun in Schwarz gehüllt zu den Lazaretten an den Docks und am Bahnhof von San Francisco. Die Verletzten lagen auf dem Boden und flehten um eine Operation, da der Wundbrand noch schlimmer als eine Amputation war. Die Leichen von den Schlachten im Mai trieben im Fluß, hinausgeworfen aus Dampfern, deren Passagiere bei der Ankunft zur Hälfte tot waren. In den Straßen zwischen Docks und Bahnhof drängten sich Karren voller Verletzter. »Halb oder ganz nackt, die Wunden unversorgt, schmutzig, und so ausgemergelt, daß sie, wenn sie starben, einfach austrockneten, ohne zu verwesen. Man trug sie vom Pier zu den Lazaretten, wo sie vielleicht eine Woche, oder bis sie starben, auf dem Boden liegen mußten; doch ich hörte nie ein Wort der Klage; sie erduldeten ihr Los in tapferem Schweigen.«[1] Schlechtausgebildete Ärzte, die vor Müdigkeit kaum noch die Augen offenhalten konnten, arbeiteten inmitten von Gliedmaßenstapeln. Als der Apotheker George Masterman Dr. Stewart seine Hilfe anbot, mußte er schon fünf Minuten später seine erste Amputation durchführen. »Zusätzlich zu den Lazaretten in Humaitá und im Lager«, schrieb Konsul Cocholet nach Paris, »war man gezwungen, provisorische Krankenhäuser in Pilar, Villa Oliva und anderen Ortschaften einzurichten ... In Asunción, obwohl nur 2500 Verwundete hier eintrafen, wurden der Bahnhof, das Lagerhaus für Tabak, die Kaserne und Privathäuser requiriert, da in den Krankenhäusern nicht genug Platz war. Um den Mangel an Helferinnen und Operationsschwestern zu beheben, wurden Frauen eingezogen. Die Damen der feinen Gesellschaft übernahmen die Leitung, während die Frauen aus dem Volk die Kranken versorgten. Jede Familie mußte je nach gesellschaftlichem Stand ein oder zwei ihrer Mitglieder für den regelmäßigen Dienst im Krankenhaus bereitstellen.«[2] Es gab niemanden in der Stadt, der nicht um einen Ehemann, einen Sohn oder einen Bruder trauerte, so daß Elisa – selbst für diejenigen, die ihr die kalte Schulter gezeigt und sie von oben herab behandelt hatten – die Verbindungsperson zur Front wurde, von der man in seiner Verzweiflung vielleicht etwas Neues erfahren konnte.

Elisa kehrte mit einem Stapel von Dokumenten ins Lager zurück, die der Mariscal abzeichnen mußte, denn sie war auf einer Einkaufstour gewesen. Ihre spätere Schilderung der Vorgänge deckt sich nicht ganz mit der Wahrheit. »Gegen Ende des Jahres 1866«, erklärte sie, »bot Benigno [López] seine Immobilien öffentlich zum Verkauf an, was einiges Entsetzen sowie das Gerücht zur Folge hatte, der Krieg könne für Paraguay ein schlechtes Ende nehmen. Um dem entgegenzusteuern, erbot ich mich, sämtliche Immobilien aufzukaufen, die auf den Markt kommen sollten, und begann mit dem Erwerb gewisser Grundstücke, die dem Staat gehörten ... Später kaufte ich, um den Leuten einen Gefallen zu tun, die ihr Land loswerden wollten ...«[3]

In den zehn Wochen, die sie fort gewesen war, hatte der Mariscal zwanzigtausend Männer und Jungen in dem neuen Lager der Paraguayer in Pasu Pucú versammelt; sie sollten die Toten ersetzen, die irgendwo verwesten oder im Mai auf gewaltigen Scheiterhaufen verbrannt worden waren. Die meisten Rekruten kamen freiwillig. Männer verließen ihre Bauernhöfe und ihre Frauen, um dem Mariscal gegen *los macacos* beizustehen. Doch einige standen auch unter Zwang: Zweihundert Payagua-Indianer und sechstausend Sklaven wurden eingezogen. Halbwüchsige Jungen wurden von ihren Müttern abgeliefert. Inzwischen lebten ganze Familien an der Front. Zerlumpte Waisenkinder erledigten Botengänge und bettelten um Lebensmittel. Sie trugen die abgeschnittenen Uniformen von Toten, deren Käppis ihnen über die Augen rutschten, und bewiesen eine unheimliche Geschicklichkeit im Nachladen von Waffen und darin, den feindlichen Wachposten zu entschlüpfen.

In beiden Lagern wurden Wachtürme aufgestellt, um die Sümpfe im Blick zu behalten. Sie waren über fünfzehn Meter hoch und bestanden aus im Quadrat aufgestellten Baumstämmen, zwischen denen Plattformen angebracht waren. Man baute fest installierte Leitern, verkleidet mit Lederhäuten und Matten, »eine ungewöhnliche Vorsichtsmaßnahme, um die von Unterröcken umwehten Knöchel von Madame vor Blicken zu schützen«.[4] Der Mariscal verließ die Kommandozentrale nur selten.

Den nächsten Angriff wollte er aus einem Graben starten, der auf dem Schlachtfeld vom 24. Mai angelegt werden sollte; dieses befand sich zwischen den paraguayischen und alliierten Linien. George Thompson wurde damit beauftragt, das Land zu untersuchen, und meldete, man könne einen Graben in einer Bodensenke namens Sauce anlegen. Noch in derselben Nacht machte man sich an die Arbeit. Jeder Spaten und jede Schaufel in der gesamten Armee wurde herbeigeschafft; in Erdarbeiten erfahrene Bataillone, die bereits im Eisenbahnbau und bei der Errichtung von Befestigungsanlagen beschäftigt gewesen waren, wurden Thompson zugeteilt. Man grub schweigend im Schutz der von Kanonenkugeln zerzausten Bäume und stieß immer wieder auf Geschosse und mumifizierte Leichen – »die Haut war am Knochen angetrocknet, und die Toten waren ganz gelb und abgemagert«.[5] Der Feind lauerte ganz in der Nähe. Im Dunkeln waren die Scharfschützen, die zwischen den Grabenden lagen, um diesen Feuerschutz zu geben, nicht von den Toten zu unterscheiden.

Am 16. Juli ließ der Mariscal angreifen. Der Graben wechselte dreimal den Besitzer. Am 18. Juli waren 2500 Paraguayer und 4500 alliierte Soldaten gefallen. In Buenos Aires und Rio herrschte Verzweiflung. Paraguay konnte zwar diesen Krieg gegen drei Nationen unmöglich gewinnen, aber seine Verteidigung war nicht zu durchbrechen. Wieder bargen Sanitäter die Sterbenden aus den paraguayischen Linien. Die Krankentransporte rollten nach Humaitá, und die Dampfer luden die Verwundeten ein, um sie nach Asunción zu bringen. Einer von ihnen hatte ein Schreiben von Elisa Lynch an Minister Fernandez bei sich.

Paso Pucú, 21. Juli 1866
Von Madama Lynch an Francisco Fernandez
Muy apreciado Don Pancho,
ich weiß die Mühe, die Sie sich wegen des Hauses und des Grundstücks gemacht haben, sehr zu schätzen. Heute schicke ich Ihnen die Kauferlaubnis, die *el Señor* mir gewährt hat, so daß Sie die nötigen Dokumente ausfertigen können. Ich würde mich freuen, wenn man das Haus, ganz gleich zu welchem Preis, vermieten könnte, da es viel Geld kostet, es leerstehen zu lassen. Man könnte ja einen zeitlich begrenzten Mietvertrag abschließen, für den Fall, daß man später noch einen besseren Mieter findet. Aber Sie verstehen von diesen Dingen ja so viel mehr als ich, weshalb ich es Ihnen überlasse, alles so zu regeln, wie Sie es für das beste halten ...

Gerade ist Don Sinforoso Cáceres hereingekommen, um mir mitzuteilen, er sei sehr interessiert an meinem neuen Haus, hielte jedoch die Treppe für gefährlich. Teilen Sie mir mit, ob das der Fall ist, und sprechen Sie mit Doña Dolores darüber, wenn es Ihnen nicht zu viel Mühe macht.[6]

Ein paar zerfledderte Urkunden zu deuten, die einst zu einem umfangreichen Archiv gehörten, und aus ihnen Rückschlüsse auf die genaue Art und den Umfang des darin vereinbarten Geschäfts zu ziehen, ist naturgemäß schwierig. Allerdings vermitteln die vielen Anmerkungen von Chronisten und Zeitzeugen zu Elisas geschäftlichen Transaktionen und die außergewöhnlich hohe Zahl an Immobilien, die sie in den Kriegsjahren erwarb (nämlich siebenundzwanzig), gemeinsam mit diesen wenigen, allerdings datierten, Dokumenten das Bild eines florierenden Unternehmens, unter Aufsicht von Elisa und unter Verwaltung von Minister Fernandez. Nachdem die Genehmigung für ihre verschiedenen Geschäftsaktivitäten während des Krieges erteilt war, wurden die Briefe per Dampfer zu einem gewissen Hauptmann José Maria Areco in Asunción geschickt, der sie wiederum an Fernandez oder an Madames zweite Vertreterin, Doña Dolores Sion de Pereyra, weiterleitete. Manchmal erhielt er 100, manchmal auch 200 Pesos für seine Dienste, und zwar immer im Auftrag von »Madama«, unter Belastung des Kontos, das unter ihrem Namen vom Kriegsminister geführt wurde.

30. Juli, Paso Pucú
An José Maria Areco von Elisa Lynch
Auf der *Ybura* werden Sie unter Obhut von Oberst Thompson eine runde Schatulle finden. Bringen Sie sie zu Doña Tomasa, und verteilen Sie anschließend die darin enthaltenen Dokumente an die verschiedenen Adressen … Heute oder morgen werden Sie 3000 Pesos erhalten, welche Sie an Don Pancho [Don Francisco Fernandez] weiterreichen, den Sie dafür um 100 Pesos bitten dürfen.[7]

Was sich in der runden Schatulle für Doña Tomasa befand, bleibt ein Geheimnis; bei den Dokumenten, die Areco ausliefern sollte, handelte es sich um die von López unterzeichneten Genehmigungen. Das Geld folgte. Am 6. August quittierte Fernandez auf der Rückseite von Arecos Anweisungen: »Ich habe die 3000 Pesos erhalten und davon 100 Pesos an José Maria Areco übergeben …«

Rafael Zavala, der 1863 viel Geld von Elisa geliehen hatte, war nach Ablauf der vereinbarten zwei Jahre nicht in der Lage gewesen, den Kredit zuzüglich acht Prozent Zinsen zurückzuzahlen. Der Verkauf seines Hauses in der Calle Uruguay oblag Minister Fernandez. Elisas Antrag auf Wiederinbesitznahme wurde am 20. Juli entsprochen.[8]

Inmitten all der Geschäftskorrespondenz befindet sich auch ein Privatbrief.

22. August
An Hauptmann Fernandez von Elisa Lynch
Bitte teilen Sie Areco mit, ich sei sehr verärgert, weil er Leopoldos Kinderwagen nicht mitgeschickt hat. Er soll es beim nächsten Transport tun. Leopoldo geht es besser, aber er ist immer noch nicht außer Gefahr.[9]

Ein Telegramm, an Areco persönlich adressiert, erwähnte ebenfalls die Kinder:

> Madame weist Sie an, nach Ibirai zu fahren, um nach Leopoldo und den anderen Kindern zu sehen und um Isidora [Díaz] zu sagen, daß heute ein Dampfer ablegt und daß sie an Madame schreiben muß ... Telegrafieren Sie mir heute abend einen detaillierten Bericht, was Leopoldos Gesundheit angeht – und Neues von den anderen Kindern.[10]

In jenem Jahr wurde der 24. Juli in Paso Pucú kaum gefeiert. Im folgenden Monat wurde der Mariscal aufs Krankenlager geworfen. Er litt an heftigem Durchfall und möglicherweise an Cholera. Die Krankheit war, angeblich von einem infizierten Sklaven aus Rio, ins brasilianische Lager eingeschleppt worden und arbeitete sich über die Sümpfe zu den untererernährten und fiebernden Paraguayern vor, mit denen sie leichtes Spiel hatte. Eine von denen, die sich in Villa del Pilar ansteckten, war Adelina Pesoa, die in jenem Winter starb. Die Krankenhäuser, bereits überfüllt mit den Verwundeten der winterlichen Schlachten, besaßen weder die Medikamente noch das Personal, um die Opfer dieser neuen Geißel zu versorgen. Im Juli waren die Reihen der Alliierten durch die Krankheit um ein Drittel geschrumpft, doch in Brasilien gab es ein unerschöpfliches Reservoir an Sklaven und weiterem, zu den Waffen gepreßtem Kanonenfutter. In Paso Pucú – umringt von Kranken, halben Kindern und Verwundeten – mußte selbst der Mariscal einsehen, daß das einfache Volk, mit dem er seine Feinde allein durch Masse hatte bezwingen wollen, zunehmend weniger wurde; außerdem wurden allmählich die Lebensmittel knapp, denn tote oder kämpfende Männer konnten keine Felder bestellen.

Der 1. September begann mit einem Dröhnen von Süden her, so daß der Mariscal aus dem Bett sprang: Die Alliierten hatten mit der Bombardierung der Insel Curuzú im Rio Paraguay begonnen, die auf halbem Weg zwischen der Vereinigung der beiden Flüsse und Curupayty, der südlichsten Festung des Quadrilateral, liegt.

Das Feuer dauerte den ganzen Tag an, bis General Díaz, der Kommandant von Curupayty, der dem Feind hoffnungslos unterlegen war, die Evakuierung und die Sprengung des Waffenarsenals anordnete. Daraufhin besetzten alliierte Soldaten Curuzú, und Curupayty lag ungeschützt da. Wenn Curupayty fiel, schwebte auch Humaitá in Gefahr. Und wenn Humaitá ebenfalls in die Hand der Feinde geriet, würde die alliierte Flotte den Fluß beherrschen, so daß der Krieg verloren war. In der Kommandozentrale erhielt George Thompson den Befehl, sofort einen Graben zwischen Curuzú und Curupayty anzulegen, um die alliierte Armee aufzuhalten. Díaz mußte eine Standpauke über sich ergehen lassen, und das Regiment, dem es nicht gelungen war, Curuzú zu halten, wurde aufgelöst. Der Mariscal duldete Fehler einzig und allein bei sich selbst.

Nun mußte eine Verteidigungsanlage zwischen Curuzú und Curupayty gebaut werden, um Angriffe von Infanterie, Kavallerie und Flotte abzuwehren. Die Festung von Curupayty stand auf dem höchsten Punkt des Ufers, etwa zehn Meter über dem Wasser, von oben geschützt durch Kanonen, von unten durch eine Reihe von Torpedos. Davor erstreckte sich nur ein schmaler Uferstreifen; der Chaco befand sich in Schußweite. Allerdings war ein möglicher Angriff durch die unfähige brasilianische Marine das geringste Problem, weshalb sich die Aufmerksamkeit von Thompson und General Díaz auf die Landseite richtete, von wo aus sich die Kavallerie von Paso de Patria nähern würde. Sie befahlen ihren Männern, einen Graben vom Fluß bis zu einer riesigen natürlichen Lagune, etwa fünfundzwanzig Meter weit ins Landesinnere, auszuheben. Zuerst wurden Bäume gefällt; dann legte man zwischen den Palmen ein Labyrinth aus breiten, versenkten Laufstraßen an, von denen aus versteckte Schützen das Feuer auf den anrückenden Feind eröffnen konnten. Während der Arbeiten war jeden Moment mit einem Angriff zu rechnen.

An diesem Tag oder am nächsten flog eine verirrte Kugel von der Flotte der Alliierten über die Bäume und tötete drei Menschen vor dem Haus des Mariscal. López sprang sofort aufs Pferd und ritt zwei Kilometer weit, bis er außer Schußweite war. Dann schickte er nach Thompson, der sofort die Gräben am Fluß im Stich ließ, um dem Ruf zu folgen. Er erhielt den Befehl, einige Männer von den Gräben abzuziehen; sie sollten Erdwälle rings um López' Haus in Paso Pucú aufschütten, um ihn vor den Kanonen der Flotte vor Curupayty zu schützen. Einige Tage lang warfen verschwitzte Soldaten aus Curuzú einen fünf Meter hohen und dreißig Meter langen Erdwall auf, dessen oberer Rand vier Meter breit war.

Inzwischen drängten sich zwölftausend alliierte Soldaten in Curuzú auf engstem Raum. Kleine Boote, die Nachrichten zwischen den Kommandanten hin und her brachten, sausten vorbei. Jeden Moment konnte die feindliche Kavallerie erscheinen und sich auf die schutzlose, dem Land zugewandte Flanke stürzen, so daß die Männer, welche die Gräben aushoben, die Spaten fallen lassen und sich dem Kampf Mann gegen Mann würden stellen müssen. Deshalb schufteten sie wie die Besessenen, ohne sich eine Pause zu gönnen.

Zwei Tage nach Beginn der Arbeiten an den Gräben beschloß der General, ein weiteres Element in seine Strategie einfließen zu lassen.

Ein Mitglied seines *état-major* meinte später, der Vorschlag, in Waffenstillstandsverhandlungen einzutreten, sei von Elisa Lynch gekommen. Tatsächlich gab es auch im engsten Kreis um López nur wenige, deren Position so gefestigt war, daß sie einen solchen Gedanken äußern konnten, ohne sich dem Vorwurf der Feigheit oder des Verrats auszusetzen. Der Mariscal schickte General Mitre eine Nachricht und bat um »ein persönliches Gespräch zwischen den Linien an einem Tag und zu einem Zeitpunkt, der Eurer Exzellenz genehm ist«. Das Treffen wurde für den 12. September um 9 Uhr morgens vereinbart, und zwar an einem Ort, der sich Yataity Corá nannte.

Vor Morgengrauen pirschte sich eine Abteilung Scharfschützen lautlos zu der Stelle an der Straße, wo man die Kommandanten der Alliierten und ihre Eskorten erwartete. Nach dem Frühstück stiegen der Mariscal, Elisa Lynch und Bischof Palacios in eine vierrädrige Kutsche. Vierundzwanzig Dragoner in scharlachroten Hemden trotteten hinterher. Die Nachhut bildeten dreißig Offiziere und die beiden López-Brüder. Sie erreichten einen Paß in den Sümpfen, wo noch die menschlichen Überreste der Schlachten vom Winter herumlagen. Am Pfad stand eine Hütte, in der Elisa und der Bischof warten sollten. Der Mariscal bestieg seinen Braunen, und dann näherte sich die Abordnung den feindlichen Linien. Ihre scharlachroten Jacken hoben sich noch weithin sichtbar vom graugrünen Gestrüpp ab, bis der Pfad eine Biegung machte, so daß sie nicht mehr zu erkennen waren.

Auf beiden Seiten ruhte an diesem Tag die Arbeit, und die Männer schöpften wieder Hoffnung. Keine Bomben schlugen ein, und keine Scharfschützen feuerten aus Gräben oder aus den Wipfeln der Palmen ihre Gewehre ab. Man spielte Musik, und es wurde getanzt, und während Madame und der Bischof in der Hütte verharrten, näherten sich alliierte Offiziere den paraguayischen Linien und riefen hinüber. Paraguayische Soldaten standen auf und antworteten. Man tauschte Neuigkeiten über Gefangene, Cousins und alte Freunde aus, die vom Krieg und den politischen Wirren getrennt worden waren, erzählte sich Lagerklatsch und Anekdoten aus dem Kampf, rief *viva* und beglückwünschte sich zum kommenden Frieden. Um drei Uhr nachmittags waren an der Wegbiegung wieder die scharlachrot gewandeten Soldaten und eine von Hufen aufgewirbelte Staubwolke zu sehen. Madame verließ die Hütte und musterte den heranreitenden Mariscal fragend. Seine ersten Worte waren an sie gerichtet.

»*Nous ne sommes pas arrivés a un accord. La guerre continuera.*« – »Wir sind nicht zu einer Einigung gelangt. Der Krieg geht weiter.«

Venancio Flores hatte die Sitzung verlassen, nachdem er dem Mariscal mitgeteilt hatte, daß »die Verantwortung für den Krieg und das Blutvergießen« ganz allein bei ihm liege. Der brasilianische Kommandant hatte sich von vornherein geweigert, zu erscheinen, und seine Teilnahme auf ein Schreiben beschränkt, das Mitre in López' Gegenwart ausgehändigt wurde. Seine Anweisungen vom Kaiser lauteten, »diesen Mann zu bekämpfen«, nicht »gesellschaftlichen Umgang mit ihm zu pflegen«. Gebunden an einen Vertrag, der keinem der Parteien gestattete, einen unilateralen Frieden zu schließen, war Mitre machtlos. Die beiden Männer rauchten und plauderten viele Stunden lang, tauschten Geschenke aus und stellten erneut fest, daß sie sich, wie schon vor sieben Jahren nach Cepeda, sympathisch waren. Aber man würde den Krieg dennoch fortsetzen.

In gedrückter Stimmung kehrten sie nach Paso Pucú zurück, wo der Mariscal seinen *état-major* zusammenrief.

> »Meine Herren [sagte er], meine Bemühungen, diesen Krieg zu beenden, wurden zurückgewiesen. *El generalissimo* Bartolomé Mitre forderte, wie dieser schändliche Vertrag der Tripelallianz es vorschreibt, die bedingungslose Kapitulation unseres Landes. Als Paraguays Oberbefehlshaber habe ich abgelehnt. Deshalb wird es in diesem Krieg nur Sieg oder Vernichtung geben.«[11]

Im feindlichen Lager erörterten die alliierten Kommandanten den Angriff auf Curupayty, der den Krieg beenden sollte. Er wurde auf den 17. September bei Morgengrauen festgesetzt.

Thompsons Männer waren die einzigen, die an diesem Tag weitergearbeitet hatten. Bis zu den Knien im Morast und bis zur Taille im Wasser stehend, hoben sie immer noch die Gräben von Curuzú aus.

Der Morgen des 17. September war kühl und bewölkt. In Curuzú gab es immer noch eine ungesicherte Landenge zwischen dem Graben und der Lagune, auf der die brasilianischen Reiter trockenen Fußes vorrücken konnten, sofern *pasados* sie führten. Also schütteten die Männer dort feuchte Erde aus dem Graben auf, der fast bis zur Lagune reichte, so daß die Pferde keine Möglichkeit mehr hatten, die Stelle zu passieren, ohne bis zu den Flanken im Schlamm zu versinken. Der Vormittag verging, und es ballten sich dichte Wolken zusammen. Aber es waren noch immer keine Schiffe in Sicht. Obwohl niemand im paraguayischen Lager es wußte, hatte General Mitre am Mittag eine Nachricht an den brasilianischen Admiral geschickt, in der er zu erfahren verlangte, warum dieser nicht bei Morgengrauen angegriffen habe. Die Antwort des Admirals lautete: »Es könnte zu regnen anfangen.« Das tat es am Mittag wirklich, und die Niederschläge dauerten vier Tage lang an. Während des Unwetters wurden die Gräben der Paraguayer länger. Kanonen wurden in Position gebracht und mit Mauern aus festgestampftem Sand geschützt. Man holte Pulver aus dem Arsenal von Humaitá herbei und lagerte es in Bunkern, die man in die Wände der Gräben geschlagen hatte. Doch die Alliierten unternahmen nichts. Am 21. September meldete General Díaz dem Mariscal in Paso Pucú, daß die Verteidigung bereit sei.

Am frühen Morgen des 22. September herrschte strahlender Sonnenschein. Das Licht spiegelte sich in den ersten Schiffen der brasilianischen Flotte, die flußaufwärts nach Curupayty schwamm, und auch in den argentinischen Kanonen am anderen Ufer, wo sich der Chaco befand. Um acht Uhr begann die Bombardierung, so daß bis Mittag nichts als Detonationen zu hören waren. Dann wurde es plötzlich still, bis auf die Schritte der neunzehntausend Fußsoldaten, die, begleitet von Militärkapellen und in neuen schmucken Uniformen, über offenes Gelände auf die paraguayischen Stellungen zumarschierten. Die Paraguayer schossen aus den Gräben ihre Kanonen ab. Es war ein Blutbad. 9000 alliierte Soldaten starben, niedergemäht, bevor sie die Gräben überhaupt erreichten, und blieben auf den Rotdornbüschen liegen, wo sie von paraguayischen Kugeln niedergestreckt worden waren. Die Paraguayer verloren dreiundzwanzig Mann.

Elisa Lynch war die unbestrittene Herrscherin über das Abendessen, das hastig aus den Lieblingsgerichten des Mariscal, darunter auch Orangen-*budin*, zusammengestellt worden war. Man servierte Champagner, und der Mariscal prostete General Díaz zu. »Ihr Name«, verkündete er, »wird für immer in der Erinnerung Ihrer Landsleute weiterleben.« In jener Nacht waren die Soldaten in den Sümpfen hinter Curupayty damit beschäftigt, die Leichen zu entkleiden. Sie fragten die Verwundeten, ob sie gehen könnten, wenn nicht, wurden sie an Ort und Stelle niedergestochen. Die Männer brachten Waffen, Uniformen, Uhren, Münzen, Briefe, Rosenkränze, Miniaturporträts und Blindgänger mit. Zwei Paraguayer, die in Uruguayana gefangengenommen und in die alliierte Armee gepreßt worden waren, wurden auf Díaz' Befehl aufgehängt. »Bei einem von ihnen dauerte das Sterben besonders lang«, erinnerte sich Thompson. Aus der Kommandozentrale erging der Befehl, daß alle Münzen aus den Taschen der Toten Madame Lynch ausgehändigt werden mußten, die sie nach offiziellem Kurs gegen Papiergeld umtauschen würde.

Die Lagunen waren unterdessen verstopft von nackten Leichen, die im Regen verwesten.

Zu den gefangenen Soldaten gehörte ein gewisser John Neale, ein Ire aus County Wicklow, der als Söldner in der brasilianischen Armee gedient hatte. Die Soldaten brachten ihn nach Curupayty, wo General Díaz ihn nach seiner Staatsbürgerschaft fragte. »Engländer«, erwiderte er und wurde daraufhin nach Paso Pucú geschickt. Am vierten Tag seiner Gefangenschaft fuhr Madame Lynch in ihrer Kutsche zu ihm.

> »Als sie sah, wie ich den Hut zog, um sie zu begrüßen, kam sie näher, um mit mir zu sprechen.
>
> ›Guten Abend, Mylady‹, sagte ich. ›Ich bin stolz, Sie kennenzulernen, Mylady, denn ich habe schon oft von Ihnen gehört. Hoffentlich sind Sie wohlauf.‹
>
> ›Es geht mir gut, vielen Dank‹, erwiderte sie, ›und aus welchem Teil der Welt stammen Sie?‹
>
> ›Ich bin ein umherziehender Ire, Mylady.‹ Und dann erzählte ich ihr von meinen jüngsten Abenteuern.
>
> ›Tja, wie ich es verstehe, wird der Präsident alle Engländer und Gefangenen nach Asunción schicken‹, sagte sie, ›wo man Sie freilassen wird, so daß Sie nach Belieben Ihren Lebensunterhalt verdienen können. Wenn Sie den Feldwebel der Wache zu meinem Haus schicken, werde ich ihm sämtliche Verpflegung mitgeben, die Sie benötigen.‹
>
> ›Ich danke Ihnen, Mylady, aber ich bekomme genug zu essen und werde gut behandelt.‹
>
> Darauf verabschiedete sie sich von mir und ließ mir am nächsten Tag einen hübschen Poncho, zwei Hemden und eine Kiste Zigarren zukommen, die zusammen etwa 10 Pfund Sterling wert waren.«[12]

John Neale verbrachte drei Wochen in Paso Pucú. Im Oktober wurde er mit hundert weiteren europäischen Gefangenen an Bord eines Dampfers nach Asunción gebracht. Alle, bis auf die »englischen Kanoniere«, die ein argentinisches Kanonenboot bemannt hatten, wurden freigelassen, um sich selbst durchzuschlagen. Neales Poncho wurde von den Matrosen gestohlen.

Die Schlacht von Curupayty war »eine Katastrophe«, schrieb ein argentinischer Offizier in den Brief, in dem er vom Tod eines Freundes berichtete, und zwar eine, »die die Unfähigkeit des Oberbefehlshabers [General Mitre] verriet, den man vor ein Militärgericht hätte stellen und erschießen sollen«.[13] In jenem Monat zog sich Mitre von der Front zurück. Das Kommando über die alliierten Streitkräfte wurde dem brasilianischen Feldmarschall Herzog von Caxias übertragen, dreiundsechzig Jahre alt, Veteran von Uruguayana und weiterer Schlachten, ein »Pionier« und außerdem Vertrauter des Kaisers. Admiral Tamandaré wurde durch einen kühneren Mann, Vizeadmiral Ignacio, ersetzt. Venancio Flores reiste erbost nach Montevideo ab. In Argentinien, Brasilien und Uruguay schlugen die Menschen in jenem Monat voller Angst die Zeitungen auf, da sie kaum wagten, die endlosen Listen der Toten zu lesen. 43 000 Männer waren in diesem Jahr in der Schlacht gefallen, eine noch viel größere Anzahl durch Krankheiten ums Leben gekommen. In der argentinischen Armee desertierten die Soldaten erst in Zweier- und Dreiergruppen, spater zu zehnt oder zu zwanzig, bis ganze Kompanien die Front verließen und in ihre Dörfer zurückkehrten. Sie hatten genug von Kommandanten, die sie schutzlos gegen paraguayische Kanonen gehetzt hatten, genug vom Kampf gegen ihre republikanischen Brüder und genug vom Bündnis mit den sklavenhaltenden Brasilianern. Außerdem erinnerten sich nur noch wenige daran, warum sie diesen Krieg überhaupt gewollt hatten. Binnen weniger Wochen brachen in den nördlichen Provinzen Argentiniens Aufstände aus, angeführt von denen, die sich geweigert hatten, unter Urquiza zu kämpfen. Die Regierung in Buenos Aires ordnete an, weitere Männer zum Wehrdienst zu pressen, doch die Eingezogenen konnten immer wieder entwischen. In den Hügeln bildeten sich Banden von

Gesetzlosen, und gegen Ende des Jahres war der Großteil der argentinischen Armee von der paraguayischen Front abgezogen worden, um die Rebellion im eigenen Land niederzuschlagen.

12

Am 11. September legte ein Schiff in Humaitá an, und man brachte einen vierundvierzigjährigen Mann, der langes Haar und die fahle Haut eines Häftlings hatte, unter Bewachung nach Paso Pucú. Es handelte sich um Padre Maíz, der gerade aus der Polizeizentrale in Asunción entlassen worden war. Seine Bewacher ließen ihn in einem Rotdorngebüsch zurück, legten ihm Handschellen an und wiesen ihn auf die Soldaten hin, die ihn sofort erschießen würden, wenn er sich von der Stelle rührte. Er war nicht allein, denn viele *politicos* wurden schon seit Jahren hier festgehalten: der brasilianische Konsul Amaro Barbosa, der Gouverneur des Mato Grosso, Offiziere der Feldzüge von Corrientes und Uruguayana, angebliche Spione, Ausländer und weitere Gruppen durchgefrorener, kranker Männer. Während der großen Schlacht vom 22. September waren die niedrigen Hütten der *politicos* ungeschützt dem feindlichen Beschuß ausgesetzt, so daß viele von ihnen ums Leben kamen. Sie alle rechneten mit dem Tod, doch einige überlebten, unter ihnen auch Padre Maíz. Und als das Feuer am Abend eingestellt wurde, ging eine fast mystische Verwandlung mit dem Priester vor.

Kurz nach den Kämpfen erschien ein Kaplan. Er hatte zu Maíz' Seminaristen gehört, deshalb den Verdacht des Mariscal auf sich gezogen und einige Zeit im Gefängnis verbracht. Inzwischen jedoch war er Militärgeistlicher. Er war gekommen, um Maíz vor Bischof Palacios zu warnen, denn dieser wollte ihn bespitzeln lassen und behauptete, der Umstand, daß Maíz im Schlaf nicht unter Alpträumen litt, bewiese seine mangelnde Reue wegen seiner Verbrechen gegen die Nation. Jede Nacht stellte Maíz sich schlafend, während Priester sich über sein Gesicht beugten, um dessen Ausdruck, seine Atmung, seine Bewegungen und sonst sämtliche Anzeichen zu überprüfen, die darauf hindeuteten, daß das Böse ausgetrieben worden war. Nach zwei Wochen Beobachtung kam ein Mann aus der Kommandozentrale und überreichte Maíz eine Urkunde. Es war eine Abschrift des Vertrags der Tripelallianz.

> Ich las das abscheuliche Dokument mehrere Male. Erst vor kurzem war mir die Natur dieses Krieges klargeworden, auch daß es sich um eine Frage von Sieg oder Tod handelte ... Armes Polen des amerikanischen Kontinents! Dieser Eindruck verdüsterte meine Seele, als ich das sündhafte Schriftstück studierte, in dem die Alliierten schon im voraus die heilige Erde von *la patria* aufteilten wie die Männer, die Christus ans Kreuz geschlagen hatten. Und ich dachte mir: Wenn der Krieg hätte vermieden werden können und dieses nicht geschehen war, konnten wir ihm nun nicht mehr aus dem Weg gehen, sondern mußten uns stellen und uns den Feinden entgegenwerfen, bis zum Sieg oder zum Tod ...
>
> Ich wußte, daß das Gemüt des Mariscal, seine Entschlußfreudigkeit, seine Kraft, sein Mut, seine Opferbereitschaft, sein glühender Patriotismus, sein Stolz, und seine Soldatenehre ihn wenn nötig in den Märtyrertod führen würden, bevor er nachgab oder gar vor den Eindringlingen kapitulierte. Und so war ich in der Lage, die Leiden, die ich seinetwegen im düsteren Gefängnis erduldet hatte, zu vergessen, und ich beschloß voller Begeisterung in meinem paraguayischen Herzen, ihm als meinem wahren Führer und obersten Befehlshaber in diesen Krieg zur Verteidigung von *la patria* nachzufolgen ... *Lopismo* erschien mir als das Symbol des reinen und wahrhaftigen Nationalismus.[1]

Padre Maíz hatte eine Erleuchtung gehabt.

Der Mariscal begab sich zu den Gefangenenhütten und Rotdornbüschen, und die beiden Männer führten ein langes Gespräch. Dann wurde der Geistliche von seinen Eisen befreit.

Charles Washburn führte den Umstand, daß Maíz nun wieder höher im Kurs stand, zurück auf die seit neuestem kühle Haltung des Mariscal gegenüber denjenigen, die ihn seiner Ansicht nach zum Krieg verleitet hatten, denn dieser hatte sich trotz des Sieges in Curupayty als katastrophaler Mißgriff entpuppt. »Madame Lynch«, schrieb Washburn, »Oberst Wisner und andere, die ihn angefeuert hatten, ihn zu beginnen, waren ziemlich in Ungnade gefallen.«[2] Padre Maíz' angespanntes und von Beklommenheit geprägtes Verhältnis zu Elisa trat nun in eine neue Phase ein, denn er gehörte inzwischen zum engeren Kreis, der den Mariscal auf Schritt und Tritt begleitete, mit ihm zu Tisch saß und seine Wünsche an die Außenwelt weiterleitete.

Im *Semanario* erschienen in Maíz' Namen die ersten Briefe, in denen er gestand, sich 1862 mit Benigno verschworen zu haben.

> Welch elendes Geschöpf ich war! Wie hätte ich es verhindern können? Die meiner Schulung und Ausbildung Anvertrauten haben mich dazu verleitet, vom Brunnen des verhängnisvollen Prinzips zu trinken, welches die grundlegende Wurzel all meiner Fehltritte, Leiden und Qualen ist, nämlich der mangelnde Respekt gegenüber der höchsten Autorität und die fehlende Liebe zu meinem Land und seiner Regierung …
>
> Wer konnte mich aus diesem Zustand der Verderbnis retten? Niemand anderer als unser Gott im Himmel – niemand anderer als FRANCISCO SOLANO LÓPEZ, der sein Vertreter auf Erden ist …[3]

Was Schmeicheleien anging, machte er inzwischen dem Bischof Konkurrenz.

Im November ankerte ein amerikanisches Kanonenboot mit Charles Washburn, der den Posten des amerikanischen Konsuls antreten sollte, und seiner jungen, schwangeren Frau an Bord vor Humaitá. Die Alliierten, die diese solidarische Geste der Vereinigten Staaten nur ungern sahen, hatten das Ehepaar sechs Monate lang in Corrientes festgehalten. Da der Mariscal zu krank war, um ihn zu empfangen, fuhr Washburn weiter flußaufwärts nach Asunción, wo er das Haus der Brüder Saguier mietete, dort eine amerikanische Gesandtschaft einrichtete und unter seinen

Freunden Luxusgüter verteilte, wie sie in Paraguay schon seit Monaten nicht mehr gesehen worden waren. Der amerikanische Präsident hatte ihn, das Einverständnis des Mariscal vorausgesetzt, autorisiert, Friedensverhandlungen zu vermitteln. Die große Republik im Norden, die gerade selbst einen Bürgerkrieg überstanden hatte, betrachtete sich naturgemäß als Freund des Schwesterlandes, das gegen einen Kaiser und Sklavenhalter Krieg führte. Zu seinem Erstaunen gehörte Benigno López zu denen, die Washburn frei in Asunción herumlaufen sah. Nach der großen Schlacht von Curupayty war eine Amnestie erfolgt, in deren Rahmen Benignos Verbannung ins Landesinnere aufgehoben worden war, so daß er nun die Erlaubnis hatte, sich ungehindert im Land zu bewegen. Zwischen den Rotdornbüschen warteten die anderen *politicos* auf den ersehnten Boten, doch das Nachlassen des Verfolgungswahns des Mariscal war nicht von langer Dauer. Vielleicht lag es an Padre Maíz, der wieder in seinen Posten als Beichtvater eingesetzt worden war, oder an Benigno, der erneut als Bruder und Vertrauter fungierte – denn die beiden flüsterten dem Mariscal ein, daß es immer noch viele gebe, die ihm auch weiterhin nicht die ihm gebührende Hochachtung entgegenbrachten.

Es war ein beängstigendes Zeichen von López' Neigung, überall Gespenster zu sehen, daß er nun sogar die *ingles*es, denen er gerade noch das größte Vertrauen entgegengebracht hatte, mißtrauisch zu beäugen begann. Diese Männer waren weder Politiker noch Diplomaten, sondern angestellte Fachleute, und López hatte diese sachlichen Arbeitsbeziehungen eigentlich immer zu schätzen gewußt. Trotz seiner Schwäche für Schmeicheleien ahnte er nämlich, daß die schönen Worte der konstruktiven Kritik im Weg standen, mit der sich seine Armeen möglicherweise vor dem Untergang bewahren ließen. Jetzt jedoch wurden George Masterman und Dr. Fox in Asunción festgenommen – was man ihnen vorwarf, wußten sie nicht.

Der wichtigste britische Freund von López und Elisa Lynch war Dr. William Stewart, der Taufpate von Enrique. Doch als der Mariscal vor der Schlacht von Curupayty erkrankte, begann er, sich auch gegen den Arzt zu wenden. Anfangs mag es am fiebrigen Delirium gelegen haben, aber die negative Einstellung legte sich nicht, als er wieder klar bei Verstand war.

> Gegen Ende 1866 ließ Madame Lynch nach Dr. Stewart schicken, und er suchte sie in ihrer Hütte auf. »Dr. Stewart, ich befürchte, López wird etwas tun, das ich ihm nie verzeihen werde«, sagte sie zu ihm. Da López seine Unzufriedenheit gegenüber Dr. Stewart bereits deutlich zum Ausdruck gebracht hatte, wußte der Arzt genau, was Madame Lynchs Worte zu bedeuten hatten, nämlich, daß er ihn erschießen oder foltern lassen würde. Im Laufe des folgenden Gesprächs meinte Madame Lynch: »Ich möchte Geld nach Europa transferieren ... Sie müssen mir einen Wechsel über 4000 Pfund ausstellen.« Dr. Stewart erwiderte, er besäße eine solche Summe nicht, worauf sie beharrte, er habe doch eine reiche Paraguayerin geheiratet und müsse deshalb genug Geld haben. Sie bestand so lange darauf, daß er ihr das Geld geben müsse, bis er sich schließlich bereit erklärte, einen Wechsel auf seinen Bruder in Galashiels auszustellen, allerdings unter der Bedingung, sie müsse riskieren, daß dieser ihn möglicherweise nicht gutschreiben würde, wenn ihm das Geld fehle. Dr. Stewart wußte, daß sein Leben in Gefahr gewesen wäre, wenn er abgelehnt hätte, und er war heilfroh, sie durch dieses Versprechen abwimmeln zu können ...[4]

Weder Madame noch der Mariscal ahnten, daß sich Dr. Stewart in seiner Selbstdarstellung nicht ganz an die Wahrheit gehalten hatte, als er sich 1857 um den Posten bewarb. Er hatte angedeutet, sein jüngerer Bruder sei Direktor einer Bank in Schottland, obgleich dieser in Wirklichkeit nur ein Sachbearbeiter mit wenig Entscheidungsbefugnis war. Doch jetzt war nicht der richtige Augenblick für solche Geständnisse.

Der Inhalt der leisen, auf französisch geführten Gespräche von Lopéz und Elisa, nachdem sich die Adjutanten in ihre Hütten zurückgezogen hatten und sich nur noch die barfüßigen, *guarani* sprechenden Wachen in Hörweite befanden, wird nie bekannt werden. Der Mariscal sah es als seine Pflicht an, vor seinen Truppen stets energisch und zuversichtlich aufzutreten, und auch vor Mitgliedern seiner Familie ließ er die Maske nie fallen. Venancio und Benigno hielt er für Taugenichtse. Selbst in Gegenwart der Offiziere, die er möglicherweise als Brüder betrachtete – General Barrios (Inocencias Mann) und sein Schatten, General Díaz –, wahrte er die kriegerische Fassade. Also blieb, trotz der von Washburn unterstellten Abkühlung des Verhältnisses, nur Elisa übrig. Die Schlacht von Curupayty wurde von den Truppen als Anfang vom Ende des Krieges gedeutet, aber Elisa sicherte sich in beide Richtungen ab. Sie übte Druck auf Dr. Stewart aus, um ihr Geld nach England schaffen zu können, und begann gleichzeitig, den Kauf weiterer Immobilien in Asunción in die Wege zu leiten. Solange der Krieg andauerte, konnte sie das Land ohnehin nicht verlassen. Alle Ausländer in Paraguay wurden auf unabsehbare Zeit festgehalten, und Elisas Abreise wäre darüber hinaus ein eindeutiges Signal dafür gewesen, daß sie, die schließlich Zugang zu Staatsgeheimnissen hatte, den Krieg für verloren hielt. Außerdem hatte sie ja noch ihre Söhne, unter ihnen Panchito, der ebenso vom Ruhm träumte wie sein Vater und deshalb wahrscheinlich ohnehin nicht bereit gewesen wäre, sie zu begleiten.

Die Soldaten ließen sich nicht beirren und glaubten an die Sache und an ihren Führer.

»Gott sei es gedankt, der Mariscal war schwer krank«, schrieb ein Soldat am 30. November nach Hause, »doch inzwischen hat er sich vollständig erholt und kann schon seit zwei oder drei Tagen wieder aufstehen; gestern hat er sogar das Haus verlassen. *Los negros* – die Brasilianer – verhalten sich ganz still. Man möchte meinen, daß sie gar nicht da sind, wenn wir sie nicht ab und zu aufscheuchen würden, indem wir sie mit Bomben beschießen ... Die Allianz zerbricht, und der Himmel stürzt über ihr zusammen ...«[5]

Weder Elisa noch der Mariscal wußten, daß Feldmarschall Caxias am 7. November eine eindeutige Anweisung aus Rio erhalten hatte: Er dürfe sich nur im Fall einer bedingungslosen Kapitulation und eines dauerhaften Exils von Mariscal López mit einem Frieden einverstanden erklären.

Weihnachten und Silvester vergingen. Die Temperaturen stiegen.

Eines Morgens im Januar 1867 gingen José Díaz und ein paar Freunde mit ihren Kanus zum Angeln. Dies war eine beliebte Freizeitbeschäftigung, obwohl der Mariscal es verboten hatte, da sich die Angler dabei in Reichweite der brasilianischen Schiffe begaben. An jenem Morgen explodierte ein Geschoß aus einer Whitworth-Kanone etwa zehn Meter von ihnen entfernt und zerschmetterte die Kanus und mit ihnen Díaz' Bein. Er wäre wohl ertrunken, wenn sein indianischer Feldwebel ihn nicht aus dem Wasser gezogen und ans Ufer geschleppt hätte. Nachdem man ihm in seinem Zelt *caña* eingeflößt hatte, schrieb er an den Mariscal. Dr. Skinner wurde losgeschickt, doch der Wundbrand hatte bereits eingesetzt, und das Bein mußte – nur mit Rum und einer Zigarre als Narkose – amputiert werden. Als der General wieder sprechen konnte, bat er, sein Bein einzubalsamieren und in einem kleinen Sarg beizusetzen.

Als ein Telegramm in Paso Pucú eintraf, Díaz habe die Operation zwar überlebt, aber gefährlich viel Blut verloren, fuhr Elisa mit der Kutsche ins Lazarett von Humaitá, holte ihn in die Kommandozentrale und kümmerte sich persönlich um seine Genesung. Er wurde in General Barrios' Hütte neben dem Haus des Mariscal einquartiert, wo López ihn sofort besuchen kam.

»Was zum Teufel hatten Sie denn bei der *camba* zu suchen?« fragte der Mariscal gezwungen leutselig.

»Ich wollte sehen, ob sie auch richtig zielen können«, erwiderte Díaz. »Und ich habe festgestellt, daß sie gute Schützen sind.«

Er überlebte noch drei Wochen. Der Mariscal verbrachte die Tage an seinem Bett, während die Armee auf Nachricht wartete. Am 7. Februar rief Díaz den Mariscal und Elisa zu sich. Er bat den Mariscal um Verzeihung, weil er seine Befehle mißachtet hatte, und empfahl ihm den jungen Offizier Bernadino Caballero. Noch am selben Tag starb er.

Seine Beisetzung war ein Trauertag im ganzen Quadrilateral, denn Díaz war als Glücksbringer verehrt worden. Die Menschen rings um den Kanonenwagen schwiegen bedrückt. Männer weinten, als seine Leiche auf einen Dampfer nach Asunción verladen wurde und als man sie in La Recoleta beisetzte. Dort wurde der Trauerzug von seiner Schwester Isidora angeführt. Frauen legten Schmuckstücke auf seinem Grab nieder.

In Curupayty übernahm Oberst Paulino Alén das Kommando über die trauernde Garnison.

Im Jahr 1870 schrieb Charles Washburn ein Buch über seine Erlebnisse in Paraguay, und zwar, um sich gegen schwere Anschuldigungen zur Wehr zu setzen. Man hatte ihn zu einer Anhörung im Kongreß vorgeladen, wo er sich gegen den Vorwurf der Intrige gegen das Staatsoberhaupt des Landes, für das er akkreditiert worden war, verteidigen mußte.

Die Verschwörung begann im Jahr 1867.

Washburn und seine Frau hatten 1866 sechs Monate als unfreiwillige Gäste im Lager der Alliierten zwischen den Flüssen verbracht, das man mittlerweile korrekterweise als brasilianisches Lager bezeichnete, da von der Präsenz der Argentinier kaum noch etwas zu spüren war. Washburn wußte von der kompromißlosen Einstellung der Brasilianer und auch, daß sie darauf beharrten, den Mariscal ins Exil zu schicken und ihn durch einen anderen Staatschef zu ersetzen. Gegen Ende des Jahres erfuhr er in Asunción, daß es dort Menschen gab, die mit den Plänen der Brasilianer sympathisierten, und es kursierten die ersten Gerüchte über eine drohende Revolte. Rädelsführer schien wieder Benigno López, der alte Rivale des Mariscal, zu sein, der – manchmal frei, dann wieder in Haft – der offensichtliche Kandidat für seine Nachfolge war.

Dennoch gab es noch keinen konkreten Plan, López zu stürzen, und Washburn fuhr mit seinen Bemühungen fort, einen Frieden durch Verhandlungen zu bewirken. Im März fuhr er mit dem Dampfer nach Humaitá im Süden, um ein Abkommen zu vermitteln. Seine Mission war in der Hauptstadt allgemein bekannt, so daß bei seinem Aufbruch dieselbe freudige Erwartung herrschte wie im Quadrilateral am Tag der Waffenstillstandsverhandlungen von Yataity Corá. Die Asuncenos glaubten, daß der Friede endlich vor der Tür stand und daß die Männer und Jungen bald wieder nach Hause kommen würden. Vielleicht zufällig – aber vermutlich eher mit Absicht – befand sich Benigno an Bord desselben Dampfers nach Süden. Trotz Elisas Argwohn genoß er inzwischen wieder den Status des geliebten Bruders und Onkels. Die Fahrt von Asunción nach Humaitá dauerte mehrere Stunden, die mit Gesprächen verbracht wurden.

»Wir mutmaßten«, formulierte Washburn vorsichtig, »wie wohl der nächste Schritt der Alliierten aussehen und was sie, wenn sie Erfolg hatten, weiterhin tun würden.« Allerdings kannte er diesen Schritt bereits – die Absetzung des Mariscal und die Bildung einer neuen Regierung, vermutlich unter Anführung seines Reisebegleiters. In Paso Pucú wurden die beiden Männer an Elisas Tisch bewirtet, wo es immer noch Burgunder zum Essen und danach einen Portwein gab. Die Gastgeberin trug ein seidenes Kleid. Am 9. März wurde Washburn von dreißig paraguayischen Offizieren zu den alliierten Linien begleitet, wobei sich Panchito Lynch gegenüber den feindlichen Offizieren so flegelhaft aufführte, daß Washburn ihn am liebsten geohrfeigt hätte. »Madame Lynch«, schrieb er, »zeigte sich später ausgesprochen peinlich berührt von der Frechheit ihres Sohnes und der mangelnden Kinderstube, die er an den Tag gelegt hatte, und das überdies bei einem Anlaß, der ein Höchstmaß an Höflichkeit und Takt erforderte.« Kein Mitglied der Eskorte, nicht einmal der Engländer Oberst George Thompson, durfte die Linien überqueren. Zwei Tage später kehrte Washburn mit Caxias' Angebot zurück.

Es war das Lieblingsmotto des brasilianischen Kommandanten, daß man mit einem mit Gold beladenen Maultier auch die uneinnehmbarste Festung stürmen könne. Nun baute er dem Mariscal – mit Washburns Vermittlung – eine *puente de oro*, eine goldene Brücke, ins Exil, vergleichbar mit der, auf der der Diktator Rosas 1852 nach Southampton gegangen war. An dieser Bedingung gab es jedoch nichts zu rütteln.

Eine der absurdesten Anschuldigungen, die man später gegen

Elisa Lynch erhob, lautete, sie sei es gewesen, die dem Mariscal das Angebot madig gemacht habe – denn schließlich war es ja die Aussicht auf ein mit dem Gold der Neuen Welt finanziertes Leben in Paris gewesen, die sie unter anderem vor zehn Jahren nach Paraguay gelockt hatte. Jedenfalls lehnte der Mariscal ab. Washburn redete unverdrossen auf ihn ein, er solle doch vernünftig sein und »besser der Wahrheit ins Gesicht sehen und dem Verstand gehorchen, anstatt romantischen Idealen nachzuhängen«. Er appellierte an sein Ehrgefühl, denn »sein Name sei doch bereits in der ganzen Welt bekannt ... Weshalb man ihn überall, wohin er käme, willkommen heißen und respektvoll behandeln würde«, und führte auch die Menschlichkeit ins Feld, da »es seinem Ruhm und seinem guten Ruf zuträglicher sei, wenn er sein Leben sowie das Leben Tausender Menschen retten würde, anstatt es so sinnlos und unüberlegt wegzuwerfen«. Doch es war alles vergebens.

> »Nein, sagte er, es gebe keine Zukunft für ihn, wenn er ginge, niemanden, an dem er Interesse hätte; bis auf die Kinder, die ich rings um ihn sähe [die von Madame Lynch], habe nichts auf der Welt Bedeutung für ihn ... Es sei besser, auf dem Höhepunkt des Ruhms zu fallen, als das Leben eines Flüchtlings zu führen und sein Land dem Feind als Kriegsbeute zu überlassen.«

Als Washburn resigniert nach Asunción zurückkehrte, wurde er von einem kleinen brasilianischen Spion verfolgt, einem *pasado*, der so gute Arbeit geleistet hatte, daß López ihm mehr vertraute als seinen eigenen *piragües*. Ein Telegramm an José Berges wurde abgeschickt: »Behalten Sie den Amerikaner im Auge, und achten Sie darauf, was er in der Öffentlichkeit sagt.« Der Mariscal war sich dessen bewußt, daß er mit seiner Weigerung, auf die Bedingungen einzugehen, eine weitere Front innerhalb Paraguays eröffnet hatte. Außerdem hatte der Amerikaner ihm offenbar nicht jede Einzelheit seines Gesprächs mit Caxias mitgeteilt. Vermutlich machte der Brasilianer bei dieser Sitzung den Vorschlag, direkte Verhandlungen mit Benigno oder einem anderen geeigneten Paraguayer aufzunehmen, wenn es nicht sogar schon während der sechs Monate, die Washburn in Corrientes verbracht hatte, dazu gekommen war. Allerdings hätte Washburn einen derart krassen Mißbrauch diplomatischer Privilegien niemals zugegeben.

Nach seiner Rückkehr in die Hauptstadt pflegte er regen Kontakt mit seinen Freunden. Der französische Konsul Cocholet, der portugiesische Konsul Vasconcellos, Minister José Berges, die Damen López, Finanzminister Saturnino Bedoya, Ehemann von Rafaela López, die ausländischen Kaufleute, die das Land nicht verlassen durften, Antonio de la Carreras und sein Handlanger Laretta – sie alle erschienen, denn inzwischen war die amerikanische Gesandtschaft der beliebteste Salon von Asunción. Die Speisekammern des Club Nacional waren nahezu leer, und nur wenige Privathaushalte verfügten noch über Vorräte an Wein und Lebensmitteln, um Gäste zu bewirten. Washburn verkündete seinen Besuchern, die britische und die italienische Gesandtschaft in Buenos Aires würden bald Kanonenboote losschicken, um ihre Bürger abzuholen. Außerdem beabsichtige er, in Washington um seine Abberufung zu ersuchen, da ihm ein Bleiben sinnlos erschiene.

Elisa Lynch kannte die paraguayische Legende vom heiligen Thomas, der an der Auferstehung zweifelte und in seinen letzten Jahren in Vergessenheit geriet. Er wurde von den syrischen Christen in Malabar beansprucht, die behaupteten, er habe ihnen die Taufe gebracht und sei von einem heidnischen Speer getötet worden. Der Verbleib seiner Gebeine ist umstritten. Die Bevölkerung von Mylapore beharrte darauf, daß sie in Indien begraben lägen, doch die Gläubigen in Odessa widersprachen dem und behaupteten, die sterblichen Überreste von San Tomás seien im Jahr 304 von heiligen Männern hergebracht und dort beigesetzt worden. In Paraguay hingegen glaubte man, daß der heilige Thomas nicht nach Indien, sondern nach Südamerika gefahren war und in einer Grotte unweit des Sees Ipacaraí gelebt hatte, deren Gänge bis tief in den dunklen Felsen führten und immer noch als Versteck für Schätze aus der Zeit von Dr. Francia dienten.

Am Tag des heiligen Thomas im Jahr 1867 begab sich eine kleine Abordnung, gefolgt von einer Menschenmenge, in die Grotte, um den Schutz des Heiligen für Paraguay zu erbitten. Es handelte sich hierbei um einen Einfall von Elisa. Sie »lud alle in der Umgebung ein, zu kommen und an der Höhle Gebete zum Himmel zu schicken, die Alliierten mögen unterliegen; der Andrang war so groß, daß die Hälfte der Leute gar nicht in die Höhle paßte«.[6]

Die Menschen versammelten sich draußen und spähten in die Dunkelheit, während drinnen der Mariscal, Panchito, Elisa Lynch und Inocencia López de Barrios im gemeinsamen Gebet knieten. Nach der Zeremonie gab Elisa »den Armen Geld«,[7] und man kehrte zurück ins Quadrilateral, wo man bereits mit den Vorbereitungen für den Tag des San Francisco Solano begonnen hatte.

Dort erhielten sie aus Mexiko die traurige Nachricht, daß die Soldaten von Benito Juárez Kaiser Maximilian ergriffen hatten. In der Nacht des 10. Juni übernachtete der Kaiser im Kapuzinerkloster in der Stadt Queretaro. Bei Morgengrauen drangen Männer in sein Zimmer ein und schleppten ihn, ganz in Schwarz gekleidet, zum Gipfel des Glockenhügels. Dort wurde er von sieben Männern mit Gewehren empfangen. Der Kaiser gab jedem achtundzwanzig Gramm Gold und forderte sie auf, gut auf sein Herz zu zielen, damit er nicht lange leiden müsse. Es hieß, er habe sich ein scharlachrotes Stoffstück als Ziel an das weiße Hemd geheftet und die Männer gebeten, nicht auf sein Gesicht zu schießen, damit seine Mutter ihn noch einmal im Sarg ansehen könne. Die Soldaten legten an.

»Ich verzeihe allen«, sagte der einsame Kaiser. »Und ich bete darum, daß alle mir verzeihen mögen und daß mein Blut, das jetzt vergossen werden wird, Mexiko den Frieden bringt.« *Viva Mexico! Viva la independencia!*

Sie schossen ihn ins Herz.

In Asunción waren Geburtstagsgeschenke vorbereitet worden, und man hatte Boten damit beauftragt, sie dem Mariscal im Quadrilateral zu überbringen. Doch das erwies sich als unmöglich, denn in beiden Lagern war die Cholera ausgebrochen. Vom Wachturm in Paso Pucú beobachtete man, wie die alliierten Soldaten, die Friedhofsdienst hatten, bis zu zweihundertfünfzig Kameraden am Tag beerdigten. Die Kommandozentrale wurde so häufig und gründlich ausgeräuchert, daß man sich dort kaum noch aufhalten konnte. Der Mariscal fühlte sich elend und beschimpfte seine Ärzte, sie versuchten, ihn zu vergiften. Niemand im Lager durfte das Wort Cholera aussprechen. Aber es gab noch einen weiteren Grund, warum das Überreichen von Geschenken in jenem Juli zu riskant gewesen wäre: Trotz ihrer schweren Verluste rückten die Alliierten mit neuem Tatendrang und angeführt von Feldmarschall Caxias inzwischen rascher vom Land her vor, und diesmal schien es keine Möglichkeit zu geben, sie aufzuhalten. Der Kaiser hatte vor kurzem »befohlen, 2000 Mann monatlich einzuziehen, um die Armee auf ihrem derzeitigen Stand zu halten«.[8] General Mitre war an die Front zurückgekehrt, und zwar mit »einem Teil der Truppen, die bis vor kurzem damit beschäftigt gewesen waren, die Aufstände in den argentinischen Provinzen niederzuschlagen ... Voll ausgerüstet mit allem, was für einen Feldzug nötig war ... 8000 Kavalleristen mit guten Pferden, da täglich neue in großen Mengen eintreffen ...«.[9] Nur wenig Verstärkung konnte hingegen aus einem Land kommen, dessen Männer tot waren und dessen klägliche Ernte auf den Feldern verrottete. Es würde nicht mehr lange dauern, bis die Alliierten die geschwächte paraguayische Armee umzingelt hatten. Die *esteros* liefen wieder voll; die gesamte Umgebung von Curuzú stand unter Wasser, und die brasilianische Flotte unternahm einen zweiten Versuch, Curupayty zu passieren. Wenn Marine und Bodentruppen zusammentrafen, saß die Armee des Mariscal in der Falle.

Die alliierte Vorhut hielt auf den Flußhafen Villa del Pilar zu. Jeden Tag ritten Paraguayer auf ihren abgemagerten Pferden los, um die Maultierkarawanen zu überfallen, die Vorräte vom Basislager in Tuyutí in die Etappen brachten. Im Juni bemerkten sie zu ihrer Überraschung Heißluftballons, die aus den brasilianischen Linien aufstiegen, um die Gräben der Paraguayer zu erkunden. Man befahl der Artillerie, sie abzuschießen, und wies die Truppen an, überall Feuer anzuzünden, damit der Rauch ihre Linien tarnte.

Mitte August traf ein britisches Kanonenboot aus Buenos Aires ein. An Bord befand sich Mr. Gould von der britischen Gesandtschaft. Er hatte die Aufgabe, den Mariscal zu überreden, die britischen Staatsbürger freizulassen, die gegen ihren Willen im Land festgehalten wurden. Außerdem war er ermächtigt, einen Frieden zu vermitteln, sofern der Mariscal einverstanden war. Allerdings war Washburn erst vor kurzem mit diesem Versuch gescheitert, und es gab keinen Grund zu der Annahme, daß der Mariscal nun plötzlich einlenken könnte. Dennoch begann Gould komplizierte Verhandlungen mit dem Sekretär des Mariscal, Luis Caminos, der die Vorschläge an seinen Herrn weiterleitete. Nach einigen Tagen allgemein für zwecklos gehaltener Gespräche erhielten Beobachter des Geschehens Grund zum Staunen. Der Mariscal hatte sich bereit erklärt, sich mit einem goldenen Handschlag ins Exil zu verabschieden. Gould machte sich auf den Weg in Caxias' Lager, um die Bedingungen der *puente de oro* zu erörtern, und General Barrios schickte seiner Frau in der Hauptstadt ein verschlüsseltes Telegramm, in dem stand, daß es Frieden geben würde. Inocencia leitete die Nachricht an Benigno weiter, und sie sprach sich bald unter den Diplomaten und Ausländern herum, die sich in ihren *quintas*, im Club Nacional und in der Gesandtschaft der Vereinigten Staaten trafen. Der Jubel war groß. Dann jedoch traf ein weiteres enttäuschendes Telegramm von Barrios ein. Als Gould aus Caxias' Lager zurückgekehrt war, hatte der Mariscal seine Meinung geändert. Er würde weder ins Exil gehen noch den männlichen britischen Staatsbürgern gestatten, das Land an Bord des britischen Kanonenbootes zu verlassen. »Die Sache sieht so aus«, erinnerte sich Dr. Fox, »daß niemand, ob Engländer, Franzose oder Einheimischer, der irgend etwas über dieses Land und seine Regierung weiß, seinem Willen nach das Blutbad überleben soll.«[10] Die Verhandlungen waren eine Farce gewesen.

Mr. Gould schilderte dem Außenministerium in London die Lage in Paraguay in einem schockierenden Bericht. Allerdings verfügte er nur über begrenzte Informationen, denn, wie er schrieb, wurde er »aufmerksam beobachtet« und seine »Bewegungsfreiheit stillschweigend auf ein kleines Gebiet rings um die Kommandozentrale beschränkt«.[11] Privatgespräche mit den übrigen Briten waren ihm verboten.

> Die paraguayischen Streitkräfte verfügen über insgesamt ca. 20 000 Mann, von denen höchstens 10 000 bis 12 000 ausgebildete Soldaten sind. Der Rest besteht aus Jungen zwischen 12 und 14 Jahren, alten Männern, Krüppeln und außerdem 2000 bis 3000 Kranken. Die Männer sind schutzlos den Elementen ausgesetzt und von Erschöpfung und Strapazen aufgerieben. Sie fallen buchstäblich vor Hunger um und haben in den letzten sechs Monaten ausschließlich von Fleisch gelebt ... Hin und wieder können sie vielleicht ein wenig Mais ergattern, doch dieser ist ebenso wie Maniok und insbesondere Salz Mangelware und wird, wie ich überzeugt bin, inzwischen nur noch an die Kranken verteilt. Im ganzen Lager gibt es absolut nichts zu kaufen. Soweit ich es beurteilen kann, besteht auch eine große Knappheit an Drogen und Medikamenten, wenn sie nicht sogar ganz fehlen, denn die Anzahl der Kranken wächst ständig ... Cholera und Windpocken breiten sich aus. Die Pferde sind fast alle verendet, und die paar hundert, die noch übrig sind, sind so schwach und ausgemergelt, daß sie ihre Reiter kaum noch tragen können ... Auch die Zugochsen befinden sich in einem beklagenswerten Zustand und werden vermutlich nicht mehr lange durchhalten. Das Vieh im Lager, etwa 15 000 bis 20 000 Stück, geht wegen der mangelnden Weidemöglichkeit rasch ein ... Viele Soldaten sind fast nackt und tragen nur einen Lendenschurz aus gegerbtem Leder, ein zerlumptes Hemd und einen Poncho aus Pflanzenfasern.[12]

Das alliierte Lager Tuyutí auf der anderen Seite der Sümpfe hingegen war eine Stadt mit Läden, Banken, Tavernen, Spielhallen, Theatern, Unterkünften für die Touristen, Viehpferchen, Stallungen und Lagerhäusern für Kanonen, Schießpulver und Proviant.

Nur in einem Haus im paraguayischen Lager wurde weiterhin täglich gut gegessen und getrunken. Jeden Abend setzte sich der Mariscal an einen Tisch, an dem Elisa die Tischherrin war. Bischof Palacios und Panchito waren stets dabei. Padre Maíz, Oberst Thompson, Oberst Morgenstern, die Generäle der Armee und ausländische Besucher waren häufig zu Gast. Auf der Veranda standen die auch weiterhin schmucken Soldaten der persönlichen Wache des Mariscal. Drinnen schenkte man dem Mariscal seinen Lieblingswein, Elisa und den Gästen eine andere Sorte ein, und es wurden mehrere Gänge serviert. Anschließend spielte man Karten, trank dazu Portwein oder Cognac, Madame unterhielt die Gäste am Flügel, oder man erfreute sich an einer Dia-Schau. Zu guter Letzt zogen sich die Gäste in ihre Zelte zurück. Madame und die Kinder begaben sich in ihre Räumlichkeiten am einen Ende der Veranda, der Bischof ging in seine am anderen, und dazwischen schlief der Mariscal. Die ganze Nacht über wurde er von Soldaten bewacht, während seine Kundschafter durchs Lager schlichen und die Ohren spitzten.

Das Spionieren und der dauernde gräßliche Argwohn waren es, die Mr. Gould als »das schrecklichste aller Denunziantensysteme, wie es die Welt vielleicht noch nie gesehen hat«, erschienen. »Kinder lernten, ihre Eltern zu verraten, und Erwachsene wurden bestraft, wenn sie sich weigerten, einander auszuforschen.«[13] Die Methode war zwar verurteilenswürdig, allerdings auch recht wirksam und außerdem nötig, denn in jenem Winter sollte sich in Paraguay eine Verschwörung zusammenbrauen.

Caxias trieb seine Truppen noch schneller am Rand des Quadrilateral entlang. Allerdings drang er inzwischen nicht mehr aufs Geratewohl in feindliches Gebiet vor, wie es die alliierte Armee zu tun gezwungen gewesen war, seit sie sich vor einem Jahr auf die Sandbank von Itapirú vorgetastet hatte. Das sofortige Vorrücken der Brasilianer nach Tuyu-cué, dem nächsten Lager in dem Ring, den sie um López' Armee zogen, war nur möglich, weil sie interne Infomationen erhielten.

»Der halbkreisförmige Bogen, den er zwischen Tuyutí und Tuyu-cué schlug, war ganz gewiß nicht das Resultat einer Eingebung oder von militärischem Genius. Er tat es, weil Benigno ihm dazu riet, denn dann würde das Land in Richtung des [Flusses] Tebicuarí schutzlos daliegen, so daß man Truppen nach Asunción schicken konnte, dessen Unterstützung im Fall einer Revolution unabdingbar war ...«[14]

Nun wurden die Paraguayer vom Land und vom Wasser her in die Zange genommen; die Bombardierung durch die Alliierten dauerte an. Die Kugeln der Whitworth-Kanone, die *fiù-fiù*, zischten über Paso Pucú hinweg, und man baute einen neuen, sechs Meter hohen Erdwall, um die Kommandozentrale vor den Geschützen von Tuyutí zu schützen. »Da er sich immer noch nicht sicher fühlte«, schrieb George Thompson, »ließ er eine Kasematte – einen Bunker – errichten, in der er speiste und wohnte, wenn geschossen wurde. Sobald irgendwo auch nur ein Schuß fiel, sprang er aus dem Bett und begab sich dorthin. Die Kasematte bestand aus gewaltigen Eisenholzstämmen, drei Meter lang, in zwei Reihen von drei Metern Abstand in den Boden gerammt und mit Balken aus demselben Holz gedeckt. Dann wurde das Ganze mit einer drei Meter dicken Erdschicht zugeschüttet.«[15]

Wenn die Alliierten eine Kanone abfeuerten, reagierten die Paraguayer in den äußeren Gräben, indem sie auf Töpfe und Pfannen schlugen und ein primitives Horn namens *turututú* bliesen, das einen Höllenlärm veranstaltete. Von den Wachtürmen wurden die alliierten Soldaten mit Steinen und Pfeilen beworfen. Abteilungen wurden vorgeschickt, um den alliierten Vormarsch zu verhindern, und so fielen dringend benötigte Soldaten bei zwecklosen Einsätzen. An einem Tag starben fünfhundert, hundert am nächsten und zweihundert in der Nacht. Die Lazarette in Humaitá und Asunción quollen wieder über.

Die Scharmützel im September, bei denen Männer sinnlos den Tod fanden, verhinderten nicht, daß die Brasilianer Villa del Pilar erreichten und die Telegrafenleitungen in die Hauptstadt kappten. Nun war die Armee des Mariscal vom Land her völlig eingekreist.

Nach dem Essen wurde im Bunker trotz des ständigen Lärms Karten gespielt. Oben auf dem Erdwall hielt ein Wachposten

Flaggen mit Großbuchstaben hoch, die anzeigten, wo die nächste Kanonenkugel vermutlich einschlagen würde. Ein Kamerad stand unten, um mit den neuesten Nachrichten in den Bunker zu eilen.

Trotz des hohen Wasserpegels des Flusses zögerten die Alliierten immer noch – und zwar wegen der Torpedos von Curupayty –, setzten allerdings ihr Bombardement fort. Ein Geschoß schlug in das Lazarett von Humaitá ein und zerschmetterte Dr. Fox das Bein. In Curuzú herrschte Hochwasser, das die Garnison bedrohte. »Man glaubt«, schrieb ein Reporter, »daß das gesamte Gebiet, dessen Aufbau und Planung Millionen gekostet hat, aufgegeben werden muß. Die Flut verursacht der alliierten Armee inzwischen große Schäden und Verluste, obwohl die Brasilianer sie eigentlich dazu nutzen sollten, den Fluß hinaufzufahren, Humaitá zu beschießen und nach Asunción vorzurücken.«[16]

Mitte August wurden die ersten Schritte unternommen. Admiral Ignacio befahl, hinter und vor den Gefechtstürmen und Schießscharten Sandsäcke aufzustapeln, um die Wucht der Kanonenkugeln aus Curupayty abzumildern. Die Sandsäcke sollten die Männer drinnen »sowohl vor Splittern als auch vor dem feinen, heißen Staub« schützen, »zu dem Projektile häufig zerfallen, wenn sie auf Eisenplatten auftreffen, und der trotz aller Vorsichtsmaßnahmen auch bei geschlossenen Luken eindringt und die Männer an den Geschützen schachmatt setzt«.[17] Dann verließen die Schiffe Curuzú, schlossen die Luken und näherten sich Curupayty. Dabei »blieben sie dicht unterhalb der Klippen, auf denen die Geschütze stehen, um dem Großteil des Feuers auszuweichen, da man nicht genug von ihnen unschädlich machen konnte ... Nur eines unserer Panzerschiffe wurde durch einen Treffer in den Kondensator beschädigt und war schwerem Beschuß ausgesetzt, bis ein anderes Schiff ihm zu Hilfe kam, an seiner Seite festmachte und es an den Geschützbatterien vorbeischleppte«.[18] Diesmal gab es vor der nächsten Operation kein langes Warten und keine Verzögerung. Die Schiffe gingen anderthalb Kilometer südlich von Humaitá vor Anker und eröffneten das Feuer. Die Garnison von Curupayty wurde unter Artilleriebeschuß genommen, bis die Bewohner nach Paso Pucú flohen. Alle Dörfer in einem Umkreis von einhundertfünfzig Kilometern nördlich des Quadrilateral wurden evakuiert und die Felder abgebrannt. Einen Teil der obdachlosen Familien schickte man in Dörfer in den Kordilleren östlich der Hauptstadt. Die übrigen mußten in Asunción oder in den Lagern des Quadrilateral betteln gehen. Mitten in Paraguay entstand eine Wüste, ein Gürtel aus verbrannter Erde, der ein weiteres Vorrücken der Alliierten nach Norden verhindern sollte.

Am anderen Ufer, im Chaco, wurde rasch eine Fluchtstraße bis nach Monte Lindo, gegenüber der Mündung des Flusses Tebicuarí, gebaut. Oberstleutnant Nuñez erhielt die Aufgabe, die kostbaren Pferde und Viehherden nach Tebicuarí zu bringen. Die Tiere sollten ein Stück nördlich von Humaitá schwimmend den Rio Paraguay überqueren, über die neue Straße im Chaco getrieben werden und dann bei Monte Lindo wieder ans andere Ufer des Flusses zurückkehren, der an dieser Stelle etwa fünfhundertsechzig Meter breit und ziemlich reißend war. Es gab verschiedene Methoden, das Vieh überzusetzen. Die eine war, eine *manga*, eine Art Trichter aus Zäunen, zu bauen. Die Tiere wurden am breiten Ende hineingetrieben und kamen zwanzig Meter weiter wieder hinaus, wo ein Kanu mit daran festgebundenen Kühen wartete. Die Rinder, die schnaubend aus der *manga* stürmten, sollten den angebundenen Tieren ans andere Ufer folgen. »Doch viele ertranken auf diese Weise. Ein anderer Weg war, je vier Tiere mit den Hörnern auf beiden Seiten eines Kanus zu befestigen und über den Fluß zu rudern; manchmal fesselte man die Rinder auch an Beinen und Hörnern und transportierte jeweils vier in einem Kanu. Aber die beste Methode, die auch am häufigsten eingesetzt wurde, bestand darin, ein großes Floß von einem Dampfer ziehen zu lassen.«[19]

Auf der neuen Straße im Chaco wurden auch Nachrichten befördert und mit dem Kanu hinüber nach San Fernando gebracht, einer staatlichen *estancia* am Tebicuarí, die nächstgelegene Telegrafenstation, die sich noch nicht in den Händen der Feinde befand. Den Frauen in den Lagern des Quadrilateral teilte man mit, sie könnten, wenn sie wollten, in die Hauptstadt zurückkehren.

Einige waren schon drei Jahre lang als unbezahlte Arbeiterinnen dort, und viele mußten den knapp vierhundert Kilometer weiten Weg nach Asunción zu Fuß zurücklegen.

Es gab nur noch eine kleine Lücke, die es dem Mariscal ermöglichte, Verbindung mit der Hauptstadt zu halten, und zwar das Stück Fluß zwischen der feindlichen Flotte, die südlich von Humaitá lag, und Caxias' Truppen in Villa del Pilar. Allerdings war es nur eine Frage der Zeit, bis die Alliierten auch diese Lücke schlossen.

Im Oktober wurde der Beschuß vom Fluß aus kurz eingestellt, damit ein italienisches Kanonenboot Lorenzo Chapperon in Paso Pucú absetzen konnte. Er war der erste Vertreter von Victor Emanuel von Italien in Paraguay. Konsul und Madame Cocholet hielten sich ebenfalls in Paso Pucú auf, wo sie auf das französische Kanonenboot warteten, das sie abholen und ihre Nachfolger bringen sollte. Sie waren nicht sehr beliebt gewesen, denn sie zeigten sich nur ungern auf Empfängen und Bällen, blickten auf die paraguayische Gesellschaft herab, beschwerten sich ununterbrochen und weigerten sich standhaft, Elisa Lynch kennenzulernen. Als Konsul Comte de Cuverville eintraf, überhäuften sie ihn mit Klagen: die Kränkungen und Beleidigungen, das Wetter, die unverschämten Versuche von Madame, freundlich zu ihnen zu sein, ihr Reichtum, ihre Feste, ihre große Familie, ihre zahlreichen Häuser und ihre skandalöse Vergangenheit. Cuverville lauschte aufmerksam, erlaubte sich aber kein Urteil. Sein erstes Schreiben klang hoffnungsvoll.

Paso Pucú, 9. Oktober 1867

Ich wurde von Mariscal López empfangen und hatte die Ehre, gestern abend ein ausführliches Gespräch mit ihm zu führen. Er behandelte mich zuvorkommend, ja, ich würde sogar sagen, herzlich, was ich für außergewöhnlich und zudem für ein gutes Omen für meine Mission halte. Ich bin sicher, daß er den Krieg wenn nötig fortsetzen wird, doch er strebt einen Frieden an und würde die Waffen sicher schweigen lassen, wenn ein einflußreicher Freund das für ihn arrangiert. Ich bezweifle nicht, daß beide Seiten es gerne sähen, wenn Frankreich einen Frieden vermitteln würde. Mr. Goulds Mission ist zwar gescheitert, hat aber dennoch zumindest eine Basis dafür geschaffen.[20]

Ende Oktober fuhren Cuverville und Chapperon mit dem Dampfer nach Asunción, das eine traurige und bedrückende Stadt geworden war. Auf den Straßen wimmelte es von Krüppeln, Versehrten, Bettlern und schwarzgekleideten Frauen. Die Polizei hatte begonnen, die Eier zu beschlagnahmen, die die inzwischen seltenen Marktfrauen in die Stadt brachten. An allem herrschte Mangel. Die Arbeiter, die am Flußufer den Palast des Mariscal errichteten, waren eingezogen und durch Kindersklaven ersetzt worden, »kleine Burschen, vorzeitig gealtert durch die Arbeit, zu der sie verdammt waren ... ständig bewacht, damit sie auch keinen Moment vertrödelten«.[21]

»Die Tatsache läßt sich nicht verbergen«, schrieb der französische Konsul Cuverville, »daß die paraguayische Regierung augenblicklich ihre schwierigste Zeit durchmacht.«[22] Schon nach wenigen Tagen in der Stadt wurde er bereits von den Dissidenten darauf angesprochen, daß der Mariscal unbedingt gestürzt werden müsse. Cuverville, der gerade aus Paso Pucú kam und vor kurzem das brasilianische Lager besucht hatte, wo es Soldaten, Proviant, Pferde, Waffen und Medikamente im Überfluß gab, glaubte nicht, daß die Verschwörer würden tätig werden müssen. Er war wie Gould überzeugt davon, daß der Krieg nicht mehr lange dauern könnte. Dann jedoch trafen Nachrichten aus dem Quadrilateral ein.

Um halb fünf Uhr am Morgen des 3. November stürmten neuntausend Paraguayer das alliierte Lager in Tuyutí. Diesmal stimmten Zeitablauf und Taktik bis ins letzte. In den feindlichen Lagern bis nach Paso de Patria, wo geldgierige Bootsbesitzer den fliehenden Offizieren zehn Pfund für die Überfahrt nach Corrientes abknöpften und die, die nicht zahlen konnten, zurückließen, brach Panik aus. Niemand hätte den ausgehungerten und demoralisierten Paraguayern einen solchen Angriff zugetraut. Um neun Uhr verließen sie das völlig dem Erdboden gleichgemachte Tuyutí und kehrten, schwer beladen mit Beute, nach Paso Pucú zurück, in groteske Schichten gestohlener Kleidung gehüllt, geplünderte Lebensmittel auf Brust und Rücken geschnallt und mit Kisten voller Alkohol bepackt. An Seilen zogen sie grob gezimmerte Schlitten, auf denen sich Proviant türmte, holpernd über den unebenen Boden und taumelten völlig erschöpft ins Lager. Sie hatten »Briefe an General Mitre von seiner Frau, neue Offiziersuniformen aus einer geplünderten Schneiderei, Sonnenschirme, Kleider, Krinolinen, Hemden [vor allem solche von der Krim], Stoffe ... in großen Mengen mitgebracht, jeder Mann soviel, wie er tragen konnte. Von einem der Wachtürme wurde ein Fernrohr auf einem Stativ entwendet, und es wimmelte von goldenen Uhren, Sovereigns und Dollars«. Außerdem »wurden Oberst Thompson die einzigen Artischocken überreicht, die ich je in Paraguay gesehen habe«.[23] Die Männer hatten auch vierhundertdreiundfünfzig Gefangene gemacht und dreitausend Feinde getötet. Die Geldschatullen wurden im Bunker von Paso Pucú geöffnet. Elisa Lynch nahm den Männern die Münzen ab und wechselte sie zum offiziellen Kurs in Banknoten um.

Während im Quadrilateral gefeiert wurde, waren die Befürworter eines Friedens in Asunción der Verzweiflung nahe. Im letzten Jahr war das Land beinahe am Krieg zerbrochen, dann hatte der Sieg von Curupayty zu einer Pattsituation geführt. Ein Jahr später hatten sie zweimal vergeblich auf Frieden gehofft. Und nun hatte ein Sieg, mit dem niemand gerechnet hatte, den Feind aus Tuyutí verjagt. Es war eine Katastrophe, denn nun würden sich die Entbehrungen noch länger hinziehen, während man Jungen oder alte Männer in den Kriegsdienst pressen würde, um die Gefallenen zu ersetzen. Außerdem bedeutete es, daß die Soldaten nun doch nicht nach Hause kommen würden. Selbst Vizepräsident Sanchez und Minister Fernandez verzichteten diesmal auf eine Siegesfeier.

Ende November fuhr Madame mit dem Dampfer nach Asunción. Vor kurzem hatte Doña Dolores in Elisas Auftrag eine Häuserzeile zwischen der Calle 25. Diciembre und der Calle Olica erworben, wo der Einkaufsbezirk entstehen sollte, und außerdem noch Grundstücke an der Calle Palma und der Calle Estrella erstanden. Nun mußte der Kauf offiziell beurkundet werden.

Bei ihrer Ankunft wurde Elisa vom *populacho* begeistert begrüßt, denn die Leute standen immer noch fest hinter dem Mariscal, obwohl ihre Kinder zur Armee eingezogen und ihre Rinder beschlagnahmt wurden und der Staat Spenden von Milch, Eiern und Käse einforderte. Allerdings wurde Elisa im Club Nacional ein anderer Empfang bereitet, und sie mußte feststellen, daß sich die Mienen versteinerten und die Gespräche schlagartig verstummten, wenn sie den Raum betrat. Die Kaufleute, deren Lagerhäuser leer und ungenutzt herumstanden, begrüßten sie kühl und zurückhaltend. Bei ihren Besuchen in den Krankenhäusern erntete sie schiefe Blicke von Dr. Rhind und dem Chirurgen Dr. Fox aus Southampton, die beide aus ihnen auch weiterhin unbekannten Gründen drei Monate im Gefängnis des Mariscal hatten verbringen müssen. Der Apotheker George Masterson war noch schlechter auf Elisa zu sprechen, denn er hatte, nur der Laune eines argwöhnischen Offiziers wegen, elf Monate im Gefängnis abgesessen und war erst auf Druck von Charles Washburn freigelassen worden. Wie er seiner Schwester Fanny schrieb, gab er nach der Haft »das merkwürdigste Bild ab, das du dir vorstellen kannst: Das Haar fiel mir in schweren Locken auf die Schultern, ich hatte einen Bart wie ein Jude und die Hautfarbe eines gallenkranken Gespenstes ...«[24] Sofort nahm Masterson die Arbeit im Lazarett wieder auf. »Ich habe dreißig große Amputationen durchgeführt«, hielt er kurz vor Elisas Besuch fest, »einschließlich einer der Schulter und dreizehn des Oberschenkels (vier Patienten sind genesen). Da ich wochenlang für insgesamt achthundert Verwundete verantwortlich war, habe ich eine ganze Menge über das Operieren gelernt ...«[25] Die Lazarette waren voll. »In jedem schmalen Bett liegt ein Verwundeter, manchmal auf mit Moos ausgestopften Säcken, manchmal auf dem blanken Rost, der sich, sofern vorhanden, tief ins Fleisch gräbt. Die meisten Patienten sind mehr oder weniger nackt, bis auf die Verbände auf ihren Wunden und zerschmetterten Gliedmaßen ... Decken gibt es keine ... Die Luft ist stickig und muffig, da die armen, zitternden Geschöpfe nachts die Läden vor den unverglasten Fenstern schließen, so daß ein Außenstehender kaum atmen kann. Dennoch drängen sich hier die Besucher, es sind fast ausschließlich Frauen.«[26]

Ein Mann in der Stadt freute sich allerdings, Elisa wiederzusehen. »Der neue Konsul«, schrieb Dorotea Duprat de Lasserre, »war eine Katastrophe für die französische Gemeinde. Doch als es Abend wurde, hatte eine gewisse Person ihn bereits mit verschiedenen Weinen betört, für die Monsieur bedauerlicherweise eine große Schwäche hat, und ohne daß er es bemerkte, erfuhr sie von ihm alles, was er wußte.«[27] Konsul Cuverville war verzaubert, und seine sonst so knappen Berichte wurden unprofessionell ausufernd, wenn es um Madame Lynch ging.

»Ich bin ziemlich erbost«, hieß es in einem Brief nach Hause, »über Mme. Cocholets Meinung [von Elisa Lynch], doch da ich zehn Jahre in Paris gelebt habe, nehme ich mir das Recht heraus, mich für genauso fähig wie sie zu halten, wenn es darum geht, eine Dame aus der wirklichen Gesellschaft von einer der ganz anderen Art zu unterscheiden. Ich kann Ihnen versichern, daß Mme. Lynch nicht nur in den besten Kreisen verkehrt, sondern hier allgemein sehr beliebt und für ihre Wohltätigkeit berühmt ist. Dabei sind ihre Kritiker diejenigen, denen sie am meisten Gutes tut.«[28] Obwohl sie die Vierzig längst hinter sich habe (wie er fälschlicherweise annahm), sei ihre Gesellschaft *agréable* und ihre Konversation *charmante.*

Im Laufe ihrer Tête-à-têtes erfuhr Elisa Lynch von Konsul Cuverville, daß eine Gruppe in der Hauptstadt bereits die Ämter in der Regierung verteilte, die nach dem Sturz und der Beseitigung des Mariscal die Macht übernehmen würde. Benigno López war der Rädelsführer, die Minister Berges und Fernandez waren eingeweiht, und Washburn hatte seine Finger im Spiel, ebenso wie Finanzminister Saturnino Bedoya, der Ehemann von Rafaela López. Unterstützt wurden die Verschwörer von den vermögenden Ausländern, die in der amerikanischen Gesandtschaft und im Club Nacional verkehrten. Diese waren verärgert, weil man sie gegen ihren Willen im Land festhielt, und hatten genug vom Mariscal, der seine persönliche Ehre wichtiger nahm als den Frieden. Zu den Unzufriedenen gehörten Simon Fidanza, der Schiffseigner aus Genua, Antonio Rebaudi, Uruguayer und Lieblingsweinhändler von Madame, Nin Reyes, ein Kaufmann aus Uruguay, Antonio de la Carreras und Rodriguez, Laretta sowie die britischen Ärzte und Ingenieure, deren Antrag auf Ausreiseerlaubnis abgelehnt worden war. Vor kurzem hatte man sich an Cuverville und den Kanzleivorstand des Konsulats, Monsieur Libertat, gewandt und sich »nach den Absichten der Regierung von Kaiser Napoleon erkundigt, für den Fall, daß die Alliierten in Asunción einmarschieren sollten ...« In einem Brief nach Hause in jenem Monat nahm dieser kein Blatt vor den Mund. »Hier«, schrieb er, »geht man, wenn Präsident López sich zum Rücktritt gezwungen sähe, von drei Kandidaten für seinen Posten aus, José Berges ... Don Saturnino Bedoya ... und Don Benigno López.«

Daß Cuverville, ein Neuankömmling mit unbekannten Loyalitäten, derart brisante Informationen erhielt, weist darauf hin, wie ausgesprochen sicher sich die Umstürzler ihrer Sache waren. Denn schließlich stand zweifelsfrei fest, daß es sich bei derartigen Gesprächen um Hochverrat handelte, den der Mariscal streng bestrafen würde. Allerdings hielt sich der Mariscal weit weg von der Hauptstadt auf. Er wurde vom Wasser und vom Land her in die Zange genommen, seine Soldaten waren erschöpft, und alle ahnten, daß der Sieg vom 3. November die Alliierten nur vorübergehend gebremst hatte.

Als Elisa Lynch Minister Fernandez aufsuchte, um ihre Grundstückskäufe zu besiegeln, betrachtete sie den Mann, der bis jetzt ihre rechte Hand gewesen war, mit neuen Augen. Aber sie schwieg.

Eine weitere Angelegenheit in der Hauptstadt erforderte Elisas taktvolles Eingreifen.

Später vertraten viele die Auffassung, sie allein habe die Gründung der Damenausschüsse angeregt, unterstützt und sich zur Schirmherrin aufgeschwungen, um sich Zugriff auf die für die nationale Sache gesammelten Juwelen zu verschaffen, doch das stimmte nicht. Elisa nutzte lediglich die bereits bestehende Vaterlandsliebe der Damen aus, um sich persönlich zu bereichern.

Die erste große Versammlung paraguayischer Frauen fand am 24. Februar 1867 in Form einer Kundgebung auf der Plaza 14. Mayo statt. Um acht Uhr abends drängten sich auf dem Platz in Rot, Weiß und Blau gekleidete Damen. Man ließ Paraguay, die nationale Unabhängigkeit, die unbesiegbare Armee der Republik und den Ruhm der Madre Patria hochleben. Dann erhob sich eine alte Dame. Die Töchter von Asunción, so verkündigte sie, hätten folgenden Beschluß gefaßt: 1) alle ihre Juwelen für die Kriegsbemühungen zu spenden, 2) einen Ausschuß zu bilden, der diesen Beschluß umsetzte, 3) den Mariscal um die Erlaubnis zu bitten, sich anstelle von Juwelen mit den Farben der Nation zu schmücken und 4) ein elegantes Album zu erstellen, das signiert und dem Mariscal als Auszeichnung übergeben werden sollte.

»Heil den patriotischen Frauen!« begeisterte sich der *Semanario* vom 25. Februar 1867. »Die nationale Presse beglückwünscht und grüßt euch. Die Frauen von Paraguay haben ihren eigenen Ruhm begründet ...«

Im März begannen die Sammlungen im ganzen Land.

> *Viva la república del Paraguay!*
> Ibicui, 11. März 1867
> Die folgenden Juwelen stammen aus dem Besitz der Unterzeichnerin Rosa Isobel Rodriguez, die sich hiermit dem Ausschuß gegenüber für die in dieser Stadt gesammelten Schmuckstücke verantwortlich erklärt, welche als Spende dem obersten Führer unserer Republik im Dienste der heldenhaften Verteidigung unseres Landes übergeben werden sollen: eine Goldkette und ein Paar Ohrringe von je sechseinhalb Gramm Gewicht.

Im *Libro del Registro* finden sich mehr als zweitausend derartige Einträge.

> *Viva la república del Paraguay!*
> Ibicui, 11. März 1867
> Die folgenden Juwelen stammen aus dem Besitz der Unterzeichnerin Juana Pabla Santandez ... Ein goldener Rosenkranz von sechseinhalb Gramm Gewicht und ein Paar Ohrringe aus Gold und Topas von je dreieinhalb Gramm Gewicht.

Eine unbekannte Menge von Ohrringen, Rosenkränzen, Armbändern, Ketten und Ringen wurde von den Ausschüssen in den Dörfern in Kisten gepackt und von patriotischen Damen in die Hauptstadt gebracht. In Paso Pucú erkannte man bald, welches finanzielle Potential die Hälse, Handgelenke und Finger in den Dörfern zierte. Bald hielten die ausländischen Damen ebenfalls eine Sammlung ab, um dem Mariscal eine Spende machen zu können – und zwar unter Elisas persönlicher Leitung[29] –, und auch die paraguayischen Frauen wurden offiziell zum Spenden ermutigt. Schleichend entzog man den ehrenamtlichen Helferinnen die Verantwortung für das Projekt und übertrug diese auf den Staat. Die Ausschußmitglieder, die die Juwelen entgegengenommen hatten, wurden durch »Friedensrichter ersetzt, die alle aufsuchten, auch diejenigen, die sich nicht freiwillig zu einer Spende gemeldet hatten, und sie aufforderten, sofort ihren gesamten Schmuck herauszugeben«.[30] So landeten weitere Ohrringe und Rosenkränze in den staatlichen Depots.

Manche Spenden waren ausgesprochen großzügig:

Dolores Vasquez de Acosta und ihre Töchter Barcillia, Cecilia, Rosa, Candida, Balbina und Valenciana Acosta: 2 Rosenkränze von 2 Unzen 11 *adarmes* beziehungsweise 17 *adarmes* Gewicht, eine Goldkette von 2 Unzen, ein Rosenkranz aus Korallen und 11 Unzen 4 *adarmes* Gold, zwei Ketten aus Gold und Korallen, eine Halskette aus Korallen und Goldfiligran, drei Paar goldene Ohrringe, einer mit Topas und einer mit falschen Steinen.[31]

Andere fielen schlichter aus:

Higinia Sara de Aguirre: ein Paar Ohrringe, versehen mit sechs Edelsteinen von je 9 *adarmes*.

Es kam zu weiteren Demonstrationen der Vaterlandsliebe. Zwanzig Mädchen in Aregua »besorgten sich Lanzen und weiße Kleider mit dreifarbigen Schärpen und einer Art schottischer Kappe, die Mrs. Lynch entworfen hatte. So marschierten sie durch Asunción und sangen patriotische Hymnen«.[32] Junge Damen flehten, zu den Waffen greifen zu dürfen, charmante Anliegen, die im *Semanario* abgedruckt wurden. »Die Hinweise und Anregungen für all diese Aktionen kamen«, wie Thompson mit für ihn untypischer Zurückhaltung feststellte, »aus der Kommandozentrale, von López' Freundin, die als Sprachrohr diente.«[33] Allerdings stürzten die Damen sich begeistert auf diese Vorschläge, und zwar aus dem Bedürfnis heraus, das Leiden ihrer Ehemänner, Söhne und Väter an der Front zu lindern und glauben zu wollen, daß dieser Krieg ein gerechter war.

»Mit jedem Tag, der vorbeigeht«, schrieb ein Soldat, Sohn und Bruder im Februar, »wird uns die Sache, für die wir kämpfen, heiliger und schöner. Mit jedem Tag, der vorbeigeht, werden wir noch mehr eins in unseren Bemühungen und Taten, so daß kein Zweifel an unserem letztendlichen Sieg besteht. Man glaubt, daß der Krieg bald vorbei ist ...«[34]

1867 gab es keine Familie mehr, die nicht ein männliches Mitglied verloren oder an der Front hatte. Man wußte, daß in Paso Pucú und Humaitá keine Läden existierten und daß die Männer unzureichend bekleidet und hungrig waren. Sie hatten Läuse, litten an Krämpfen, weil das Salz fehlte, und mußten im Winter frieren. Die einzige Bezugsquelle für neue Uniformen und Luxusgüter wie Salz oder Seife war die Beute, die sie beim Berauben der Toten von Curupayty und Tuyutí gemacht hatten. Alle, »vom Priester und General bis zum einfachen Soldaten«,[35] betätigten sich als Schieber und Schacherer. Der Schwarzmarkt blühte. Die Frauen in den Lagern erhielten gar keine Rationen, da sie zwar mit Waschen und Kochen beschäftigt waren, aber nicht als Armeeangehörige galten. Deshalb waren sie von dem abhängig, was ihre Männer ihnen überließen, und mußten, wenn diese fielen, ihre Dienste feilbieten. Der Nachschub an einigen Gebrauchsgegenständen versiegte völlig, wie zum Beispiel an Papier, und man stellte einen groben, bröckeligen Ersatz aus den Fasern der Karaguata-Palme her. Als die Tinte zur Neige ging, braute man einen klumpigen, schwarzen Saft, indem man eine schwarze Bohnensorte trocknete und zermahlte und mit Wasser mischte. Die Befehle der Offiziere wurden auf Pergament aus Schafshaut festgehalten. Seife produzierte man aus gekochtem Talg und

Holzasche. Nur der Mariscal und die Lazarette bekamen Salz. Die Männer urinierten in Kessel, die man stehenließ, bis der Inhalt in der Sonne verdunstete. Das im Urin enthaltene Salz wurde mit Eisenkies vermischt und so in Schießpulver verwandelt. Die Frauen hatten die Kunst des Webens wiederbelebt, die in Paraguay beinahe ausgestorben gewesen war, und nähten Hemden aus derbem Stoff. Doch die Hosen für die Offiziere, die aus gegerbtem Leder bestanden, waren so steif, daß die Männer die Beine nicht anwinkeln konnten, wenn es regnete.

Und dieses Leid wollten die Damen lindern. Sie schickten Pakete mit Lebensmitteln und Zigarren. Sie zerrissen ihre Unterröcke, um daraus Verbände zu machen. Sie übergaben ihre Pferde und Rinder der Armee. Sie plünderten ihre Schreibtische, Bücherregale und Familienalben, wenn die Anführer der Milizen kamen, um »überflüssiges Papier« zu sammeln, das die Armee dringend brauchte.[36] Sie hatten aus ihren Teppichen Ponchos für die durchgefrorenen Soldaten geschneidert. Und nun spendeten sie ihre Juwelen.

Doch trotz ihrer guten Absichten hatten alle ihre Reichtümer keinen Wert, da man dafür nichts kaufen konnte, solange die Flüsse gesperrt blieben. Am Jahrestag der Schlacht vom 24. Mai verkündeten die Damen ihr Vorhaben, dem Mariscal ein in Gold gebundenes Album und ein mit Edelsteinen verziertes Schwert zu überreichen. Die Zeremonie wurde von Doña Dolores de Sion organisiert. Die Ausländer veranstalteten eine Zusammenkunft im Club Nacional, um über das diesjährige Geschenk an den Führer zu beraten und Geld zu sammeln, um es zu kaufen. Krankheit und der Vormarsch der Alliierten hatten eine Übergabe am Geburtstag des Mariscal verhindert. Und so reiste am 22. Dezember 1867, kurz nachdem Elisa in das Quadrilateral zurückgekehrt war, eine Abordnung auf der neuen Straße durch den Chaco ebenfalls dorthin. Sie bestand aus Saturnino Bedoya, Don José Berges und Padre Solano Espinoza, einem Militärgeistlichen und glühenden Bewunderer des Mariscal. Mit sich führten sie die Frucht der Opferbereitschaft der Frauen in ganz Paraguay, symbolisiert durch ein goldenes Buch und ein goldenes Schwert. Das Land brachte seinen ganzen Reichtum einem einzigen Mann als Geschenk dar, und die gespendeten Familienschätze kamen dem Land nur dann zugute, wenn man das Vaterland mit der Person des Mariscal gleichsetzte.

Am Weihnachtstag wurde an die Soldaten *caña* ausgeschenkt. Dann erhob sich der Bischof und erging sich in einer Lobeshymne. Die Geschenke wurden überreicht, und man gab das Schwert herum, um es zu bewundern, bevor der Mariscal es sich umschnallte. Als sich die Abordnung bereit machte, Paso Pucú zu verlassen und den langen Heimweg anzutreten, wurde Saturnino Bedoya festgenommen, ohne daß Anklage gegen ihn erhoben worden wäre. Man legte ihn weder in Eisen, noch verhörte man ihn.

13

Es war nur eine Frage der Zeit, bis die alliierte Marine Humaitá passieren und die Paraguayer einkreisen würde. Jeden Tag stieg der Wasserspiegel. Es regnete so stark und andauernd wie seit Menschengedenken nicht mehr, und Paraguayer und Alliierte warteten auf den Moment, wo die Panzerschiffe über die versenkten Ketten hinwegschwimmen und aus dem kleinen Gebiet am äußersten Zipfel des Landes ausbrechen würden. Am 19. Februar 1868 war es soweit. In diesen schicksalhaften Stunden begriff sogar der Mariscal, daß die Hauptstadt verloren war. Sofort, so schrieb Thompson, »schickte er Mrs. Lynch nach Asunción, damit sie alle Wertsachen aus seinem und ihrem Haus aufs Land schaffte. Das ging um Mitternacht vonstatten, damit niemand etwas davon ahnte«. Saturnino Bedoya befand sich in Gegenwart von Bischof Palacios und einigen Offizieren, als die Panzerschiffe an den Geschützbatterien vorbeifuhren.

»Ich frage mich, was sie jetzt in Asunción machen«, witzelte er nervös. »Wer weiß, vielleicht glauben sie, *los negros* hätten uns erwischt und haben eine neue Regierung gebildet, so daß wir hinmüssen, um ihnen eine Lektion zu erteilen ...« Als Bischof Palacios dem Mariscal diesen indiskreten Scherz meldete, schickte dieser ihn zurück, um Bedoya zu fragen, wie er das gemeint habe. Allen fiel auf, »wie bleich Bedoya wurde; er verstummte schlagartig; er hatte große Angst«.[1] General Barrios und der Bischof erhielten den Befehl, ein offizielles Verhör durchzuführen. Barrios berichtete davon in dem verschlüsselten Telegramm an seine Frau, das er abschickte, bevor der Feind die Leitungen kappte. Er teilte ihr mit, daß die Brasilianer kämen und daß Bedoya leichtsinnig gewesen sei.

Bei Elisa Lynchs Eintreffen herrschte Panik in der Stadt. Der Mariscal hatte Vizepräsident Sanchez telegrafiert, daß die Bewohner von Asunción nach Luque evakuiert werden sollten, das etwa zwanzig Kilometer im Landesinneren am Fuße der Kordilleren lag. Auf der Straße bildeten sich bereits Staus. »Es wimmelt von Männern, alten Leuten, Kindern, Frauen mit Kindern im Arm, hungrigen Soldaten und langen Schlangen von Wagen voller Gepäck …«[2] Der hochsommerliche Regen dauerte an, so daß die Straßen nur noch aus dampfendem Morast bestanden.

Niemand wußte, wieviel Zeit der Stadt blieb, bis die Brasilianer einmarschierten, um die Früchte ihres Sieges zu ernten. Elisa konnte nichts tun, um den riesigen Palast am Hafen, die Grundstücke, auf denen Villen und Arkaden entstehen sollten, das Haus in der Calle Fábrica de Balas und ihre *quinta* zu schützen, und mußte sie ihrem Schicksal überlassen. Ihr kam es vor allem darauf an, die Dokumente sicher aufzubewahren, welche sie als Besitzerin der Immobilien auswiesen, die ihr eine Regierung ohne Beteiligung von López möglicherweise streitig machen würde. Außerdem mußte sie dafür Sorge tragen, daß ihre bewegliche Habe – Schmuck, Bilder ohne Rahmen und die übrige Ausbeute eines Nomadenlebens – gut versteckt war und im Falle einer Flucht leicht weggeschafft werden konnte.

Auch in der *quinta* von La Presidenta in Trinidad wurde gepackt, während Benigno seiner Mutter, seinen Schwestern und ihren Verwandten und Beichtvater Padre Acosta erklärte, die unausweichliche Niederlage seines Bruders stünde kurz bevor. Anschließend nahm Rafaela Acosta mit in ihr Haus in der Nachbarschaft, um ein ernstes Gespräch mit ihm zu führen.

> Sie sagte mir, ihr Bruder Benigno und weitere Personen hätten sich verabredet, um die Regierung des Mariscal zu stürzen und den Krieg zu beenden; López müsse sterben oder abtreten; sie hätten eine Vereinbarung mit dem Feind getroffen, der versprochen habe, die Panzerschiffe ein Stück flußaufwärts bis nach Asunción zu schicken, damit alle, die wollten, sich an Bord flüchten könnten; sie beabsichtigten, das zu tun, und würden deshalb in dieser Nacht einige Koffer in General Barrios' Haus am Flußufer bringen, damit sie jederzeit zum Einsteigen bereit seien … Und

> sie erwarte, daß ich als Verwandter sie begleiten würde, in dem festen Wissen, daß wir alle bald würden hierher zurückkehren können.[3]

An den Docks wurden die Maschinen aus der Waffenfabrik demontiert, auf Wagen verladen und zum Bahnhof gebracht. Dort verpackte man sie erneut, lud sie um und brachte sie nach Aregua zum Ufer des Sees Ipacaraí. Während die Züge umkehrten, um die nächste Ladung zu holen, ruderten Soldaten mit bepackten Kanus zum gegenüberliegenden Ufer, wo Ochsenkarren darauf warteten, die Maschinen in die Kordilleren zu schaffen.

Der Mariscal war inzwischen nicht mehr zu erreichen, denn man konnte keine Telegramme senden oder empfangen. Am 21. Februar rief Vizepräsident Sanchez einen Rat aus Honoratioren zusammen, um zu entscheiden, wie man sich verhalten sollte, wenn die Brasilianer kamen. Sanchez war dreiundsiebzig Jahre alt und hatte Angst. Die Sitzung war zwar in seinem Namen anberaumt worden, wurde aber von Benigno geleitet, der seine Gegenwart damit rechtfertigte, er sei anstelle von Venancio hier. Der Kriegsminister war aufgrund seiner Syphilis inzwischen ein Wrack. Nur ein einziger Mann schlug aktiven Widerstand vor. Es war Padre Solano Espinoza, der der weihnachtlichen Abordnung ins Quadrilateral angehört hatte. Der Rat traf an diesem Tag keinen Beschluß, sondern vereinbarte, am nächsten Tag noch einmal ohne Benigno zusammenzutreten. Dieser sollte in die Stadt Paguari reisen, um mit den Leitern der Milizen im Landesinneren zu sprechen.

Benignos heimlicher Präsidentschaftswahlkampf hatte bereits begonnen, und zwar mit seinen ersten Gesprächen mit Washburn und der Kontaktaufnahme mit Caxias, ganz gleich, wie diese auch zustande gekommen sein mochte. Die Leiter der Milizen hätten sich gewiß nicht so kurzfristig im Salon im ersten Stock des Bahnhofs von Paguari versammelt, wenn man sie nicht zuvor aufgefordert hätte, sich für den Tag bereit zu halten, an dem der Sturz des Mariscal kein gefährlicher Traum mehr war, sondern ein unmittelbar bevorstehendes oder sogar bereits stattgefundenes Ereignis.

Sein Gastgeber in Paguari war ein Freund und Verwandter von Saturnino Bedoya, Don Gregorio Molinas. Später erinnerten sich Molinas Töchter an Benignos letzte Worte zu ihrem Vater.

> *Quedate tranquilo*, bleiben Sie ruhig. Viele ausländische Kommandanten stehen auf unserer Seite und haben ein ausführliches Abkommen mit uns unterzeichnet. Was das bedeutet, Gregorio? Es bedeutet, daß wir auf dem richtigen Wege sind.[4]

Die Hauptstadt leerte sich, während es unablässig weiterregnete. Die Archive, die Statuen aus der Kathedrale, das Pulver aus dem Depot und der Staatsschatz wurden weggeschafft. Konsul Chapperon versiegelte die italienische Gesandtschaft und schloß sich der Karawane nach Luque an. Konsul Cuverville wollte ihm bald folgen, doch Charles Washburn weigerte sich, zu gehen. Am Abend, an dem die Honoratioren zusammentrafen, erschienen die ersten Flüchtlinge in der Gesandtschaft; sie beabsichtigten, sich den Brasilianern zu ergeben, die sie als Bürger neutraler Staaten behandeln würden. Zwei amerikanische Reisende trafen ein, außerdem George Masterman und weitere britische Familien vom Hafen sowie die Uruguayer Carreras und Laretta.

Am 22. Februar waren Washburns Mitarbeiter damit beschäftigt, Quittungen für die zurückgelassene Habe der flüchtenden Wohlhabenden auszustellen, die darauf vertrauten, daß die amerikanische Gesandtschaft als einziges Haus in Asunción nicht geplündert werden würde. Elisa Lynch ließ Washburn eine Nachricht zukommen, er möge sie zu Hause aufsuchen. Er traf sie »äußerst besorgt«[5] an.

Der Krieg hatte Paraguay in zwei Lager gespalten. Obwohl Washburn vor 1864 ein häufiger und gerngesehener Gast in Elisas Haus gewesen war, hatte er inzwischen für die eine und sie unweigerlich für die andere Seite Position bezogen. »Sie fragte mich«, schrieb er, »was die Brasilianer nun tun würden, nachdem sie Humaitá passiert hätten. Ich erwiderte, sie würden López und seine Armee vermutlich weiterhin an seinem momentanen Standort einkesseln und auf Humaitá vorrücken, und zwar mit genügend Mann, um die Festung einzunehmen. Anschließend würden sie überall seinen Nachschub abschneiden, damit er gezwungen sei, entweder zu kapitulieren oder die Feinde in ihren Schützengräben anzugreifen, ein Vorstoß, der aufgrund seiner zahlenmäßigen Unterlegenheit sicher scheitern würde. Der Krieg sei verloren, und das könne sie ebensogut sehen wie ich.« Seine Einschätzung war logisch. Es schien unmöglich, daß der Mariscal aus dem um ihn gezogenen Ring ausbrechen konnte. Und daß seine Truppen durch Hunger und Krankheit zunehmend dezimiert wurden, war ein offenes Geheimnis.

»Sie erkundigte sich«, fuhr Washburn fort, »ob ich ihre wichtigsten Wertgegenstände in meinem Haus unterbringen könnte, und ich erwiderte, ich hätte das bereits für viele andere Menschen getan und mich erboten, es für alle zu übernehmen. Wenn sie glaube, daß ihre Sachen bei mir sicherer seien als anderswo, solle sie sie schicken. Ich könne dazu nur sagen, daß die Alliierten sie nicht an sich nehmen würden, solange sie sich nicht gewaltsam Zugang zur amerikanischen Gesandtschaft verschafften. Sie war sehr niedergeschlagen und meinte, sie wisse nicht, was aus ihr werden solle. Offenbar ahnte sie, daß sie weder Gnade verdiente noch diese erwarten konnte, wenn sie dem Feind in die Hände fiel. Sie deutete an, sie werde mich vielleicht im letzten Moment um Schutz bitten müssen ... Der ehrgeizige Plan, der sie dazu bewegt hatte, gewaltige Geldsummen in Möbel und Kunstgegenstände zu investieren, wie man sie sonst nur in Palästen findet, war anscheinend fehlgeschlagen ... Der Traum von einer López-Dynastie mit ihrem Erstgeborenen als Nachfolger ihres Geliebten und ihren anderen Söhnen als Prinzen war zerplatzt, und sie dachte nur noch daran, ihr Leben und das ihrer Kinder zu retten und mit ihrem unrechtmäßig erworbenen Gut nach Europa zu fliehen.«

Als sie in jener Nacht nach Patiño-Cué aufbrach, sprachen viele Familien, die auf dem Weg in die Hügel waren, bei ihr vor und bestürmten sie mit Fragen. Unter ihnen war Hector Decoud, den sie zuletzt zwischen den Hütten in Humaitá hatte spielen sehen, während seine Mutter im Chaco für den Verrat seines Vaters büßte. Er wollte wissen, wo seine Mutter sei und wie es ihr gehe, denn es waren zweieinhalb Jahre verstrichen, seit man ihn nach Asunción zurückgeschickt hatte. Sie sei wohlauf, versicherte Madame dem Jungen, denn sein Pate, der Mariscal, sorge dafür, daß immer jemand ein Auge auf sie habe. Wenn er wolle, könne er seiner Mutter ein Geschenk schicken; sie werde sich persönlich darum kümmern, daß sie es auch erhielt. Drei Tage später kehrte Hector mit einer Holzkiste zurück, in der sich Kleider und zwanzig Goldstücke befanden.

Bis auf Horden streunender Katzen war Asunción verlassen. Washburn, Cuverville und Masterman standen auf dem Flachdach der amerikanischen Gesandtschaft und sahen zu, wie die brasilianischen Schiffe näher kamen. Padre Espinoza hatte sich zu den Schützen der Garnision gesellt, doch Commandante Gomez hatte Platzpatronen an die Männer austeilen lassen. In der stickigen Hitze beobachteten die drei Ausländer an jenem Nachmittag merkwürdige Vorgänge: Die Brasilianer feuerten halbherzig ein paar Schüsse auf die Stadt ab, machten kehrt und tuckerten aus der Bucht. Einer der Türme des neuen Präsidentenpalastes wurde beschädigt. Ein Soldat, der Koffer aus Madames Haus in die amerikanische Gesandtschaft brachte, erlitt Verletzungen, und zwei Hunde starben. Dann herrschte wieder Ruhe in der Stadt, und mindestens zwei der Männer auf dem Dach der Gesandtschaft standen da wie vom Donner gerührt und bekamen es plötzlich mit der Angst zu tun.

Später, als verschiedene Autoren versuchten, die Ereignisse zu deuten, wurde die Tatsache, daß Asunción am 22. Februar 1868 nicht eingenommen worden war, zu einer der großen unbeantworteten Fragen des Krieges erklärt. Hatten die Seeleute vor ein paar ausgemergelten Soldaten, die ihnen auflauerten, die Flucht ergriffen? War es bei der Weitergabe der Befehle in einer der verschiedenen Hierarchieebenen zu einem geringfügigen, aber verhängnisvollen Fehler gekommen? War Caxias von einem sicheren Sieg im Quadrilateral ausgegangen, so daß die Verschwörer in der Hauptstadt seine Hilfe nicht brauchen würden? Oder hatten Caxias und seine Vorgesetzten vielleicht – die Lieblingsbegründung derer, die im Vertrag der Tripelallianz eine Verabredung zum Völkermord sahen – gar kein Interesse daran, den

Krieg bereits im Februar 1868 zu beenden? Wollten sie ihn statt dessen fortsetzen, bis kein einziger Paraguayer mehr am Leben und die alte Provinz wieder in die *terra nullius* verwandelt worden war, als die die Portugiesen sie im Jahr 1537 angetroffen hatten, versehen mit einem Freibrief für die Eroberung durch einen christlichen Monarchen?

Jedenfalls standen die Verschwörer allein und schutzlos da, als der Mariscal am 24. Februar wieder telegrafisch Kontakt mit Asunción aufnahm. Die ersten Telegramme gaben Anlaß zur Sorge: In der Republik Paraguay wurde der Belagerungszustand ausgerufen, und über das ganze Land wurde das Kriegsrecht verhängt. Minister Berges und zwei weitere Politiker wurden sofort nach Paso Pucú zitiert, um eine Erklärung abzugeben. Jemand hatte dem Mariscal telegrafisch von ihrer Ratssitzung und ihrem seltsamen Gleichmut angesichts der Bedrohung berichtet.

Als die drei nervösen Männer auf der Straße durch den Chaco nach Süden fuhren, wurden sie von Elisa Lynch begleitet, die sie dem Mariscal übergeben sollte.

Paso Pucú stand inzwischen unter Belagerung, und man hatte einen ausgesprochen kühnen Plan gefaßt: Die Armee des Quadrilateral sollte leise und unauffällig ans Ufer des Chaco verlegt werden. Die Artillerie in den Befestigungsanlagen baute man ab und brachte sie nach Humaitá. Pferde und Rinder wurden zusammengetrieben. In Paso Pucú packte Madame ihre Sachen: Kleider, Porzellan, Bücher, Teppiche, ihr Konzertflügel aus Corrientes und ihre Kutsche sollten mit dem Dampfer, einem Floß oder in Kanus ans andere Flußufer geschafft werden.

Am späten Abend des 2. März brachen der Mariscal, Elisa, ihre Kinder, Bischof Palacios und einige Offiziere unbemerkt auf und nahmen die Straße nach Humaitá. Nachdem sie fort waren, wurde der Bunker, in dem sie Schutz gesucht hatten, vollständig zerstört.

Vorräte, Vieh, Soldaten und Waffen wurden bereits mit der Fähre nach Timbó transportiert, einer Stellung neun Kilometer flußaufwärts auf der Chaco-Seite, die erst vor kurzem verteidigt und mit einer Garnison besetzt worden war und an der Spitze einer großen Lagune lag. Jeden Morgen wurde sie von brasilianischen Panzerschiffen beschossen, die sich inzwischen auf dem Fluß frei bewegen konnten. Zwei Männer erhielten das Kommando über die Garnison in Humaitá und sollten den Feind aufhalten, bis man sich neue Stellungen flußaufwärts gesichert hatte. Paulino Alén war der Befehlshaber, Francisco Martinéz, der Ehemann von Elisas Freundin Juliana Insfrán, fungierte als sein Stellvertreter.

> Im Kanu des Mariscal saßen der Bischof, Madame Lynch, seine Söhne und die Adjutanten, wobei letztere das Rudern übernehmen mußten. Das Kanu dahinter beförderte die Männer, die in der Kommandozentrale arbeiteten. Ihnen folgten die Soldaten. Es waren etwa einhundert Kanus, im voraus beladen und so schwer bepackt, daß sie kaum fünf Zentimeter aus dem Wasser ragten. Wegen der starken Strömung war das Anlegen schwierig und ermüdend. Die Kanus fuhren mit der Flut in die Lagune von Timbó ein.[6]

Als sie den Fluß zur Hälfte überquert hatten, brach der Tag an, und ein Krokodil tauchte neben Elisas Kanu aus dem Wasser. Dann erblickten sie das erste der brasilianischen Panzerschiffe, die kamen, um Timbó unter Beschuß zu nehmen.

> Zwischen uns und der Lagune von Timbó lagen noch vierhundert Meter, und das Panzerschiff hätte uns mühelos versenken können. Aber es rührte sich nicht, und das Feuer wurde erst eröffnet, als das letzte Kanu der gewaltigen Karawane die Lagune erreicht hatte. Der Krieg hätte in diesem Moment mit López' Tod beendet werden können.[7]

Es handelt sich um ein erneutes Beispiel unerklärlicher Feigheit, Unfähigkeit oder Hinterlist. »Die Bombardierung dauerte den ganzen Tag und auch noch den nächsten.«[8] Die Paraguayer lagen im Schlamm oder im Schatten und warteten darauf, daß es aufhörte.

»An jenem Abend machten wir uns nach Einbruch der Dunkelheit auf den Weg nach Monte Lindo ...«, etwa vierzig Kilometer flußaufwärts, »... die Straße führte durch Wälder und meistens durch tiefen Morast. Solano López legte den Großteil der Strecke reitend zurück, denn er hatte seine eigenen Pferde. Seine Kutschen und die Wagen mit dem Proviant wurden ebenfalls von kräftigen Pferden gezogen.«[9] Alle anderen mußten zu Fuß gehen.

Es war ein anstrengender Marsch durch jungfräuliches Land. Die Wachhäuser und die neue Straße am Flußufer stellten die einzigen europäischen Vorposten in diesem Indianergebiet dar. Das Terrain bestand aus Schlamm, Sand und Wasser – dieselbe trügerische Mischung aus festem Boden und Sümpfen wie in den *esteros* des Quadrilateral. Alle paar Meter ergoß sich ein Bach in den Rio Paraguay. Manche waren so flach, daß man im Galopp hindurchreiten konnte, andere, die ein wenig breiter waren, konnte ein Pferd schwimmend überqueren, ohne daß der Reiter absteigen mußte und sich hinterher nur die Blutegel abzustreifen brauchte. Kutschen und Karren holperten, ständig von Achsenbruch bedroht, durch Furten. Einige Bäche waren jedoch ziemlich breit und von Sümpfen umgeben und ragten so weit ins Land hinein, daß man nicht darum herumreiten konnte. Um sie zu überwinden, brauchte man eine Brücke. Die Straßenbauer hatten zwar schon Balken über das Wasser gelegt, aber noch keine Zeit gehabt, sie mit Grasnarben zu bedecken, um die Brücke zu erhöhen und eine Fläche zu schaffen, die für Pferdehufe geeignet war. Statt dessen hatte man die Zwischenräume mit Gestrüpp und ineinander verschlungenen elastischen Ranken ausgestopft, eine gefährliche Lösung, da sich die Hufe der Pferde darin verfingen und die Tiere das Gleichgewicht verloren. Viele stolperten und fielen in den Fluß. George Thompson konnte nicht begreifen, warum die Soldaten das so komisch fanden. Grinsend und unter lautem Gelächter arbeiteten sie sich voran und amüsierten sich über die Stürze. Der Mariscal war mitten unter ihnen und riß Witze auf *guarani,* und die Männer waren wie immer begeistert von ihm.

Als sich das Licht der Laternen gegen Mitternacht in einem immer kräftigeren Rot des Wassers spiegelte, wußten sie, daß sie sich dem Rio Bermejo näherten. Der Pfad schlängelte sich durch Wälder, und sie verbrachten die Nacht am Flußufer. Die Familie

López requirierte ein Wachhaus, während ihre Begleiter sich »in unsere Ponchos wickelten«[10] und unter den Sternen schliefen. Hinter ihnen kamen die ersten der achttausend Menschen, die in jener Woche in den Chaco flohen. Schweigend und halb nackt kämpften sie sich mit ihren Rindern, Pferden, Lebensmittelvorräten, Kleiderbündeln, Dokumenten, Schnapsflaschen, Hühnern und ihrer übrigen Habe weiter. Saturnino Bedoya, Minister Berges, die übrigen Würdenträger und *los politicos* waren ebenfalls dabei, manche von ihnen mit Eisenstangen zwischen den Knöcheln.

Das Frühstück war für die meisten eine klägliche Angelegenheit; »nichts als Mate, bis auf einige, die von den Sanitätern Suppe erhielten«.[11] Die Familie López hingegen verfügte über ihr eigenes Proviantlager. Früh am Morgen brach man auf. Inzwischen befanden sie sich außer Sichtweite des feindlichen Gebietes. Ein Schiff mußte sich schon recht weit flußaufwärts auf Erkundungsfahrt begeben, um die gewundene, schlammverkrustete Kolonne am anderen Ufer zu bemerken.

Die Flüchtlinge überquerten den roten Bermejo in Kanus, an deren Seiten jeweils drei Pferde festgebunden wurden. Die Ruderer pendelten mit ihren Lasten zwischen den Ufern hin und her. Eine Kutsche versank im Schlamm. Die Pferde konnten das Tempo nicht mehr durchhalten, und einige verendeten, als sie, bis zum Widerrist im Morast versunken, einen Wagen bergauf ziehen mußten. Oberst Thompson sah sich »gezwungen, mein Pferd mit dem Schwert zu piksen, damit es sich bewegte. Dann starb es, und ich ging zu Fuß weiter zum nächsten Posten«,[12] wo er López, Elisa und den allgegenwärtigen Bischof antraf, die unter den Bäumen eine Siesta hielten.

Die Köche, die vorausgeschickt worden waren, hatten das Essen schon fertig. Nach der Mahlzeit stieg man wieder auf und ritt weiter zu dem breiten Strom Paso Palénque. Die Brücke dort war noch unvollendet. López befahl, für seine Familie eine Hütte zu bauen. Alle anderen mußten im Gras schlafen. »Die Soldaten arbeiteten die ganze Nacht, um die Brücke passierbar zu machen ... Und obwohl sie dabei ständig im Wasser herumkletterten, waren sie bester Laune. Sobald die Brücke die Kutsche tragen konnte, stieg López ein und ließ sich von Männern zu Fuß hinüberziehen. Die Pferde schwammen.«[13]

Es war der 5. März. Die meisten Evakuierten hatten den Mariscal während der Nacht eingeholt, sich irgendwo ein Plätzchen zum Schlafen gesucht und waren am Morgen mit ihm weitermarschiert. Im neun Kilometer entfernten Paso Puente warteten vier Kanus, mit denen man den Fluß überqueren konnte. Am anderen Ufer ritt oder marschierte die geschwächte Flüchtlingskolonne siebenundzwanzig Kilometer weit durch einen Bambuswald und mußte anschließend noch einen Fluß überwinden. Bei Dämmerung nahmen sie ihr Abendessen ein und setzten ihren Weg fort, als es dunkel wurde. Nun war der Weg breiter, und der Morast wurde zunehmend von trockenem Boden abgelöst. López »fiel in Galopp, und die, die konnten, hielten mit ihm Schritt«.[14] Als es stockfinster war, erreichten die ersten Reiter die Wälder gegenüber der Mündung des Tebicuarí und schlugen dort ihr Lager auf.

Nacht für Nacht fuhren Boote mit daran vertäuten Tieren – mit riesigen Lilienstauden als *camalotes* getarnt – von Humaitá hinüber. Immer wieder pendelten sie hin und her, um weitere Passagiere zu holen, bis es wieder hell wurde. Alén und Martinéz fragten sich, wie viele Nächte die Alliierten wohl brauchen würden, um zu bemerken, daß ihre Gegner ihnen durch die Finger schlüpften. Eine neun Kilometer lange Karawane aus Paraguayern ging im Gänsemarsch, schwamm und rutschte das schlammige Ufer des Chaco entlang nach Norden und überquerte Flüsse, Sümpfe und provisorische Brücken, die unter dem Gewicht von so vielen Menschen zusammenstürzten. Wenn die brasilianischen Schiffe vorbeikamen, verharrten sie reglos im Gebüsch oder im schulterhohen Schlamm. Endlich erreichten sie – schmutzig, ausgehungert, aber sehr erleichtert – die Lichtungen um Monte Lindo. Im Laufe der nächsten drei Wochen formierte sich die Armee des Mariscal flußaufwärts neu, ohne daß es den Alliierten aufgefallen wäre. Wenn Martinéz, Alén und den restlichen Soldaten die Flucht gelang, war die ausgesprochen geschickt eingefädelte Evakuierung geglückt.

Am 23. März gingen den Alliierten endlich die Augen auf. Zwei alliierte Schiffe waren zwischen dem Ufer des Chaco und

Humaitá stationiert, so daß zwei paraguayische Schiffe in der Lagune festsaßen. Da der Kommandant des ersten feststellte, daß eine Gefangennahme unvermeidlich war, befahl er seiner Mannschaft, über Bord zu springen und in den Chaco hinüberzuschwimmen. Dann zündete er sein Schiff an. Das andere Schiff war die *Tacuarí*, der es gelang, sich in einen Bachlauf zu flüchten. Als ihr Schaufelrad nur noch Luft aufwirbelte, bohrte die Mannschaft den Rumpf an, warf die Geschütze über Bord und setzte das Schiff in Brand.

In Paso Pucú marschierte eine argentinische Division in die Kommandozentrale des Mariscal ein und plünderte sie. In Elisas Haus fand man einige ungeöffnete Packkisten, die mit dem Stempel eines Pariser Lagerhauses versehen waren. Sie enthielten große Mengen an Möbeln, die noch kurz vor der Blockade eingetroffen und nie benutzt worden waren. Als jemand unter Elisas vergoldetes Bronzebett schaute, entdeckte er ein Paar schwarzer Satinschuhe. Ein argentinischer General schickte sie an seine Frau nach Buenos Aires.

»Ich habe die Beute von Mme. Lynch erhalten«, schrieb diese an ihren Mann. »Nach drei Jahren Blockade läßt Mme. Lynch einfach ihre eleganten, neumodischen Schuhe herumliegen ... Ein Jammer, daß diese Frau nicht mit López verheiratet ist. Für ihren Heldenmut, mit dem sie das Schicksal ihres Mannes teilt, hätte sie viel Lob verdient.«[15]

In Humaitá, das inzwischen vollständig von der Armee des Mariscal abgeschnitten war, wurden Alén, Martinéz und viertausend Menschen belagert.

In Luque, nun Hauptstadt der Republik, standen diejenigen, die sich etwas hatten zuschulden kommen lassen, große Ängste aus. Sie hatten geglaubt, daß der Mariscal im Süden eingekesselt war und Hunger litt. »Wie groß«, schrieb Centurión, »muß ihre Überraschung gewesen sein, als der Mariscal den Chaco überquerte und plötzlich wieder vor ihnen stand ...«[16]

Im Lager in Monte Lindo fragten sich Thompson und die übrigen ausländischen Offiziere insgeheim, ob der Mariscal wohl nach Bolivien fliehen würde. Außerdem wunderten sie sich, warum die Brasilianer nicht die Straße im Chaco blockiert hatten, als sie die Kontrolle über den Fluß übernahmen. Achttausend Menschen schliefen in Hütten und Hängematten, spielten Harfe, tanzten, tranken Mate und warteten ab. Die *politicos* lagen, wie schon in Humaitá und Paso Pucú, in Eisen. Bedoya und Berges, ebenfalls in ihrer Bewegungsfreiheit eingeschränkt, wanderten umher und grübelten verzweifelt darüber nach, wie sich ihr Verhalten wohl am besten mit Unfähigkeit oder Angst rechtfertigen ließ. Madame erörterte auf französisch mit dem Mariscal die Ereignisse in der Hauptstadt, und dieser schrieb an Vizepräsident Sanchez:

> Mir ist ein außergewöhnlicher Vorfall zur Kenntnis gebracht worden: Als sich drei Panzerschiffe Asunción näherten, soll die Regierung des Vizepräsidenten einen Rat zusammengerufen haben, um zu besprechen, ob man sie angreifen solle. Deshalb habe ich Minister Berges und seine Begleiter zu mir gerufen. Die besorgniserregenden Ereignisse haben mich veranlaßt, Bedoya zu befragen, und es stellte sich heraus, daß er, in Absprache mit Benigno, plante, einen Aufstand anzuzetteln. Die daraus resultierende Revolutionsregierung wollte in Zusammenarbeit mit dem Feind – pfui Teufel! – kapitulieren. Vizepräsident Sanchez soll an alldem beteiligt gewesen sein als böswilliges Werkzeug von Benigno.[17]

Nach Luque wurde der Befehl weitergeleitet, daß alle Mitglieder des Rats der Honoratioren in Monte Lindo vorzusprechen hätten. Commandante Gomez, Minister Fernandez und andere ruderten voller Angst über den Fluß.

Der Mariscal fischte im trüben. Weder er noch Elisa besaßen eindeutige Beweise dafür, daß die verworrenen Ereignisse in der Hauptstadt nicht das Ergebnis von Unfähigkeit und Ratlosigkeit unter den Politikern gewesen waren, die sich von Benigno und Bedoya hatten einwickeln lassen. Die Verhöre, die nun in Monte Lindo begannen, schienen dies zu bestätigen. Bischof Palacios leitete, assistiert von Sekretär Aveiro, die Vernehmungen »mit dem

Ziel, sie um Erklärungen dafür zu bitten, was geschehen war, als die Panzerschiffe in Asunción eintrafen, und warum man gezögert hatte, auf diese Schiffe zu schießen ...«[18] Die Antworten der Männer, die sich vor den finster dreinblickenden Gehilfen des Mariscal verantworten mußten, ergaben Sinn. Sie seien allein und führerlos gewesen und hätten die Sitzung ohne Genehmigung des Mariscal anberaumt, da dieser nicht zu erreichen gewesen sei; dabei hätten sie Benigno vertraut. Daraufhin wurde Benigno selbst nach Monte Lindo zitiert. Die ersten Worte, die zwischen den Brüdern gewechselt wurden, fielen recht kühl aus.

»Also«, begann der Mariscal. »Was hast du da in der Hauptstadt getrieben?«

»Da wir keine Nachricht von dir oder der Armee hatten, seit Humaitá vom Feind belagert wurde, hielten wir den Augenblick für gekommen, nachzudenken und einen Beschluß zu fassen, um uns selbst und unsere Interessen zu schützen.«

»Sehen Sie, Caballero«, meinte da der Mariscal zu seinem Lieblingsoffizier, »sie sind brasilianischer als die Brasilianer.«[19] Er wußte nicht, wem er glauben und wem er die Schuld geben sollte. Einerseits hatte er seinen Ministern die Entscheidungsbefugnis verweigert, ohne seine Genehmigung tätig zu werden, andererseits hatten sie nicht die Möglichkeit gehabt, Kontakt mit ihm aufzunehmen. Er hatte das Kriegsministerium seinem syphiliskranken und unfähigen Bruder übertragen. Und seine Hauptstadt wurde lediglich von einer Garnison bewacht, die viel zu klein war, um sich einer einrückenden feindlichen Armee wirkungsvoll entgegenzustellen.

Benigno speiste an jenem Abend *en famille*. Mit Bedoya sprang man weniger sanft um.

Während des Verhörs an jenem Nachmittag »wurden Berges und Bedoya ein wenig hitzig. Letzterer fühlte sich von Berges und den anderen provoziert, krempelte die Ärmel hoch und meinte in drohendem Ton zu Berges und dessen Begleitern, daß die Lage wohl ganz anders aussähe, wenn ihr Vorschlag in die Tat umgesetzt worden wäre ...«[20] Als Bedoya die Sitzung verließ, marschierte er zornig quer durchs Lager und an López' Zelt vorbei und versäumte es, dabei den Hut zu ziehen. »López befahl einem seiner Adjutanten, seinen Schwager mit dem Gürtel durchzuprügeln, bis dieser Respekt gegenüber seinen Vorgesetzten gelernt habe, was zur großen Überraschung der Anwesenden auch geschah ...«[21] Später wurde Bedoya gefragt, was er mit dieser Äußerung gemeint habe. Er habe sich, so erwiderte er, auf »ein schlichtes Familiengespräch bezogen, in das Berges sich eingemischt habe und in dem es darum gegangen sei, wer der Nachfolger des Mariscal werden sollte, falls dieser von den Alliierten gefangengenommen oder getötet würde, und alle hätten gesagt, Don Benigno müsse es sein«.[22] Die Verhöre wurden eingestellt, ohne daß man jemandem böswillige Absichten oder eine geplante Verschwörung hätte vorwerfen können.

Der Rio Tebicuarí sollte blockiert werden, um die Alliierten aufzuhalten, die sich auf dem Landweg vom Quadrilateral her Asunción näherten. George Thompson erhielt den Auftrag, mit Hilfe von achtzig Männern und hundertzwanzig Jungen einen fünfhundert Meter langen Verteidigungswall zu bauen, um die Mündung des Flusses zu sperren. Thompson entschied sich für die Befestigung von Fortin, einer Landzunge, die nur über ein schmales Stück undurchdringlichen *estero* erreichbar war. Von hier aus konnte eine Garnison die feindlichen Schiffe mit Kurs Richtung Norden und Süden beobachten und die gesamte Breite der Flußmündung unter Feuer nehmen. Drei Tage lang marschierten Thompsons halbnackte Pioniere hinunter zum Ufer des roten Flusses, um das letzte große Verteidigungsbauwerk des Krieges zu errichten. Nachdem Soldaten in den Sümpfen postiert worden waren, konnte der Mariscal gefahrlos übersetzen.

Lautlos legten die Kanus vom Ufer von Monte Lindo ab. Die kostbaren Kanonen wurden hinübergerudert, die Pferde mußten schwimmen. Auch Elisas Kisten und Kästen, ihre Garderobe, ihre Kutsche und ihr Klavier wurden über den Fluß gebracht, gefolgt von Elisa selbst, dem Bischof, den Jungen und den Honoratioren, während Kundschafter überall im Schilf Ausschau nach den gelegentlich vorbeikommenden brasilianischen Panzerschiffen hielten. Jenseits der neuen Befestigungsanlage in Fortin war das Terrain eben und feucht, und die Sümpfe und Flutwiesen erstreckten sich wie im Süden sechs Kilometer weit. Als sie sich der Furt an der Straße nach Villa del Pilar näherten, stieg das Land ein wenig an, und rings um einen etwa dreißig Quadratmeter großen Platz aus gestampfter Erde standen im Schatten von Orangenbäumen einige Häuser, da der Boden hier fest genug war, um sie zu tragen. Es handelte sich um die Ortschaft San Fernando.

Die Armee kampierte unter miserablen Bedingungen im Morast und begann, das Land trockenzulegen und Hütten zu bauen. Man holte Arbeiter aus der Waffenfabrik in Asunción herbei und richtete Werkstätten zur Reparatur von Gewehren und Kanonen ein. Es gab Lazarette und eine kleine achteckige Kirche neben dem Hauptplatz, in der der Mariscal viel Zeit verbrachte, denn er litt an »einem Anfall von Frömmigkeit«.[23]

Die Verhöre der Honoratioren waren eingestellt worden, denn schließlich klangen ihre Berichte plausibel. In Luque war man sehr erleichtert, als einer nach dem anderen zurückkam, wieder in seinen Posten eingesetzt wurde und sich von nun an doppelt vorsichtig verhielt. Nur vier Männer mußten unter eingeschränkter Bewegungsfreiheit in San Fernando bleiben. Es waren die drei, die in Cuvervilles Schreiben als mögliche Präsidentschaftskandidaten bezeichnet wurden, sowie Vizepräsident Sanchez, inzwischen vierundsiebzig und unter Fieber und Schüttelfrost leidend.

Auch in Luque, einem Dorf, in das man eine ganze Stadt hineingestopft hatte, herrschte banges Warten. Es war der vierte Kriegswinter. Familien übernachteten, in Decken gehüllt, auf Veranden, und Kriegerwitwen bettelten um Lebensmittel für ihre Kinder. Einige baten um die Erlaubnis, nach Asunción zurückkehren und Proviant aus ihren Häusern holen zu dürfen, doch nur ein paar wenige erhielten sie auch. Diejenigen, die im Februar fest mit einem Ende des Krieges gerechnet hatten, verstanden nicht, was geschehen war. Die Alliierten hätten Asunción erobern, López am Ufer des Chaco angreifen und ihn durch einen Nachfolger ersetzen können. Nun regierte der Mariscal das Land von San Fernando aus und hatte Benigno, Bedoya, Berges und Vizepräsident Sanchez in seiner Gewalt. Die Friedenspartei hatte ihre Führung verloren, doch es gab in Luque nur wenige Offiziere, Beamte oder Kaufleute, die nicht in irgendeiner Weise mit diesen Männern zu tun gehabt hatten, und Bekanntschaft und Komplizenschaft waren in den Augen des Mariscal ein und dasselbe. Alle waren nervös und reagierten empfindlich auf den leisesten Druck.

Aus dem provisorischen französischen Konsulat in Luque meldete Cuverville, Washburn sei inzwischen »ausgesprochen in Verlegenheit wegen seiner augenblicklichen Lage; auch er hat Paraguay für ganz und gar verloren gehalten und nicht daran gezweifelt, daß die Alliierten Asunción besetzen würden ...«[24] Washburn waren die Augen aufgegangen, als die Alliierten am 19. Februar nur ein paar halbherzige Schüsse auf Asunción abgefeuert hatten. Offenbar hatten die Paraguayer der vagen Abmachung zwischen Benigno und Caxias größere Bedeutung beigemessen, als die Brasilianer es taten. Außerdem mußte Washburn sich zu seiner Bestürzung eingestehen, daß er sich zu weit aus dem Fenster gelehnt hatte. Der Mariscal hatte die Verhöre zwar eingestellt oder ausgesetzt, aber falls sie wiederaufgenommen werden sollten, würde ganz sicher der Name des amerikanischen Gesandten fallen. Zwar ließ sich dem Zorn des Mariscal leicht mit einem amerikanischen Kanonenboot begegnen, aber Washburns eigene Regierung würde gewiß schockiert sein.

Allerdings atmeten diejenigen, die sich Washburns Diplomatenpost oder anderer dunkler Kanäle bedient hatten, um Kontakt zu Caxias aufzunehmen, erleichtert auf, als die ersten Honoratioren an ihre Posten zurückkehrten. Major Fernandez stand wieder als Venancios Vertreter seinem Ministerium vor, und Major Gomez befehligte wie zuvor die Garnison. Das Amt des Vizepräsidenten war auf drei Männer verteilt worden. Ende April traf Minister Berges in seiner *quinta* am Stadtrand von Asunción ein. Er genoß offiziell wieder das Vertrauen des Mariscal und erhielt bald Besuch von Charles Washburn, der unauffällig einen Dokumentenstapel mitnahm, um ihn in der amerikanischen Gesandtschaft zu verstecken. Doch denen, die ahnten, was in Monte Lindo alles hätte ans Licht kommen können, stand immer noch der Angstschweiß auf der Stirn. Niemand konnte sagen, wieviel die anderen wußten; und keiner war sicher, was der Mariscal alles aufgedeckt hatte.

Ende April kam die Nachricht, die *US Wasp* hielte sich in alliierten Gewässern vor dem Quadrilateral auf. Washburns dringende Bitten um Ablösung waren erhört worden, und man hatte ein Kanonenboot geschickt, um ihn und seine Familie abzuholen. Seine Gäste in der Gesandtschaft, inzwischen vierzig an der Zahl, flehten ihn an, nicht zu gehen, da das Konsulat der einzige Ort in Paraguay sei, wo der willkürliche Zorn des Mariscal sie nicht treffen könne. Sie wußten, daß das Haus keine Immunität mehr genoß, sobald der Konsul abreiste. Man würde sie verhaften und nach San Fernando zu den übrigen *politicos* schleppen, wo sie den Elementen und dem feindlichen Beschuß ausgesetzt sein würden. Man würde sie zwingen, in den Schützengräben zu kämpfen, und sie möglicherweise sogar erschießen. Dem französischen und dem italienischen Konsul konnte man nicht trauen. Chapperon war kaum bekannt und nicht sehr beliebt. Außerdem teilte er in Luque ein Haus mit Cuverville, der Madame, wie alle wußten, aus der Hand fraß. Masterman, Vasconcellos, Carreras und die übrigen verängstigten Ausländer warteten ab, ob die Alliierten die *Wasp* überhaupt durchlassen würden.

Der Mariscal saß, brütend, von Argwohn geplagt und umgeben von einem dreifachen Kordon aus Wachposten, in seinem neuen Haus, während das Leben in San Fernando in denselben Bahnen verlief wie schon in Paso Pucú. Alle fünfzehn Minuten wurden die Wachposten von einem Vorgesetzten überprüft, die wiederum López' persönlichem Leibwächter Rede und Antwort stehen mußten. Er erhielt täglich Berichte von seinen Spionen in der amerikanischen Gesandtschaft und grübelte über die Speisenfolge und die Anzahl der Gäste an Mrs. Washburns allabendlicher Tafel nach. Außerdem erhielt er verzweifelte Briefe von Paulino Alén, der immer noch in Humaitá die Stellung hielt, hungrig, krank und nicht mehr in der Lage, lange durchzuhalten.

Die Soldaten saßen herum und rauchten. Sie lasen den *Cabichuí*, eine Zeitung, die von Centurión herausgegeben wurde und Berichte über Heldentaten, zotige Witze über Mitre und Dom Pedro und holzschnittartige Karikaturen brachte, welche gleichzeitig naiv und treffend waren. Die Männer reinigten ihre Waffen und erwiesen dem Mariscal und seiner Dame ihren Respekt, falls diese sich einmal zeigten. Wer sich etwas zuschulden kommen ließ, wurde von seinen väterlichen Offizieren ausgepeitscht, geprügelt oder sonst irgendwie bestraft. Man tanzte, trommelte und übte sich in Geduld. Inzwischen hatte der Mariscal nicht mehr die Möglichkeit, die Initiative zu ergreifen. Also konnte man nur abwarten, wo und wie der Feind angreifen würde, darauf reagieren und anschließend weiter warten. Manchmal war von der Flußmündung Geschützfeuer zu hören, wenn die Brasilianer vorbeifuhren und ein paar Schüsse auf Thompson abgaben. Die Soldaten kauerten auf dem Boden und tranken Mate, bis sie benommen und reglos über die Sümpfe starrten, wo sie den Feind nicht erkennen konnten. Sie waren müde.

Auch bei der Familie des Mariscal kehrte bald der Alltag ein. Madame und die Jungen bewohnten ein Haus neben dem des Mariscal, so daß die Kinder überall aus und ein gehen konnten, immer unter dem wachsamen Auge von Major Fernandez (nicht mit Minister Fernandez verwandt), einem Adjutanten, dessen Aufgabe es war, das Kindermädchen für die Lynch-López-Söhne zu spielen. Er begleitete sie durch das Lager zum Unterricht, zu den Mahlzeiten und zu ihrem Vater und brachte sie wohlbehalten zu ihrer Mutter zurück. Auch in den umliegenden Hütten und Häusern begegnete man vielen vertrauten Gesichtern: den Generälen, den Sekretären Caminos und Aveiro, dem Leibwächter des Mariscal, den britischen Ärzten, George Thompson, wenn dieser sich nicht gerade in Fortin aufhielt, den Ingenieuren Volpy und Burrell, den Männern aus der Waffenfabrik und Padre Maíz. Beim Abendessen plauderte man mit dem Bischof, General Resquin, Onkel Barrios und manchmal auch mit Onkel Benigno und Onkel Bedoya. Der Mariscal saß am einen Ende des Tisches und trank seinen Lieblingswein, während die übrigen Gäste mit einer billigeren Sorte vorliebnehmen mußten, genauso, wie es schon in Paso Pucú, der Calle Fábrica de Balas und im Haus am Mercado Guazú gewesen war. In den Gesprächen schwang immer noch der üble Beigeschmack des Verrats mit, den die Verhöre von Monte Lindo nicht vollständig hatten vertreiben können. Der unsichtbare Feind, der am tiefhängenden Horizont lauerte, bestimmte das Leben aller. Und es war Benigno, der ständige Dorn im Auge des Mariscal, der schließlich heimlich aktiv wurde.

Vor dem Krieg hatte er eine lockere Bekanntschaft mit dem Betreuer der Jungen, Major Fernandez, gepflegt. Im April wurde ein Hornist aus dem Korps, das Benignos Hütte bewachte, »mit einem überaus großzügigen Angebot«[25] bestochen, Nachrichten an den Major weiterzugeben. Falls diese schriftlich waren, verstand sie der Hornist möglicherweise gar nicht. Waren sie jedoch mündlich, muß er ein tapferer Mann gewesen sein, denn Benigno sprach von einem Mordanschlag. Die einzige Person außerhalb des inneren Kreises, bestehend aus Madame, dem Bischof, Padre Maíz, den Generälen und den Privatsekretären, die Zugang zum Mariscal hatte, war Major Fernandez. Es war eine ungeheuerliche und erschreckende Bitte, weshalb der Major ängstlich zögerte. Doch schließlich wandte er sich an einen Schmied im Lager, bestellte ein Messer und wartete.

Dann brachten Bedoyas Bewacher die Nachricht von seinem Tod. Aveiro hielt es für Selbstmord. »Er verweigerte die Nahrung und tat alles, damit die Wunden, die die Fußeisen an seinen Beinen verursacht hatten, sich verschlimmerten, und so starb er im Gefängnis an einem brandigen Bein.«[26] Andere vermuteten Gift, allerdings nicht auf Anweisung des Mariscal, denn es gab auch noch andere im Lager, die befürchteten, Bedoya könne zuviel wissen.

In der ersten Juniwoche fuhr Elisa Lynch nach Luque. Sie bezog das Haus gegenüber dem Ministerium in der Straße, die zum Bahnhof führte, und wurde sofort von Bittstellern belagert, die um Nachrichten über die Männer an der Front flehten. Der Geburtstag des Mariscal rückte näher, weshalb sein Geschenk von den Damen Paraguays fertiggestellt werden mußte. In diesem Jahr handelte es sich um ein goldenes Tintenfaß im Wert von 5310 Pesos und eine mit Edelsteinen besetzte Jakobinermütze, die die Befreiung vom alten Europa symbolisierte. Sie war von Alessandro Ravizza entworfen worden und bestand aus elf Kilogramm Gold. Die *comisionada*, die Vorsitzende des Komitees, war Señora Mercedes de Roca, eine Freundin von Elisa, seit sie mit ihrem Mann in Asunción eingetroffen war. Einmal in der Woche kam sie aus ihrem Haus am See nach Luque, um die Fortschritte zu erörtern.

Dr. Tristan de Roca war Chemiker, nach der Ankunft des Paares aus Bolivien im Jahr 1858 im Sanitätskorps beschäftigt gewesen und vor kurzem zum Chefredakteur der Armeezeitung *El Centinela* ernannt worden. In jenem Jahr verhielten sich die Bolivianer in Paraguay sehr vorsichtig, da der bolivianische Präsident General Melgarejo dem Mariscal nun schon seit Jahren Hilfe versprach, ohne Taten folgen zu lassen. Gerade war er von den Brasilianern bestochen worden und hatte daraufhin seine Neutralität erklärt. Dr. Roca verkündete in der *Centinela*, er sei entsetzt. Sämtlicher Handel mit Bolivien, der einzigen offenen Grenze, wurde verboten. Offiziell wurde er sofort eingestellt, inoffiziell ging der Schmuggel weiter. Geld wurde auf geheimen Wegen aus Paraguay herausgeschafft, und viele ausländische Kaufleute in Luque wußten davon. Manche waren sogar beteiligt. Auch Roca warf man trotz seiner Leitartikel vor, er habe Waren von der anderen Seite der Grenze erhalten. Selbst Simon Fidanza, der genuesische Schiffseigner, Waffenhändler und Millionär, an dessen Loyalität trotz seiner Bitte, Paraguay verlassen zu dürfen, nie gezweifelt worden war, mischte im illegalen Handel mit dem *altiplano* mit. Benignos Name fiel ebenso wie die Namen von Leite Pereira und Vasconcellos, Portugiesen mit halbdiplomatischem Status. Sogar die Jakobinermütze war durch krumme Geschäfte finanziert worden. Fidanza hatte nämlich vorgeschlagen, mehr Geld nach Bolivien zu schicken, als die Mütze kosten würde; seine fünfundzwanzig Prozent »Provision« für die elf Kilogramm Gold würde Paraguay nie wiedersehen.

Eines Abends erzählte Dr. Roca, entweder wegen Alkoholgenusses oder aus Übermüdung zu vertrauensselig, Gumersindo Benitez, einem der Honoratioren, die nach den Verhören von Monte Lindo wieder in ihre Posten eingesetzt worden waren, von diesem Umstand. Schon wenige Stunden später traf Benitez' Bericht in San Fernando ein. Sofort schöpfte der Mariscal den Verdacht, er könnte bei den Vernehmungen von Monte Lindo belogen worden sein. Am 15. Juni verhaftete die Polizei von Luque Simon Fidanza. Am 16. Juni flüchteten sich Leite Pereira und Vasconcellos in die amerikanische Gesandtschaft.

Als Benigno López erfuhr, daß Fidanza zum Verhör nach San Fernando gebracht werden sollte, ahnte er, daß die illegalen Geldgeschäfte, verglichen mit dem, was der Mann unter der Folter sonst noch gestehen könnte, nur Kleinigkeiten waren. Also ließ er den Hornisten zu sich kommen. Sie berieten sich gerade in der Hütte, als plötzlich ein Wachmann hereinkam. Man preßte dem Hornisten ein Geständnis ab, und Major Fernandez wurde wie Simon Fidanza in Eisen gelegt. Auf Befehl von Bischof Palacios wurde er gefoltert, bis er vor lauter Schmerzen Benigno, Commandante Gomez von der Garnison in Asunción und einen Priester namens Padre Moreno beschuldigte, sie hätten einen Anschlag auf das Leben des Mariscal geplant. Padre Moreno wurde derselben schändlichen Behandlung unterworfen und gab seinen Peinigern den Namen einer Frau preis: Ramona Eguisquiza Decoud. Am 8. Juli wurde sie – laut Sekretär Aveiro – ohne Folter verhört und gestand die wahren Ausmaße der Verschwörung ein. »Sie sagte, sie habe Briefe gesehen, die zwischen gewissen Ausländern und Commandante Gomez gewechselt wurden, und kenne außerdem die Liste von Personen, die das Direktorium bildeteten, sowie die von Angehörigen verschiedener Nationalitäten, die an der Verschwörung beteiligt waren.«[27] Einer von ihnen war Simon Fidanza. Sie nannte die Namen von über einhundert Ausländern und Paraguayern in Luque, San Fernando und Cerro León, die zu den Verschwörern gehörten. Der Mariscal hatte sich durch die untereinander abgesprochenen Aussagen in Monte Lindo täuschen lassen. Ein Umsturz stand unmittelbar bevor. Befehle wurden nach Luque telegrafiert. Am 13. Juli verhaftete man Dr. Roca und mehr als fünfzig weitere Personen, legte sie in Eisen und brachte sie auf einem Dampfer nach San Fernando.

Der Terror von San Fernando hatte begonnen.

14

Als Tristan de Roca nach Süden verschleppt wurde, flüchtete sich seine Frau Mercedes ins Haus von Madame, wo Elisa ihr Unterschlupf gewährte, »zusammen mit vielen weiteren Ausländerinnen, die Tag und Nacht nähten, und sie war sehr gütig zu ihr«.[1] Sie verbrachte sechs Tage dort. Am 20. Juli gab Elisa ihr ein Geschenk für Tristan mit, und sie ging los, um sich bei der Polizei von Luque nach ihrem Mann zu erkundigen. Als sie zurückkam, fand sie Elisas Tür verriegelt vor. Elisa war nach Asunción abgereist.

Gewiß vermuteten viele in Asunción, daß es Elisa war, die die Verschwörung in ihrem Gespräch mit Cuverville aufgedeckt und sie dem Mariscal weitergemeldet hatte. Doch sie hatten sich geirrt, denn Elisa schwebte genauso in Angst wie alle anderen auch. Schließlich litt der Mariscal, der fern von ihr in San Fernando weilte, unter der Neigung, alles und jeden zu verdächtigen und stets vom Schlimmsten auszugehen, und er hatte außerdem eine Schwäche für Alkohol, der ihm den Verstand vernebelte. Sie hatte bereits Geld auf geheimen Kanälen aus dem Land geschafft, und der Mariscal wußte davon. Außerdem war sie in Luque gewesen, als die Schmuggelgeschäfte mit Bolivien aufgeflogen waren, und hatte kein Wort darüber verloren. In der Tat war sie stets absolut loyal gewesen, und ihr Name fiel auch nie im Rahmen der Anschuldigungen, die in San Fernando erhoben wurden. Aber in jenen Tagen des Terrors, in denen der Mariscal sich betrank und tobte, gab es keinen Grund, warum er Elisa mehr hätte trauen sollen als den übrigen Freunden, Verwandten und Offizieren, die nun als Verräter bloßgestellt wurden. Also konnte Elisa es sich nicht leisten, in irgendeiner Weise kompromittiert zu werden – Señora de Roca mußte sich allein durchschlagen. Das tat sie auf den Straßen der Stadt, denn ihre Vermieterin wollte die *traidora* nicht mehr ins Haus lassen. Mit ihren beiden kleinen Kindern schlief sie auf Veranden und verkaufte ihre Kleider, um ihre Familie zu ernähren.

Die Verhaftungen gingen weiter. Dutzende von Männern und auch einige Frauen wurden jeden Tag weggebracht. Man schaffte sie mit dem Zug nach Asunción, fuhr sie in Ochsenkarren durch die Straßen und brachte sie auf Dampfer, die in der Bucht lagen. Die Nacht des 21. Juli, als sie den Maurermeister Alonso Taylor holen kamen, war regnerisch und unangenehm.

> Nachdem ich hart in der Seifenfabrik von Luque gearbeitet hatte [schrieb Taylor] kam ich um zehn Uhr nachts nach Hause. Kurz darauf klopfte ein Kavalleriesoldat bei mir an und teilte mir durch die geschlossene Tür mit, der Minister für Krieg und Marine [Fernandez] habe mich in die Hauptstadt befohlen, doch er dürfe mir den Grund nicht nennen. Aber ich wußte, daß es zwecklos war, sich zu weigern ... Am Hafen war eine Menschenmenge. Der Dampfer legte ab, und ich wurde trotz meiner Proteste sofort in Eisen gelegt und bis zum Morgen mit acht oder neun anderen Gefangenen zusammengesperrt.[2]

In jener Nacht hielt Elisa Lynch sich in Asunción auf. Nach Einbruch der Dunkelheit verließ sie ihr Haus in der Calle Fábrica de Balas und ging zu Fuß zur amerikanischen Gesandtschaft, einer kleinen, einsamen Insel in einer menschenleeren Stadt.

> Ich wußte sofort [erinnerte sich Washburn], daß es für ihren Besuch einen wichtigen, entweder unangenehmen oder erfreulichen, Grund gab. Also hoffte ich das Beste und brachte im Gespräch mit ihr mein Erstaunen über die Vorgänge zum Ausdruck, von denen ich gehört hatte; so viele Menschen seien verhaftet worden, einige davon hielte ich für die loyalsten Männer im Land, und die meisten hätte ich stets zu den Freunden von López gerechnet. Ich verstünde nicht, was das alles zu bedeuten hätte. [Er log.] Sie sagte, eine große Verschwörung sei aufgedeckt worden,

aber sie könne mir keine Einzelheiten nennen. Das dürfe sie nicht, aber man vermöge sich kein Verbrechen vorzustellen, das zu begehen die Verschwörer *nicht* in Erwägung gezogen hätten. Ich erwiderte, es liege ebenso in meinem Interesse wie in dem aller, die Straftat aufzudecken, denn falls diese Leute wirklich irgendein großes Blutbad planten, hätten sie das mir gegenüber nie erwähnt, sondern es mir tunlichst verheimlicht, so daß ich offenbar zu den Opfern gehören sollte. »Oh, nein, so ein Plan existiert, soweit ich weiß, nicht«, erwiderte sie. Sie sagte, die Aufdeckung dieser Verschwörung sei ein schwerer Schlag für den Präsidenten gewesen. Viele seiner besten Freunde, für die er sehr viel getan und auf die er sich absolut verlassen habe, hätten sich als verlogen und betrügerisch entpuppt.

So umkreisten sie einander, da keiner mit Sicherheit sagen konnte, was der andere wußte. Washburn beteuerte, daß niemand von der amerikanischen Gesandtschaft an den Machenschaften beteiligt sei.

»Aber diese Menschen haben gestanden«, entgegnete sie, worauf ich meinte, unter gewissen Bedingungen sei ein Geständnis kein Beweis. Menschen, die Angst hätten oder sich eine Belohnung erhofften, gestünden manchmal Dinge, derer sie sich gar nicht schuldig gemacht hätten. »O nein«, antwortete sie. »Es wurde kein Druck auf sie ausgeübt. Alles war freiwillig. Der Präsident würde nie zu Drohungen oder Gewalt greifen, um ein Geständnis von jemandem zu erzwingen. Dazu ist er viel zu gutmütig.«[3]

Am nächsten Tag wurden Alonso Taylor und die anderen Gefangenen aus Luque an Bord eines Dampfers gebracht, wo sie warten mußten.

Mrs. Lynch und ihr ältester Sohn Francisco [Panchito] kamen mit einigen Offizieren gegen elf an Bord ... Als Mrs. Lynch das Schiff verließ, sah sie mich an, schien mich aber

> nicht wahrzunehmen, obwohl sie früher immer sehr gütig zu mir gewesen war und meine Tochter sie häufig zu Hause besucht hatte. Ich fragte einen Offizier, der sich an Bord befand und früher ein guter Freund von mir gewesen war, ob ich ein paar Worte mit ihr wechseln könne. Aber er erwiderte, als Gefangener dürfe ich mit niemandem sprechen, am allerwenigsten mit ihr. Er beschimpfte mich und schien sich an meinem Unglück zu ergötzen.[4]

San Fernando, sagte Centurión, war die Hölle.

> Man sah nur Gefangene, wohin das Auge blickte, alles verhältnismäßig bekannte Leute, mit denen man durch Verwandtschaft, Freundschaft oder Dienstliches Verbindungen hatte. Ringsherum hörte man nur das Seufzen der Leidenden, schmerzerfülltes und verzweifeltes Stöhnen und die Schreie der vielen unschuldigen Menschen, die durch üble Nachrede in diesen teuflischen Strudel geraten waren, aus dem niemand lebendig entrinnen konnte. Unser Gemütszustand ließ sich nicht in Worte fassen. Todesangst und Argwohn regierten. Wir sahen zu und beobachteten alles, doch wir sagten kein Wort, äußerten keinen mitleidigen Gedanken, erkundigten uns nicht nach dem Schicksal der Angeklagten und fragten auch nicht, was bei den Tribunalen geschah. Jede Zurschaustellung von Güte, Mitgefühl und Menschlichkeit, wie sie ein empfindsames Herz für gewöhnlich ergreifen, wurde als Akt des Verrats ausgelegt.

Man richtete sechs Tribunale unter der Leitung von zwei *fiscales de sangre* – Blutrichtern – ein. Diese urteilten nach dem alten spanischen *leyes de partida*, dem Kriegsrecht, das der Mariscal ausgerufen hatte, als die Alliierten das Quadrilateral passierten. Nach diesem Gesetz wurde jeder, der von einem Verrat wußte und diesen nicht zur Anzeige brachte, ebenfalls als Verräter angeklagt. Es war eine Hexenjagd. Die Menschen denunzierten einander aus Angst vor Schmerzen und unter Androhung von Peitsche, *cepo uruguayana,* Pranger und Hammerschlägen, mit denen man ihnen die an einem Holzblock befestigten Finger zerschmetterte. Niemand wußte, wer nur unter Verdacht stand und wer bereits angezeigt worden war. Sämtliche Ausländer waren ohnehin verdächtig – ebenso wie jeder, der einen von ihnen kannte, sowie alle, die mit Leuten, die Kontakt zu Ausländern hatten, Umgang pflegten. Das Netz wurde größer und größer.

Kurz vor dem Geburtstag des Mariscal kehrte Elisa nach San Fernando zurück, gerade noch rechtzeitig, um den Vorschlag von Bischof Palacios zu hören. »Da die Ermittlungen [gegen die Verschwörer] so weit fortgeschritten sind und es sich um ein Verbrechen handelt, bei dem bereits ein Nicken oder ein Blinzeln als gültiger Beweis gewertet werden kann, sollte man die Prozesse abschließen und alle Angeklagten hängen.«[5] General Barrios befürwortete diese Vorgehensweise, und der Bischof fügte hinzu, »der Grund für diese Hast ist, daß ein Angriff unmittelbar bevorstehe und daß die Bodentruppen bereits ganz in der Nähe seien«.[6] Der Mariscal erwiderte, er billige diese Lösung nicht. Die Prozesse würden bis zu dem Tag weitergeführt, an dem die Kriegsereignisse eine Fortsetzung unmöglich machten. Weder Palacios noch Barrios wußten, daß auch ihr letztes Stündlein unmittelbar bevorstand. Als George Thompson kurz darauf aus Fortin eintraf, um mit López zu Abend zu speisen, waren Palacios und Barrios noch Gäste am Tisch des Mariscal; General Bruguez, ein weiterer alter Freund, fehlte hingegen. »Als einer von López' kleinen Söhnen fragte, wo er sei, lächelten alle und sagten dem Kind: ›Er ist weggefahren.‹«[7]

Es regnete unablässig. Die Nächte waren eiskalt. Die Gefangenen schliefen im Freien, und zwar in Koppeln, die mit zwischen Pfählen gespannten Lederhäuten eingefriedet waren. »Die Methode, uns am Davonlaufen zu hindern, war einfach, aber ziemlich schmerzhaft. Man befestigte an einem der Pfähle einen Lederriemen. Der Gefangene Nummer eins legte sich auf den Rücken, worauf Schlaufen des Lederriemens fest um seine Knöchel geknotet wurden. Dann legte sich Nummer zwei in einem Abstand von zwei Metern ebenfalls hin und wurde an denselben Riemen gebunden. Dies wiederholte man, bis die ganze Reihe besetzt war, und fing dann die nächste und die übernächste an. Die Enden der Lederriemen wurden an anderen Pfählen festgemacht und dann von zwei oder drei Männern so lange gedehnt, bis sie so straff gespannt waren wie Harfensaiten.« Man nannte diese Methode *cepo de lazo*. »Bald waren meine Knöchel von Wunden übersät«, erinnerte sich Mr. Taylor, »und wurden durch die ständige Belastung beinahe ausgerenkt.«[8] Weibliche Gefangene wurden in den »A-förmigen Hütten«, in denen sie schliefen, ausgepeitscht. Die Männer in den Pferchen konnten ihre Schreie hören.

Hunderte von Menschen lagen in Eisen hinter den Bäumen, welche die Grenze des Lagers bildeten, und wurden täglich gefoltert. Jeder Teilnehmer an der Sitzung, die Benigno López im Bahnhof von Paraguari einberufen hatte, war festgenommen worden. Tristan de Roca trug Eisen, ebenso wie José Berges, Pedro Burgos (der Vater der Geliebten des Mariscal), Ramon Franco (in dessen Haus Madama ihre erste Nacht in Asunción verbracht hatte), Sinforoso Cáceres (ihr Geschäftspartner, an den das Geld für das goldene Tintenfaß ausgezahlt worden war) und zahlreiche andere. Wegen ihres elenden Zustands und der zerschlagenen und wunden Gesichter waren sie kaum noch voneinander zu unterscheiden. Im Verhör mit den Inquisitoren denunzierten die Gefangenen Venancio, Rafaela und Inocencia López, Richter, Minister, Abgeordnete, Priester, Seminaristen, den Dechanten der Kathedrale von Asunción, ausländische Diplomaten, die Leute, die in den Konsulaten verkehrten, Herrn von Treuenfeld, der die Telegrafenleitungen verlegt hatte, den englischen Kaufmann Mr. Stark, Mr. Watts, einen Schiffsbauingenieur aus Limehead, M. Anglade, einen französischen Kaufmann, von dem Madame ihre Accessoires zu beziehen pflegte, Gustave Bayon de Libertat, Kanzleivorsteher in Cuvervilles Gesandtschaft und weniger geschickt als sein Vorgesetzter, sowie die Italiener, Schweizer, Deutschen, Franzosen, Briten, Uruguayer, Argentinier, Nordamerikaner und Brasilianer, die brav in den Club Nacional gepilgert waren, um Geld für die *ofrendas* zu spenden, mit denen man die Triumphbögen, Beleuchtungen und öffentlichen Bälle zur Feier der »siegreichen« Armee finanzierte. Die Gefolterten beschuldigten sogar Juana Pabla López de Carrillo. Bis auf La

Presidenta wurden alle Genannten nach San Fernando gebracht, vor die *fiscales de sangre* geschleppt, mit Lederriemen oder Kletterpflanzenranken aus dem Dschungel durchgeprügelt, mit den Füßen an den Zaun der Koppel gefesselt und gefoltert.

In Humaitá verhungerten die Einwohner.

General Caballeros Männer auf der anderen Seite des Flusses in Timbó versuchten verzweifelt, ihnen zu helfen, und schlachteten Bullen, die sie auf Bambusflöße banden und mit Gras und Blumen als *camalotes* tarnten. Doch die meisten Lieferungen wurden von der Strömung erfaßt und ein Stück flußabwärts wieder an das Ufer des Chaco getrieben.

Als der Mariscal den sinnlosen Befehl schickte, bis zum letzten durchzuhalten, schoß Oberst Alén sich eine Kugel in den Kopf. Er verlor zwar ein Auge und die Gewalt über seine Gliedmaßen, starb jedoch nicht. Dann, endlich, telegrafierte der Mariscal die Anweisung, die letzten neuntausend Menschen zu evakuieren und nach San Fernando zu bringen. Ein Bote schwamm mit dem Befehl zwischen den Panzerschiffen hindurch und übergab ihn an Oberstleutnant Martinéz.

Am Geburtstag des Mariscal, dem 24. Juli 1868, kam es zu außergewöhnlichen Ereignissen. Oberstleutnant Martinéz ordnete Rufe, Gelächter und festliches Treiben an. Die Kapellen spielten die ganze Nacht lang, während die halbverhungerten Bewohner, die Geräusche übertönt von der Musik, in mit Lilien getarnte Kanus stiegen und zu der Lagune von Timbó hinüberruderten. Auf einer Trage führten sie den an Körper und Seele zerbrochenen Paulino Alén mit. Martinéz bildete die Nachhut. Über viertausend Menschen schafften es, die Strecke bis zum Morgengrauen zurückzulegen. Dann entdeckten brasilianische Schiffe die verdächtigen Blumeninseln und eröffneten das Feuer. Die letzten viertausend Paraguayer saßen in der Lagune fest. Sie retteten sich auf eine kleine Insel, wo sie bald umzingelt wurden. Zehntausend Geschosse hagelten in dieser Woche rings um sie herum nieder. Es gab nichts zu essen, und die Temperaturen sanken nachts unter den Gefrierpunkt. Jede Nacht schwammen Jungen mit Messern zwischen den Zähnen von der Insel zu den brasilianischen Schiffen hinüber, und Kanus glitten lautlos zwischen ihnen hindurch in Richtung Timbó, wo die Vorhut wartete. Zweitausend Paraguayern gelang so – inmitten von Lichtblitzen, Krokodilen und der sprühenden Gischt der Detonationen – die Überfahrt in den Chaco. Allabendlich wurde von Timbó nach San Fernando telegrafiert, um dem Mariscal durchzugeben, wie viele durchgekommen waren und wie viele noch festsaßen.

Am achten Tag (so behaupteten sie zumindest) bemerkten die Alliierten, daß sich auch Frauen und Kinder auf der Insel befanden. Das Feuer wurde eingestellt, und Männer mit weißen Fahnen erschienen, um Vorschläge zu unterbreiten. Martinéz lehnte sie alle ab. Vier weitere Tage gab es nichts zu essen. Dann sprach ein brasilianischer Priester mit einem Kruzifix in der Hand vor und überredete Martinéz, das Leben der Menschen auf der Insel zu retten. Martinéz schwankte so vor Hunger und Erschöpfung, daß er kaum noch die Kraft hatte, vor dem argentinischen General zu salutieren, der an Land kam. Dennoch verlangte er, daß seine Offiziere ihre Schwerter behalten konnten und daß keiner der Männer in die alliierte Armee gepreßt werden durfte. Als die letzten Paraguayer die Insel verließen, wurde auf den brasilianischen Schiffen applaudiert. Von allen Heldentaten der auf so tragische Weise irregeleiteten Paraguayer war die endgültige Evakuierung von Humaitá wohl die erstaunlichste gewesen.

Oberst Martinéz wurde zu einer höflichen Befragung gebeten. Was, so wollten die alliierten Offiziere wissen, hielte die Männer Paraguays nur auf ihren Posten? Martinéz erwiderte, es sei die Angst, was der Mariscal ihren Frauen antun würde, wenn sie sich weigerten oder desertierten.

Als man in San Fernando von Martinéz' Kapitulation erfuhr, schickte der Mariscal ein Telegramm nach Luque. Soldaten marschierten zu Elisa Lynchs Haus, wo Juliana Insfrán de Martinéz lebte, und nahmen sie fest.

Sie mußte vor den Richtern der vierten Kommission erscheinen. Man gab ihr einen Stuhl und fragte sie, was sie über »die Revolution« wisse. Überhaupt nichts. Sei sie darüber im Bilde, daß General Vincente Barrios und andere sie beschuldigt hätten? Die Vorwürfe seien falsch, sie habe keine Ahnung von einer

Revolution. Was habe ihr Mann bei ihrem letzten Besuch in Humaitá über den Plan erzählt, den Mariscal zu stürzen und das Land dem Feind auszuliefern? Ihr Mann habe nichts dergleichen gesagt, erwiderte sie. Ihr Mann sei unfähig zu unehrenhaftem Verhalten und Verrat.

Nachdem der Mariscal das Protokoll der ersten Vernehmung gelesen hatte, ordnete er an, Juliana so lange auszupeitschen, bis sie zufriedenstellende Antworten gab. Die erste Auspeitschung fand schon wenige Stunden später statt; die zweite, dritte, vierte, fünfte und so weiter erfolgten im Verlauf der nächsten Wochen. Als klar wurde, daß sie sich auch dann nicht beirren lassen würde, wenn sich ihre Haut in Fetzen vom Körper löste, befahl der Mariscal die Anwendung des *cepo uruguayana*. Es geschah in seiner Gegenwart. Selbst unter größten Schmerzen beteuerte Juliana mit Überzeugung ihre Unschuld. Doch er teilte ihr mit, man würde sie zu Tode foltern, wenn sie nicht gestehe. Sie wurde sechsmal dem *cepo uruguayana* unterworfen.

Die Hinrichtungen der Verräter in den Pferchen rings um San Fernando begannen am 4. August. Fünfundvierzig Menschen starben an diesem Tag, und die Salven der Exekutionskommandos dauerten so lange an, daß die Wachposten Alarm schlugen, da sie glaubten, die Brasilianer kämen. »Wer nicht gehen konnte, wurde in Karren gefahren, die anderen ließ man, in Eisen gelegt, in Zweierreihen marschieren. Dann gaben uns eine Salve und ein paar nachhallende Schüsse Stoff zum Nachdenken. Wenn die Opfer gute Kleider getragen hatten, sahen wir diese später an den zurückkommenden Wachleuten und Unteroffizieren.«[9]

Ab dem 4. August fanden täglich Hinrichtungen statt. Als die Kugeln nicht mehr für die Exekutionskommandos reichten, wurden die Beschuldigten an Bäume gefesselt und mit Lanzen durchbohrt. Dann warteten die Henker darauf, daß man ihnen die Namen ihrer nächsten Opfer nannte. Ihr Kommandant war Toro Pichai, »einer der barbarischsten und unmenschlichsten Offiziere in der Armee«,[10] ein Mann, der für die schmutzige Seite des Krieges wie geschaffen war. Er hatte seine Freude an den Massenfolterungen von San Fernando, und die Lanzenträger des Regiments Cabeza Florida wurden unter seiner Führung zu erfahrenen

Mördern. Die Lust, anderen Menschen Schmerzen zuzufügen, ergriff immer mehr Besitz von ihnen, bis sie sich in einen Blutrausch hineinsteigerten. Nach den Hinrichtungen veranstaltete man schauerliche Feste für sie, und die Frauen des Lagers brachten Arme voller Blumen und legten sie in die Mützen der Mörder. Manchmal nahmen sogar Kinder an den Hinrichtungskommandos teil, was das Sterben noch verlängerte, weil ihnen die Kraft und die Erfahrung fehlten, die nötig waren, um schnell zu töten.

Leutnant Maciel, *fiscal de sangre* und Sekretär des Mariscal, verbrachte seine Zeit abwechselnd beim Tribunal und in der Kommandozentrale, wo er die Korrespondenz für seinen Herrn und für Madame erledigte. Er gehörte zu den wenigen, die wußten, daß López seine Bürger zwar wegen Hochverrats vor Gericht stellte, aber gleichzeitig Briefe an »die Konsuln in Rosario, Montevideo, Buenos Aires und in anderen Städten schrieb und sie bat, die verschiedenen Geldsummen, die sich in ihrer Obhut befänden, in diverse europäische Länder zu schicken«.[11]

Maciel erinnerte sich auch an weitere Verwaltungsaufgaben.

»Für Madame Lynch«, berichtete er, »fertigte ich *escritos de transferencia* für Häuser an, die konfisziert worden waren. Gewaltige Grundstücke wurden ihr für Alibisummen überschrieben. López war über diese Transaktionen informiert, die alle mit seiner Billigung durchgeführt wurden.«

Der Besitz derer, die des Hochverrates schuldig gesprochen wurden, fiel an den Staat und konnte zu einem von diesem festgesetzten Preis an Privatpersonen verkauft werden. Dieses Prinzip galt nicht nur in Paraguay, denn Hochverräter wurden auch anderswo von dem Staat enteignet, gegen den sie sich verschworen hatten. Außergewöhnlich war nur, daß der Staat Paraguay in diesem Fall durch den Mariscal verkörpert wurde und daß der Besitz, der ihm in seinem kleinen Haus in San Fernando zufiel, sofort in die Hände der Bewohnerin eines anderen Hauses auf der gegenüberliegenden Seite der Plaza überging – und zwar in die von Elisa Lynch.

Maciel schilderte in klaren Worten, welche Rollen Elisa und López in dieser Geschäftsbeziehung innehatten. López, sagte er, »war informiert«. Elisa lieferte die Anregungen. Obwohl López den Staat als Synonym für seine eigene Person betrachtete und abweichende Meinungen als Hochverrat ahndete, lagen seinem Schreckensregime offenbar ehrliche Absichten zugrunde: Anscheinend hielt er die Menschen, die in San Fernando hingerichtet wurden, allen Ernstes für Verräter. Elisas Verhalten hingegen läßt es einem kalt den Rücken hinunterlaufen: Sie plünderte die Toten aus, indem sie kaltblütig ihren Besitz an sich riß, so wie ein Soldat, der nach der Schlacht den Gefallenen die Ringe von den Fingern zieht.

Die Verhaftungen, Folterungen und Hinrichtungen dauerten an. Niemand war vor den Anschuldigungen derer sicher, die dem *cepo* unterworfen wurden oder, an einen Pfosten gefesselt, hundert Hiebe mit einem Lederriemen über sich ergehen lassen mußten.

> Eines Tages, als der Bischof bei López speiste und neben ihm am Tisch saß, erschien ein Spion und herrschte ihn an: »Stehen Sie von diesem Stuhl auf, Sie haben kein Recht darauf, Sie verdienen es nicht, hier zu sitzen, denn Sie sind böse und abstoßend, ein Verräter an unserem Land und an *el Supremo*, dem besten Monarchen der Welt ...« Der Bischof erbleichte angesichts dieser Beleidigung und blickte López fragend und hilfesuchend an. Als López seinen Freund so sah, rief er aus: »Ist es wirklich möglich, daß mein guter Freund mit den üblen Verrätern an *la patria* und der Regierung im Bunde ist?« Der Bischof versuchte, sich zu rechtfertigen, doch er erhielt keine Gelegenheit dazu, denn er wurde mit Prügeln und außerdem mit Beschimpfungen und Vorwürfen überhäuft, während ein Wachmann ihn aus dem Eßzimmer zerrte.[12]

Er mußte vor dem zweiten Tribunal unter Vorsitz von Padre Maíz erscheinen, wo er weinend gestand, er habe die verräterischen Absichten von General Barrios nicht weitergemeldet. Daraufhin holten die Soldaten General Barrios, der das Schwert abnahm und es auf den Tisch des Mariscal legte und sich zu seiner Hütte begab, wo seine Frau auf ihre Vernehmung vor dem Tribunal wartete. Von draußen hörte ein Offizier ihn brüllen: »Du wolltest, daß es so weit mit mir kommt!« Als der Offizier eintrat, stellte er fest, daß Barrios sich mit eigener Hand die Kehle durchgeschnitten hatte. Inocencia stand, mit Blut bespritzt, daneben und schrie um Hilfe. Der Schnitt war nicht tief genug.

Die Kundschafter meldeten, daß die Alliierten nach Norden vorrückten, und man mußte die Zelte abbrechen, bevor Bischof Palacios verhört werden konnte. Die nächste Verteidigungslinie befand sich südlich der Hauptstadt, wo der Bach Pikisyry in den Rio Paraguay mündete und man von den sanften Hügeln in Lomas Valéntinas freien Blick auf die letzten Lagunen und *esteros* hatte. Die Armee setzte sich schleppend in Bewegung. Oberst Thompson und seine Männer begannen mit dem Ausheben der letzten großen Gräben des Krieges entlang des Pikisyry. In der Bucht von Angostura wurden die letzten Flußblockaden errichtet. Die Verurteilten und die, die noch verhört werden mußten, marschierten in Eisen und bewacht von Soldaten nach Norden. Antonio de la Carreras, Benigno López und der portugiesische Konsul wurden in einen schwankenden, stinkenden Karren gepfercht. Alonso Taylor sah die geschlossenen Ochsenkarren, in denen Rafaela und Inocencia López gefangen waren, vorbeirumpeln, »etwa zweieinhalb Meter lang, einen Meter breit und einen Meter fünfzig hoch ... Die Vorderseite und die Fenster waren verrammelt, und die hintere Tür hatte man mit einem Vorhängeschloß gesichert. Aber man hatte vorne eine Öffnung frei gelassen, vermutlich, um ihnen etwas zu essen oder ähnliches hineinzureichen«.[13] Der Bischof quälte sich mit den Eisen, zu denen Padre Maíz ihn verdonnert hatte. Es waren dieselben, die Maíz getragen hatte, als er 1862 von Palacios wegen Verschwörung verurteilt worden war.

Hinter ihnen in San Fernando wurde die kleine Garnison, die den Rückzug des Mariscal hätte absichern sollen, niedergemetzelt. »Geier erhoben sich von den blutigen Kadavern der Rinder; die Leichen von Paraguayern in ledernen Lendenschurzen trieben mit dem Gesicht nach unten im Wasser und tanzten auf den Wellen des Flusses gespenstisch auf und nieder.«[14]

Am 10. September lag die *US Wasp* vor Angostura. Charles

Washburn und seine Familie verließen Asunción, so daß seine Hausgäste nun der Willkür der Polizei ausgeliefert waren, die die Gesandtschaft schon seit drei Monaten belauerte. Sobald der amerikanische Konsul um die Ecke gebogen war, wurden die Menschen festgenommen. Auf dem Polizeirevier legte man ihnen Handschellen und Fußeisen an. Dann mußten sie, seitlich auf Maultieren sitzend, in Angst und voller Schmerzen den vierzehnstündigen Ritt nach Viletta, ein paar Kilometer vom Pikisyry entfernt, hinter sich bringen, wo die ersten der Gefangenen von San Fernando untergebracht waren. Die mit Seilen abgetrennten Pferche waren schon vorbereitet.

Was für ein Bild des Elends (schrieb Masterman). In der leicht hügeligen Landschaft, die man oberflächlich von Gestrüpp befreit hatte, lagerten vierzig Gefangene auf einem etwa dreißig Quadratmeter großen Areal in Hütten oder auf Decken auf dem Boden. Er erkannte Dr. Antonio de la Carreras, dessen »Finger zu einer formlosen Masse zerquetscht worden waren«,[15] Venancio, Alonso Taylor und andere. Niemand wagte, sich zu grüßen. Einige Kriegsgefangene waren auch dabei, »im letzten Stadium des Leids, manche halb, andere völlig nackt, mit Wunden übersät und zum Großteil zu schwach zum Gehen; zu guter Letzt war da noch ein Grüppchen Schwerverbrecher, zu erkennen an einem Eisenring am rechten Knöchel; sie wirkten kaum noch menschlich, hatten keinen Fetzen Kleidung am Leib und lagen zusammengekrümmt auf dem Boden, von den Soldaten mit Schlägen, Tritten und den übelsten Beschimpfungen überhäuft«.[16]

Am Abend wurde er einem *fiscale de sangre* vorgeführt, und man befahl ihm, zu gestehen, daß er und Mr. Washburn sich verschworen hätten, den Mariscal zu stürzen. Als er sich weigerte, wurde er so lange dem *cepo uruguayana* unterworfen, bis er sich bereit erklärte, ihnen zu sagen, was sie hören wollten. Dann brachte man ihn in den Pferch auf dem Hügel zurück.

> Aus einer Elendshütte ganz in der Nähe kroch Don Benigno López auf allen vieren heraus – er war gut gekleidet, trug aber schwere Eisen; aus einer anderen Hütte kam ein gespenstisch wirkender alter Mann, den ich erst nach eini-

ger Zeit als den ehemaligen Außenminister, Don José Berges, erkannte. Dann kamen zwei uralte Greise, die offenbar ihre zweite Kindheit durchlebten; sie hatten kein Stück Stoff, um sich zu bedecken. Der eine war in Eisen und konnte nur zittrig auf Händen und Knien kriechen, der andere sah sich mit einem schüchternen Lächeln auf dem blöden Gesicht um. Offenbar freute er sich über das Treiben um ihn herum und ahnte nicht, was wirklich hier geschah ... Was konnten diese beiden verbrochen haben? Ein lautstarkes Jammern wegen verlorengegangener Bequemlichkeiten? Ein zu leidenschaftliches Trauern um ihre gefallenen Söhne und Enkel? Ein unbedachtes Wort, ausgesprochen von einem störrischen Greis und anschließend zu Hochverrat umgedeutet ...[17]

Von ihrem Aussichtspunkt auf dem Hügel aus sahen die Neuankömmlinge am nächsten Morgen eine »dichte Staubwolke und eine wogende, lärmende Menschenmenge ... Männer, Frauen und Kinder in drei riesigen Herden, in Schach gehalten von Soldaten zu Fuß und zu Pferde, voll bewaffnet und mit Stöcken in der Hand, mit denen sie die am Rande Gehenden und diejenigen, die vor Erschöpfung stürzten, schlugen«.[18] Es waren die letzten sechshundert Gefangenen aus San Fernando.

Dann erschien Madame Lynch in einer zweispännigen Kutsche. Als sie an den Gefangenen vorbeirollte, »verbeugte sie sich mit einem reizenden Lächeln, wir zogen die Mützen, alle wohl wissend, daß ein Wort von ihr uns morgen an den Galgen bringen oder uns ein noch viel schlimmeres Schicksal bescheren könnte«.[19] Vermutlich erkannte sie jedes Gesicht in der Menschenmenge.

Die Gefangenen mußten die neun Kilometer nach Valéntinas durch hohes Gras, mit Halmen so dick wie Schilf, und über holperige Pfade marschieren. Die Nachhut schleppte sich an den Leichen derer vorbei, die vor Entkräftung zusammengebrochen und von den Wachen zu Tode getreten worden waren. Es fiel sintflutartiger Regen. Ein Stück landeinwärts vom Bach Pikisyry wurde, wie in jeder Phase des Rückzugs, ein Lager aufgeschlagen: Hütten, eine Kommandozentrale, Kessel zum Hineinurinieren, ein Schießpulverlager, eine Kapelle, ein Haus für den Mariscal und ein zweites für Madame. Die ersten Überlebenden von Humaitá trafen ein. Wieder begannen die Verhöre und Folterungen. Masterman beobachtete, wie Benigno weggeschleppt und wieder zurückgebracht wurde, »das Gesicht gräßlich verzerrt von den Qualen, die er erlitten hatte«.[20]

Der Mariscal erhielt einen Brief von La Presidenta. Sie flehte um Nachricht von ihren beiden Töchtern und ihren zwei Söhnen, die immer noch in Haft waren, ohne daß Anklage gegen sie erhoben worden wäre.

Pikisyry, 10. September 1868

Meine liebe Mutter,
ich habe Deinen Begrüßungsbrief vom 3. September erhalten, und ich bin noch am Leben, um diesen hier am 6. Jahrestag des Todes meines Vaters entgegenzunehmen, dank der Gnade Gottes, dem es gefallen hat, mich trotz der vielen Machenschaften von seiten meiner Angehörigen und von Fremden zu verschonen …

Ich kann Dir gar nicht sagen, Mama, wie weh es mir tut, Deinen Brief zu lesen … ich hätte, so schwer es auch sein mag, offenere und ungezwungenere Worte erwartet. Arme Mama! Vermutlich weißt Du nicht, was ich in dieser ungeheuerlichen Affäre bereits alles durchgemacht habe, ohne ein Murren zu wagen. Allerdings hat mein Martyrium seinen Gipfel erreicht, als ich die Tatsachen erfuhr. Ich befürchte, diesen Tag dadurch zu verderben, daß ich mich mit einem Thema befasse, das mindestens ebenso unerfreulich ist wie die Ereignisse vor sechs Jahren (als Benigno und andere gegen seine Wahl zum Präsidenten protestiert hatten). All meine Bemühungen waren vergebens, all meine Hoffnungen wurden enttäuscht; und ich möchte noch einmal die Gründe erklären – oder es besser andere für mich tun lassen. Alle haben sich gegen mich verschworen, und niemand trachtete mehr nach etwas anderem, als

nach dem Leben seines Opfers. Doch Gott wollte, daß Licht in die Dunkelheit fiel; meine Feinde wurden vernichtet, und ich bin noch hier. Ich bin noch ganz und gar für Dich da, das schwöre ich beim Himmel! Beim Himmel! Wenn es doch nur jene so gesehen hätten, die nicht auf den Gedanken kamen, mich um Hilfe zu bitten.
Venancio, Benigno und Inocencia sind wohlauf.

Wenn ich mir einen Rat gestatten darf, würde ich Dir empfehlen, Dich wegen der Dinge, die derzeit geschehen, nicht übertrieben zu beunruhigen. Es wäre nicht sehr klug, auch wenn ein empfindsames Mutterherz zuweilen überfließt.

Ich habe Deinen Brief eher als den einer Mutter an ihren Sohn verstanden, nicht als den einer Bittstellerin an den Magistrat, denn letzteres wäre nur schädlich.

Ich schicke Dir, Mama, alle Liebe und bitte Dich um Deinen Segen.

Dein gehorsamer Sohn
Francisco Solano López[21]

Der Mariscal litt an ständigen Schmerzen. Er hatte Zahnweh, und seine Verdauungsstörungen wurden durch den übermäßigen Alkoholgenuß noch verstärkt. Außerdem machte er sich Sorgen um seine Söhne und sprach unablässig darüber, welche Ängste er ihretwegen ausstand. Spätnachts wurde Elisas Haushalt durch das laute Bellen von Loto, dem Hund, und dem Poltern von Stühlen im Kinderzimmer jäh aus dem Schlaf gerissen. Als Elisa aus ihrem Schlafzimmer stürmte, sah sie, daß der Hund eine riesige, sich windende Viper zwischen den Zähnen hielt, die zwar verletzt war, aber noch lebte. Hinter ihr erschien ein Soldat der Wache des Mariscal mit aufgepflanztem Bajonett und tötete die Schlange, während die Familie zusah. Am nächsten Morgen war Loto verschwunden. Soldaten halfen den Kindern, am Rand des Lagers, wo die Gefangenen angekettet zwischen ihren Hütten ausharrten, nach ihrem Haustier zu suchen, doch sie fanden den Hund nicht. Die Eltern erklärten, er habe sich zum Sterben an einen ruhigen Ort zurückgezogen.

Eines Tages brachten einige Männer eine Trage mit einem Halbtoten, »an einer Lederschlinge, die an einem Balken hing, ein fast nackter Mann, dessen Kopf auf den Knien ruhte. Ich hätte ihn fast für tot gehalten, wären da nicht seine kläglichen Schreie gewesen, als sie ihn auf den Boden kippten«.[22] Es war Oberst Alén, der Verräter, der bei der Verteidigung von Humaitá versagt und lieber einen Selbstmordversuch unternommen hatte, als dem Mariscal gegenüberzutreten.

In einer anderen Hütte saß Juliana Insfrán de Martinéz und fragte sich, wann und wie sie sterben würde, um das Verbrechen ihres Mannes zu büßen. Man »übergab« sie an einen Offizier, der sich »mit großem Vergnügen« um sie kümmerte.

Wie schon in San Fernando warteten die Soldaten auf den Anmarsch der Alliierten, während Thompsons Männer Gräben entlang des Pikisyry aushoben. Im Süden würde der Feind den letzten *estero* überqueren müssen. Dann konnten die Paraguayer ihn in den Sümpfen umzingeln und niedermetzeln wie schon in Curupayty.

Drei ausländische Kriegsschiffe pendelten regelmäßig zwischen Angostura und dem alliierten Lager im Süden, da Großbritannien, Frankreich und Italien sich anschickten, ihre verängstigten Staatsbürger abzuholen, und diesmal gestattete López einigen von ihnen die Ausreise. Madame und der Mariscal hatten beschlossen, die neutralen Kapitäne nicht abzuwimmeln, sondern sie um den Finger zu wickeln, eine Strategie, die sich bereits bei den Konsuln Chapperon und Cuverville bezahlt gemacht hatte. Am 4. November ging die *HMS Beacon* im Fluß vor Anker, und Kapitän Parsons kam an Land, um sich das Lager zeigen zu lassen. Für diesen Anlaß hatte man alles aufgeräumt, und nirgendwo waren Gefangene oder Folterinstrumente zu sehen. Madame kochte an jenem Abend Plumpudding, und man erklärte dem Kapitän beim Abendessen, er könne natürlich alle Briten mitnehmen, die dies wollten, allerdings habe niemand den Wunsch danach. Nur ein einziger Brite bekam die Erlaubnis, mit dem Kapitän zu sprechen, wenn auch nur in López' Gegenwart. Oberst Thompson, der den Krieg inzwischen satt hatte, durfte das Lager nicht betreten. Dr. Fox, dessen Bein von einem brasilianischen Geschoß zerschmettert worden war, ging mit einigen britischen Frauen an Bord.

Die Kapitäne des französischen und des italienischen Dampfers waren häufig zu Gast beim Abendessen, ebenso wie der französische und der italienische Konsul, die regelmäßig zwischen Luque und Pikisyry hin und her reisten. Vor dem Krieg war die italienische Gemeinde die zweitgrößte nach der britischen gewesen. Inzwischen lagen die meisten ihrer Mitglieder in Eisen. Ihr Konsul dinierte allabendlich beim Mariscal und hielt Madames Steigbügel, wenn diese sich für ihren täglichen Ritt durch das Lager in den Sattel schwang. »Daß er ihr nicht die Schleppe trug, lag nur daran, daß ihr Rock dafür zu kurz war.«[23] Wenn man italienische Gefangene den *fiscales de sangre* vorführte, stellte man ihnen stets die gleiche Frage:

»Haben Sie Geld beim italienischen Konsul hinterlegt?«

Die Antwort lautete immer ja, denn alle ausländischen Staatsbürger hatten bei der Evakuierung von Asunción ihre Wertsachen in den Konsulaten Frankreichs, Italiens oder der Vereinigten Staaten deponiert. Konsul Chapperon hatte Abschriften aller Quittungen mitgebracht, die im Konsulat von Luque ausgestellt worden waren.

»Also«, fuhren die Richter fort, »haben Sie kein Vertrauen in die oberste Regierung dieser Republik. Sie sind ein Verräter.«[24]

»Das italienische Schiff nahm zweiundfünfzig Frauen und Kinder mit, das französische eine geringere Anzahl.« Beide – vermutlich auch das britische – »transportierten einige schwere Kisten ab, die von jeweils sechs bis acht Männern getragen werden mußten; vermutlich enthielten sie einen Teil des Schmucks der Damen«, schrieb George Thompson, »der 1867 eingesammelt worden war, sowie eine große Menge Golddublonen«. Es war allgemein bekannt, daß Elisa Lynch verzweifelt versuchte, sich außerhalb Paraguays ein finanzielles Polster anzuhäufen.

Im Dezember legte ein amerikanischer Dampfer vor Angostura an, und General MacMahon, der Konsul, den Washington geschickt hatte, um Charles Washburn abzulösen, ging an Land, wo man ihn sofort begrüßte, großzügig bewirtete und becircte. Allerdings verbrachte er nicht viel Zeit im Lager, denn Kundschafter berichteten, daß Caxias' Truppen nicht wie erwartet durch die Sümpfe vorrückten. Statt dessen marschierten sie über die Straße durch den Chaco und überquerten im Norden den Rio Paraguay, um die Armee des Mariscal von hinten anzugreifen.

Am 6. Dezember bewegten sich die ersten alliierten Abteilungen nach Süden in Richtung Pikisyry. Sie erreichten die Brücke von Ytoro, viereinhalb Kilometer oberhalb von Lomas Valéntinas, und verteilten sich, um den kleinen Fluß zu überschreiten. Auf der anderen Seite warteten General Caballero und fünftausend Paraguayer ab und verhielten sich still. Dreitausend Brasilianer und tausendzweihundert Paraguayer starben in diesem Hinterhalt. Die Brasilianer zogen sich zurück, doch der Rest der alliierten Truppen überquerte den Rio Paraguay, so daß 27 000 ausgeruhte Soldaten 7000 erschöpften Paraguayern gegenüberstanden. Am 11. Dezember erreichten die Alliierten Avahi, anderthalb Kilometer südlich von Ytoro. 6500 Mann fielen in der Schlacht. In Lomas Valéntinas sagte man sich erleichtert, daß das letzte Gefecht näher rückte. Die Gefangenen warteten darauf, daß die Brasilianer kommen und sie retten würden.

Die Kinder stürmten unter lautem Geschrei zu Elisa, um ihr zu melden, daß Loto wieder aufgetaucht war, zwar abgemagert und mit kahlen Stellen im Fell, aber lebendig. Das hatte er einer Grasart namens *mboi ka'a* zu verdanken, die in diesem Gebiet wuchs und gegen Schlangenbisse wirkte. Ein Freudenfest wurde veranstaltet.

Am 16. Dezember wurde Juliana Insfrán de Martinéz von Soldaten abgeführt und erschossen.

Am 18. Dezember trat ein Tribunal zusammen und verkündete das Todesurteil gegen Benigno, Venancio, Rafaela und Inocencia López. Die Vollstreckung wurde ausgesetzt. Am 20. Dezember fand eine erneute Sitzung statt. Der Mariscal übergab dem Ausschuß ein Schreiben, in dem er darum bat, die Todesstrafe für drei der Angeklagten in eine Verbannung ins Landesinnere der Republik umzuwandeln. Das Tribunal stimmte zu. Man würde die beiden Schwestern zu den übrigen *traidoras* schicken, während Venancio weiterhin unter militärischer Bewachung stehen sollte.

Am 21. Dezember hörte man bei Morgengrauen die ersten Kanonenschüsse der Alliierten. Die Wagen des Mariscal waren bereits für den Rückzug gepackt. Man führte ihm die übriggebliebenen Verräter vor und verlas die gegen sie verhängten Urteile. Die Gefangenen, die erschossen werden sollten, wurden sofort weggeschafft. Rafaela und Inocencia brachte man zurück in ihre verrammelte, stinkende Kutsche, von wo aus sie zusehen mußten, wie die Verurteilten von einer Abteilung Kindersoldaten, befehligt von ihrem Vetter Hilario Marcó, abgeführt wurden. Unter ihnen befand sich auch General Barrios.

Während die Alliierten vorrückten, wurden die Kindersoldaten in einer Reihe aufgestellt. Geschosse schlugen rings um die Verurteilten und das Hinrichtungskommando ein, als Marcó den Feuerbefehl gab. Einige der Jungen weinten. Der Mariscal war anwesend, Elisa nicht. Zu den Gefangenen, die an diesem Morgen sterben sollten, gehörten Männer, die sie bereits in Paris gekannt hatte. Bischof Palacios und Juliana de Martinéz wurden ebenso hingerichtet wie Paulino Alén, der halb blind und nicht mehr ansprechbar war, als man ihn erschoß. Wer nicht nach der ersten Salve starb, wurde von den Bajonetten der Kindersoldaten durchbohrt. Das Erschießungskommando ließ die Leichen an Ort und Stelle liegen und machte kehrt, um sich dem Feind von außen entgegenzuwerfen.

In der siebentägigen Schlacht von Lomas Valéntinas stellte sich López zum ersten Mal dem feindlichen Beschuß, und nicht wenige glaubten, daß er absichtlich sein Leben aufs Spiel setzte. Eine Kugel riß das Ende seines Halstuchs ab, doch der Tod kam nicht.

Die Kämpfe dauerten den folgenden Tag und auch die Nacht über an. Am Morgen des 23. Dezember rief der Mariscal General MacMahon zu sich und übergab ihm einen Brief.

Sehr geehrter Herr,
aufgrund Ihrer Funktion als Vertreter einer freundlichen Nation und als Vorsichtsmaßnahme gegen mögliche zukünftige Ereignisse gestatte ich mir, beiliegende Schen-

kungsurkunde Ihrer Obhut anzuvertrauen, in der ich all meinen privaten Besitz, ganz gleich welcher Art, an Mrs. Elisa Lynch übertrage.

Ich bitte Sie, die Güte zu haben, dieses Dokument aufzubewahren, bis Sie es besagter Dame wohlbehalten aushändigen oder es angesichts unvorhergesehener Zwischenfälle, die mich möglicherweise daran hindern, mich noch einmal in dieser Sache an Sie zu wenden, an mich zurückgeben können.

Außerdem gestatte ich mir, Sie gleichzeitig darum zu bitten, alles in Ihrer Macht Stehende zu tun, um die in genanntem Dokument getroffenen Verfügungen auszuführen. Ich danke Ihnen im voraus für alles, was Sie in dieser Sache vielleicht unternehmen müssen, und verbleibe Ihr in Ihrer Schuld stehender Diener

Francisco S. López

Anlage: Ich, der Unterzeichnete, Marschall und Präsident der Republik Paraguay, erkläre durch das vorliegende Dokument offiziell und feierlich, daß ich zum Dank für die Dienste von Mrs. Elisa A. Lynch diese zur Begünstigten durch Schenkung mache und ihr all meine Habe, meine Rechte und meine persönlichen Aktiva übertrage.[25]

General MacMahon nahm die Schenkungsurkunde entgegen und reiste mit einigen europäischen Frauen und den Lynch-López-Kindern – mit Ausnahme von Panchito – mit der Kutsche ins fünfundvierzig Kilometer entfernte Bergdorf Piribebuy, wo die *traidoras* lebten.

An diesem Tag fielen siebentausend in der Schlacht. Am 24. Dezember forderte man den Mariscal zur Kapitulation auf, doch er weigerte sich. Es war Panchito, der mit einer weißen Fahne und einer Eskorte ins feindliche Lager ritt, um Caxias die Ablehnung zu überbringen. Als er sich am Ende der Waffenstillstandsverhandlungen, beobachtet von seiner Mutter, auf den Rückweg zur Kommandozentrale machte, feuerten die Brasilianer einen provozierend flachen Schuß über seinen Kopf ab. Viertausendfünfhundert Soldaten starben an diesem Tag.

Am Weihnachtstag ritt Elisa mit dem Mariscal aus. Sie kamen an einem der Pferche in den Hügeln vorbei, wo die Gefangenen, dem Beschuß der Brasilianer ausgesetzt, in Eisen lagen. Alonso Taylor war auch dabei.

Ich glaube, sie machte ihn auf uns aufmerksam [schrieb er]. López befahl uns, uns in einer Reihe vor ihm aufzustellen. Dann fragte er uns: Sind Sie Gefangene? Ja, erwiderten wir. Dann flehte Señor von Treuenfeld Seine Exzellenz um Gnade an, und dieser erkundigte sich, warum er hier sei. Herr Treuenfeld entgegnete, das wisse er nicht, und der Präsident teilte ihm mit, er könne gehen, wie es ihm beliebe. Dann trat ich vor und sagte, ich wäre sehr dankbar, wenn er mir gegenüber die gleiche Gnade walten lassen könne. López fragte mich, wer ich sei; als er meinen Namen hörte, schien er sehr überrascht und rief aus: Was machen Sie denn hier? Sie sind frei. Da meldeten sich die übrigen der zehn Gefangenen ebenfalls und erhielten dieselbe Antwort.[26]

Während der Kämpfe der nächsten drei Tage fielen 34 000 Mann. Am Nachmittag des 28. Dezember überbrachte einer der wenigen überlebenden Offiziere dem Mariscal die Nachricht, es gebe eine Lücke in der brasilianischen Verteidigung, durch die der *état-major* entkommen könne, und so wurde es auch gemacht.

Als Elisa Lynch aus dem Lazarettzelt trat, richtete man ihr die Nachricht aus, die López für sie hinterlassen hatte, für den Fall, daß man sie ausfindig machen könne: Sie solle alle Frauen zusammenrufen und nach Cerro León aufbrechen. Elisa wußte nicht, wo Panchito steckte. Die wenigen Paraguayer, die noch lebten, flohen vom Schlachtfeld. Die Ärzte Skinner und Stewart schlossen sich ihnen an.

»Der Wortlaut des Gesprächs, soweit ich mich erinnere, war etwa folgender«, schrieb Skinner. »Mrs. Lynch sagte: ›Wissen Sie, wo der Präsident ist?‹ Ich erwiderte: ›Ich glaube, Madame, er ist diese Straße hinuntergeritten, und wenn Sie entkommen wollen, sollten Sie ihm so schnell wie möglich folgen.‹«[27]

Die Alliierten plünderten die Zelte der toten und fliehenden

Paraguayer. Unter den gefundenen Dokumenten war auch das Tagebuch von General Resquin, in dem dieser die Hinrichtungen der Verschwörer festgehalten hatte.

Ausländer, exekutiert	107
Ausländer, im Gefängnis gestorben	113
	220
Paraguayer, exekutiert	176
Paraguayer, im Gefängnis gestorben	85
	261
Exekutiert am 22. August 1865, Nationalität unbekannt	85
Tote (durch Bajonett) zwischen San Fernando und Pikisyry	27
	112
Tote, gesamt bis Dezember 1868	593[28]

Doch damit waren die Greuel noch nicht zu Ende.

> Am Tag nach der Schlacht vom 27. Dezember störten nicht die verwesenden Berge von Soldatenleichen den Schlaf der Eroberer, sondern das Weinen von Kindern zwischen zehn und zwölf Jahren, deren feine Stimmchen aus den Lazaretten drangen ... Woher kam nur dieses erstaunliche Wunder an selbstverleugnendem Gehorsam eines ganzen Volkes, das sich einstimmig bereit erklärte, bis zum letzten Mann zu kämpfen? Was anderswo nur eine rhetorische Frage gewesen wäre, wurde hier zur schrecklichen Realität.[29]

Dr. Stewart »begab sich in die Wälder, in der Absicht, sich aus dem Staub zu machen, aber Dr. Skinner warnte ihn, er würde erschossen werden, wenn er diesen Weg nähme ... Er und Dr. Skinner trennten sich, und Dr. Stewart wurde von einigen brasilianischen Soldaten gestellt, die ihn aufforderten, sich zu ergeben, was er auch tat«.[30] Er wurde an Bord eines brasilianischen Kanonenbootes gebracht. Für ihn war der Krieg vorbei, doch seine Frau und seine kleinen Kinder befanden sich in Piribebuy noch in der Gewalt des Mariscal. In Angostura einigten sich Thompson und seine Männer durch Abstimmung darauf, das Kapitulationsangebot der Brasilianer im Austausch für ehrenhafte Behandlung anzunehmen.

Wegen des unwegsamen Geländes dauerte es zwei Wochen, bis Madame Lynch das gut einhundert Kilometer entfernte Cerro León erreicht hatte. Über ihre Fahrt sind keine Einzelheiten bekannt, und man weiß nur, daß sie bei ihrer Ankunft Mitte Januar als *campesina,* als Bäuerin, verkleidet war und ihr auffälliges Haar unter einem Kopftuch versteckte. Zum ersten Mal bewegte sie sich ohne Kutsche, ohne Eskorte und ohne Wagen mit privaten Vorräten fort, welche die Familie López sonst überallhin begleiteten.

Ihre Gruppe war eine von Hunderten, die sich durch eine vom Krieg verwüstete Landschaft vorankämpften, um sich wieder dem Mariscal anzuschließen – oder sich in die entgegengesetzte Richtung weiterschleppten, um ihm zu entrinnen. Als die Alliierten auf Luque vorrückten, schlossen sich die Soldaten der Garnison, die Frauen, die Kinder und Verwundeten denen an, die sich zu Fuß und mit dem Ochsenkarren nach Osten in die Hügel flüchteten. Wellen von Flüchtlingen, unermüdlichen Kämpfern, Deserteuren, Kriegsgefangenen und Banditen schwappten im Januar und Februar im Hinterland der geplünderten Hauptstadt hin und zurück. Auf der hundertvierzig Kilometer langen Strecke zwischen Cerro León und Angostura irrten die Verzweifelten umher, auf Straßen, die »bedeckt waren mit menschlichen Leichen und verrottenden Tierkadavern«.[31]

In den ersten heißen Monaten des Jahres 1869 richteten die Alliierten sich in Asunción ein. Der Einmarsch erfolgte begleitet von Trompetenstößen. Das argentinische Kommando bezog Venancios Haus. General Osorio entschied sich für das Haus des Mariscal am Mercado Guazú. Was von der Waffenfabrik übrig war, wurde zusammengepackt und in den Mato Grosso geschafft, der sich nun wieder in brasilianischer Hand befand. Die Türen des französischen Konsulats wurden aufgebrochen, und man öffnete die Kisten, die dort standen. Das darin befindliche Geld, das die französische Gemeinde bei der Evakuierung nach Luque zurückgelassen hatte, wurde auf einem Billardtisch verteilt. Die Pferde der Brasilianer stellte man im neuen Palast am Flußufer unter. Die Pariser Möbel in der Calle Fábrica de Balas verpackte man in Kisten, um sie nach Buenos Aires zu bringen, wo man sie in den öffentlichen Räumen des Palacio de Gobierno ausstellte. Die Bibliothek wurde von Bücherliebhabern, Souvenirjägern und auch von Analphabeten geplündert, die Papier für ihre Lagerfeuer und Latrinen brauchten. Gemälde von Ingres, David Gainsborough und Goya wurden von den Wänden genommen. Man zerschmetterte das Porzellan oder packte es in Stroh und verlud es in wortloser Übereinkunft auf ein Boot, das ins Ausland fuhr. In Innenhöfen überall in der Stadt entstanden unschöne Haufen frischer Erde, da man an allen Ecken und Enden nach verborgenen Schätzen grub – wobei man jedoch häufiger auf Leichen als auf Gold stieß. Auf dem Fluß stauten sich die Schiffe. Jeden Tag legten Boote aus den unterschiedlichsten Ländern voll beladen ab und machten sich auf den Weg nach Argentinien, Brasilien, Uruguay, Großbritannien, Nordamerika, Frankreich und Italien. Es war wie in den Tagen von Asuncións Blütezeit. Wer sich in den Sümpfen und den Kordilleren schon verloren geglaubt hatte, fand nun Beschäftigung als Hafenarbeiter, Verkäufer, Schuhputzer und Botenjunge. Man arbeitete zwar für den Feind, bekam dafür aber zu essen und zu trinken und wurde nicht allnächtlich von Geschützfeuer, dem Weinen der Kindersoldaten oder dem Marschieren der Exekutionskommandos geweckt.

Allerdings begriffen die Brasilianer noch immer nicht, wie tief der Patriotismus der Paraguayer verwurzelt war. Feldmarschall Caxias hatte verkündet, er werde nach diesem Triumph seinen Posten als Kommandant der alliierten Armee niederlegen, denn er meinte, der Mariscal und seine heruntergewirtschaftete Armee könnten ohne Nachschub in den Hügeln nicht lange überleben. Sein Volk erbettelte Lebensmittel bei den Brasilianern. Seine Waffenfabrik in der Stadt befand sich in brasilianischer Hand. Seine Armee war im Quadrilateral und in Lomas Valéntinas vernichtend geschlagen worden. Die Paraguayer, mit denen die Brasilianer in Asunción sprachen, spuckten auf seinen Namen. Deshalb betrachteten sich die Brasilianer als Retter des Landes und nahmen an, daß die Paraguayer das genauso sahen. Doch während sie die heiße Jahreszeit in Asunción mit Feiern verbrachten, einander beteuerten, daß der Krieg vorüber sei, und auf Caxias' Nachfolger warteten, wurde in Cerro León eine seltsame Armee zusammengestellt. Aus ganz Paraguay strömten Krüppel, Kinder, Versehrte und weitere Gefolgsleute des Mariscal zusammen. Sie kamen über zerstörte Brücken und durch verwüstete Dörfer und schlüpften am Feind und den Banditen vorbei, um sich dem Mariscal anzuschließen und bis zum letzten Mann gegen *los negros* zu kämpfen. Die Soldaten, die im Dezember die Garnison in Asunción evakuiert hatten, hatten die letzten Maschinen aus der Waffenfabrik auf dem Rücken fortgetragen. Man baute eine neue Waffenfabrik in der Pilgerstadt Caacupé und versorgte sie mit Rohstoffen aus der Eisengießerei in Ybicui. Im März betrieben die ausländischen Techniker, die auf Befehl erst Asunción und dann Luque verlassen hatten, in den Hügeln eine Kopie der teuren Anlage, die im Laufe der Jahre in Asunción entstanden war. Man begann, Munition und Kanonen herzustellen, um die in den Sümpfen im Süden zurückgelassenen Waffen zu ersetzen. Die Armee exerzierte und biwakierte in Cerro León. Das Dorf Piribebuy wurde die dritte Hauptstadt der Republik. Das dazwischen liegende Caacupé diente der Unterbringung von Krankenhäusern, Industrieanlagen und Lagern. Die Familien wurden auf die Weiler und Bauernhöfe in den sanftgeschwungenen Hügeln verteilt und von den Einheimischen durchgefüttert.

Im April wurden dreizehntausend Soldaten in Cerro León ausgebildet. Einige waren aus den Lazaretten eingezogen oder auf den Straßen gefangengenommen worden, andere hatten sich freiwillig für die Verteidigung der nationalen Sache gemeldet. Jeden Tag wurde exerziert. Es gab keine Uniformen. Manche hatten keine Waffen. Einigen fehlte ein Arm oder ein Bein, und viele trugen Verbände. Zwischen den Veteranen und den Kindern, die von ihren Müttern abgeliefert wurden, um in die Armee einzutreten, bestand ein Größenunterschied von mehr als dreißig Zentimetern. Das Sanitätskorps wurde neu gebildet, denn Dr. Skinner war aus den Wäldern zurückgekehrt, um sich dem Mariscal anzuschließen. Er wollte lieber in Paraguay bleiben, als mit Dr. Stewart auf einem britischen Kanonenboot nach Hause zu fahren.

Caxias hatte zwar erklärt, der Krieg sei vorbei, doch das entsprach nicht den Tatsachen, denn im April herrschte der Mariscal über einen Miniaturstaat in den Kordilleren. Elisa Lynch war an seiner Seite.

Kundschafter aus Concepción erschienen im Lager des Mariscal, meldeten Verrat und behaupteten, die Honoratioren der Stadt wollten kapitulieren. Daraufhin wurde der Kommandant der Garnison von Concepción in die Kordilleren gebracht, verhört und so lange gefoltert, bis er schließlich eine Tat gestand, die er gar nicht begangen hatte. Als man in Concepción davon erfuhr, wandten sich bislang loyale Familien vom Mariscal ab. Die Männer desertierten, einige wurden *pasados,* andere kehrten einfach ins zivile Leben zurück und hausten unter spartanischen Bedingungen in der Einöde zwischen Asunción und den Kordilleren. Der Mariscal rief Toro Pichai zu sich und befahl ihm und fünf Mitgliedern der Cabeza Florida, die Verräter zusammenzutreiben und mit Lanzen zu erstechen. Doch Toro Pichai erhielt auch einen geheimen Befehl von Elisa. Er sollte den genauen Umfang und das Versteck des Vermögens gewisser Familien ermitteln – zwei legte sie ihm ganz besonders ans Herz – und soviel Gold wie möglich an den Mariscal zurückschicken, damit man es einschmelzen und daraus »für die, die es verdienten«, Orden gießen könne.

Toro Pichai, fünf Lanzenträger und zwei Priester brachen mit einer Liste von Familien auf, die getötet werden sollten. Sie überquerten die Kordilleren und erreichten Tacuati, wohin sich nach der Eroberung des Flusses durch die Brasilianer viele Menschen zu Freunden und Verwandten geflüchtet hatten. Toro befahl, alle Familien aus Concepción festzunehmen und auf die Plaza vor der Kirche zu bringen. Die Cabeza Florida drang in verschiedene

Häuser ein und schleppte verdatterte Frauen und ein paar alte Männer zum Platz. Die verängstigten Bewohner des Dorfes mußten kommen und zusehen. Nachdem alle da waren, las Toro Pichai die Namen von acht Frauen vor, und seine Männer überquerten den Platz, um sie wegzuschleppen. Am anderen Ende des Friedhofs wurden die Frauen nackt ausgezogen und mit Lanzen durchbohrt.

In jener Nacht fand auf der Plaza eine Feier statt. Es gab Musik, *caña* und Tanz, und die Lanzenträger hielten ihre Mützen auf, damit die Leute Blumen hineinwerfen konnten. Ein gewisser Leutnant Nuñez traf ein, von Elisa Lynch damit beauftragt, die beschlagnahmten Vermögen einzusammeln und ins Lager von Cerro León zu bringen. Als sich Dunkelheit über das Land und über die durchbohrten Leichen und die umherhuschenden Ratten auf dem Friedhof senkte, drang die Cabeza Florida in die Häuser ein, um das Gold zu holen, wie Elisa es angeordnet hatte.

Nachdem die Männer wieder nüchtern waren, ritten sie zum nächsten Dorf an der Straße nach Concepción. Vor ihnen im Sattel saßen Frauen, und die Sonnenstrahlen spiegelten sich funkelnd im Gold um ihre Hälse und an ihrer Brust. Als Toro Pichai dem Polizeichef befahl, die dreiunddreißig Frauen auf seiner Liste zum Kirchplatz zu bringen, waren seine Soldaten bereits wieder betrunken. Während die Frauen im Laufe der nächsten Stunden ergriffen und abgeführt wurden, betraten die Männer der Cabeza Florida und ihre Begleiter nach Belieben jedes Haus und nahmen mit, was ihnen gefiel. Auf dem Platz wurden zwei Gerüste aufgebaut; wer protestierte, wurde am Hals an einem hölzernen Geländer festgebunden. Die Dorfbewohner kamen, um zuzusehen.

Einige versuchten, sich mit den ihnen zur Verfügung stehenden Mitteln gegen die Cabeza Florida zu wehren. Sie veranstalteten ein Fest, boten den Männern so viel *caña* an, wie sie trinken konnten, hielten Belustigungen ab und überhäuften sie mit Schmeicheleien, in der Hoffnung, daß die Frauen auf dem Platz, auf dem es immer dunkler wurde, so verschont bleiben würden. Musik setzte ein, und der Platz füllte sich mit Paaren, die wortlos tanzten, rings um die angebundenen Protestierer und die starr dastehenden Frauen herum, die wußten, daß sie sterben mußten. Zwei Priester waren auch anwesend. Unter den Frauen, die niederknieten und um Gnade flehten, befand sich eine, die Benigno drei Kinder geboren hatte. Die Priester hielten den Verurteilten Skapuliere hin, auf denen die Gesichter von Jesus und der heiligen Maria durch die des Mariscal und von Elisa Lynch ersetzt worden waren, und befahlen den Frauen, die Abbildungen nacheinander zu küssen. »Crede en nuestros salvadores«, sagten sie den Frauen, »glaubt an unsere Retter«, denn schließlich seien sie die Vertreter der göttlichen Gnade. Das makabre Fest dauerte die ganze Nacht über an, während die Frauen auf der Liste Ave Marias für die Gesundheit des Mariscal und Madamas sprachen. Dann setzten bei der Frau des Commandante der Garnison von Concepción die Wehen ein. Der Morgen dämmerte, und Toro Pichai befahl Ruhe.

Die Frau des Commandante wurde als erste getötet. Die Männer schleppten sie in einen Viehpferch, etwa vierzig Meter vom Festplatz entfernt, entkleideten sie, nahmen ihr Halskette und Armbänder ab, zerrten ihr die Ringe von den Fingern, schleuderten sie mit dem Gesicht nach oben zu Boden und erstachen sie zweimal, denn schließlich mußten ja zwei Verräter zur Strecke gebracht werden. Anschließend wurden zweiundzwanzig weitere Frauen, eine nach der anderen, umgebracht und mußten ihren Henkern, nackt und rücklings auf dem feuchten Boden liegend, in die Augen sehen. Dann begann das Fest von neuem. Blumen wurden in die Mützen der Lanzenträger geworfen, und noch mehr Frauen hängten sich ihnen an den Arm und bettelten um einen Anteil an der Beute, während die Kinder erstaunt die Augen aufrissen. Diejenigen, die nüchtern geblieben und von dem Treiben angewidert waren, wollten die Leichen begraben, doch man befahl ihnen, sie liegenzulassen. Den ganzen Tag und die ganze Nacht wurde weitergefeiert. Als der Morgen zum zweiten Mal dämmerte, wurden sieben alte Männer in Eisen vom Polizeirevier herbeigebracht. Die Priester wimmelten murmelnd zwischen ihnen umher, wieder wurden die Skapuliere hochgehalten und geküßt, und dann durchbohrte man die sieben dort, wo bereits die Leichen der Frauen lagen.

Die Hinrichtungen dauerten mehrere Tage. Eine alte Frau, die als kleines Mädchen Zeugin geworden war, erzählte später darüber und erinnerte sich vor allem an die grausige Gleichgültigkeit der Zuschauer. »Wir gingen immer hin«, sagte sie, »denn schließlich stellte man uns die Hinrichtung als verdiente Strafe dar, wenn man sich mit dem Feind verbündete.«[32]

Dann traf die Nachricht ein, die Brasilianer befänden sich ganz in der Nähe. Einer der Priester war der erste, der sich aus dem Staub machte, denn alle wußten, daß die Brasilianer Fahnenflüchtige bezahlten, während vom Mariscal schon lange kein Sold mehr zu bekommen war.

15

Im Mai zog Madame aus der Kommandozentrale in Cerro León aus und nahm ihren Wohnsitz in der dritten Hauptstadt der Republik Paraguay.

> *La simpática Señora* Elisa Lynch ist in Piribebuy angekommen [schrieb die neueste Armeezeitung, gedruckt auf das grobe Papier von Caacupé]. Man braucht nicht eigens zu erwähnen, daß sie in unserer provisorischen Hauptstadt freudig begrüßt wurde. Die Wohltäterin Paraguays und der Armee wird überall, wohin sie sich begibt, als liebevolle Mutter empfangen. Die Soldaten bezeichnen sie gemeinhin als »Unsere Mutter«, *La Estrella* heißt sie ebenfalls begeistert willkommen und hofft, daß sie lange bei uns bleiben wird.

Die dritte Hauptstadt war ein großes, gesichtsloses Dorf in einer Talsenke. Im Norden fiel das Land ab bis zu einem Bach, an dessen Ufern sich nun hungrige Menschen in provisorischen Unterkünften drängten. In einem Haus am Dorfrand lebten die Mutter und die Schwestern des Mariscal unter Hausarrest. General MacMahon war bereits mit Enrique, Carlos, Federico und Leopoldito Lynch eingetroffen. Vizepräsident Sanchez wohnte auch hier. Ebenso Luis Camino, inzwischen Kriegsminister, da Venancio ja zum Verräter erklärt worden und Fernandez tot war. Die Konsuln Chapperon und Cuverville hatten sich bereits häuslich eingerichtet, und die Ehefrauen und Kinder der aus Asunción evakuierten Ausländer kampierten auf der Plaza vor der Kirche, wo die Häuser von Elisa, dem Vizepräsidenten und der Konsuln standen. Elisa entschied sich für ein Haus gegenüber dem von Sanchez und zog mit den Kindern, Mrs. Venancia Stewart und einigen anderen Ehefrauen, die MacMahon im Dezember nach Piribebuy gebracht hatte, dort ein. Piribebuy bot eigentlich nur Platz für etwa tausend Menschen; zweitausendfünfhundert drängten sich dort zusammen.

William Eden, seit 1861 Leiter der Sägemühle von Asunción, hatte nach Washburns Flucht mit seiner Frau und seinen Kindern die amerikanische Gesandtschaft verlassen. Bei Elisas Ankunft lebte die Familie auf einer Veranda in Piribebuy, fror und litt Hunger. »Meine Frau suchte sie auf und bat sie um Hilfe«, sagte Eden später aus. »Sie empfing sie ausgesprochen freundlich, gab ihr Tee und Zucker mit (den ersten, den wir seit drei Jahren sahen) und bedauerte, daß sie nicht schon früher von unserer mißlichen Lage gewußt hatte.«[1] Auch andere erinnerten sich in diesem Winter an ihre Wohltätigkeit, und viele Britinnen, die an Elisas Hintertür anklopften, bekamen kleine Päckchen mit auf den Weg.

Elisa hatte sich eine Kutsche beschafft und fuhr häufig, von General MacMahon mit einer weißen Fahne begleitet, nach Cerro León. Die Freunde saßen beisammen, tranken Wein und plauderten über den Niedergang Europas und den Aufstieg Amerikas, über die geologischen Untersuchungen, die der Mariscal in Auftrag geben wollte, wenn der Friede kam, und über die Reichtümer, die Paraguay durch die Ausbeutung seiner Kohlevorkommen verdienen konnte. Man erzählte Kriegsgeschichten, verglich sie mit MacMahons Erfahrungen aus dem amerikanischen Bürgerkrieg und erörterte die theologischen und politischen Bücher, die der Mariscal seit kurzem las: Thomas Jefferson, George Washington, Adam Smith, Pierre Joseph Proudhon und *Das Genie des Christentums*. Man erfuhr von Mitres Wahlniederlage in Argentinien und stimmte überein, man müsse den neuen Präsidenten zur Unterzeichnung eines unilateralen Waffenstillstandsabkommens bewegen. Elisa sprach den Mariscal auf die Leiden der britischen Gemeinde in Caacupé an und konnte bei ihrer Rückkehr nach Piribebuy Mr. Eden eine Stelle in der neuen Waffenfabrik in Caacupé anbieten. Mrs. Eden blieb in Piribebuy, wo »Mrs. Lynch ihr viele Geschenke schickte«. »Ich werde ihr ewig dankbar sein«, verkündete Mrs. Eden nach dem Krieg. »Ich glaube, sie hat uns das Leben gerettet.«[2]

Der Kaiser von Brasilien hatte immer noch keinen Nachfolger für Caxias bestimmt. In Asunción feierten die Alliierten. Ihre Armeen waren inzwischen wieder in Trägheit versunken.

In Piribebuy und Cerro León wurden die Jahrestage der Schlachten vom Mai mit Ansprachen und Empfängen begangen. Die Rede des Mariscal war verworren, seine Stimmung wechselhaft, denn er ertränkte seine Schmerzen weiterhin im Cognac. »Ich hätte der beliebteste Mann werden können«, teilte er der Abordnung mit, die ihm Glückwünsche überbrachte, »nicht nur von Paraguay, sondern von ganz Südamerika. Um das zu erreichen, wäre nichts leichter gewesen, als eine Verfassung auszurufen. Als ich die unserer Nachbarn las, haben die wunderbaren Worte mich bezaubert – doch wenn ich den Blick vom Papier hebe und ihn auf die Wirklichkeit richte, bin ich entsetzt.«[3] Seine Zuhörer sahen einander verstohlen an und zogen sich zurück.

Als die Armee mit ihrem erschöpften Troß in den Kordilleren eintraf, hatte an Lebensmitteln kein Mangel geherrscht, denn man hatte im vergangenen Jahr die *traidoras* in dieses Gefängnisdorf in den Hügeln verbannt. Diese hatten den Boden gerodet, die Felder bestellt und Hütten gebaut. Nun meldeten die Offiziere, die den Auftrag hatten, Quartiere für die aus Luque in die Kordilleren geflüchteten Familien zu finden, dem Mariscal, daß die *traidoras* ein bequemes Leben im Wohlstand führten, während die regierungstreuen Neuankömmlinge im Freien kampierten und Hunger litten. Daraufhin befahl der Mariscal, die Frauen aus ihren Hütten zu vertreiben und diese sowie die Gärten an Patrioten zu verteilen. Die *traidoras* mußten in die etwa hundertdreißig Kilometer im Süden gelegenen Dörfer Yhú und San Joaquin weiterziehen, wo bereits seit den ersten Kriegsjahren einige von ihnen lebten. Bald wurden aus ihnen *las destinadas* – die Verdammten.

Carmen Gil de Cordal saß mit ihren drei kleinen Töchtern im Gefängnis von Piribebuy. Die älteste, Silvia, war ungefähr sechs. Carmen war in eine Familie hineingeboren worden, die Elisa Hector Varela gegenüber vor vielen Jahren als *malvada* bezeichnet hatte. Außerdem war sie eine Tochter des alten Asunción, eine Freundin von Charles Washburn, die Witwe eines Mannes, der in Kriegsgefangenschaft gestorben war, und außerdem die Schwester eines Soldaten der Garnison, die sich unter Martinéz ergeben hatte. Ein eigenes Verbrechen zu begehen, war also überflüssig. Als man die *destinadas* nach Osten schickte, mußte Carmen sie begleiten, und zwar zu Fuß und bewacht von einem alten Feldwebel und fünf zwölfjährigen Soldaten mit Lanzen. Der Marsch dauerte zwei Monate. Die Flüsse führten Hochwasser, und es gab keine Brücken. An einer überfluteten Furt mußten sie acht Tage lang warten. Carmen hatte ihre Kinder nicht mitnehmen dürfen. Sie blieben in Piribebuy, schliefen, beschützt von Lolo, der Familiensklavin, auf der Straße und lernten in diesen Monaten, unreife Orangen bei sich zu behalten.

Im Juni wurde das Wetter kalt, und jeden Morgen wurden die Leichen derer weggeschafft, die während der Nacht gestorben waren.

Anläßlich des Geburtstags von La Presidenta am 24. Juni wurde eine Alibi-Zeremonie in dem Haus am Rand von Piribebuy veranstaltet, in dem sie mit ihren Töchtern mehr oder weniger unter Arrest lebte. Der Mariscal kam nicht selbst, sondern schickte Elisa und die Kinder mit Geschenken zu seiner Mutter. Man kann sich nicht vorstellen, worüber die beiden Frauen miteinander gesprochen haben mögen. Benigno war in San Fernando getötet worden. Inocencia und Rafaela, beide seit kurzem Witwen, erholten sich von einigen Monaten Gefangenschaft in einer verrammelten Kutsche. Falls Venancio anwesend war – doch vermutlich wurde das durch Syphilis oder Haft verhindert –, gab er gewiß ein klägliches Bild ab. Madame hingegen war gut genährt, elegant gekleidet und ließ ihren kalten Blick durch den Raum schweifen, während die vier kleinen Jungen, die älteren inzwischen in der Lage, die Situation zu erfassen, zwischen ihrer Mutter, ihrer Großmutter und ihren Tanten hin und her schauten.

Am Tag, an dem General MacMahon abberufen wurde, herrschte große Trauer. MacMahon war von der Gerechtigkeit der paraguayischen Sache aufrichtig überzeugt und hielt den Mariscal für einen Gentleman und Patrioten, der von den Vereinigten Staaten im Stich gelassen worden war. Seine Gefühle für Elisa

Lynch waren sogar noch leidenschaftlicherer Natur. Wenn er nach Cerro León kam, brachte er häufig ein Gedicht mit, das von den Orangenhainen und den Farben des paraguayischen Himmels inspiriert war. Zu guter Letzt schrieb er ein Liebesgedicht und widmete es Elisa. Bei seiner Abreise hatte er einen mit Gold bestickten Poncho – ein Geschenk von Elisa –, eine Kiste paraguayischer Zigarren vom Mariscal für Präsident Grant und einen Brief im Gepäck, der an das amerikanische College weitergeleitet werden sollte, wo Emiliano Pesoa López studierte. Das Schreiben war gleichzeitig streng und liebevoll und erwähnte fast beiläufig die Möglichkeit, daß Emiliano bald gezwungen sein könnte, anstelle seines Vaters die Verantwortung für die jüngeren Brüder zu übernehmen. Außerdem nahm der General Geld mit, vierzehn Kilogramm Gold für Emiliano, 4000 Dollar, die für Elisa auf einer amerikanischen Bank deponiert werden sollten, und eine große Anzahl von Kisten, die angeblich Yerba-Mate enthielten, aber so schwer waren, daß ihm das niemand glaubte.

Am zweiundvierzigsten Geburtstag des Mariscal wurde in der Pilgerkirche von Caacupé vor der schwarzen Jungfrau von Paraguay die Messe gefeiert. Anschließend gab es ein Mittagessen im kleinen Kreis und Tanz für alle. Dieser fand in jenem Jahr am Nachmittag statt, weil der Brennstoff nicht reichte, um die Plaza nachts zu erwärmen.

Der Mann, der nach Rio geschickt wurde, um den Krieg zu beenden, hieß Gaston d'Orléans. Er war der Schwiegersohn des Kaisers und Enkel des abgesetzten Königs von Frankreich und den meisten Zeitgenossen unter seinem Titel Conde d'Eu bekannt. Unter seiner Führung ging es in der alliierten Armee in Asunción bald wieder zackiger zu. Im Juli begann man mit dem Marsch nach Osten, um das buntzusammengewürfelte Häufchen in den Hügeln anzugreifen. Die Männer und Frauen von Piribebuy hoben einen dreihundert Meter langen Graben am Rand des Dorfes und quer über die Plaza aus. Als am 12. August der Morgen graute, rückte eine gewaltige alliierte Streitmacht über die Gipfel der Hügel rings um das Dorf vor.

Die *casa de gobierno* und Elisas Haus nebenan waren schon

am Vorabend unauffällig geräumt worden. Von sechs Uhr morgens bis halb neun Uhr abends beschoß die brasilianische Artillerie Piribebuy, während zweitausend Dorfbewohner wartend in den Gräben lagen. Als das Bombardement aufhörte, marschierte die brasilianische Armee mit aufgepflanzten Bajonetten auf den Kirchplatz und durch das Dorf, wo Frauen und Kinder sie mit kochendem Wasser beschütteten und mit schweren Bratpfannen und zerbrochenen Flaschen auf sie einschlugen. Am Abend war kaum noch ein Paraguayer am Leben. Zu der Beute, die die Brasilianer an diesem Tag machten, gehörten das paraguayische Staatsarchiv mit Aufzeichnungen seit 1542, die Schätze aus der Kathedrale von Asunción und die Staatskasse.

In jener Nacht lagerten die brasilianischen Soldaten zwischen den Toten von Piribebuy, zündeten Feuer an und brachen die Kleiderkisten auf, die Elisa bei ihrer Flucht nicht mehr hatte mitnehmen können. Die Männer waren durchgefroren und hungrig und benutzten als Brennstoff unersetzliche Urkunden, die die Gründung der Nation dokumentierten.

Fünfzehn Kilometer entfernt zogen Hunderte von Karren nach Osten und sammelten dabei die letzten *traidoras* und die Familien ein, die auf die Weiler in den Kordilleren verteilt worden waren. Zerlumpte Reiter hetzten ihre ausgemergelten Pferde die Reihen entlang, um für Ordnung zu sorgen. Tausende schleppten sich zu Fuß weiter. Zweitausendfünfhundert kranke und verwundete Infanteristen bildeten mit Gewehren und Regimentsflaggen die Nachhut. Elisa fuhr in ihrer Kutsche. Auf dem Rücksitz hatten die kleinen Jungen mit Rosita Carreras und Isidora Díaz Platz genommen. Panchito saß bei seiner Mutter auf dem Bock. Den Konzertflügel hatte man auf einen Karren geschnallt, der von Soldaten gezogen wurde. Inzwischen besaß Elisa sonst nicht mehr viel, denn ihre Garderobe war den Brasilianern in Piribebuy in die Hände gefallen. Hüte wurden gezogen, und die Mienen erstarrten, wenn ihr Gefährt vorbeirollte. Irgendwo in der gewaltigen Karawane befanden sich auch die verrammelten und stinkenden Kutschen mit den Schwestern des Mariscal. Sie waren auf dem Weg in die Lager der *destinadas* im Süden.

Am selben Tag fand unter der Leitung der Kommandanten der alliierten Streitkräfte in Asunción die Wahl einer Übergangsregierung statt. Ein Mitglied des Triumvirats war Cirilo Rivarola, ein paraguayischer Soldat, der, entsetzt von der Brutalität des Mariscal, desertiert war. Er hatte die Streifen eines Feldwebels von Madame Lynch erhalten. »Auf daß ich auch diejenige sein möge«, hatte sie verkündet, »die Ihnen die *galones* eines Obersten und die *bordados* eines Generals anheftet ...«

Der erste Beschluß der neuen Regierung lautete, »Francisco Solano López für immer von paraguayischer Erde zu verbannen, da er ein Mörder an seinem Land und ein Feind der menschlichen Rasse ist«.

Sie waren *bandidos*.

So begann der letzte Rückzug nach Nordosten, von einem provisorischen Lager ins nächste.

Am 10. Oktober gingen viertausendfünfhundert frisch angeworbene brasilianische Soldaten in Concepción von Bord mehrerer Dampfer. Sie wurden von dem unermüdlichen General Camara befehligt, einem Angehörigen der neuen Generation von Offizieren, die den Auftrag hatten, diesen ungeheuer kostspieligen Krieg zu beenden. Zwischen seiner Stellung und der des Mariscal schleppte sich eine Kolonne von Frauen, Waisen, Krüppeln, freigelassenen oder geflohenen Kriegsgefangenen, *indigenos*, die keinen Unterschied zwischen *españoles* und *portugueses* machten und Informationen für Gold verkauften, unzähligen Spionen und Denunzianten, verzweifelten Müttern, denen mehr an ihrem täglichen Brot lag als am Schicksal des Mariscal, und Veteranen dahin, deren Geist so zerrüttet war, daß sie gar nicht mehr wußten, welcher Armee sie eigentlich angehörten.

An der Spitze der Armee des Mariscal rollten die Wagen mit seinen persönlichen Vorräten, zu denen auch verschiedene Weine und Liköre, Champagner, Brandy und ein großer Haufen Salz gehörten. Die Elendsgestalten hinter ihm ernährten sich von unreifen Orangen aus den Hainen, Schößlingen, Wurzeln, Kokosnüssen und getrockneten, gerösteten oder gekochten Palmenherzen. Sie verzehrten selbst die Haut und die Hufe von Ochsen, und manche vermischten sogar Erde mit Asche, um sie warm zu essen.

Irgendwo in dem nahrungsuchenden Haufen Frauen befanden sich auch die drei Cordal-Mädchen, deren Mutter Carmen allein aus Piribebuy fortgeschickt worden war. Eines Tages trafen zwei Damen in einer Kutsche in einem Flußtal mit ihnen zusammen. Eine der beiden betrachtete die schmutzigen, abgemagerten Kinder und fragte sie nach ihren Namen: Sie hatte ihre eigenen Nichten nicht erkannt. Daraufhin sagte sie der Sklavin, sie könne »gehen, wenn sie wolle«.[4] Diese verabschiedete sich weinend von den Kindern, die mit ihrer Tante den restlichen Tag bis zum Abend weiterfuhren und Brot aus dem Mehl von Palmenherzen knabberten. Am nächsten Morgen wurden sie von einem Boten des Mariscal geweckt. Wer habe den Damen die Erlaubnis gegeben, diese Kinder mitzunehmen? Sie müßten sie zurücklassen und wie befohlen weiter der Armee folgen.

Den ganzen Tag lang saßen die Mädchen unter einem Baum. Eine andere Dame kam vorbei und schenkte ihnen eine unreife Orange. Es dämmerte bereits, als Lolo erschien. Es war die erste Nacht von vielen, in denen Lolo in der Dunkelheit betteln ging und Orangen mitbrachte. Erschöpft und ausgemergelt, fielen sie immer weiter hinter die Armee zurück. Silvia Cordal sammelte Würmer. »Wir kochten eine Brühe daraus, und als sie gar waren, nahm die Mutter der Sklavin sie heraus, zerquetschte sie und aß sie.« Das kleinste Mädchen starb.

Hinter der Armee her zogen sie von Dorf zu Dorf und flehten immer wieder um Nachricht von ihrer Mutter. Jedesmal, wenn der Mariscal weitermarschierte, mußte Carmen de Cordal mit. Das jüngere Mädchen hatte inzwischen vergessen, worum es bei diesem Marsch eigentlich ging.

Anfang September griff eine Patrouille eine Spionin auf und brachte sie in die Kommandozentrale. Nachdem die Frau verhört und mißhandelt worden war, gestand sie, daß sie Kontakt mit Leutnant Aquino, dem persönlichen Leibwächter von López, habe, der einen Mordanschlag auf ihn plane. Aquino stritt das nicht ab.

»Ja, Sir«, erwiderte er. »Ich wollte Sie töten. Unser Land haben wir bereits verloren; Sie müssen begreifen, daß nur die Loyalität gegenüber Ihrer Person uns noch hier hält. Und dennoch werden Sie täglich mehr zum Tyrannen.«

Er wurde abgeführt, um erschossen zu werden.

»Ich hatte Pech«, rief er dem Mariscal zu, »aber irgendwann wird ein anderer Mann Glück haben ...«

Dann wurde sein gesamtes Regiment auf ein Feld geführt und dort hingerichtet. Der Mariscal selbst befehligte das Erschießungskommando, und als sie fertig waren, ging er zur Kirche, kniete vor dem Haupttor nieder und betete eine lange Zeit.

Die Armee brach ihre Zelte ab und zog weiter nach Norden. Zwei Frauen flohen und berichteten den Brasilianern, der Mariscal führe »zwölf Karren voller Geld« mit sich. Zwei Männer konnten ebenfalls entkommen und meldeten, sie seien Schneider für Elisa Lynch gewesen; sie hätten »Unterröcke aus Musselin für sie genäht«,[5] weil ihre Garderobe in Piribebuy in die Hand der Feinde gefallen sei. Sie reise in einem Wagen oder zu Pferde, sagten sie, und wenn die Ochsen, die den Wagen zogen, müde seien, müßten Soldaten ihren Platz im Joch einnehmen. Man schickte Trupps los, um Rinder aufzutreiben, doch sie kehrten nicht zurück. Feldwachen rückten mit Spaten und Karren voller Gold aus. Auch sie kamen nicht wieder, so daß nur der Mariscal und Elisa Lynch wußten, wo der Staatsschatz von Paraguay versteckt war. Die französische Ladenbesitzerin Dorotea Duprat und ihre Mutter waren gerade wieder zu ihrer Freundin Eugenia in den Ochsenkarren gestiegen und losgefahren, als ein Bote erschien, der ein Päckchen und einen Brief von Elisa Lynch an Eugenia brachte.

> Señora Gutierrez [schrieb sie], Sie sollten die Damen Duprat und Lasserre nicht in Ihrem Wagen mitnehmen. Ich will mich zwar nicht in Ihre Freundschaft zu ihnen einmischen, aber ich muß Ihnen sagen, welchen Schaden Sie anrichten, wenn Sie auch nur ihre Namen aussprechen.
>
> Ich würde ja gerne glauben, daß diese Damen nichts von der Rolle wußten, die ihre Männer bei der Verschwörung gespielt haben, aber ich möchte Ihnen dennoch nicht

verheimlichen, was bei der Vernehmung der beiden Verbrecher herausgekommen ist. Señor Duprat, der Vater, war einer der umtriebigsten Verschwörer, ein brasilianischer Spion, der mit dem Baron von Santa Maria in Verbindung stand; äußerst kompromittierende Briefe aus seiner Hand sind gefunden worden, doch Seine Exzellenz wollte die Augen vor dieser Angelegenheit verschließen und ihn in Freiheit belassen. Señor Lasserre ist ein gefährliches Mitglied der Verschwörerbande und hat eine große Summe Geldes erhalten. Señor Aristide Duprat ist einer der Verschwörer, die Seiner Exzellenz ein Messer ins Herz stoßen wollten.

Wenn Sie sich nicht in Gesellschaft dieser Damen befänden, könnten Sie jetzt an der Seite Ihres Ehemannes sein.[6]

Elisa Lynch wußte – anders als Eugenia –, daß die Leiche von Señor Gutierrez mit denen von Cipriano und Aristide Duprat, Doroteas Vater und Bruder, und auch von Narcise Lasserre, ihrem Mann, in San Fernando liegengeblieben war.

Anfang September erreichten sie Caraguatay, ernannten es zur vierten Hauptstadt der Republik und legten endlich eine Pause ein.

Der Jahrestag der Wahl des Mariscal zum Präsidenten wurde mit einer Zeremonie und Feierlichkeiten begangen. Der Bürgermeister überbrachte seine Glückwünsche. Kurz darauf machten einige junge Damen ihre Aufwartung und erwähnten, sie hätten das Vergnügen gehabt, mit Venancio zu plaudern, der sich eigentlich, unfähig zur Konversation, in Hilario Marcós Gewahrsam hätte befinden sollen.

Die Brasilianer waren gefährlich nah. Eine Feldwache wurde geschickt, um Venancio zu holen. Aus Angst, aus Gleichgültigkeit oder weil das Gift aus seinen Lenden ihm schon das Hirn vernebelt hatte, nahm Venancio Platz und erzählte seine Geschichte. Er, seine Schwestern, seine Mutter, Pancha Garmendia, Marcó und dessen Frau hätten geplant, den Mariscal zu vergiften. Für eine ordnungsgemäße Anhörung fehlte die Zeit. Sieben Mitglieder von Venancios Wache wurden hingerichtet, die Leichen unbeerdigt liegengelassen. Colonel Marcó wurde mit Lederriemen gefesselt, die man inzwischen anstelle von Eisen benutzte, weil es kein Eisen mehr gab.

Der Mariscal rief den engsten Kreis unter den Orangenbäumen am Ufer des Rio Itanarami zusammen, um zu beraten, ob seiner Mutter und seinen Schwestern wegen Hochverrats der Prozeß gemacht werden sollte. Man beschloß, sie vor ein Militärgericht zu zitieren. Später am Nachmittag wurde ein Bote zu der Sklavin Lolo geschickt, um die Cordal-Töchter in das Haus des Mariscal zu bringen. Verschüchtert und wie benommen standen sie vor ihrem Führer, der sie betrachtete und dann Madame hinzurief.

»Ich sah eine wunderschöne Frau«, erinnerte sich Silvia. »Ich mußte sie ständig anschauen, so hübsch war sie. Sie hatte so schöne Kleider, alles an ihr war hübsch, und sie küßte uns und fragte uns, wer wir seien. Er sprach mit ihr und wies sie an, uns etwas für die Reise mitzugeben, da er uns zu unserer Mutter bringen werde, und sie schenkte uns eine Flasche Rum …«[7]

Die Mädchen lieferten die Flasche bei Lolo ab, die sie gegen Lebensmittel eintauschte.

An jenem Abend schlenderte Pancha Garmendia, die Jugendliebe des Mariscal, an der Veranda des Hauses vorbei, wo der Mariscal, Madame und die Kinder wohnten. Als der Mariscal und einige Offiziere sie sahen, riefen sie sie herein.

»Ich nehme mir die Freiheit heraus, deinen Spaziergang zu unterbrechen«, begann der Mariscal, »um mit dir über eine Angelegenheit zu sprechen, die dich betrifft.«[8] Er teilte ihr mit, sie werde sich vor Gericht verantworten müssen, und flehte sie an, den Richtern die Wahrheit zu sagen. Sie erwiderte, sie sei unfähig, zu lügen. Dann schickte der Mariscal die Wache weg und lud sie ein, mit seiner Familie zu Abend zu essen.

Es war das erste Mal, daß Pancha und Elisa einander vorgestellt wurden. Elisa hatte viele Gerüchte über das Verhältnis gehört, das diese schöne Frau vor vielen Jahren mit *el generalito* gehabt haben sollte. Außerdem hatte Pancha zum engeren Kreis derer gehört, die in ihren Anfangstagen so schändlich mit ihr umgesprungen waren. Elisa begrüßte die Besucherin höflich, und dann schloß sie die Tür, bis das Essen aufgetragen wurde. Für ihr Gespräch gab es keine Zeugen. Man speiste *en famille*, nur in Gesellschaft einiger Offiziere und der Kinder, die sich von ihrer besten Seite zeigten. Um Mitternacht erhob sich Colonel Centurión und bot Pancha den Arm, um sie ins Gefängnis zu bringen. Sie wurde vier Tage lang verhört.

Es wurde gemeldet, daß die Brasilianer nicht mehr weit entfernt waren. Der Mariscal wandte sich an die gewaltige Menschenmenge, die er auf seinem Marsch durch das Land um sich geschart hatte, und flehte sie an, in Caraguatay zu bleiben oder in ihre Dörfer zurückzukehren, da er sie nicht ernähren könne. Doch nur wenige hörten auf ihn.

Sie setzten den Marsch durch die sonnendurchglühten roten Hügel fort und ließen jeden Morgen die Alten und Kranken zurück. Acht Tage lang ging es weiter und weiter, und allmorgendlich erhoben sich weniger Menschen, als sich nachts zuvor schlafen gelegt hatten. Die Cordal-Mädchen, beide krank, schleppten sich hinter der Karawane her. Als sie einen Hügel erreichten, der das Armeelager rings um den Weiler Espadin überragte, sank die jüngere Tochter zu Boden. »Ich werde Mama nicht wiedersehen«, sagte sie. »Sie hat immer Brot, Kekse und Süßigkeiten in ihrem Schrank. Wenn du bei ihr bist und all diese Dinge ißt, denk an mich, denn ich habe solchen Hunger.« Als sie starb, waren Lolo und Silvia zu schwach, ein Grab auszuheben, und mußten mit Elisas Rumflasche für die Beerdigung bezahlen. Am Nachmittag wurde auch Silvia immer schwächer, und Lolo, die selbst vor Hunger weinte und kaum noch weiter konnte, hob das Kind auf, um es den Abhang hinunterzutragen. Am frühen Abend stießen sie endlich auf die *traidoras*, unter denen sich auch Carmen de Cordal befand.

Später kampierten sie an einem anderen Fluß in einem anderen Feld namens Guazú, das von erstaunlicher Schönheit war. Inmitten eines jungfräulichen Waldes standen Orangenbäume, und es war nichts zu hören, bis auf das Singen der Vögel. Elisa Lynch ordnete an, ein verlassenes Haus für ihre Familie herzurichten. Man zimmerte behelfsmäßige Tische, Stühle und Betten zusammen, versah die großen, unverglasten Fenster mit Vorhängen, brachte ein Türschloß an, fegte den Innenhof und tötete die Schlangen in den dunklen Ecken. Die Jungen schwammen mit Lolo im Fluß. Die Frauen pflückten Orangen und Beeren, und die Männer legten sich ins Gras und kochten Wasser für den Mate. Jeden Morgen wurden weitere Leichen vor das Lager geworfen. Bald würde man wieder nach Norden weiterziehen und das Begraben der Toten den Brasilianern überlassen. General Camaras berittene Vorhut aus Riogrande war nicht weit und hatte sich an die Fersen der Paraguayer geheftet. Und hinter General Camara kam Marschall Monteiro, der Tausende von ausgeruhten Soldaten – Sklaven und freie Männer, Rekruten und Söldner – befehligte. Und nach Monteiro folgte die gewaltige Masse der alliierten Armee, während an der entfernten Atlantikküste Dom Pedro drohte, Kaiser über acht Millionen Seelen mit Zugang zu unerschöpflichen Krediten.

Diese gewaltige Kriegsmaschinerie, gebremst durch den Engpaß des Rio Paraguay, weiterhin verlangsamt durch die achtgleisige Eisenbahnstrecke und auf den roten Staubstraßen der *serranias** ihres Schwungs beraubt, erschöpfte sich in den Scharmützeln der brasilianischen Reiter, die über die Lager der Paraguayer herfielen, wo die Feuer noch qualmten und die Sterbenden in ihren letzten Zügen lagen.

An einem dieser stillen, schaurig-schönen Tage in Guazú wandte Madame sich an Vizepräsident Sanchez und fragte ihn, wem denn das Land in dieser Gegend gehöre. Sanchez erwiderte, es handle sich um *tierras fiscales*, staatliche Ländereien. Darauf erkundigte sich Elisa, wie solches Land in Privatbesitz übergehen könne. Da die Legislative derzeit ruhe, antwortete er, könne die Exekutive einen Verkauf genehmigen. Das Land wurde für 50 000 Patacones Elisa Lynch übereignet. Es war so groß wie die Fläche von Belgien und Holland zusammen.

Einmal jedoch ging sie in ihrer verzweifelten Raffgier zu weit. Silvestre Aveiro, der gerade in einem Raum neben dem des Mariscal arbeitete, hörte López wütend brüllen:

»Adjutant! Schmeißen Sie sie raus!«

* Hügellandschaft

Sie hatte ihn gebeten, ein Dokument zu unterschreiben. Es kam zu »Geschrei«, erinnerte sich Aveiro, und zu einer *escena immortal*, einer schrecklichen Szene. Am folgenden Tag bemerkten die Adjutanten Kratzer an ihrem Hals. Als sie in die Kutsche stieg, trug sie einen schwarzen Schleier, um die Blutergüsse in ihrem Gesicht zu verstecken.[9]

Die Brasilianer rückten wieder näher. Es war der 11. Dezember. Der Mariscal saß im Innenhof seines Hauses, das er mit Elisa und den Kindern teilte, als Oberst Centurión erschien und ihn nach seinen Befehlen fragte, was die Verschwörerinnen anging. Drei wurden noch am selben Abend von Kindersoldaten in den Wald geführt, an Bäume gebunden und nacheinander mit Lanzen erstochen. Früh am nächsten Morgen tötete man Hilario Marcó, seine Frau, Pancha Garmendia und die beiden Schwestern von General Barrios auf dieselbe Weise. Auch Venancio und die Damen López warteten in ihren verrammelten, stinkenden Ochsenkarren auf die Schritte von Kinderfüßen, doch statt dessen setzte sich das Gefährt ruckartig in Bewegung. Die paraguayische Armee, inzwischen nur noch fünftausend Mann stark, zog weiter nach Norden.

Am Silvestertag, als sie am Ufer eines Flusses in Zanjha Jhu lagerten, versammelten sich die *destinadas*, um einen Plan zu schmieden, der ihnen die Freiheit bringen sollte. Man beschloß, sich die häufig zur Schau gestellte Kinderfreundlichkeit von Madame und dem Mariscal zunutze zu machen, und die Wahl fiel auf Silvia Cordal.

Elisa empfing sie mit Zärtlichkeiten und hörte sich das Anliegen an, das ihre Mutter ihr eingebleut hatte. Morgen, so sagte sie Silvia dann, sei der beste Tag, um den Mariscal um Verzeihung zu bitten. Dann verbrachte sie den ganzen Nachmittag damit, mit dem Kind die Ansprache einzuüben, die es halten mußte. Sie solle im Namen von Panchito um Gnade flehen.

Der Neujahrstag des Jahres 1870 wurde mit einem Tedeum, gesprochen von einem Priester in Lumpen, gefeiert. Als der Mariscal und Elisa die Kirche verließen, wurde Silvia Cordal nach vorne geschoben. Vor lauter Schüchternheit verschlug es ihr die

Sprache, und sie stand nur mit offenem Mund da. Ängstliches Schweigen entstand, als der Mariscal sie abwartend betrachtete. Dann murmelte sie einen kindlichen Satz oder setzte eine reizende Miene auf, die ihn offenbar zum Lachen brachte. Sie und ihre Mutter wurden noch am selben Tag begnadigt. Sie besuchten das Abendbankett, veranstaltet von der Frau, über die Carmen vor fünfzehn Jahren so schlecht gesprochen hatte und der sie nun ihre Freiheit verdankte.

Als die erschöpfte Armee sich an jenem Abend weiter nach Norden schleppte, versteckten sich Carmen und Silvia Cordal in den Hügeln. Nach einem Fußmarsch von zwanzig Tagen erreichten sie das brasilianische Lager in Villa San Pedro. Für sie war der Krieg vorbei.

Im Februar traf die Armee in Chiriguelo ein und biwakierte am Ufer eines Sees. Die Lynch-Söhne gingen schwimmen, während viele ihrer Altersgenossen tot vor Hunger zu Boden sanken. Sammeltrupps durchsuchten die Umgebung nach etwas Eßbarem. Der Mariscal wußte, daß sie kaum etwas mitbringen würden, wenn sie überhaupt wiederkamen, denn schon ein paar Kilometer im Süden lagerten die Brasilianer, die Brot im Überfluß hatten.

Sie verbrachten einige Tage in Chiriguelo. Niemand hatte konkrete Pläne – offenbar nicht einmal der Mariscal selbst, der mit seinen Söhnen im See planschte, mit seinen Soldaten plauderte und wie alle anderen abwartete. Er verhielt sich ruhig und gütig und behandelte seine Soldaten wie in den Anfangstagen des Krieges vor der großen Niederlage als Söhne und Brüder. Anscheinend war seine Wut mit den letzten Hinrichtungen verraucht.

Als am 7. Februar Indianer ins Lager kamen, wußten die Paraguayer, daß der Feind innerhalb weniger Stunden von ihrem Lager dort erfahren würde. Also brachen sie am nächsten Morgen, als es noch kühl war, die Zelte ab, verteilten sich lautlos entlang des Pfades nach Cerro Corá, einer etwa viereinhalb Kilometer entfernten Lichtung, und hielten die Augen offen. Eine Handvoll Männer blieb in Chiriguelo, um dem Mariscal den Rücken freizuhalten. In Cerro Corá errichtete man ein Lager, stellte Wachen auf und schickte Erkundungstrupps los, wie man es seit Piribebuy schon unzählige Male getan hatte. Eine letzte Lazaretthütte wurde aufgestellt, ein Stück zur Seite eine letzte Kommandozentrale für den Mariscal gebaut. Man breitete Äste über die letzten provisorischen Unterstände, wo sich die Soldaten und die Frauen mittags hinlegten – und wo sie liegen blieben, wenn sie nicht mehr aufstehen konnten. Abgemagerte Soldaten schleppten sich von einem schattigen Fleckchen zum nächsten, während die Sonne wanderte. Zum Angeln eingeteilte Soldaten saßen am Ufer des Baches Aquidiban und fingen viel zu wenig, um zweitausend Menschen satt zu bekommen. Frauen sammelten Wurzeln, backten Brot aus Rinde und stellten aus Waldfrüchten eine Paste her. Ein Affe wurde entdeckt und erschossen. Man braute Mate, um den Hunger zu betäuben und um besser zu träumen.

Stille Tage vergingen, nur unterbrochen von geringfügigen Ereignissen und dem Plätschern des Aquidiban. Am 14. Februar brachte ein Offizier aus Chiriguelo die Nachricht von Venancios Tod. An Körper und Geist zerrüttet, hatte er sich auf die Straße gelegt und sich geweigert, weiterzugehen. Daraufhin habe ihn ein Offizier mit der flachen Seite seines Schwertes geschlagen, und Venancio sei im Staub gestorben. Die Männer spielten nachts Gitarre. Elisa schwamm mit ihren Söhnen im Bach. Die Kutsche ihrer Großmutter stand, verrammelt und stinkend, auf einer Seite der Lichtung.

Der Mariscal hielt eine Besprechung ab. Die Offiziere ließen sich in einem Kreis um ihren Anführer im Gras nieder. López hatte beschlossen, einen Orden prägen zu lassen.

> Der Orden von Amambay wird oval sein und einen Durchmesser von 28 mal 27 Millimeter haben; in der Mitte wird das staatliche Emblem zu sehen sein, darunter ein Olivenzweig, und die Inschrift, *Die Katastrophe konnte uns nicht brechen,* soll in einem Kreis am oberen Rand der Vorderseite entlanglaufen. Die Rückseite trägt die Inschrift *El Mariscal López* am oberen Rand und in der Mitte die Worte *Feldzug von Amambay – 1870*; am unteren Rand ...[10]

Man hatte provisorische Orden aus roten und gelben Bändern angefertigt, die durch Gold ersetzt werden sollten, wenn Paraguay den Krieg gewonnen hatte. Elisa befestigte die Bänder – wo die zerschlissenen Uniformen es zuließen – an der Brust von Männern mit leerem Blick. *Viva*, riefen sie aus, während Madama von einen zum anderem ging. *Viva Paraguay. Muera el emperador.*

Die letzten Februartage brachten goldene Hitze und das Plätschern eines Bächleins zwischen Bäumen. Carlos, Enrique, Federico und Leopoldo tollten zwischen den Wagen herum, froh, endlich einmal nicht zusammenpacken und weiterziehen zu müssen. Der Mariscal, Elisa, ihre Ziehtochter Rosita, ihre liebe Freundin Isidora Díaz und ihre ältesten Gefährten lebten zusammen auf einer Lichtung inmitten von Hütten und Lagerfeuern. Doch ganz in der Nähe lauerten die Alliierten, warteten ab und schmiedeten Pläne. Früher oder später würden sie kommen.

Dr. Skinner sprach beim Mariscal vor und sagte, er sei mit seinem Latein am Ende. Inzwischen würden alle Krankheiten im Lager vom Hunger verursacht, und gegen den sei die Medizin eben machtlos. Der Mariscal raffte sich auf und schickte wieder eine Abteilung los, um Lebensmittel zu beschaffen. Später rief er Resquin, Oberst Panchito, Elisa Lynch und Dr. Skinner in sein Zelt, um sich die monatliche Inventur vortragen zu lassen.

»Die zehn verbleibenden Bataillone bestehen aus insgesamt 268 Soldaten und Offizieren«, las Resquin aus seinen Aufzeichnungen vor. »Die sechs verbleibenden Regimenter setzen sich aus insgesamt hundertfünfundvierzig Mannschaftsdienstgraden und Offizieren zusammen. Gesamt macht das also vierhundertdreizehn Kämpfer plus vierzig Artilleristen und die Offiziere des *état-major*.«

Die Sitzung löste sich auf. Später an diesem Tag kamen Caiguá-Indianer ins Lager, tranken Mate mit López und erboten sich, die Armee auf geheimen Pfaden nach Bolivien zu führen. Der Mariscal weigerte sich und sagte, er zöge es vor, den Feind hier zu erwarten.

Einige Stunden danach unterzeichnete López das Todesurteil für die morgige Hinrichtung seiner Mutter. Es wurde dunkel.

Am Morgen des 1. März war es drückend heiß. Abgemagerte Geschöpfe krochen aus den Hütten am anderen Ende des Lagers und zündeten winzige Feuer an, um den morgendlichen Mate zu kochen. Elisa befand sich in ihrer Kutsche, als vom südlichen Ende des Lagers die ersten Schreie zu hören waren. Dann kamen einige Frauen angelaufen und meldeten dem Mariscal, die äußeren Gräben befänden sich in der Hand der Brasilianer. Sofort wurde ein Erkundungstrupp losgeschickt. Schüsse waren zu hören, und die Männer kehrten nicht zurück. Offenbar waren die Brasilianer ganz nah, gleich hinter den Bäumen.

»*A las armas todos!*« ordnete López an.

Sofort geriet das ganze Lager in Bewegung, und die ausgemergelten Gestalten waren vor Aufregung und Angst plötzlich nicht wiederzuerkennen. Frauen und Kinder bekamen Anweisung, in den Wald zu fliehen, und Elisa und der Mariscal wechselten hastig ein paar Worte. López befahl Panchito, die Kutsche seiner Mutter wegzufahren, aber diese sträubte sich. Doch Panchito sprang auf den Bock, und die Kutsche jagte in nördlicher Richtung davon. Währenddessen galoppierte López auf den Fluß zu, vorbei am Gefängniswagen seiner Mutter. Als er hörte, wie sie ihn um Hilfe anflehte, hielt er an.

»Mutter«, sagte er, »verlaß dich auf dein Geschlecht.« Mit diesen Worten machte er kehrt und preschte weiter.

Begleitet von donnerndem Hufgetrappel und portugiesischem Kriegsgeschrei, fielen die Brasilianer über die Männer am unteren Rand des Lagers her, daß Erde, roter Staub und Kies in alle Richtungen spritzten. Der Lärm des Gemetzels drang bis zu der Kutsche, wo Elisa, Rosita, Isidora und die Jungen warteten. Sie hörten Gebrüll: »Da ist López! Knallt ihn ab! Tötet ihn!«, denn die Brasilianer hatten hundert Pfund auf den Kopf des Diktators ausgesetzt. Der Großteil des Scharmützels fand am Flußufer statt, so daß man von der Kutsche aus nichts sehen konnte. Die Leichen türmten sich und begannen zu riechen. Und der Mariscal, den man zuletzt gesehen hatte, wie er auf den Aquidiban zugaloppiert war, schien wie vom Erdboden verschluckt.

Im Lager breitete sich Hysterie aus. Verwirrte Soldaten und hungrige Frauen kamen aus den Wäldern herbeigeströmt. »Der

Tyrann war noch nicht tot, als es rings um seine Wagen schon zu wahrhaft tumultartigen Szenen kam«, erinnerte sich ein brasilianischer Offizier.[11] »Frauen und paraguayische Offiziere mischten sich unter unsere eigenen Soldaten und plünderten verzweifelt die Vorräte an Lebensmitteln und Kleidung. Sie sprangen herum wie die Wahnsinnigen, verteilten Goldmünzen, verbrannten Dokumente und stritten sich um Schmuckstücke. Schließlich steckten sie alles an, was übrigblieb, so daß es zu Asche verbrannte.«

Am anderen Ende des Lagers leisteten ein paar paraguayische Offiziere rings um Elisas Kutsche immer noch Widerstand. Als einige Brasilianer bemerkten, daß jemand in dem Fahrzeug saß, ritten sie hin, um nachzusehen. Einer von ihnen erkannte das blonde Haar und die blauen Augen und schrie:

»Das ist López' Geliebte mit den Bastarden und den Dienstmädchen!«

Die Männer machten anzügliche Gesten, stiegen grinsend ab und näherten sich den Frauen mit eindeutigen Absichten. Doch Panchito zog sein Schwert und griff an.

»Oberstleutnant Martins mußte sich verteidigen, als Oberst Panchito López wild um sich schlug. ›*Entrégate niño* – gib auf, Junge‹, rief dieser. ›*Rindete, Panchito, ríndete* – ergib dich, ergib dich‹, kreischte *La Lynch*. ›Ein paraguayischer Oberst ergibt sich nicht‹, schrie Panchito, und der Brasilianer tötete ihn, noch während er diese Worte aussprach.«

Elisa war die Sicht versperrt, da die ersten Brasilianer versuchten, in die Kutsche einzudringen. Sie griff nach ihrem Union Jack, stieß die Männer aus der Tür und brüllte: »Ich bin Engländerin! Raus mit euch! Ich verlange Respekt!« Als die Brasilianer aus der Kutsche fielen, erblickte sie Panchitos Leiche, eingehüllt in den von Hufen aufgewirbelten Staub und schon vergessen von den beutehungrigen Brasilianern. Sie hob ihn hoch, schleppte ihn zur Kutsche und legte ihn auf die Polster. »Ihr Weinen war weithin zu hören. Sie öffnete ihm die Augen und rief: ›Panchito! Panchito!‹ Ihr Kleid hatte Blutflecke.«

Elisa verließ die Kutsche, wo ihr zweitältester Sohn um sein Leben flehte: »Tötet mich nicht! Ich bin Ausländer, der Sohn einer Engländerin!« Auf der Suche nach Dr. Skinner drängte sie sich gewaltsam durch die Menschenmenge, doch der konnte ihr nur bestätigen, was alle bereits wußten: Panchito war tot.

»Señora«, sagte ein brasilianischer Offizier hinter ihr und wies auf ein Feld, wo einige Männer einen Toten auf einer Bahre trugen. »Das da ist die Leiche von Mariscal López.«

Er war am Ufer des Aquidiban gefallen, und zwar mit dem Ruf »*Muero con mi patria!* – Ich sterbe mit meinem Land!« auf den Lippen.

Der Krieg in Paraguay war vorbei.

Elisa Lynch setzte ihren Liebhaber und ihren ältesten Sohn im selben Grab bei und lehnte die Hilfsangebote der alliierten Offiziere ab.

Vier Brasilianer trugen die Leiche des Mariscal über das Feld; ein Kavallerieoffizier mußte seinen baumelnden Kopf stützen. »Unsere Soldaten«, schrieb ein brasilianischer Offizier, »betrachteten den Leichnam neugierig; die paraguayischen Frauen tanzten darum herum, bis Oberst Paranhos anordnete, diese Wahnsinnigen gewaltsam zu entfernen. Man hatte López nach seinem Tod am Flußufer den Teil eines Ohrs abgeschnitten, bevor brasilianische Offiziere dieser Verstümmelung Einhalt geboten hatten. Einer seiner Lacklederstiefel fehlte. Allen fiel auf«, erinnerte sich der Offizier, »wie weiß und wie zierlich sein nackter Fuß war.«[12]

Nachdem die Brasilianer ihnen einen Spaten gegeben hatten, hoben Elisa, ein paraguayischer Offizier, Isidora und Enrique abwechselnd das Grab aus. Ihr schwarzes Seidenkleid war rot, wo sich der Staub mit Schweiß vermischt hatte. Als das Grab fertig war, kniete sie sich hin und klopfte die Wände mit den Händen glatt.

La Presidenta und Inocencia erschienen. Die Mutter weinte bitterlich, fiel auf die Knie und küßte Sohn und Enkel die Stirn. Elisa ignorierte sie wie immer.

»Weine nicht, Mutter«, sagte Inocencia, die stehenblieb und keine Träne vergoß, »weine nicht um dieses Ungeheuer, das weder Sohn noch Bruder war.«

Als es dunkel wurde, war Elisa immer noch mit dem Graben

und Glätten beschäftigt. Sie wurde von zerlumpten Kriegsgefangenen umringt. Einige schluchzten, andere beteten, und manche standen nur da, sahen ihr zu und gingen irgendwann fort, um sich etwas Eßbares und einen Schlafplatz zu besorgen. Sie richtete die letzte Bitte an den kommandierenden Offizier, eine Locke von seinem Haar abschneiden zu dürfen, und man schickte einen Soldaten, der ihr diesen Dienst erweisen sollte. Dieser »sorgte dafür, daß er auch ein paar ordentliche Handvoll abbekam, für sich selbst und um sie als Souvenir im Lager zu verteilen«. Dann legte man die Leichen ins Grab, und rote Erde fiel auf ihre Gesichter.

General Camara schickte eine Nachricht an seinen Vorgesetzten in Amambay: »Madame Lynch und ihre vier Söhne befinden sich unter den Gefangenen. Sie sind wertvolle Siegestrophäen.« Dann ging er, um das Bett mit Inocencia López de Barrios zu teilen, die neun Monate später eine Tochter zur Welt bringen sollte.

Zu den Opfern des Sieges gehörten hundertneunundsiebzig der Soldaten, die Solano López am Vorabend gezählt hatte. José Maria Aguiar, der Elisa die Blumen auf die andere Seite der Plaza zu bringen pflegte, lag mit durchgeschnittener Kehle am Ufer des Aquidiban. Der greisenhafte Vizepräsident war von einer Lanze durchbohrt worden, als er sich geweigert hatte, sich zu ergeben. José Felix Pesoa López, Kindersoldat im Rang eines Hauptmannes der paraguayischen Infanterie, fand nur wenige Meter von seinem Halbbruder Panchito entfernt den Tod.

Am frühen Morgen des 2. März stellten Elisa, Rosita, Isidora und die kleinen Jungen fest, daß ihre Kutsche von neugierigen Brasilianern umringt wurde, die einen Blick auf die Geliebte des toten Diktators erhaschen wollten. Als sie das Lager bei Tagesanbruch verließen, um sich auf den Weg nach Concepción zu machen, wurden sie Zeugen einer Grabschändung. Um die Überreste des Mariscal »drängte sich eine Menge aus Frauen und Männern. Ein brasilianischer Soldat vollführte Pirouetten auf dem Bauch des Toten, der nackt auf dem Boden lag«. Elisa warf sich dazwischen und stieß den tanzenden Soldaten weg. Die brasilianischen Offiziere, die ihr folgten, lösten die Versammlung gewaltsam auf.

»Ist das die Zivilisation, die Sie uns angeblich mit Ihren Kanonen bringen wollten?« fragte Elisa die Offiziere.

»Señora«, hielt einer der Brasilianer ihr vor Augen, »Brasilien wurde Opfer einer Invasion.«

Da Elisa sich weigerte, den Mariscal nackt wieder zu beerdigen, wurde irgendwo im geplünderten und heruntergekommenen Lager ein weißes Laken aufgetrieben. Es kostete 84 Gramm Gold. Nachdem sie die Leiche in das Laken gewickelt hatte, begruben die Offiziere López zum zweiten Mal und verschlossen das Grab. Dann wurden der tanzende Soldat und die übrigen johlenden Männer und Frauen mit Fäusten und Gewehrkolben in die dahinschlurfende Karawane bugsiert, die nach Concepción und in die Hauptstadt aufbrach. Elisa und die Kinder fuhren in einem Ochsenkarren, bis die Ochsen verendeten und auch sie zu Fuß über die rote Erde stolpern mußten.

Ein Soldat hatte sich in den Bäumen versteckt und alles beobachtet. Er wartete, bis von den Brasilianern nichts mehr zu hören war, kletterte dann herunter und machte sich auf den Weg durch ein verwüstetes Land, um festzustellen, ob seine Familie noch lebte. Dann kehrte in Cerro Corá wieder Stille ein, und die Leichen begannen zu verwesen.

16

La Tribuna, 8. März 1870:
Grandes noticias del Paraguay!
MUERTE DE LÓPEZ
Su familia todo prisionera
La Guerra ha concluida.

López ist tot, und das ist kein Traum! Nun ist der Krieg wirklich vorbei, und der Vertrag der Tripelallianz wurde in allen Punkten erfüllt. Der Mann, der eine ganze Nation ins Verderben reißen wollte, mußte sich wie alle Tyrannen den unerbittlichen Gesetzen des Todes beugen ... Aus einem toten Tyrannen entspringt die größte Hoffnung einer Nation, die beinahe für ihn gestorben wäre.

Elisa und ihre Kinder trafen in der zweiten Märzwoche in Asunción ein und fanden eine Stadt vor, in der Tod, Profitgier und Amüsement regierten. In der Zeitung des neuen Asunción, *La Regeneración*, erschienen Annoncen von Lehrern, Architekten und Ingenieuren. Am Hafen hatte ein italienischer Spediteur eröffnet, und Edward Hopkins war mit seiner Sägemühle und seinen Dampfern wieder in Paraguay eingetroffen. Außerdem gab es in der Calle Palma zwei neue Apotheken, eine Buchhandlung und Läden, die Kleider, Brennstoffe, Getränke und Waffen verkauften. Ein Friseur »weist die Öffentlichkeit darauf hin, daß er aus den Kordilleren zurückgekehrt ist und sein Geschäft der Kundschaft wieder offensteht«.[1] Es gab Restaurants und ein Theater, und jeden Abend fanden Tanzveranstaltungen statt. Ein Laden namens *la mariposa* bot in der Calle del Sol Damenmoden feil. Geschäfte handelten mit »Käse, Wein, Tomatensauce in Flaschen, Senf, Gorgonzola, Mortadella, Bacalao, Zunge, Aprikosen, Parmesan, Gruyère«.[2] Die Züge fuhren wieder unter der Verwaltung von *Empresa Brasileña de Ferrocarril.*

Doch neben der regen Geschäftstätigkeit der Kriegsgewinnler traf man auch auf Elend und Ausbeutung. Die Bälle erinnerten an »organisierte Ausschweifungen«.[3] Karren wurden »jeden Morgen losgeschickt, um die Leichen derer einzusammeln, die während der Nacht an Hunger gestorben waren«. Vierhundert Frauen lebten im Rohbau des Teatro Nacional. Der Geruch wurde immer unerträglicher, bis man ihn nicht mehr auf mangelnde Körperpflege zurückführen konnte, und als man sich auf die Suche machte, fand man »in einer Ecke die verwesende Leiche eines erwürgten Mannes«. Alle trugen Waffen, selbst die Kinder, weil bereits viele von ihnen entführt und als Kriegsbeute in die Sklaverei verschleppt worden waren.

Vor dem großen Palast, in dem der Mariscal nie gewohnt hatte, wuschen paraguayische Veteranen brasilianischen Offizieren die Füße. Fotos einer Hündin mit riesigen Zitzen und Elisas aufmontiertem Kopf wurden für fünfzig Cents verkauft. Von den Frauen, die allabendlich die Kostümfeste für die alliierten Offiziere besuchten, trugen einige goldene Perücken und nachgeahmte Krinolinen und sprachen verballhorntes Französisch. Alliierte Soldaten und gerettete *destinadas* erzählten von hingerichteten, vergewaltigten und verhungerten Frauen. Fast jeder konnte von Mißhandlungen und Greueltaten berichten.

Wenige Tage später, am 19. März 1870, erschien ein Leserbrief in der *La Regeneración*:

> Als der Tyrann López die Evakuierung von Asunción anordnete, stahl man uns unter verschiedenen Vorwänden unsere gesamte Habe, wie schon zuvor unsere Juwelen. Heute ist die Frau hier, die die Hauptverantwortung für diese Raubzüge trägt, die am meisten davon profitierte und den Beweis für dieses Verbrechen immer noch in Händen hält, nämlich unsere Wertsachen, mit denen sie ihre unersättliche Habgier stillte. Wir meinen damit Madame Lynch.

Anschließend forderte der Brief die Übergangsregierung in haßerfüllten Worten auf, Madame Lynch daran zu hindern, mit den gestohlenen Wertsachen das Land zu verlassen. Der Brief war von neunzig der Damen unterzeichnet, die ihren Schmuck an das Libro del Registro und ihre Männer im Quadrilateral verloren hatten.

Feindselige Menschenmengen versammelten sich um Madames Haus. Steine wurden geworfen. Da Gouverneur Paranhos weder die Unruhen noch die Existenz dieser lästigen Frau ignorieren konnte, mußte er etwas wegen ihres Vermögens unternehmen. Also wurde am 19. März ein Beschluß veröffentlicht, demzufolgc sämlicher Besitz der Familie López »und der von Frau Elisa Lynch, Konkubine des Verräters und Verbrechers Francisco Solano López«, als konfisziert galt. Elisa, Isidora und die Kinder wurden zum Hafen und an Bord eines Truppentransporters gebracht. Paranhos versprach, eine Inventur ihres Vermögens zu machen, und schickte Männer, die ihr Haus durchsuchen sollten.

»40 Ringe aus Silber und Gold, ein goldenes Diadem, 23 Knöpfe aus Gold und Korallen, 11 Uhren und 20 Goldketten; 19 Paar Ohrringe aus Gold und Silber mit Saphiren, Smaragden und anderen Edelsteinen, ein Dutzend Maté-*bombillas*, ein Schwert mit einem Heft und einer Scheide aus Gold, verziert mit Edelsteinen, 6 Goldbarren ...«[4]

Doch als die Soldaten Paranhos ihre Liste überbrachten, gab dieser öffentlich bekannt, daß diese »viel weniger enthielt, als Madame Lynch vermutlich in Paraguay angehäuft hat«. Er äußerte sich nicht zu den in Paso del Patria und Angostura sichergestellten Kisten oder denen, die in den östlichen Hügeln vergraben waren. Schließlich hatte er Wichtigeres zu tun, als zu ermitteln, welche Goldkette wem gehörte und wo sie sich befand, und beabsichtige nicht, Elisa anzuklagen.

Aus Buenos Aires trafen Nachrichten ein. Konsul Chapperon hatte Paraguay an Bord eines italienischen Kanonenbootes verlassen, als die paraguayische Armee sich in die Hügel zurückgezogen hatte. Zweimal hatte man die *Arditta* daran gehindert,

Angostura zu verlassen, und man hatte Chapperons Koffer zweimal verladen, beschlagnahmt und wieder an Land gebracht. »Die dem italienischen Gesandten abgenommenen Truhen«, schrieb *El Nacional*, »sind so schwer, daß mehrere Männer sie nur mühsam von der Stelle bewegen können. *El Señor Consul* sagt, sie enthielten ›Gegenstände des persönlichen Gebrauchs‹.«[5] Erst als die italienische Mannschaft ein paraguayisches Segelschiff kaperte und die Familien an Bord bedrohte, durfte sie mit Chapperon und seinen Truhen voller gestohlener Wertgegenstände nach Buenos Aires ausreisen. Noch im selben Monat, in dem López bei Cerro Corá starb, wurde Chapperon in Buenos Aires ermordet. An dem Messer, das ihm das Herz durchbohrt hatte, hing ein mahnender Zettel: »*Cosi si punisce chi dishonra l'Italia* – So werden die bestraft, die Italien entehren.«

Weitere Neuigkeiten kamen aus Entre Rios: Am 11. April um sieben Uhr abends saß General Urquiza mit einem Buch auf der Terrasse, als er feststellen mußte, daß er umzingelt war. Er rief nach seinen Wachen, doch diese kamen nicht. Also floh er ins Haus und verschloß die Tür, aber die Männer verfolgten ihn, brachen sie auf und schossen ihm in den Mund. Als er sterbend dalag und seine Tochter neben ihm auf die Knie fiel, drückten sie noch einmal ab und töteten ihn in ihren Armen. Der Mordanschlag war von einem der Caudillos angeordnet worden, die auf die Befreiung Montevideos gedrängt hatten und wegen des Verrats der Paraguayer verärgert waren. In der Provinz griff man wieder zu den Waffen, von Buenos Aires rückten Truppen an, und die Mörder flohen zu ihren Komplizen über die Grenze nach Uruguay.

Dann veröffentlichte jemand in Asunción eine Liste der paraguayischen Immobilien, die Madame Lynch in den vergangenen fünfzehn Jahren erworben hatte. Dazu gehörten auch *tierras fiscales* von mehr als zweiunddreißig Millionen Hektar Größe, gekauft zu einem skandalös niedrigen Preis. Mit den schlau ergaunerten Juwelen in ihren Koffern wäre sie vielleicht noch davongekommen, aber darüber, daß sie in Kriegszeiten Ländereien an sich gerissen hatte, konnte man nicht hinwegsehen. Am 4. Mai fror die Übergangsregierung sämtliche Konten von

Madame ein und ordnete an, »einen Prozeß gegen diese berühmte Frau anzustrengen, da sie die außergewöhnliche und prekäre Lage ihres Landes« ausgenützt habe. *La Tribuna* in Buenos Aires faßte, am 29. Oktober 1870, die Anklagepunkte gegen sie zusammen und stellte dem unweigerlich eine Anspielung auf ihre zweifelhafte Moral voran: »Elisa Lynch ist eine berüchtigte Abenteurerin, die in der Alten Welt viele Liebhaber hatte«, teilte Varela seinen Lesern mit. »Wer ihr gleichgültig gegenübersteht, mag sich fragen, warum man sich überhaupt die Mühe macht, diese Frau anzugreifen.« Und er schickte die Antwort gleich hinterher: »Weil diese Frau eine Schwerverbrecherin ist; weil diese Frau, wenn man sie gewähren läßt, dieses unglückliche Land zum zweiten Mal ausplündern und ihren Thron auf den Trümmern dieser Nation errichten wird.«

Elisa nahm sich sofort einen französischen Anwalt namens Berchon des Essarts, der in Asunción lebte, und hinterlegte alle Urkunden, die ihre Besitzungen dokumentierten, sowie das versiegelte Testament, das General MacMahon in Lomas Valéntinas bezeugt hatte, in seiner Kanzlei. Essarts gab bekannt, Madame habe während des Krieges deshalb Einzelpersonen Land abgekauft, um ihr Vertrauen in einen paraguayischen Sieg zum Ausdruck zu bringen, während andere daran zu zweifeln begannen. Was die staatlichen Ländereien anging, habe sie diese nur erworben, um dem Staat das im Krieg dringend benötigte Geld vorzuschießen. Dazu habe sie die 1400 Gramm Gold verwendet, die sie 1855 mitgebracht und auf legalem Wege ausgegeben habe. Elisa wußte, daß sie keine Chance hatte, die Grundstücke in der Stadt zu behalten. Also verkündete Essarts, sie sei bereit, diese zum Verkaufspreis ohne Zinsen an die ursprünglichen Besitzer zurückzuverkaufen. Diese Bemerkung löste nur weitere Empörung aus, und ihre brasilianischen Beschützer empfahlen ihr dringend, das Land zu verlassen, solange dies noch möglich sei. Sie war zu einer großen Belastung geworden. Der Kommandant von Cerro Corá hatte ihr seinen Schutz angeboten, wie es die Ehre befahl, und die zivile Regierung sah sich gezwungen, diese Zusage einzuhalten. Allerdings wurde zunehmend klar, daß Elisa nicht in Paraguay bleiben konnte, und die Brasilianer wußten, daß in Asunción rasch wieder Friede einkehren würde, wenn es ihnen gelang, die Verantwortung für sie irgendeiner europäischen Regierung aufzuhalsen.

Wenn Elisa Asunción jedoch verließ, würden die schwebenden Verfahren, um die Besitzverhältnisse ihrer riesigen Ländereien zu klären, in der untersten Schublade eines Ministeriums verschwinden. Die Konten blieben weiter eingefroren, und Elisa hatte kein Einkommen. Aber sie brauchte dieses Geld, denn nun war der Zeitpunkt gekommen, sich mit ihrem in der Neuen Welt erworbenen Reichtum auf den Rückweg nach Paris und London zu machen. Schließlich mußte sie ihren Kindern eine Ausbildung ermöglichen und ein Leben führen, das ihrem Status als Witwe des paraguayischen Staatschefs entsprach, weshalb sie auf den Ertrag dieser Ländereien angewiesen war. Also erklärte sie sich lediglich zu einem Umzug von Asunción nach Montevideo bereit und schrieb in einem letzten Leserbrief an *La Regeneración*:

> Ich werde von einigen paraguayischen Damen aufs übelste verleumdet, deren Namen unter der Anfrage an die Übergangsregierung stehen. Den meisten von ihnen bin ich nie begegnet, und sie kennen mich nicht. Allerdings habe ich auch die Namen einiger Damen gelesen, die meine guten Freundinnen waren, die an meinem Tisch gegessen haben und die meinem Handeln wenn nicht ihr eigenes Leben, dann das ihrer Söhne und Verwandten verdanken.[6]

Vielleicht gab sie in diesem letzten Satz mehr preis, als sie beabsichtigt hatte.

Sie reiste mit ihren Söhnen, Rosita Carreras und Isidora Díaz an Bord eines brasilianischen Schiffes nach Montevideo ab. Die Ufer des Rio Paraguay gaben ein tristes Bild ab. Villetta war noch eine Lazarettstadt; die weißen Mauern des Friedhofs schimmerten durch die Lücken in den Erdwällen, die George Thompson hatte aufwerfen lassen, um die Brasilianer abzuwehren. In Angostura und Fortin waren die Festungen nur noch Ruinen. In den Flußmündungen, an denen sie vorbeikamen, ragten die Schaufelräder gesunkener Dampfer aus dem Schlamm. Am rechten Ufer lagen die Überreste der großen Kanuflotte, mit der die Garnison aus Humaitá nach Timbó geflohen war, unter ausgerissenen Lilienranken. Kein lebender Paraguayer war in Sicht. Überall roch es nach Tod. Humaitá war dem Erdboden gleichgemacht worden. Nur die Telegrafenmasten aus Hartholz ragten noch nutzlos in den Himmel. Wo Geschützbatterien gestanden hatten, gab es nur noch gelbe Hügel. Ein paar Rinder weideten zwischen den Erdwällen, und Wasserlilien wucherten in den Gräben.

Es sollte drei Generationen lang dauern, das vom Krieg des Mariscal verwüstete Land wieder zu bevölkern.

Abajo versuchten die britischen Konsuln zu entscheiden, wie man mit Elisa Lynch verfahren sollte. Bürgermeister Munro von Montevideo, den sie um Schutz gebeten hatte, war nicht sicher, ob sie überhaupt dazu berechtigt war. Am 23. April – Elisas Eintreffen wurde »täglich erwartet« – schickte er ein vertrauliches Schreiben an die Gesandtschaft in Buenos Aires, in dem er dringend um Instruktionen bat. Die Antwort kam telegrafisch: Munro könne Mrs. Lynch zwar keinen britischen Schutz gewähren, solle jedoch inoffiziell bei den uruguayischen Behörden darum ersuchen, »sie gegen jegliche Beleidigung oder Ausschreitung zu verteidigen, die sie möglicherweise wegen ihrer Rolle in den jüngsten Ereignissen in Paraguay auf sich ziehen könnte«.[7] Anschließend erging ein Schreiben an Elisa selbst.

> Unter den gegebenen Umständen [schrieb der Gesandte in Buenos Aires] ist Ihre Position in Bezug auf diese Republiken dergestalt, daß sie mich daran hindert, die fraglichen Regierungen offiziell um die Sicherheiten zu bitten, auf die Sie unter anderen Umständen vielleicht Anspruch hätten. Deshalb kann ich die Verantwortung für das Risiko, das Sie mit einer Einreise nach Montevideo eingehen, nicht übernehmen.

Dezent deutete er an, sie solle statt dessen nach Buenos Aires weiterfahren, wo der neue Präsident ihm vertraulich mitgeteilt hatte, er habe »keine Einwände« gegen ihre Anwesenheit.

Dann faßte er die ganze komplizierte Angelegenheit in einem Brief nach London zusammen.

> Für den Fall, daß Mrs. Lynch Ansprüche gegen mich geltend machen sollte ... Die Dame wurde in Irland geboren und ist mit einem französischen Offizier verheiratet, lebt aber offiziell von ihm getrennt. Ihre Forderung nach britischem Schutz begründet sie damit, daß niemand einem Briten kraft Geburt die britische Staatsbürgerschaft aberkennen kann. Den Gesetzen dieses Landes zufolge werden die Ansprüche auf Schutz von einer Engländerin, die mit einem Ausländer verheiratet ist und von ihrem Mann getrennt lebt, voll anerkannt. Doch da ich nicht weiß, wie ich gemäß den Wünschen Ihrer Lordschaft im vorliegenden Fall vorgehen soll, werde ich keine weiteren Schritte unternehmen, bis ich von Ihrer Lordschaft Anweisungen erhalte ...[8]

Diese trafen bald ein.

> Ich muß Sie auffordern, Mrs. Lynch im Fall einer persönlichen Bedrohung allen Schutz zu gewähren, den ihre Position erfordert. Da sie jedoch mit einem französischen Staatsbürger verheiratet war, hat sie keine, auf ihrer Staatsbürgerschaft basierenden Ansprüche auf den Schutz der Regierung Ihrer Majestät.[9]

Elisa war also staatenlos: Paraguay hatte sie ausgewiesen, die britische Regierung verweigerte ihr die Hilfe, und die Zuständigkeit der französischen Regierung war schon vor Jahren erloschen, als Xavier de Quatrefages an den Champs-Élysées die Vollmacht unterzeichnet hatte. Vielleicht wurde ihr erst in diesem Moment ihre prekäre Lage klar. Es kann auch sein, daß die Strapazen des jahrelangen Umherziehens endlich ihren Tribut forderten. Jedenfalls protestierte sie bei ihrer Ankunft in Montevideo nicht und verbrachte nur einen Tag im Hafen, bevor sie auf die *City of Limerick* mit Kurs auf Rio umstieg. Eine Menschenmenge versammelte sich an der Bucht, um ihr Schiff vorbeifahren zu sehen. Ehemalige Offiziere und Honoratioren kamen an Bord und wurden höflich von ihr empfangen. Doch falls diese ein Zeichen von Reue erwartet hatten, wurden sie enttäuscht. Sie verteidigte den Mariscal gegen alle Anschuldigungen, bat den Kaiser um eine Audienz und versprach, ihm geheime Informationen über den Krieg zu liefern. Aber er lehnte ab, und zwar mit den Worten »es interessiere ihn nicht, da er den Worten einer solchen Frau weder glauben könne noch wolle«.

Elisa Lynch machte sich auf den Weg nach England.

Auch wenn es der gnadenlosen Reihe von Schicksalsschlägen der vergangenen Jahre nicht gelungen war, sie zu brechen, mußte sie sich in den ersten Tagen in Europa geschlagen geben, denn sie kehrte – anders, als es sich für einen anständigen Kolonisten gehörte – nicht mit einem Vermögen aus Südamerika zurück, sondern litt ständig an Geldmangel. Am 18. Juli 1870 gingen Elisa Lynch, ihre vier überlebenden Söhne, Rosita Carreras, Isidora Díaz und Leopolditos seekranker Affe in Southampton von Bord des Dampfers und fuhren mit der Kutsche nach London. Dort wurden sie von Emiliano Pesoa López erwartet, denn zwischen Elisa Lynch und Juana Pesoa war eine seltsame Freundschaft entstanden, als sie in Cerro Corá ihren Geliebten und Vater ihrer Kinder hatten sterben sehen müssen. Schon am nächsten Tag war Elisa wieder unterwegs, diesmal nach Paris.

Es war ein denkbar ungünstiger Moment, um Paris zu besuchen, denn wieder hatte das Kriegsfieber die Stadt ergriffen, so wie in den Monaten, die Elisa vor sechzehn Jahren hier verbracht hatte. Die Stadt wimmelte von Soldaten, die »nach Berlin« marschierten, während die Bevölkerung ihnen Blumen zuwarf. Seit Jahren schon trafen Berichte aus dem Osten ein, die Feindseligkeiten von 1812 könnten wiederaufflammen, und die Preußen drohten. »Wir sind der Gnade des Zufalls ausgeliefert«, schrieb ein französischer General im Jahr 1868. 1870 erfanden die Preußen eine alberne Affäre, indem sie durch eine Manipulation im Reigen der Dynastien einen Kandidaten, der die Franzosen gewiß verärgern würde, auf den verwaisten spanischen Thron setzten. An dem Tag, als Elisa in Paris eintraf, hatte Napoleon III. gerade den Krieg erklärt.

»Franzosen!« rief er aus. »Es gibt feierliche Momente im Leben eines Volkes, in denen die nationale Ehre wild aufwallt, sich als unwiderstehliche Macht Bahn bricht, alles andere in den Schatten stellt und die Geschicke des Landes in die Hand nimmt. Und eine dieser Stunden der Entscheidung ist gerade in Frankreich angebrochen.«[10]

Als Napoleon von Paris an die Front aufbrach, den zwölfjährigen Thronfolger mitnahm und Eugénie als Regentin zurückließ, war Elisa schon nach London zurückgekehrt, denn Leopoldo war tot. Die Krämpfe hatten am Nachmittag der Abreise seiner Mutter nach Paris eingesetzt, und er war noch am selben Abend gestorben. Bedrückt stand Elisa wieder an einem Sarg und mußte erneut eine Beerdigung verkraften, diesmal in fremder Erde auf dem Friedhof von Kensal Green, viele Tausende von Kilometern entfernt von ihren anderen toten Kindern in Asunción und Cerro Corá.

Während sie noch um Leopoldito trauerte, kamen schreckliche Nachrichten von der französisch-preußischen Front. Die französische Armee war noch nicht bereit für einen Krieg gewesen. Man hatte es versäumt, die Reserve an den neuesten Waffen auszubilden und die Ausrüstung für den Feldzug an die Garnisonen zu verteilen. Verdatterte französische Offiziere, die ihre Armee für die beste der Welt gehalten hatten, mußten nun mühsam Gerätschaften aufstöbern und ausgeben, die jahrelang in den Depots gelegen hatten. Sie brachten den Rekruten bei, wie man einen Hinterlader benutzte, und baten in dringenden Telegrammen um Munition und Verpflegung, während die Preußen über die Grenze marschierten. Der Kronprinz wurde über den Ärmelkanal nach Hastings geschickt, doch Eugénie schrieb aus Paris an Napoleon: »Komm siegreich, oder komm überhaupt nicht.«

Am 4. September kapitulierte der Kaiser. In den Tuilerien blickten die Minister Eugénie schweigend an; sie machte sich in einer unauffälligen Kutsche auf den Weg zu ihrem Sohn, um dort auf Nachricht von ihrem Mann zu warten. Diejenigen, die sie wegfahren sahen, sagten, sie hätten gehört, wie sie »aus der Traum, aus der Traum« murmelte.

Am 28. Januar wurde ein Waffenstillstandsvertrag unterzeichnet, der Preußen große Landstücke im Osten zusprach. Außerdem wurden französische Reparationsleistungen von 500 Millionen Francs, die Stationierung einer Besatzungsarmee bis zur Bezahlung und ein Triumphzug des Siegers durch Paris vereinbart. Asunción gehörte den Brasilianern. Paris gehörte den Preußen. Und Elisa war zum zweiten Mal heimatlos. Dann bestimmte die Gewaltherrschaft der Pariser Commune acht Monate lang das Klima in der gebeutelten Stadt. Am 24. Mai 1871 wurde der Gemeindepfarrer von La Madeleine von ihren Vertretern hingerichtet. Er gehörte zu den letzten Toten, denn Ende des Monats brach die Commune zusammen, und Elisa kehrte mit Isidora zurück. Ihre drei überlebenden Söhne besuchten ein Internat in Croyden.

Im Januar 1868 hatte man die *Kameliendame* neu inszeniert, die sechzehn Jahre zuvor den Zeitgeist so ausgezeichnet getroffen hatte. »Es war ein sehr trauriger Abend«, schrieb der Baron d'Aurevilly. »Mein Gott, wo ist die Zeit geblieben, als diese Kamelien blühten? Sicher erinnern Sie sich noch, daß ganz Paris, selbst das Paris der ehrbaren Frauen, hinging, um seine Phantasie von diesem Drama beflügeln zu lassen, in dem eine schöne *fille de joie* an Liebesleid und Trauer dahinsiecht. Ach, wie lange ist es her, daß unsere Neugier so feurig und leidenschaftlich angeregt wurde!«[11] Jene Tage waren vorbei, und mit ihnen waren auch die *lorettes* aus der Rue Tronchet und der Chaussée d'Antin verschwunden. Es war zwanzig Jahre her, daß Elisa in der Rue Tronchet ihren großen Triumph gefeiert hatte. Die Männer und Frauen, die sich vielleicht noch an sie als reizende *lorette* erinnerten, waren ebenso Geschichte wie das Paris des Zweiten Kaiserreiches. Der prickelnde Schaum war zu Bodensatz geworden. Im preußischen Paris waren Elisa Lynch und Isidora Díaz keine glamourösen Südamerikanerinnen mit einem sagenhaften Vermögen, sondern zwei nicht mehr ganz junge Überlebende eines obskuren Krieges. Isidora Díaz galt nicht länger als Schwester eines Nationalhelden; sie war nun eine vorzeitig gealterte Jungfer, spießig gekleidet und mit einem ausländischen Akzent. Elisa Lynch stand nicht mehr in der Blüte ihrer Jugend und war nicht einmal mehr zweite Garnitur. »Das Alter«, hatte Dumas in seiner *Kameliendame* geschrieben, »ist der erste Tod der Kurtisanen.« Elisas Zeit war vorbei. 1870 drehte sich, anders als 1853, wohl kaum jemand auf der Straße nach ihr um. Isidora kehrte bald nach Paraguay zurück, doch für Elisa war das nicht möglich.

Emiliano Pesoa López wohnte ganz in der Nähe und pflegte ein seltsames Verhältnis mit der Favoritin seines Vaters. Seine Position war nicht einfach. Da er während des Krieges im Ausland gewesen war, war er, anders als Panchito, noch am Leben. Doch im Gegensatz zu seinem Halbbruder würde er nie ein Kriegsheld und Märtyrer werden. Als Elisa beschloß, den Namen López anzunehmen, den sie zu Lebzeiten des Mariscal nie benutzt hatte, reagierte Emiliano recht kühl. »Jetzt will sie López heißen«, schrieb er seiner Mutter. »Ich ertrage das nicht.«[12]

1872 pendelte Elisa zwischen ihren Häusern in der Pariser Rue St.-Lazare und im Londoner Kensington. Im Jahr 1872 oder 1873 besuchte der Anglo-Argentinier Robert Cunninghame-Grahame Paraguay und schilderte die dortigen Verwüstungen. Bei seiner Rückkehr nach London war er voller Haß auf die beiden Menschen, denen der die Schuld an dieser Verheerung gab, und begann, Nachforschungen über Elisa Lynch anzustellen, auch wenn er sie nie persönlich ansprach. Aus seinem Buch *Portrait of a Dictator* schlägt dem Leser die blanke Verachtung entgegen, doch das einen Absatz lange Porträt der Frau, die er beim Betreten und Verlassen ihres Londoner Hauses beobachtete, ist seltsam gleichgültig.

> In den Jahren 1873 und 1874 sah ich sie einige Male, wie sie vor einem Haus, das sie, wie ich glaube, am Thurloe Square oder am Hyde Park Gate besaß, in eine Kutsche stieg. Sie war schätzungsweise vierzig Jahre alt, mittelgroß, gut gebaut und ein wenig zur Molligkeit neigend; ihr dichtes blondes Haar wies einen Hauch von Grau auf. In ihren schicken Pariser Kleidern wirkte sie eher wie eine Franzö-

sin als wie eine Engländerin ... Sie war immer noch attraktiv und eine elegante Erscheinung. Ihr Gesicht war oval, ihre Lippen waren ein wenig üppig und ihre Augen groß und grau, wenn ich mich recht entsinne, und sie machte eindeutig nicht den Eindruck eines Menschen, der dem Tod so oft ins Antlitz geblickt, so viele Jahre unter seltsamen und beängstigenden Umständen verbracht, mit eigener Hand den Sohn und den Liebhaber begraben hat und noch am Leben ist, um seine Geschichte zu erzählen.

Obwohl Elisa offenbar noch eine bürgerliche Existenz führte, als Cunninghame-Grahame diese Beobachtungen machte, schmolz ihr Finanzpolster rasch dahin. Das Vermögen, das ihr ein Luxusleben ermöglicht hätte, war immer noch in Paraguay eingefroren, und es sah nicht so aus, als würde es so schnell freigegeben werden. Niemand weiß, wie viele Kisten mit beweglichen Wertsachen an Bord neutraler Kriegsschiffe aus dem Land geschafft und die Kellertreppe ihres Hauses in Kensington hinuntergetragen wurden und von dort aus den Weg in die diskreten Tresore einer Londoner Bank fanden. Dr. Stewarts Scheck über 4000 Pfund war geplatzt. Obwohl ein Gericht in Edinburgh zugunsten von Elisa und gegen den Doktor entschied, der angab, der Scheck sei unter Druck ausgestellt worden, meldete Stewart Konkurs an, und sie bekam nichts. Da ihr Geld aus Washington ausgegeben und das Geld von den Kriegsschiffen verschwunden war und ihr das Geld aus Schottland verweigert wurde, war Paraguay ihre einzige verbliebene Einkommensquelle. Allerdings war der Prozeß, auf dessen baldigen Beginn sie gehofft hatte, da ihr schlauer französischer Anwalt ihn sicher gewinnen würde, nie eröffnet worden, denn Monsieur Berchon des Essarts wurde von gedungenen italienischen Mördern umgebracht.

Man munkelte allgemein, Essarts sei auf Befehl des Innenministers beseitigt worden, der die Unterlagen im Fall Lynch in seinen Besitz bringen wollte, um sie zu vernichten. Doch die Dokumente waren sofort beim französischen Konsul hinterlegt worden, wo die paraguayischen Behörden keinen Zugriff auf sie hatten. Konsul Alzac forderte, die Attentäter vor Gericht zu stellen. »Es wird das erste Mal seit dem Tod von López sein«, schrieb er aus der von Gewalt gebeutelten Stadt Asunción, »daß der Mord an einem Ausländer bestraft wird.«[13] Doch das erwies sich als unmöglich. Der Fall wurde von einem Beamten an den nächsten verwiesen, es kam zu unerklärlichen Verzögerungen, Papiere gingen verloren, und die Lage des Konsuls, der tapfer weiter einen Prozeß forderte, wurde allmählich gefährlich. »Die Kosten, die ich hatte und weiter haben werde, um eine Verurteilung der Mörder von M. Berchon zu erreichen, weisen darauf hin«, schrieb der Konsul, »mit was für Politikern wir es in diesem Land zu tun haben.«[14] Am Ende des Jahres fürchtete er um sein Leben. Er packte Elisa Lynchs Prozeßunterlagen mit dem Rest von Essarts' beweglicher Habe zusammen, um sie an die Erben zu schicken, und machte sich auf den Weg zum Hafen. Man hinderte ihn gewaltsam an der Abreise. Zu seinem Gepäck gehörten zwei lebenswichtige Dokumente, die die Regierung unter allen Umständen in die Hände bekommen wollte: das Testament des Mariscal und eine weitere Urkunde, die sich nach Ansicht seiner Schwestern in demselben versiegelten Umschlag befand und alle Verstecke des während des Krieges aus Paraguay herausgeschafften Geldes auflistete.

> Heute [schrieb Konsul Alzac am 8. Dezember 1872 an seinen Vorgesetzten in Buenos Aires] betrachte ich mich als Gefangenen in Paraguay, so wie die Messieurs Cocholet und Cuverville unter López … M. d'Asambuja [der Innenminister] will mir erst gestatten, das Land zu verlassen, wenn ich ihm die Papiere von Mme. Lynch aushändige … Er sagt, ich dürfe nicht abreisen, bevor ich den Fall Berchon nicht abgeschlossen hätte, doch damit meint er, ich solle den Umschlag, der angeblich López' Testament enthält, nicht der Witwe, sondern ihm übergeben oder ihn öffnen, um für ihn eine Abschrift anzufertigen. Dazu sind Ihre Anweisungen nötig, um die ich Sie hiermit bitte, ganz zu schweigen von der Zustimmung der Eigentümerin Mme. Lynch. Als ich sie offiziell vom Tod Ihres Anwalts in Kenntnis setzte, machte sie mich zu dessen Nachfolger,

> aber Sie haben sicher Verständnis dafür, daß ich nur wenig Lust habe, mich in diese Angelegenheit einzumischen.[15]

Zwei Tage später wartete er immer noch und war verängstigt und verzweifelt.

> Was die Papiere von Mme. Lynch angeht, flehe ich Sie an, das Ministerium [für auswärtige Angelegenheiten] um Instruktionen zu bitten ... Das Dokument, bei dem es sich angeblich um López' Testament handelt, steckt, wie Sie wissen, in einem Umschlag, beschrieben in der Handschrift von Mme. Lynch und mit ihrem Siegel versehen. Das Ministerium muß entscheiden, ob dieses Dokument von politischer Bedeutung ist. Enthält dieses Dokument den politischen Letzten Willen des Ex-Diktators oder nur, wie López' Schwestern glauben, eine Auflistung der europäischen Städte, wo er Geld deponiert hat?[16]

Als Konsul Alzac Paraguay endlich verließ, brachte er nur einige der Papiere mit, die Elisa bei Berchon des Essarts hinterlegt hatte. Nun hatte sie keinen Vertreter in Asunción mehr, der ihre, in ihren Augen, berechtigten Ansprüche durchsetzte. Also würde sie, zurückkehren und sich selbst darum kümmern müssen. Isidora Díaz warnte sie, nicht zu fahren, aber Elisa hörte nicht auf sie. Im Jahr 1875 ging sie mit dem inzwischen siebzehnjährigen Enrique an Bord des Schiffes mit Kurs auf Rio, Montevideo und Buenos Aires, von wo aus sie nach Asunción weiterreisen wollte.

Am Mittag des 23. Oktober 1875 verließen sie das Schiff und fuhren durch die Stadt zu Isidora Díaz' Haus. Elisa hatte ihre Ankunft niemandem angekündigt. Auf der Calle Palma wendeten die Leute ungläubig die Köpfe, und die Nachricht, Madama sei wieder da, verbreitete sich in Windeseile. Doch niemand sprach sie an, bis sie auf einige Marktfrauen trafen, die zwischen ihren Körben und Mörsern auf dem Mercado Guazú saßen. Einige standen auf. Eine spuckte aus, und man konnte die Feindseligkeit auf dem Markt fast mit Händen greifen. Elisa beugte sich von ihrem Sitz herunter, sprach eindringlich mit einigen, die sie beim

Namen nannte, und reichte Münzen aus dem Fenster ihrer Kutsche, bevor sie rasch ihren Weg fortsetzte. Die Nachricht wurde von Haus zu Haus durch die ganze Stadt weitergegeben, und schon wenige Stunden später versammelten sich die Frauen aus fünfzig Familien, um einen Brief an den Präsidenten zu schreiben, in dem sie Elisas Verhaftung forderten.

> Sir,
> wir haben versucht, die schrecklichen Erinnerungen an das grausige Ende unserer Väter, Ehemänner, Brüder und Söhne zu vergessen. In christlicher Demut haben wir uns bemüht, die Wunden auf unseren Seelen zu lindern, die in der Gegenwart dieser bösartigen Verbrecherin niemals heilen werden, der Anstifterin zu und Komplizin in unsäglichen Grausamkeiten, die frech zwischen uns flaniert und alte Wunden aufreißt, die wieder zu bluten beginnen, als ob das Blut an ihren Händen nicht schon genügen würde …

Die Frauen forderten, Elisa entweder sofort auszuweisen oder als Verbrecherin vor Gericht zu stellen, denn zu einer solchen war sie ja in dem Erlaß vom 4. Mai 1870 erklärt worden.

Als der Abend dämmerte, umringte eine große zornige Menschenmenge Isidoras Haus. Man brüllte unflätige Beschimpfungen und schleuderte die ersten kleinen Wurfgeschosse. Die Leute riefen *muera!*, und es wurde gemeldet, daß sich die Marktfrauen mit Transparenten und unter Kriegsgeschrei auf dem Weg vom Hafen hierher befänden. Ein tapferer Bote trat aus Isidoras Haus und drängte sich die Straße entlang zum Club del Progreso, wo der Kapitän eines britischen Schiffes, das in der Bucht lag, dinierte. Auf Elisas Bitte um Hilfe erwiderte er höflich, an Land könne er ihr nur seinen persönlichen Schutz anbieten, an Bord seines Schiffes in der Bucht hingegen genösse sie den Ihrer Majestät.

Die Marktfrauen trafen kurz vor der Polizei ein. Sie planten, Elisa gewaltsam zu entführen und sie, ein mit Beleidigungen beschmiertes Transparent in der Hand, an allen Straßenecken der aufgebrachten Menschenmenge zur Schau zu stellen, die

»*Muera, Madame Lynch*! Lópezhure!« brüllte. Doch die Regierung hatte entschieden, sie aus Paraguay auszuweisen. Die Polizei teilte ihr mit, sie müsse das Land noch in dieser Nacht verlassen.

Um elf hielt eine Straßenbahn vor ihrem Haus. Sie wurde vom Leiter der Verkehrsbetriebe, einem Engländer, gefahren, vermutlich deshalb, weil man sonst niemandem trauen konnte. Umringt von einer Menschenmenge und beschützt von Polizisten und Soldaten, die keine Sympathien für die Ausländer hegten, stieg Enrique in den Wagen, gefolgt von seiner Mutter, die eine Pistole in der Hand hielt.

»Madame«, sagte der Fahrer bedauernd. »Ich bin unbewaffnet. Ich hielt eine Waffe für überflüssig und sehe, daß Sie eine Pistole haben. Bitte seien Sie so gut, sie mir zu geben, da es im Fall einer Bedrohung besser ist, wenn ich sie benutze.«

»Es stimmt«, erwiderte Madame, »daß es eher unüblich für Damen ist, mit derartigen Gerätschaften zu hantieren, aber wenn es wirklich dazu kommt, werden Sie sehen, daß auch eine Frau etwas Sinnvolles damit anzufangen weiß.«[17]

Als Madame sich von Buenos Aires aus auf den Weg nach Europa machte, übertrug sie ihren Anteil an dem Land, das sein Vater ihr vermacht hatte, an Enrique. Dieser verkaufte seinen Anteil schlau an einen argentinischen Spekulanten und überließ es ihm, sich wegen der Besitzverhältnisse mit der paraguayischen Regierung herumzuschlagen. Als der Mann vor Gericht den Antrag stellte, wurde er nur ausgelacht.

Über Elisas letzte Lebensjahre ist ebensowenig bekannt wie über die ersten. Sie hinterließ keine Aufzeichnungen, niemand aus ihrem früheren Leben hatte mehr Kontakt mit ihr, und auch Zeitungsreporter und Chronisten erwähnen sie nicht. Wir wissen nur, daß sie drei Jahre in Jerusalem verbrachte, dann nach Paris zurückkehrte und dort als anständige Witwe in beschränkten Verhältnissen lebte.

Die einzige Anspielung auf sie findet sich in einem Brief, der zwischen den Seiten eines Picaro-Romans in der Canning House Library in London steckte. Es ist eine Abenteuergeschichte aus dem neunzehnten Jahrhundert, die von der Suche nach dem verschollenen paraguayischen Gold mit Hilfe geheimer Karten handelt. In einer Passage schildert ein Sterbender die Greuel während des letzten Rückzugs der paraguayischen Armee:

> Ich war mit drei Kameraden auf Erkundungsgang, da bemerkte ich die Spuren von Wagenrädern, die die Straße verließen. Wir folgten ihnen, denn ich hatte die Anweisung, dafür zu sorgen, daß niemand hinter der Kolonne zurückblieb. Nach etwa einem Dreiviertelkilometer trafen wir auf zwei Karren, von denen einer die Aufschrift *Tesorería General de la Nación* [Staatliches Schatzamt] trug. Eine kurze Überprüfung ergab, daß sie leer waren. Wir eilten weiter und erreichten bald eine Stelle, wo der Boden vor kurzem aufgewühlt worden war. Selbstverständlich schloß ich daraus, daß jemand den Inhalt der Karren dort vergraben hatte ... Plötzlich verbreiterte sich der schmale Pfad, dem wir gefolgt waren, zu einer offenen, verhältnismäßig großen Lichtung, wo unser Blick auf eine Anzahl menschlicher Leichen auf dem Boden fiel.
>
> Mit zwei oder drei Ausnahmen lagen sie auf den Gesichtern, in einer unregelmäßigen Reihe; vor einigen von ihnen entdeckten wir, so, als seien sie ihnen plötzlich aus den Händen gefallen, ihre Gewehre und Arbeitswerkzeuge.
>
> Unter ihnen befand sich ein italienischer Ingenieur. Er hatte eine tiefe Schnittwunde über der Kehle und drei Kugeln im Rücken. Alle übrigen in der Reihe der Toten wiesen ähnliche Verletzungen im Rücken auf. Und denjenigen, die sich im Todeskampf umgedreht hatten, hatte man zusätzlich die Kehle durchgeschnitten ...[18]

Der Roman ist detailgetreu und beschönigt nichts. Der Brief, der hinten im Einband steckt, stammt vom Autor und ist an eine gewisse Lady Jackson gerichtet und auf das Jahr 1887 datiert.

> Daß es einen paraguayischen Schatz gibt [schrieb er], beruht auf Tatsachen. Wie ich glaube, besteht kein Zweifel daran, daß dort ein beträchtliches Vermögen vergraben ist

und daß einige Menschen erschossen wurden, damit niemand die geheimen Verstecke verriet. Viele Versuche wurden unternommen, den Schatz aufzuspüren. Mrs. Lynch selbst suchte mich in dieser Sache auf und schlug mir vor, ihr das Geheimnis abzukaufen.

Am 25. Juli 1886 starb Elisa Lynch an Magenkrebs. Ihr Sohn Federico, der in der Nachbarschaft lebte, wurde gerufen, um ihre Leiche abzuholen. Er ließ einen Trauergottesdienst in der Kirche St. Francisco Sales abhalten und kaufte einen Dauerplatz in einem Gemeinschaftsgrab mit sechs weiteren Leichen auf dem Friedhof Père Lachaise in Paris. Ihre wenigen Bekannten erhielten Einladungen zu ihrer Beerdigung.

Se ruega a Ud a asistir al cortejo servicio funestre y entierro de la Sra Viuda Lynch de López, nacida Elisa Alicia Lynch en 1831.

Anläßlich des Trauerzuges, des Begräbnisgottesdienstes und der Beisetzung der Witwe Señora Lynch López, geboren als Elisa Alicia Lynch im Jahr 1831, wird um Ihre Anwesenheit gebeten.[19]

NACHWORT

In den fünfzig Jahren nach dem Krieg folgte man in der Beurteilung der Ära López hauptsächlich der Auffassung des Autors Hector Decoud, dessen Mutter am Ufer des Chaco gefangengehalten, dessen Schwester von den Soldaten des Mariscal vergewaltigt und dessen ältester Bruder eingezogen worden und in der Schlacht von Cerro Corá gefallen war und dessen Vater man des Hochverrats angeklagt hatte. Im Jahr 1892 heiratete Decoud die uneheliche Tochter von Inocencia López und General Camara, gezeugt in der Nacht von López Todestag. Für Decoud und viele, die seine Meinung teilten, waren Elisa Lynch und der Mariscal Mörder. Auch die wenigen guten Taten von Elisa während der letzten Kriegsjahre konnten ihre schrecklichen Verbrechen nicht aufwiegen.

In seiner hastig hingekritzelten Biographie *Seven Eventful Years in Paraguay* (Sieben ereignisreiche Jahre in Paraguay) aus dem Jahr 1869 gehörte George Masterman zu den ersten, die Elisy Lynch scharf kritisierten. Er stellte es als Tatsache dar, daß sie den Ehrgeiz hatte, López zum »Napoleon der Neuen Welt« zu machen. Und »es ist leicht, zu verstehen, daß der Einfluß, den eine kluge, egoistische und ausgesprochen skrupellose Frau auf einen zwar herrschsüchtigen, aber schwachen und eitlen Mann wie López ausübte, immens war«. Sie sei es gewesen, schrieb er, die ihn zum Krieg gedrängt habe, um ihre finsteren Pläne in die Tat umzusetzen; die Schuld laste ganz allein auf ihren Schultern. Südamerikanische Autoren gingen sogar noch weiter.

La Dictadura del Mariscal López wurde von Jacinto Vicencio im Jahr 1874 in Buenos Aires geschrieben, und zwar für den Gebrauch an paraguayischen Grundschulen. Das Buch gibt die Einstellung der Eroberer gegenüber López und Elisa Lynch wieder, und so wuchs eine ganze Generation in dem Glauben auf, bei diesem Sammelsurium aus Lügen und abstrusen Gerüchten handle es sich um die Wahrheit.

»Elisa Lynch«, heißt es in dem Buch, »wurde in Schottland im Jahr 1822 geboren. Sie war die Tochter von anständigen, bescheidenen Leuten. Ihr Vater war Metallarbeiter, ihre Mutter Näherin bei einer französischen Modistin, die in London tätig war, der Hauptstadt, in die die Familie Lynch übersiedelte.« Im Alter von zwölf Jahren sei Elisa Lynch – bereits wunderschön, belesen und zweisprachig in Französisch und Englisch – Verkäuferin geworden »und wurde bald von Bewunderern umringt«. Ohne auf »die Tränen ihrer Mutter und die Zuneigung ihres Vaters zu achten«, sei sie mit dem jungen Lord L. durchgebrannt und wurde bald »Anführerin einer gewaltigen Armee von 70 *lorettes*«, die in England die Hofdamen der Venus sind. Als sie berühmt wurde, zwang sie Lord L., mit ihr ganz Europa zu bereisen. Und nachdem sie sein ganzes Geld ausgegeben hatte, verließ sie ihn in Madrid wegen eines Tenors am Teatro Lirico, den sie wiederum mit einem englischen Bankier betrog. So ging es immer weiter, bis sie sich den armen Xavier angelte, um sich Zutritt zur besseren Gesellschaft zu verschaffen. Er heiratete sie heimlich, wurde von seiner Familie enterbt und war deshalb gezwungen, nach Algerien zu gehen. Dort begann sie, seine Offiziere zu verführen. Und so wurde die Geschichte immer weiter gesponnen, böswilliger Klatsch, basierend auf Doña Puras Verleumdungen.

Über Elisa waren die absurdesten Märchen im Umlauf. Man unterstellte ihr eine Affäre mit Lord Palmerston und behauptete, sie habe geplant, alle paraguayischen Frauen auszurotten und sie im Rahmen einer Masseneinwanderung durch Schottinnen zu ersetzen. Außerdem sei sie kahlköpfig gewesen und habe ihren Friseur verhaften lassen, als er das eines Abends im betrunkenen Zustand seinen Freunden erzählte. In den letzten Kriegsmonaten habe sie ihren Kindern erlaubt, die Verhungernden für das Vergnügen, sie auszupeitschen, mit »einem Maiskolben oder einer Handvoll Mehl«[1] zu bezahlen. Sie allein habe die Verschwörung gegen López aus reiner Böswilligkeit erfunden, und sie habe in Paraguay viele Liebhaber gehabt, unter ihnen General José Díaz, dem sie die Verbände abgerissen habe, damit er verblutete und das Geheimnis nicht verriet …

1921 erschien ein Buch des paraguayischen Historikers Juan Emiliano O'Leary, das eine überraschend neue Darstellung des Krieges, des Mariscal und dadurch auch Madame Lynchs lieferte. Nach O'Learys Deutung war der Mariscal nicht der Zerstörer Paraguays, sondern sein Retter, ein visionärer Staatsmann, der sich tapfer und heldenmutig gegen die Aggression seiner Nachbarn gewehrt habe. Sein Tod sowie der der Paraguayer, die ihm in die Schlacht gefolgt seien, seien der Gipfel des Patriotismus gewesen. Auch O'Learys Interpretation erhielt Glaubwürdigkeit durch seine Herkunft, denn er konnte es in dieser Hinsicht durchaus mit Decoud aufnehmen: Er war der Sohn einer *destinada*. O'Learys *Historia de la Guerra del Paraguay* (Geschichte des Krieges von Paraguay) war der Beginn einer revisionistischen Bewegung, welche unter den Militärjuntas gedieh, die Paraguay im zwanzigsten Jahrhundert regierten. Eine Nation, der die Felle davonschwammen, brauchte einen Anhaltspunkt, um eine eigene Identität aufzubauen – und was wäre für eine Militärdiktatur passender gewesen als der Kult um den Mariscal, der – das Schwert in der Hand und mit dem Ruf *Muero con mi patria*, ich sterbe mit meinem Land – im brasilianischen Kugelhagel gefallen war?

O'Leary war es auch, der Überlebende des Krieges aufspürte und sie überredete, ihre Memoiren zu schreiben. Silvestro Aveiro wurde gefunden und diktierte seine *Memorias Militares*, kurz bevor er 1919 starb. Padre Maíz, der immer noch die Sakramente spendete, verfaßte *Etapas de mi vida* (Stationen meines Lebens) im Alter von einundneunzig Jahren, ein Buch, in dem er sich rundheraus weigert, den Tatsachen ins Auge zu sehen und die Verantwortung für sein Handeln zu übernehmen.

1929 wurde die *Comison Pro-Reivindicación del Mariscal* ins Leben gerufen. Der Soldat, der in einem Baum gekauert und Elisa Lynch beim Ausheben des Grabes für den Mariscal beobachtet hatte, wurde aufgestöbert und führte die Kommission zu der Stelle, an die er sich noch erinnerte. Man entdeckte Knochen und erbaute die ersten Monumente, um das Schlachtfeld zu markieren. Im Februar 1936 ließ General Morinigo die Deputiertenkammer in Asunción von Truppen umstellen, und ein halbes Jahrhundert Militärherrschaft begann. »Eine Revolution war nötig«, schrieb die Asunciöner Zeitung *ABC Color* in ihrer hundertsten Ausgabe am 3. März 1970, »um dem Mariscal endlich durch einen Akt der Regierung zu Ruhm zu verhelfen«. General Morinigo sorgte für diese Revolution – und für einen blutigen und »patriotischen« Krieg, diesmal mit Bolivien.

Der Revisionismus ging weiter: »Der Mariscal *war* die Nation«, und seine Armee war »die Nation in Waffen«. Widerspruch wurde nicht geduldet, denn es handelte sich bei dieser Lesart gleichzeitig um eine Deutung der Vergangenheit sowie um eine Bestätigung der Regierungen der starken Männer, unter denen die Revisionisten ihre Bücher verfaßten. Keiner aus dem kleinen Club der Diktatoren, die Lateinamerika beherrschten, hatte etwas gegen eine Ideologie einzuwenden, derzufolge der Oberbefehlshaber der Streitkräfte die Nation verkörperte, während alle, die sich ihm widersetzten, Hochverräter waren. Und als die Generalpräsidenten sahen, welche Wirkung Evita Peron auf die Massen in Buenos Aires ausübte, mußten sie sich auch etwas für Elisa Lynch einfallen lassen. Straßen wurden umbenannt und überall in der Stadt Statuen aufgestellt. Man änderte die Schulbücher und verbot die Schriften von Decoud.

Als sich die Revisionisten mit Elisa Lynch befaßten, schrieben sie ihr all die weiblichen Attribute zu, die eine Ergänzung zu der Männerwelt eines Stroessner, Peron und Franco bedeuteten: Mütterlichkeit, Opferbereitschaft und unverbrüchliche Treue zu ihrem Mann. Allerdings gab das Rohmaterial nicht viel her. »Fiktionalisierte Biographien« erschienen, um das weibliche Element einzubringen. Die größte Heldinnenverehrung stammt aus der Feder einer Argentinierin, Maria L. Concepción de Chaves, nach der in Asunción eine Straße benannt ist. Ihr Buch *Madame Lynch: Evocación*, geschrieben 1957, verlegt die erste Begegnung nach Algerien. Xavier de Quatrefages wird bei ihr zum gefühllosen Schläger, der Elisa Kinder verweigerte, wodurch sich ihre Liebesaffäre mit General López in die Rettung einer Jungfrau durch einen edlen Ritter verwandelt und ein moralischer Fehltritt in Paris ganz und gar ausgeschlossen wird. Nach ihrer Ankunft in Paraguay lehnt Elisa in diesem Buch ihr blondes Köpfchen an die Schulter ihres Francisco, läßt sich von ihm Vorträge über das Gleichgewicht der Kräfte in der La-Plata-Region halten oder galoppiert in feschen Reithosen an der Spitze der Truppe dahin.

Als sich der hundertste Todestag des Mariscal näherte und sich das Panteon de los Héroes mit den Gebeinen von Kriegern füllte, setzte sich die paraguayische Botschaft in Paris mit der Stadtverwaltung in Verbindung und suchte um die Erlaubnis an, die sterblichen Überreste von Elisa Lynch zu exhumieren. Da die Akte mit der dazugehörigen Korrespondenz, die im Centre des Archives Diplomatiques de Nantes aufbewahrt ist, erst 2013 freigegeben wird, kennen wir die offizielle Begründung des Antrags nicht. Das Grab auf dem Friedhof Père Lachaise wurde geöffnet, man exhumierte den Staub und die Knochen von sieben Leichen und schickte eine Urne voll über den Atlantik. Nachdem sie von Präsident Stroessner 1961 feierlich entgegengenommen worden war, stand sie einige Jahre lang auf einem Podest im Militärmuseum, bis man für sie ein Monument auf dem Friedhof La Recoleta errichtete. Mit einem Kanonenwagen überführte man sie zur größten Grabstelle in der Avenida C in La Recoleta, wo eine Plakette angebracht ist: »Eine Ehrung des Volkes, der Regierung und der Streitkräfte an Elisa Alicia Lynch.« Inzwischen wird das Grab kaum noch besucht. Seit Präsident Stroessner sich nach dem Staatsstreich im Jahre 1989 als reicher Mann über die Grenze ins brasilianische Exil geflüchtet hat, scheinen Heldinnen aus der Mode gekommen zu sein. Doch Paraguay ist noch immer ein unberechenbares und ruheloses Land. Vielleicht wird Elisa Lynch ja irgendwann von einem Soldaten wiederentdeckt, der fest dazu entschlossen ist, als Held in die Geschichte einzugehen.

ANMERKUNGEN

Vorwort

1 *La Tribuna*, Asunción, 25. Juli 1961.

Kapitel 1

1 Theophile Gaultier, *Voyage pittoresque en Algerie.*
2 Elisa Lynch, *Exposicion y Protesta.*
3 Hector Varela, *Elisa Lynch de Quatrefages.*
4 ebd.

Kapitel 2

1 *The Times*, 10. Dezember 1853.
2 *Historia Argentina – Curso Elemental.*
3 J. C. Chavez, zitiert bei Rubiani.
4 Charles Quentin, *Le Paraguay.*
5 Zitiert bei Pelham Box, *The Origins of the Paraguayan War.*
6 *The Times*, 24. Mai 1853.
7 ebd.
8 ebd.
9 Zitiert nach Joanna Richardson, *The Courtesans. The demi-monde in nineteenth-century France.*
10 Juan Crisóstomo Centurión, *Memorias o Reminiscencias Historicas.*
11 Juan José Brizuela, u. a. zitiert nach Fernando Baptista, *Madame Lynch: mujer de guerra y de mundo.*
12 ebd.
13 Staatsarchiv (PRO) FO 59/10.
14 George Frederick Masterman, *Seven Eventful Years in Paraguay*
15 PRO FO 59/10.
16 Zitiert nach Blanchard Jerrold.
16 Nationalarchiv von Asunción (NAA), historia I 30, 28, 19.
17 Zitiert bei Rubiani, *La Guerra de la Triple Alianza.*
18 Zitiert nach Jorge Rubiani, *La Guerra de la Triple Alianza.*

Kapitel 3

1 Zitiert nach Pelham Horton Box.
2 George Frederick Masterman.

3 Ildefonso Bermejo, *Repúblicas Americanas: Episodios de la vida privada, política y social en la República del Paraguay.*
4 Leutnant Page, zitiert nach Charles Ames Washburn, *The History of Paraguay I.*
5 Ildefonso Bermejo.
6 George Frederick Masterman.
7 Ildefonso Bermejo.
8 *Le Monde Autour de 1871,* zitiert nach Fernando Baptista.
9 Hector Varela.
10 Encarnacion Bedoya, zitiert nach Guido Alcalá, *Destinadas, Residentas y Traidoras.*

Kapitel 4

1 Hector Varela.
2 Hector Varela.
3 ebd.
4 ebd.
5 ebd.
6 Wiederabdruck in *La Tribuna*, 25. Februar 1856.
7 PRO FO 59/12.
8 Centre des Archives Diplomatiques (CAD), Buenos Aires, Legation 21.
9 PRO FO 59/12.
10 Hector Varela.
11 *La Tribuna*, 26. Februar 1856.
12 Hector Varela.
13 NAA, historia 329/16.
14 Ebd.

Kapitel 5

1 CAD, assomption-a-12.
2 Charles Quentin.
3 PRO FO 59.
4 ebd.
5 PRO FO 59/12.
6 CAD, Buenos Aires, Legation 21.
7 ebd.
8 Jorge Rubiani.
9 CAD, Buenos Aires, Legation 21.
10 George Frederick Masterman.
11 ebd.
12 Marion Mulhall, *From Europe to Paraguay and Matto-Grosso.*
13 George Frederick Masterman.

14 Untersuchungskommission bei der Befragung von General Mac Mahon, abgedruckt in Osvaldo Bergonzi, *El Circulo de San Fernando.*
15 Bartolomé Bossi, *Viaje pintoreso por los rios Paraná, Paraguay, San Lorenzo, Cuyaba.*
16 ebd.
17 ebd.
18 G. F. Masterman.
19 Fidel Maíz, *Etapas de mi vida.*
20 PRO FO 527/9.
21 ebd.
22 Charles Washburn.
23 ebd.
24 PRO FO 59/20.

Kapitel 6

1 Jorge Rubiani.
2 *La Tribuna*, Buenos Aires, 9. November 1859.
3 *La Tribuna*, Buenos Aires, 27. November 1859.
4 Osvaldo Bergonzi.
5 Zitiert nach Josefina Pla, *The British in Paraguay.*
6 Georg Frederick Masterman.
7 NAA historia.
8 NAA historia 331/29.
9 Charles Ames Washburn.
10 ebd.
11 ebd.

Kapitel 7

1 Fidel Maíz, *Etapas de mi vida.*
2 ebd.
3 Charles Ames Washburn.
4 NAA historia 444/12.
5 Charles Ames Washburn.
6 Juan Crisóstomo Centurión.
7 George Thompson, *The War in Paraguay.*
8 NAA historia 130, 27, 84.
9 NAA historia 332/7.
10 Charles Ames Washburn.
11 ebd.
12 Fidel Maíz.
13 CAD Assomptiona-12 »lettres des particuliers«.
14 *La Tribuna*, Buenos Aires, 13. Juni 1863.
15 Charles Ames Washburn.

16 George Frederick Masterman.
17 Fidel Maíz.
18 ebd.
19 Charles Washburn.
20 ebd.
21 ebd.
22 ebd.
23 ebd.
24 ebd.
25 Juan Crisóstomo Centurión.
26 George Frederick Masterman.
27 ebd.

Kapitel 8
1 Charles Ames Washburn.
2 ebd.
3 ebd.
4 Zitiert nach Jorge Rubiani.
5 Pelham Horton Box.
6 Rubiani.
7 Zitiert nach Fernando Baptista.
8 Pelham Horton Box.
9 Charles Ames Washburn.
10 NAA historia 340/7
11 *La Tribuna*, Buenos Aires, 14. September 1864.
12 ebd.
13 *La Tribuna*, Buenos Aires, 13. Oktober 1864.
14 Charles Ames Washburn.
15 George Thompson.
16 Charles Ames Washburn.
17 *The Times*, 21. Januar 1865.
18 Ivan Boris und Manlio Cancogni, *El Napoleón de Plata*.
19 George Thompson.
20 Fernando Baptista.
21 Hector Decoud, *La Masacre de Concepción ordenada por el Mariscal López*.
22 Juan Crisóstomo Centurión.
23 George Thompson.

Kapitel 9
1 Charles Ames Washburn.
2 Jorge Rubiani.
3 ebd.

4 *The Times*, 1. Juni 1865.
5 George Thompson.
6 Zitiert nach Rubiani u. a.
7 ebd.
8 Fernando Baptista.
9 Charles Ames Washburn.
10 ebd.
11 Silvestre Aveiro, *Memoria Militares*.
12 *La Tribuna*, Buenos Aires, 21. Oktober 1864.
13 Zitiert nach Rubiani.
14 Zitiert nach Josefina Plá.
15 *La Tribuna*, Buenos Aires, 3. September 1864.
16 George Thompson.
17 George Frederick Masterman.

Kapitel 10

1 Zitiert nach Milda Rivarola, *La polemica francesa sobre la guerra grande*.
2 George Thompson.
3 Juan Crisóstomo Centurión.
4 Juan Bautista Rivarola, *Diagonal de Sangre*.
5 George Thompson.
6 Hector Decoud.
7 Bericht von Rafaela López, abgedruckt in Hector Decoud, *La Masacre de Concepción*.
8 Justiniano Rodas Benítez, *Testimonios de un Capitán de la Guerra el '70*.
9 Silvestre Aveiro.
10 Leon de Palleja, *Diario de las Fuerzas Alidas contra el Paraguay*.
11 George Thompson.
12 *Buenos Aires Standard*, Offizielle Papiere, beschlagnahmt von den Alliierten am 28. Dezember 1868.
13 Mr. Taylors Bericht, abgedruckt bei George Frederick Masterman.
14 Zitiert nach Fernando Baptista.
15 PRO FO 59/25.
16 George Thompson.
17 Leon de Palleja.
18 ebd.
19 Fernando Baptista.
20 Alfredo de Tannay, *Diario do Ejercito*, zitiert bei Fernando Baptista.

Kapitel 11

1 George Frederick Masterson.
2 Milda Rivarola.

3 Elisa Alicia Lynch.
4 Richard Burton, *Letters from the Battlefield of Paraguay.*
5 George Thompson.
6 NAA historia I 30, 27, 84.
7 ebd.
8 ebd.
9 ebd.
10 ebd.
11 Zitiert nach Fernando Baptista.
12 Buenos Aires Standart.
13 Jorge Rubiani.

Kapitel 12

1 Fidel Maíz.
2 Charles Ames Washburn.
3 ebd.
4 *The Times*, 24. Dezember 1869.
5 NAA historia 347/17.
6 *Buenos Aires Standart*, 2. März 1879, Zeitungssausschnitt in PRO FO 59/30.
7 ebd.
8 PRO FO 6/268
9 ebd.
10 PRO FO 59/27.
11 PRO FO 6/268.
12 ebd.
13 ebd.
14 Centuriόns unveröffentlichte Erklärung zur Verschwörung, zitiert nach Osvaldo Bergonzi.
15 George Thompson.
16 *Buenos Aires Standard*, 26. Juni 1867.
17 PRO FO 6/268.
18 ebd.
19 George Thompson.
20 Zitiert nach Osvaldo Bergonzi.
21 Charles Ames Washburn.
22 Osvaldo Bergonzi.
23 George Thompson.
24 PRO FO 59/27-67.
25 PRO FO 59/28.
26 George Frederick Masterman.
27 Dorotea Duprat de Lasserre.
28 CAD, Buenos Aires, Legation 16.

29 Erklärung von Mercedes Roca, zitiert nach Guido Alcalá.
30 George Thompson.
31 NAA Lobro del Registro.
32 George Thompson.
33 ebd.
34 NAA historia 347/17.
35 PRO FO 6/268.
36 NAA historia 253/26.

Kapitel 13

1 Juan Crisóstomo Centurión.
2 ebd.
3 Zitiert bei Osvaldo Bergonzi.
4 ebd.
5 Charles Ames Washburn.
6 George Thompson.
7 ebd.
8 ebd.
9 ebd.
10 ebd.
11 ebd.
12 ebd.
13 ebd.
14 ebd.
15 Gordon Meyer, *The River and the People.*
16 Juan Crisóstomo Centurión.
17 Osvaldo Bergonzi.
18 Silvestre Aveiro.
19 ebd.
20 ebd.
21 ebd.
22 ebd.
23 George Thompson.
24 CAD, Buenos Aires, Legation 16.
25 Juan Crisóstomo Centurión.
26 Silvestre Aveiro.
27 ebd.

Kapitel 14

1 Mr. Taylors Bericht.
2 ebd.
3 Charles Ames Washburn.
4 Mr. Taylors Bericht.

5 Silvestre Aveiro.
6 ebd.
7 George Thompson.
8 Mr. Taylors Bericht.
9 ebd.
10 Hector Decoud.
11 Arturo Rebaudi, *Un Tirano de Sud Américana.*
12 Silvestre Aveiro.
13 Mr. Taylors Bericht.
14 Richard Burton, *Letters from the Battlefields of Paraguay.*
15 PRO FO 59/28.
16 George Frederick Masterman.
17 PRO FO 59/28.
18 George Frederick Masterman.
19 ebd.
20 ebd.
21 Zitiert nach H. Koebbel, *The Romance of the River Plate.*
22 George Frederick Masterman.
23 *La Regeneración*, 19. November 1869.
24 ebd.
25 Zitiert in Fernando Baptista u. a.
26 Mr. Taylors Bericht in Masterman.
27 *Times*, 24. Dezember 1869.
28 Amtliche Dokumente/*Buenos Aires Standard*, ebd.
29 ebd.
30 *Times*, a.a.O.
31 Dorotea Duprat de Lasserre.
32 Interview in *La Tribuna*, Asunción, 1. März 1970.

Kapitel 15
1 Zitiert nach George Frederick Masterman.
2 ebd.
3 Juan Crisóstomo Centurión.
4 Bericht von Silvia Cordal, zitiert in Guido Alcalá, a.a.O.
5 *La Regeneración*, 27. Oktober 1869.
6 Dorotea Duprat de Lasserre.
7 Bericht von Silvia Cordal, a.a.O.
8 Silvestre Aveiro.
9 ebd.
10 Juan Crisóstomo Centurión.
11 Alfredo de Tanny, zitiert in *La Tribuna*, 1. März 1970.
12 *La Tribuna*, ebd.

Kapitel 16

1 *La Regeneración*, 1. Dezember 1869.
2 *La Regeneración*, 28. Dezember 1869.
3 PRO FO 6/290.
4 Elisa Alicia Lynch.
5 *El Nacional*, Buenos Aires, 6. Dezember 1870.
6 Elisa Alicia Lynch.
7 PRO FO 6/290.
8 ebd.
9 ebd.
10 Zitiert nach B. Jerrold.
11 Zitiert nach Joanna Richardson.
12 Zitiert nach Elisa Alicia Lynch.
13 CAD, Buenos Aires, Legation 16.
14 ebd.
15 ebd.
16 ebd.
17 *La Tribuna*, 1. November 1870.
18 Alexander Baillie, *A Paraguayan Treasure*.
19 Zitiert nach Victor I. Franco in *La Tribuna*, Asunción, 5. Oktober 1975.

Nachwort

1 Arturo Bray, *Solano López, soldado de la gloria y del infortunio*.

BIBLIOGRAPHIE

Alberdi, Juan Bautista, *Historia Argentinia – Curso Elemental Historia de la guerra del Paraguay*, Buenos Aires, 1962.

Alcalá, Guido, *Desdinadas, Residentas y Traidoras*, Asuncion, 1991.

Aveiro, Silvestre, *Memorias Militares*, Asunción, 1970.

Baillie, Alexander, *A Paraguayan Treasure: The Search and the Discovery*, London, 1887.

Baptista, Fernando, *Madame Lynch: mujer de guerra y de mundo*, Buenos Aires, 1987.

Barrett, William Edmund, *Woman on Horseback: The Biography of Francisco López and Elisa Lynch*, New York, 1938.

Baylé, Jaqueline, *Quand l'Agerie devenait francaise*, Paris, 1981.

Benítez, Justiniano Rodas, *Testimonios de un Capitán de la Guerra del '70.*

Bergonzi, Osvaldo, *El Circulo de San Fernando*, Asunción, 1998.

Bermejo, Ildefonso Antonio, *Repúblicas Americanas: Episodios de la vida privada, política y social en la República del Paraguay*, Madrid, 1873.

Boettner, Juan Max, *Música y músicos del Paraguay*, Asunción, 1946.

Boris, Ivan und Cancogni, Manilo, *El Napoleón del Plata: Historia de una heroica guerra sudamericana*, Barcelona, 1972.

Bossi, Bartolomé, *Viaja pintoresco por los ríos Paraná, Paraguay, San Lorenzo, Cuyubá y el Arino tributario del grande Amazonas*, Paris, 1863.

Box, Pelham Horton, *The Origins of the Paraguayan War*, New York, 1967.

Bozzo, Emanuele, *Notizie storiche sulla republica del Paraguay e la guerra attuale*, 1869.

Bray, Arturo, *Hombres y epocas del Paraguay*, Buenos Aires, 1943.

ders., *Solano López, soldado de la gloria y del infortunio*, Buenos Aires, 1945.

Brodsky, Alyn, *Madame Lynch and Friend, the true account of an Irish adventuress and the dictator of Paraguay who destroyed that American nation*, London, 1976.

Buenos Aires Standard, Official papers seized by the Allies on 28 December 1868, Buenos Aires, 1869.

Burton, Richard, *Letters from the Battlefields of Paraguay*, London, 1870.

Canard, Benjamin, Cascalar, Joaquín and Gallegos, Miguel, *Cartas sobre la guerra del Paraguay*, Buenos Aires, 1999.

Cardozo, Efraím, *Breve historia del Paraguay*, Buenos Aires, 1965.
Centurión, Juan Crisóstomo, *Memorias, o Reminiscencias Historicas sobre la guerra del Paraguay*, Asunción, 1987.
Chaves, Maris Concepción, L. de, *Madame Lynch, Evocación*, Buenos Aires, 1957.
Cooney, Jerry W. and Whigham, Thomas L., *El Paraguay bajo los López*, Asunción, 1994.
Cunninghame-Grahame, Robert, *Portrait of a Dictator*, London, 1933.
Decoud, Hector, *La Masacre de Concepción ordenada por le Mariscal López*, Buenos Aires, 1926.
Dumas, Alexandre, *La Dame aux Camélias*, Paris, 1856.
Duprat de Lasserre, Dorotea, *Sufferings of a French Lady in Paraguay*, Buenos Aires, 1971.
Gautier, Theophile, *Voyage pittoresque en Algerie*, ed. Madeleine Cotton, London, 1973.
Goldfranck, David M., *The Origins of the Crimean War*, London, 1994.
Hillairet, Jaques, Dictionnaire historique des rues de Paris, Paris, 1963.
Jerrold, B., *The Life of Napoleon III.*, London, 1874.
Koebbel, William H., *The Romance of the River Plate*, London, 1914
Lano, Pierre de, *The Secret of an Empire: The Empress Eugenie*, London, 1895.
Lynch, Elisa Alicia, *Exposición y Protesta*, Asunción, 1987.
Maíz, Fidel, *Etapas de mi vida*, Asunción, 1996.
Masterman, George Frederick, *Seven Eventful Years in Paraguay: A narrative of personal experiences amongst the Paraguayans*, London, 1869.
Meyer, Gordon, *The River and the People*, London, 1965.
Micó, Tomás, L., *Tesoros enterrados en el Paraguay*, Asunción, 2000.
Mulhall, Marion McMurrough, *From Europe to Paraguay and Matto-Grosso*, London, 1872.
Nicola Siri, Eros, *Por quién llora el urutáu, Francisco Solano López, Elisa Lynch y la Guerra de la Triple Alianza*, Buenos Aires, 1978.
O'Leary, Juan E., *Historia de la guerra de la triple alianza*, Asunción, 1992.
ders., *El Mariscal Solano López*, Madrid, 1925.
ders., *Nuestra Epopeya: La Guerra del Paraguay*, Asunción, 1919.
Page, Lieutnant Thomas J., *La Plata, the Argentine Confederation and Paraguay*, New York, 1859.
Palleja, Leon de, *Diario de las fuerzas aliadas contra el Paraguay*, Montevideo, 1865.
Pardella, Augustín Perez, *Cerro Corá*, Buenos Aires, 1977.
Pinkney, David Henry, *Napoleon III. and the Rebuilding of Paris*, Princeton, 1958.
Plá, Josefina, *Los Británicos en el Paraguay*, Asunción, 1984.

ders., *El Teatro en el Paraguay*, Asunción, 1967.
Quentin, Charles, *Le Paraguay*, Paris, 1865.
Rebaudi, Arturo, *Un Tirano de Sud América: Francisco Solano López*, Buenos Aires, 1925.
Richardson, Joanna, *The Courtesans, the demi-monde in nineteenth-century France*, London, 1967.
ders., *La Vie Parisienne 1852–1870*, London, 1971.
Rivarola, Juan Bautista, *Diagonal de Sangre*, Asunción, 1986.
Rivarola, Milda, *La polemica francesa sobre la guerra grande*, Asunción, 1988.
Rubiani, Jorge, *La Guerra de la Triple Alianza (ABC Color)*, Asunción, 2001.
Thompson, George, *The War in Paraguay*, London, 1869.
Varela, Hector, *Elisa Lynch de Quatrefages por Orion*, Buenos Aires, 1870.
Vicencio, Jacinto, *La Dictadura del Mariscal López*, Buenos Aires, 1874.
Washburn, Charles Ames, *The History of Paraguay, with notes of personal observations, and reminiscences of diplomacy under difficulties*, Boston, 1871.
Young, Henry Lyon, *Elisa Lynch, Regent of Paraguay*, London, 1966.
Zinny, Antonio, *Chronologíca de los obispos del Paraguay*, Buenos Aires, 1887.
Zubizaretta, Ramón, *Dictamen sobre el valor legal de los titulos de Madama Lynch en la reclamación de las 3000 y pico de leguas*, Asunción, 1888.

Britisches Staatsarchiv (Public Records Office: PRO)
PRO FO 527 – Korrespondenz aus Asunción.
PRO FO 59 – Politische und andere Ämter: Allgemeine Korrespondenz vor 1906, Paraguay.
FO 527 – Konsulat und Ständige Auslandsvertretung, Asunción, Paraguay: Allgemeine Korrespondenz.

Centre des Archives Diplomatiques de Nantes (CAD)
Buenos Aires, Legation (ständige Auslandsvertretung) 16.
Buenos Aires, Legation (ständige Auslandsvertretung) 21.
Assomption-a-12.

Landesarchiv in Asunción (National Archive of Asunción: NAA)
Libro del Registro.
»Historia« Reihe 315-33.
Einzelne Dokumente I 30, 27 and I 30, 28.

PARAGUAY
BOLIVIEN
BRASILIEN
ARGENTINIEN
Captitán
Pablo Lagerenza
General Eugenio
A. Garay
Fuerte Olimpo
Rosaleda
Mariscal Estigarriba
Doctor Pedro
P. Peña
Pedro Juan
Caballero
Pozo Colorado
Concepción
San Pedro
Salto del
Guairá
ASUNCIÓN
Caacupé
Colonel
Oviedo
Paraguari
Ciudad
del Este
Caazapá
San Juan
Bautista
Pilar
Encarnacion
© intercarto - 2001

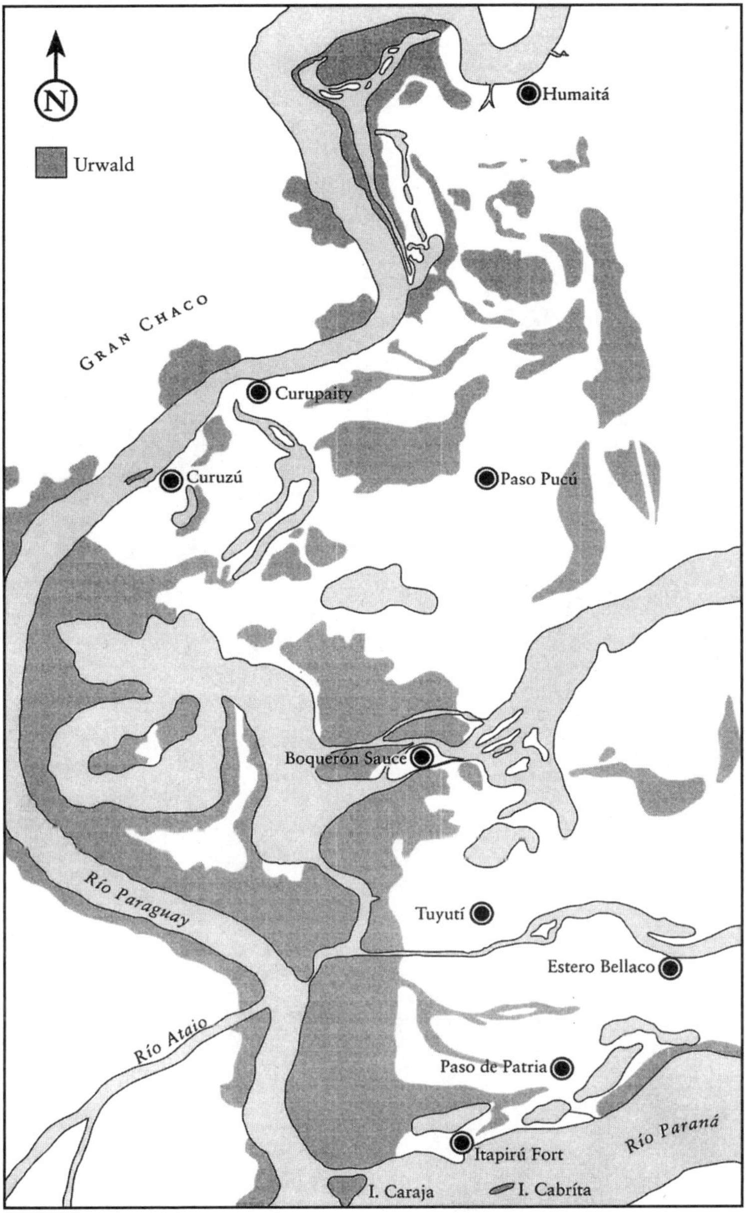

Das Quadrilateral im Südosten des Landes mit der Grenze zu Argentinien im Westen und Brasilien im Süden.